Grundlagen und aktive Wege zur Arbeitnehmergleichberechtigung

Europäische Hochschulschriften
Publications Universitaires Européennes
European University Studies

Reihe II
Rechtswissenschaft

Série II Series II
Droit
Law

Bd./Vol. 4139

PETER LANG
Frankfurt am Main · Berlin · Bern · Bruxelles · New York · Oxford · Wien

Volker Lücke

Grundlagen und aktive Wege zur Arbeitnehmergleichberechtigung

Eine rechtsvergleichende Untersuchung über Möglichkeiten/ Grenzen benachteiligter Arbeitnehmer in Deutschland, Europa und Südafrika

PETER LANG
Europäischer Verlag der Wissenschaften

Bibliografische Information Der Deutschen Bibliothek
Die Deutsche Bibliothek verzeichnet diese Publikation in der Deutschen Nationalbibliografie; detaillierte bibliografische Daten sind im Internet über <http://dnb.ddb.de> abrufbar.

Zugl.: Münster (Westfalen), Univ., Diss., 2004

D 6
ISSN 0531-7312
ISBN 3-631-53716-6

www.peterlang.de

Meinen Eltern

Vorwort

Die Rechtswissenschaftliche Fakultät der Westfälischen Wilhelms-Universität Münster hat die vorliegende Arbeit im Wintersemester 2004/2005 als Dissertation angenommen. Die der Drucklegung zu Grunde gelegte Fassung berücksichtigt Rechtsprechung und Literatur bis August 2004.

Mein besonderer Dank gilt meinem Doktorvater Herrn Prof. Dr. Heinz-Dietrich Steinmeyer, der die Entwicklung der Arbeit mit aufmunterndem Interesse begleitet hat. Bei Herrn Prof. Dr. Peter Schüren bedanke ich mich für die zügige Erstellung des Zweitgutachtens.

Teilergebnisse der Arbeit basieren auf Erkenntnissen aus einem einjährigen Masterstudiengang an der University of Cape Town/South Africa. Ich danke Herrn Prof. Dr. John Hare von der University of Cape Town, der mich während meiner Zeit an seinem Lehrstuhl freundschaftlich bei meiner Arbeit unterstützt hat; Herrn Prof. Evance Kalula PhD von der University of Cape Town und Frau Prof. Sandra Fredman von der University of Oxford für den vielfältigen fachlichen Rat. Ebenso danke ich den Studenten meiner Master-Klasse für ihre motivierende Unterstützung.

Freundschaftlich besonders hervorheben möchte ich Herrn Jens von Lackum, dessen Bestärkung und kritische Diskussionsbeiträge diese Arbeit ermöglicht haben. Darüber hinaus danke ich den Herren Matthias Dingmann, Michael Obermeyer und Peter Plogmann, die mit ihrer steten Gesprächsbereitschaft und ihren konstruktiven Anregungen ebenfalls zum Gelingen der Arbeit beigetragen haben. Für die sorgfältige Korrektur des Manuskripts gilt mein Dank den Herren Christian Wiesing und Nils Fehren.

Dem motivierenden Rückhalt von Frau Katrin Pollmann und den übrigen Mitgliedern meiner Familie, insbesondere meiner Schwester und meinen Großeltern ist es zu verdanken, dass ich die Promotionszeit in freudiger Erinnerung behalten werde.

Der umfassenste Dank gebührt jedoch meinen Eltern, die mir während meiner gesamten Ausbildung in jeder erdenklichen Hinsicht ihre uneingeschränkte Unterstützung erwiesen haben. Ihnen widme ich diese Arbeit.

Hamburg im November 2004

Volker Lücke

Inhaltsverzeichnis

TEIL I
EINLEITUNG

1. Kapitel: Einführung

Die Arbeit untersucht die grundlegende Gleichberechtigungsgesetzgebung und aktive Wege zur Arbeitnehmergleichberechtigung in Deutschland, Europa und Südafrika.
In den genannten Rechtssystemen werden Arbeitnehmer auf unterschiedliche Weise diskriminiert. Diese Diskriminierungen werden unter zwei Aspekten betrachtet. Sehen sich in Südafrika vor allem schwarze Arbeitnehmer Diskriminierungen ausgesetzt, so ist in Deutschland/ Europa die Rolle der Frau in der Arbeitswelt zu untersuchen.

Der gedankliche Rahmen der Arbeit kann angesichts dieser Problematik ausgehend von einem zentralen Punkt formuliert werden: Können in dem Maße, in dem Diskriminierungen allgemein vergleichbare gesellschaftliche Diskriminierungsmuster zugrunde liegen, diesen allgemein vergleichbare rechtliche Gegenmaßnahmen entgegengestellt werden?

Um zu der rechtlichen Ebene der Diskriminierungsproblematik zu gelangen sind einige Voruntersuchungen notwendig. Aus diesem Grund werden die statistischen und tatsächlichen Hintergründe von Diskriminierung näher beleuchtet. Dahinter steht die Frage, ob allgemeine Diskriminierungsmuster existieren. Diese Frage kann im Rahmen der Arbeit lediglich einführend behandelt werden. Die Ausführungen dienen dazu, der rechtlichen Untersuchung eine Basis zu verleihen und die Facetten der Problematik aufzuzeigen.

Die Untersuchung der rechtlichen Maßnahmen gegen Diskriminierung beginnt mit der Diskussion der allgemeinen Gleichberechtigungskonzeptionen. Überlegungen bezogen auf die jeweiligen Systeme schließen sich daran an und bauen auf den theoretischen Vorgaben auf. Dieses Vorgehen ermöglicht, Unterschiede zwischen allgemeinen, theoretischen Ansätzen und konkret auf die Verfassung zugeschnittenem tatsächlichem Vorgehen zu verdeutlichen. Zudem werden auf diese Weise die Wurzeln der Arbeitnehmergleichberechtigungsgesetzgebung betont. Dahingehende Regelungen sind die Konsequenz der allgemeinen Gleichberechtigungsdiskussion. Sie hängen trotz selbständiger Entwicklungen untrennbar mit dieser zusammen.
Deutschland, Europa und Südafrika werden vergleichend untersucht, der aktuelle Stand der Entwicklung festgestellt und aus der Geschichte des jeweiligen

Systems heraus ge- und erklärt. In einem ersten Schritt ist in den jeweiligen Systemen herauszufinden, auf welche Art und Weise Arbeitnehmergleichberechtigung durchgesetzt werden soll. Dabei konzentriert sich die Untersuchung sowohl auf die gegenwärtige rechtliche Lage als auch auf deren geschichtliche Entwicklung.
Der vergleichende Aufbau der Arbeit ermöglicht in einem zweiten Schritt, die bestehenden gesetzlichen Mittel zu bewerten. Dies soll nicht von einem bi- (oder tri-) polaren Ansatz aus erfolgen, sondern die Ergebnisse der Untersuchung sollen konkret auf das deutsche Rechtssystem bezogen werden. Das europäische Recht nimmt im Rahmen der Untersuchung zwei Positionen ein, da sowohl auf die isoliert europarechtlichen Gedanken als auch auf die direkten Einflüsse Europas auf das deutsche Recht einzugehen ist.

I. Zentrale Fragestellungen

Das rechtliche Vorgehen gegen Diskriminierungen kann in mehrere Bereiche unterteilt werden. Einstiegspunkt sind die grundlegenden Regelungen, die ein allgemeines Verbot von Diskriminierung vorsehen. Reichweite und Durchsetzungskraft dieser Regelungen bestimmen das Fundament jeder staatlichen Gleichberechtigungspolitik. Fraglich ist, ob dieses Fundament ausreicht. Ausgehend von den Unzulänglichkeiten reiner Anti-Diskriminierungsgesetzgebung ist die Forderung nach weitergehenden Maßnahmen laut geworden: Kann/muss positive Diskriminierung/Affirmative Action angewendet werden, um bestehende Verhältnisse zu verändern und die Schwächen der Anti-Diskriminierungsgesetzgebung auszugleichen? Dieser letzten Problemstellung gilt das Hauptaugenmerk der Arbeit.

Die grobe Darstellung des Problemumfangs deutet auf verschiedene Fragen hin, die den Hintergrund für den Aufbau der Arbeit bilden, da sie in der geäußerten Breite nicht oder nicht in Kurzform zu beantworten sind.

1. Warum haben die verschiedenen Rechtssysteme tatsächliche Arbeitnehmergleichberechtigung noch nicht erreicht? Dies ist die Kernfrage, die sich jeder, der mit diesem Thema befasst ist, stellen muss. Eine Antwort auf diese Frage würde gleichzeitig die Antwort darauf implizieren, was zur Lösung der Problematik zu unternehmen ist.

2. Welche Rahmenbedingungen herrschen in den unterschiedlichen Rechtssystemen und mit welchen Konzepten begegnen die Rechtssysteme den tatsächlichen Gegebenheiten? Der Zusammenhang von tatsächlichen Rahmenbedingungen und den rechtlichen Möglichkeiten auf diese einzugehen, ist

festzustellen. Nur auf diese Weise kann die rechtliche Vorgehensweise in den unterschiedlichen Systemen sinnvoll verglichen werden.

3. Ist es in den Rechtssystemen erlaubt, im Kampf gegen Ungleichberechtigung auf positiv diskriminierende Mittel zurückzugreifen? Hinter dem Konzept von positiver Diskriminierung/Affirmative Action steht die Forderung nach wirklicher, spürbarer Veränderung der bestehenden Verhältnisse. Gleichberechtigung allgemein und Arbeitnehmergleichberechtigung im Speziellen sind Anliegen, welche inmitten einer Vielzahl weiterer gesellschaftlicher Erfordernisse nach einer Rangordnung suchen. Es wird gezeigt, dass Gleichberechtigungsfragen, auch wenn vielerorts „Lösungen" präsentiert werden, letztlich ein Wertungsproblem darstellen. Hinter positiver Diskriminierung/ Affirmative Action steht die Abwägung zwischen einer raschen Veränderung, die eine Verletzung von Rechten bestimmter Individuen/ Gruppen zur Folge haben wird und dem Erhalt des Status quo, in dem ebenfalls Rechte anderer Individuen/Gruppen verletzt werden. Positive Diskriminierung/ Affirmative Action zeigt dabei ein Paradoxon der Förderungsproblematik. Um bestehende Diskriminierungen abzubauen, werden bestimmte Personen oder Personengruppen diskriminiert, weil sie ein Merkmal besitzen, das ihnen bis zur Einführung der positiven Diskriminierung Vorteile verschafft hat oder haben soll. Positive Gleichheitsdurchbrechung wird trotz dieser Schwierigkeiten von vielen Autoren als das ultimative Mittel der Gleichheitsverwirklichung angesehen.[1] In keinem weiteren Bereich der Diskriminierungsproblematik stoßen die verschiedenen Ansichten mit vergleichbarer Intensität aufeinander. Diese Aussage gilt nicht nur für akademische Diskussionen, sondern auch für alltägliche Auseinandersetzungen. Der Grund dieser Streitigkeiten liegt in der Ausrichtung und Intensität der Maßnahmen und nicht zuletzt in deren Reichweite. Sollen durch positive Diskriminierung Personen gefördert werden, greift der Staat durch die Anordnung der Maßnahme in die Rechtskreise dreier Personen unmittelbar ein. Der bevorzugte Arbeitnehmer und der abgelehnte Arbeitnehmer stehen sich als Wettbewerber um eine bestimmte Stelle gegenüber. Zudem sind die Rechte des Arbeitgebers betroffen, der in seiner Personalauswahl Einschränkungen hinnehmen muss.[2]

---

[1] *Kokott*, NJW 1995, 1049 ff.; *Suerbaum*, Der Staat 1989, 419; *Weber*, DB 1988, 45 ff.; *Pfarr*, 36 ff., 81ff., 201 ff.; *Fuchsloch*, NJW 1991, 442; *Smith*, (1992) 8 SAJHR, 243 ff.; *Smith*, (1995) 3 SAJHR, 84; *Klug*, (1991) 7 SAJHR, 189 f.; *Giddens*, 25 ff.; *Fredman*, (1997) 113 LQR, 247 ff.; *Fiss*, 56 ff.; *Fiscus*, 13 ff.; *Ezorsky*, 35 ff.; *Dworkin*, 8 ff.; kritisch: *Huster*, AöR 1993, 109; *Di Fabio*, AöR 1997, 404; *Hofmann*, FamRZ 1995, 257; *Starck*, Festschrift für Dieterich 1999, 643.

[2] *Di Fabio*, AöR 1997, 404, 415; *Starck*, Festschrift für Dieterich, 643, 645 f.

4. Wie können die heute existierenden Konzepte verbessert werden/ rechtliche Bedingungen für die Einführung neuer Konzepte geschaffen werden? Diese Frage knüpft an alle vorherigen Fragestellungen an und bezieht sich insbesondere auf die gesetzlichen Rahmenbedingungen, die für eine aktive Förderung benachteiligter Arbeitnehmer notwendig sind.

II. Bedeutung des rechtsvergleichenden Ansatzes

In den zu untersuchenden Rechtssystemen gibt es heute eine Vielzahl konkreter Maßnahmen zur Unterstützung der Arbeitnehmergleichberechtigung. Diese Maßnahmen blicken auf eine unterschiedliche Geschichte gesetzgeberischer Handlungen zurück und richten sich in verschiedenster Weise gegen die Diskriminierung bestimmter Arbeitnehmer.
Nachdem in Deutschland das Thema der Gleichberechtigung vor gut 10 Jahren in Öffentlichkeit und Literatur äußerst kontrovers diskutiert wurde[3] und das öffentliche Interesse danach abnahm, wird die Thematik durch die weitreichende Änderung des EGV im Bereich der Arbeitnehmergleichberechtigung und die Vorschläge zur Änderung der Richtlinie 76/207/EWG sowie Richtlinie 2002/73/EG wieder mehr in das öffentliche Bewusstsein rücken.[4] In Südafrika wird die Diskussion über die Thematik aufgrund des Ausmaßes der dortigen Probleme seit der Änderung des politischen Systems dauerhaft intensiv geführt.[5]

Am Punkt der vergleichenden Betrachtung taucht eine zentrale Schwierigkeit auf, die nachstehend im Rahmen der Vorüberlegungen zu behandeln ist: Die Rechtssysteme haben mit unterschiedlichen Problemen zu kämpfen. In Südafrika stellen die schwarzen Arbeitnehmer die benachteiligte Bevölkerungsgruppe, die es primär zu integrieren gilt. In Deutschland und Europa ist nach der Gleichberechtigung der weiblichen Arbeitnehmer zu fragen. Diese beiden „Bevölkerungsgruppen" sind aufgrund völlig unterschiedlicher Ideologien und Entwicklungen benachteiligt. Es stellt sich die Frage inwiefern ein Vergleich so unterschiedlicher Rechtssysteme zu fruchtbaren Ergebnissen führen kann.

---

[3] *Maidowsky*, insbes. 107 ff., *Slupik*, insbes. 119 ff.; *Raasch*, NJW 1989, 553, *Sacksofsky*, 23 ff.; *Pfarr/ Fuchsloch*, NJW 1988 2201, *Laubinger*, VerwArch 1996, 305; *Schmitt Glaeser*, DÖV 1982, 381; *Limbach/ Eckertz- Höfer*, 33 ff.

[4] Vorschlag der Kommission zur Änderung der Richtlinie 76/207/EWG, KOM (2000), 334, vom 07.06.2000; Richtlinie des Europäischen Parlaments und des Rates vom 23.9.2003 zur Änderung der Richtlinie 76/207/EWG des Rates zur Verwirklichung des Grundsatzes der Gleichbehandlung von Männern und Frauen hinsichtlich des Zugangs zur Beschäftigung, zur Berufsbildung und zum beruflichen Aufstieg sowie in Bezug auf die Arbeitsbedingungen, ABlEG Nr. L. 269 v. 5.10.2002, S. 15; in anderen Bereichen als der Gleichberechtigung der Geschlechter: EU Richtlinien 2000/43 und 2000/78.

[5] *Klug*, (1991) 7 SAJHR, 189 f.; *Giddens*, 25 ff.; *Fiss*, 56 ff.; *Fiscus*, 13 ff.; *Ezorsky*, 35 ff.

Daneben sind an dieser Stelle einige Bemerkungen zur rechtsvergleichenden Vorgehensweise erforderlich. Rechtsvergleichende Ansätze werden heute oftmals kritisch betrachtet. Als ein Hauptkritikpunkt wird angebracht, dass die Existenz eines universell „richtigen Rechtes“ zu bezweifeln sei.[6] Aus diesem Punkt wird geschlossen, dass eine vergleichende Betrachtung nur von begrenztem Nutzen sei. Diese Kritik an vergleichenden Ansätzen übersieht bei der einseitigen Betrachtung eines möglichen Ergebnisses die methodischen Vorteile dieser Vorgehensweise. Eine rechtsvergleichende Betrachtung erweitert den Horizont gegenüber der isolierten Betrachtung eines Rechtssystems. Der Vergleich hilft, eine geistige Distanz zum einzelnen System aufzubauen und erleichtert die Bewertung und das übergreifende Verständnis der einzelnen Systeme.[7] Dies ist von besonderer Bedeutung, wenn eine grundsätzlich umstrittene Maßnahme (positive Diskriminierung/Affirmative Action) losgelöst vom speziellen Verfassungshintergrund eines Landes problematisiert werden soll. Hinzu kommt, dass in dem zu untersuchenden Bereich die Rechtsfragen intensiv mit Wertungsfragen verbunden sind. Diese Fragen können rechtsvergleichend gut geklärt werden, da der rechtliche und dogmatische Rahmen eines Landes über den Vergleich mit einem anderen System erst mit einem unabhängigen Wertmaßstab konfrontiert wird.
Unterschiedliche rechtliche Lösungen zu betrachten hilft, die Wege, die zu diesen Lösungen führten, zu begreifen. Diese Herangehensweise verhindert eine schematische und einseitige Betrachtung der Probleme.[8] Ein grundsätzlich „richtiges Recht“ zu finden ist entgegen der Auffassung der Kritiker nicht die Motivation, die zu einer rechtsvergleichenden Betrachtung anregt.

Kritikern rechtsvergleichender Ansätze ist zuzugestehen, dass in bestimmten rechtlichen Gebieten mit besonderer Vorsicht vorgegangen werden muss. Ein für Rechtsvergleiche besonders sensibler Bereich sei das Verfassungsrecht. Verfassungen seien zu einem hohen Maße mit politischen, moralischen und traditionellen Inhalten beladen. Verfassungsvergleiche seien aus diesem Grunde mit besonderer Vorsicht durchzuführen.[9] Die Thematik dieser Arbeit berührt grundsätzliche Wertungen der Rechtsordnungen. Neben der vergleichenden Betrachtung der Privatrechtsordnungen ist auch der Vergleich der Verfassungen der unterschiedlichen Rechtssysteme notwendig. Die genannten Hinweise bezüglich eines vorsichtigen Vorgehens in diesen Bereichen werden im Rahmen der vorliegenden Arbeit berücksichtigt.

---

[6] *Frankenberg*, 453.
[7] Vgl. *Glendon*, 9.
[8] Vgl. *Glendon*, 9.
[9] *Großfeld*, 289.

Mit Deutschland und Europa auf der einen Seite und Südafrika auf der anderen Seite stehen sich Rechtssysteme in unterschiedlichen geographischen Regionen der Erde gegenüber. Das Rechtssystem in Südafrika hat sich, abgesehen von indirekten Einflüssen, unabhängig von den Rechtssystemen in Deutschland und Europa entwickelt. Der Rechtsvergleich zwischen Deutschland und Südafrika setzt an einem Punkt an, an dem es gilt grundsätzliche Gemeinsamkeiten und Unterschiede herauszuarbeiten.
Die vergleichende Betrachtung von deutschem und europäischem Recht kann auf späterer Ebene beginnen. Das europäische Recht hat sich aus der Initiative verschiedener europäischer Staaten, darunter Deutschland, entwickelt, die in verschiedenen Verträgen und Organisationsformen ein neues, eigenständiges Rechtssystem geschaffen haben.[10] Zwischen europäischem und deutschem Recht bestehen konkrete rechtliche Wechselbeziehungen. Aufgrund dieser Verknüpfungen kann der Rechtsvergleich zwischen diesen beiden Systemen auf dieser gemeinsamen Basis aufbauen. Im Idealfall sollte sich bei der Betrachtung der beiden Rechtssysteme eine einheitliche Linie erkennen lassen. Die Arbeit zeigt, dass diese Linie an vielen Stellen (noch) nicht zu erkennen ist. Insbesondere im Hinblick auf die vom deutschen Gesetzgeber umgesetzten und noch umzusetzenden Richtlinien der EU, sowie EU-Primärrechtsänderungen werden die bestehenden Reibungspunkte herausgearbeitet.

Methodisch lässt sich die Schwierigkeit der unterschiedlichen rechtlichen Nähe dadurch überwinden, dass der Vergleich zweistufig durchgeführt wird. Zunächst ist aufzuzeigen, welche Entwicklung die Rechtssysteme Südafrika und Europa durchgemacht haben. In einem zweiten Schritt sind die südafrikanische und die europäische Vorgehensweise auf das deutsche Recht zu beziehen. Auf dieser Ebene treffen die unterschiedlichen rechtlichen und tatsächlichen Gegebenheiten aufeinander. Es zeigt sich in welchem Maße Parallelen vorhanden und sinnvoll sind.
Beide Vergleichsschritte werden durch grundsätzliche Erwägungen dazu, ob und inwiefern positive Maßnahmen zu rechtfertigen sind, methodisch geleitet.

III. Struktur der Arbeit

Der rechtsvergleichende Ansatz erfordert vor dem Beginn der vergleichenden Untersuchung eine allgemeine Klärung der gewählten Begriffe. Die Grundbegriffe und Schlagwörter der Rechtsthematik (positive Diskriminierung, Affirmative Action, Quotenregelung usw.) werden erläutert und mit einem grundsätzlichen und unmissverständlichen Inhalt gefüllt, da sie im internationalen Gebrauch oft missverständlich oder fehlerhaft übersetzt werden.

---

[10] *Schweizer*, 15 ff.; *Streinz*, 8 ff.

Neben der Klärung der Fachbegriffe ist eine Klärung des Untersuchungsrahmens der Arbeit notwendig. Ein inhaltlich übereinstimmender Bereich des Arbeitsrechtes wird festgelegt.
Die Ursachen von Diskriminierung werden allgemein und vor dem Hintergrund der verschiedenen möglichen Formen von Diskriminierung untersucht.
Maßnahmen gegen Diskriminierung und Maßnahmen positiver Diskriminierung/ Affirmative Action-Maßnahmen werden voneinander abgegrenzt. Verschiedene Gleichberechtigungskonzeptionen werden zu diesem Zweck vorgestellt und auf grundsätzlicher Basis untersucht (ähnlich dem Beispiel der sog. „applied ethics" in den USA).[11] Dabei steht die Frage im Vordergrund, ob positive Diskriminierung/Affirmative Action in den einzelnen Systemen und systemübergreifend zu rechtfertigen ist. Anhand der Denkmodelle der verschiedenen Theorien werden Fragen zum Thema Gleichbehandlung von unterschiedlicher Seite beleuchtet. Es geht um die Fragen, ob:

- es im Ergebnis um die Gleichberechtigung des Einzelnen oder der Gruppe geht,

- faktische Gleichheit oder Rechtsgleichheit erreicht werden soll,

- Chancengleichheit oder Ergebnisgleichheit angestrebt wird,

- es sich um Kompensation für erlittenes Unrecht oder um eine Nivellierung für die Zukunft handeln soll,

- es zum Konflikt zwischen positiver Diskriminierung und ökonomischer Realität kommen kann,[12]

also um eine konkrete Auseinandersetzung mit den unterschiedlichen Theorien im Lichte der verschiedenen Fragestellungen.
Im Rahmen dieser theoretischen Probleme fließt die allgemeine Entwicklung von Theorie und Praxis zur Gleichberechtigungsdogmatik in den USA an vielen Stellen mit in die Untersuchung ein. Diese war/ ist für die Entwicklung der zu untersuchenden Rechtssysteme von großer Bedeutung.[13]

Die Bedeutung der USA ist daran zu erkennen, dass der amerikanische Präsident Johnson in einer Rede im Jahre 1965 aus Anlass der Graduierungsfeier der

---

[11] *Huster*, AöR 1997, 109.
[12] Z.B.: *Brassey*, IJL 1999, 1359, Affirmative Action: „*bad for employment*"; anders: Aussage bezüglich Personaleinstellung bei www.daimler-chrysler.com: „*Wir begreifen Vielfältigkeit des Personals als wettbewerblichen Vorteil.*"
[13] *Sacksofsky*, 233.

Howard Universität Gedanken äußerte, die als Grundstein von Affirmative Action gesehen werden. Er sagte: „*You do not take a person, who for years has been hobbled by chains and liberate him, bring him up to the starting line of a race and then say: „You are free to compete with all the others", and still justly believe that you have been completely fair. Thus it is not enough just to open the gates of opportunity. All our citizens must have the ability to walk through those gates. This is the next and more profound stage of the battle for civil rights. We seek not just freedom but opportunity – not just legal equity, but human ability – not just equality as a right and a theory, but equality as a fact and a result.*"[14]

Auf der letzten inhaltliche Ebene werden die konkreten rechtlichen Regelungen in den Rechtssystemen untersucht. Es ist festzustellen, welche Regelungen getroffen wurden und welche Reichweite diese Regelungen besitzen. Eine entscheidende Rolle kommt bei dieser Untersuchung dem jeweiligen Spannungsfeld zwischen Verfassungsrecht und arbeitsrechtlichen Regelungen zu.

IV. Gegenstand der Untersuchung

Eine zusätzliche Bemerkung soll zum Gegenstand der Untersuchung erfolgen. Arbeitnehmergleichberechtigung ist ein weiter Bereich. Schon die Einleitung zeigt, dass die unter dieser Überschrift zusammengefassten Themen vielfältig und schwer abgrenzbar sind. Arbeitsrechtliche Fragen verschmelzen mit sozialrechtlichen Fragen, familienrechtliche Fragen sind eng mit der Problematik verbunden. Rechtsprechung, Literatur und Gesetzgebung sind unüberschaubar und weit verzweigt. Der rechtsvergleichende Ansatz verstärkt diese Schwierigkeit zusätzlich. Im Rahmen der Arbeit muss der Vielfalt der Themen in dem Sinne Rechnung getragen werden, dass bestimmte Bereiche von der Bearbeitung auszuklammern sind.[15]

---

[14] Zitat nach: *Eastland/ Bennett*, 6; dazu eingehend: *Sobel*, 1 ff.,

[15] Zum einen Fragen der Entgeltdiskriminierung: *Gunderson*, ILO 1994, 1-3; 31-47; 57-68; 109-115; *Enderby v. Frenchay Health Authority and Secretary of State for Health* 1993 IRLR 591. Dogmatisch interessant ist, dass es sich bei diesen Maßnahmen um solche zur Herstellung einer Ergebnisgleichheit handelt/ handeln muss. In dieser Hinsicht hebt sich die Frage der Entgeltgleichheit schon auf theoretischer Ebene von den vorliegend gestellten Fragen ab, *Blanpain*, 295, 307.
Ein weiterer, zu benennender, einflussreicher Faktor ist die Gefahr die von HIV/Aids ausgeht. In Europa und Deutschland wird die Gefahr einer HIV/Aids Erkrankung als Gefahr des Individuums, mit tödlichen Folgen wahrgenommen. In Südafrika und im gesamten Afrika südlich der Sahara ist HIV/Aids eine existenzielle Bedrohung für die Gesellschaft geworden. Südafrikas Bevölkerung ist zu Prozentsätzen von zwischen 30- und 40% an Aids erkrankt. An den Universitäten ist jeder fünfte Student infiziert; *Heywood/ Hassan* (1999) ILJ 845; Department of Labour: *Code of Practice on Key Aspects of HIV/AIDS and*

Aufgrund des gewählten konzeptionellen Ansatzes kann die Arbeit nicht den Anspruch erheben, die Probleme der Arbeitnehmergleichberechtigung in einem der untersuchten Systeme in abschließender Vollständigkeit klären zu wollen. Es geht darum, bezogen auf den speziellen, umstrittenen und für den Vergleich besonders geeigneten Bereich der aktiven Förderung, zu Ergebnissen zu gelangen, die die Rechtslage innerhalb der untersuchten Systeme wiederspiegeln und den Blick darüber hinaus ermöglichen.

Employment; *Hoffman v. SAA* (2000) 21 ILJ 891 (W); *Hoffman v. SAA* (2000) 21 ILJ 2357 (CC).

2. Kapitel: Ausmaß der Diskriminierung

Deutschland, Europa und Südafrika blicken jeweils auf eine umfangreiche Geschichte der Diskriminierung von Arbeitnehmern zurück. Statistische Zahlen belegen das Ausmaß der jeweiligen Diskriminierungen und die Entwicklungen, die in den Rechtssystemen stattgefunden haben.

I. Faktische Entwicklung in Deutschland

Das Streben nach Arbeitnehmergleichberechtigung in Deutschland wird von der Debatte um die Gleichberechtigung der Geschlechter dominiert. Die Basis dieser Diskussion ist anhand von Daten über die tatsächliche Entwicklung zu klären.
Zunächst ist beispielhaft anhand einiger selektiv ausgewählter Zahlen der Stand der Entwicklung in den neunziger Jahren darzustellen. Zu diesem Zeitpunkt befand sich die Gleichberechtigungsdebatte in Deutschland auf einem Höhepunkt. Es ist interessant zu sehen, auf welchen faktischen Zahlen die damalige Debatte basierte.
Zahlen des Statistischen Bundesamtes, Gruppe Mikrozensus, Erwerbstätigkeit vom 22. August 1996 geben Auskunft über das damalige Verhältnis von Männern und Frauen in der Erwerbstätigkeit. 1995 arbeiteten 62,6% der deutschen Frauen außerhalb des Haushaltes, 1991 betrug diese Zahl 62,1 %. Die Erwerbsquote der Männer lag 1995 bei 80 %.[16]
Hinsichtlich schwangerschaftsbedingter Unterbrechungen ergab sich folgendes Bild: Über 40 % der Frauen hatten bis 1992 ihre Erwerbstätigkeit mindestens einmal länger als 6 Monate unterbrochen. Die durchschnittliche Unterbrechungsdauer betrug 6 Jahre.[17] Eine im Jahre 1992 beschlossene Ausdehnung des Erziehungsurlaubs sollte den Arbeitsmarkt entlasten. Das Angebot wurde von 97 % der Berechtigten wahrgenommen, unter diesen befanden sich 1,2 % Väter.[18]
Weiter einige Studienzahlen von ca. 1990 in das Berufsleben eingetretenen Personen: Unter den Studienanfängern im Wintersemester 1985/86 in den 10 meiststudierten Fächern lag der Frauenanteil wie folgt: Germanistik bei 74,5 %, Biologie bei 58,3 %, danach ergibt sich eine unterdurchschnittliche Beteiligung mit Jura bei 47,8 %, Humanmedizin bei 46,8 %, Architektur bei 40,0 %, Wirtschaftswissenschaften bei 35,4 %, Chemie bei 34,2 %, Informatik bei 14,6 % Elektrotechnik bei 2,9 % und Maschinenbau bei 2,5 %.[19]

---

[16] *Statistisches Bundesamt*, Statistisches Jahrbuch 1996, S. 565; *Wiegand*, 23 ff. mit Schaubildern die auch die altersspezifische Erwerbsquote verdeutlichen; *Schlachter*, 13 ff. mit ausführlichen Nachweisen.
[17] *Pfarr*, ZRP 1994, 310.
[18] *Pfarr*, ZRP 1994, 310.
[19] *Institut der deutschen Wirtschaft*, 1987; *Domsch/ Regnet*, 9.

Diese geschlechterspezifische Aufteilung des Arbeitsmarktes lässt sich anhand von einzelnen, plakativ herausgegriffenen Berufsbildern noch verdeutlichen: unter 30 Elektrikern war eine Frau zu finden, rechtsberatende Tätigkeiten wurden in drei von vier Fällen von Männern ausgeübt, Führungspositionen in der Wirtschaft in 5 von 6 Fällen von Männern gehalten. Bei Ärzten und Apothekern waren doppelt so viele Männer zu finden, dagegen gab es sechsmal mehr weibliche Krankenschwestern als männliche.[20]

Ferner ist die Entwicklung an aktuellen Beispielen zu zeigen. Das Statistische Bundesamt gibt jährlich statistische Informationen heraus.[21] Die statistische Untersuchung der Erwerbstätigkeit in Deutschland belegt die fortdauernde geschlechterspezifische Aufteilung des Arbeitsmarktes. Zwar ist die Erwerbsquote der Frauen auf 64,9 % gestiegen, doch verbleibt die männliche Erwerbsquote unvermindert höher bei 80,3 %. Die geschlechtsspezifische Segmentierung des Arbeitsmarktes hat sich im Vergleich zu den genannten Zahlen von vor einigen Jahren ebenfalls nur unwesentlich verändert. In Deutschland existieren weiterhin geschlechtliche Trennungslinien hinsichtlich der Verteilung von Arbeitsplätzen. Diese Linien wirken sich zum Nachteil der Frauen aus.

II. Faktische Entwicklung in Südafrika

Die Entwicklung in Südafrika wird in einem mit Deutschland vergleichbaren Untersuchungszeitraum dargestellt. Statistische Erhebungen, die aus der Apartheidzeit stammen, finden keine Berücksichtigung, da sie ein verschobenes Bild auf die tatsächlichen damaligen Verhältnisse werfen. Zum einen geht aus den alten Untersuchungen nicht hervor, dass bestimmte Berufszweige für schwarze Personen grundsätzlich nicht zugänglich waren, zum anderen besteht bei älteren Untersuchungen die Gefahr, dass lediglich politisch genehme Zahlen Eingang in die Statistiken gefunden haben.
Aus diesem Grund werden zunächst Zahlen aus der unmittelbaren Folgezeit der Apartheid berücksichtigt. In einem 1996 veröffentlichten Green Paper, welches sich auf Untersuchungen in den frühen neunziger Jahren stützt, werden die drastischen Unterschiede in der Bevölkerung veranschaulicht.[22] Demnach war es im Südafrika in der Zeit unmittelbar nach der Apartheid 5000 mal wahrscheinlicher, dass ein weißer Mann für einen Posten im gehobenen Management

[20] Frankfurter Allgemeine Zeitung, 16. Juli 1996, 8.
[21] www.destatis.de; Zahlen aus anderen europäischen Ländern werden ausgespart, da sich die Untersuchung auf den deutschen Bereich konzentriert.
[22] *Green Paper on Employment and Occupational Equity*, Government Gazette No. 17303, 1. Juli 1996, 14 ff.

nominiert wurde als eine schwarze Frau.[23] Ein ebenfalls 1996 veröffentlichter Bericht der Universität Kapstadt legt dar, dass in den frühen neunziger Jahren die Stellen im Management privater Unternehmen wie folgt aufgeteilt waren: 2,99 % Schwarze, 0,43 % *Coloureds*, 1,2 % Asiaten und 96,38 % Weiße.[24]

In einem zweiten Schritt gilt es zu untersuchen, welche Auswirkungen die politische Wende in Südafrika auf das tatsächliche Geschehen am Arbeitsmarkt bis heute gehabt hat.
Der aktuelle Stand der faktischen Entwicklung in Südafrika lässt sich anhand des von der Kommission zur Überwachung der Einhaltung von Gleichberechtigungsmaßnahmen[25] herausgegebenen Berichts ablesen.[26]

---

[23] *Bassey*, ILJ 1999, 1359 ff. kritisiert diese Zahlen als unsachlich.

[24] 1996 Breakwater Monitor of the University of Cape Town School of Business.

[25] Die CEE, Commission for Employment Equity.

[26] Zahlen herausgegeben von der CEE: South African Government, Department of Labour, Analysis of the Commission of Employment Equity Report 2002 (http://www.labour.gov.za/docs/legislation/eea/index.asp), Statistische Erfassung der Arbeitnehmerschicht, (work profiles):
1) *Top management profile*
- Black employees represent 13% of all employees in top management positions in South Africa. This figure consist of 6% African employees, 3% Coloured employees and 4% Indian employees.
- Woman currently hold 13% of all top management positions in South Africa, and 20% of all senior management positions. When combining all levels of management and professional employment, women hold 38% of all jobs in these levels. African women hold 1.2% of all top management positions.
2) Senior + Mid Management profile
- Black employees hold 19% of all senior management positions, Africans 9%, Coloureds 5%, Indians 5%.
- At the professionally qualified and mid management level, Black employees represent 44% of all employees at this level, with Africans 33%, Coloureds 5% and Indians 6%.
- When combining all levels of management and professional employment, Black employees represent 38% of managers, Africans 27%, Coloureds 5 %, Indians 6%.
3) Skilled positions profile
- Women currently hold 40% of all skilled positions in South Africa. African women represent 11 %, Coloured women 7% and Indian women 3% of the positions in this occupational level.
- Black employees represent 82% of all employees at this occupational level, Africans 8%, Coloureds 18%, and Indians 6%.
4) Semi-skilled and unskilled profile
- Women currently hold 39% of all semi-skilled positions in South Africa, and 29% of unskilled positions.
- Black employees in total hold 82% of all semi-skilled jobs; and 98% of all unskilled jobs in South Africa. African representation in the semi-skilled occupational level stands at 58%, with African women holding 15% of all semi-skilled jobs. African employees account for 83% of all semi-and-unskilled employment.

Die aktuellen Zahlen verdeutlichen den bislang geringen Einfluss, den die politische Wende in Südafrika auf das tatsächliche Geschehen am dortigen Arbeitsmarkt gehabt hat. Nimmt man die gehobene Management-Ebene als Beispiel, so hat sich die Zahl der Beschäftigungen um ca. 10 % zugunsten der schwarzen Mehrheit der Bevölkerung verschoben. Stellt man dieser Entwicklung die absoluten Bevölkerungszahlen entgegen, so wird deutlich, dass immer noch ca. 87 % der Posten im gehobenen Management von Personen gehalten werden, die aus einer Gruppe stammen, die ca. 10 % der Gesamtbevölkerung stellt. Im Hinblick auf ungelernte Tätigkeiten ergebt sich dagegen ein anderes Bild. 98 % dieser Tätigkeiten werden von schwarzen Personen ausgeübt.

---

5) Non-permanent employee profile
- Fifty percent of all non-permanent employees are women, and 83% are Black. African men and women together account for 58% of all non-permanent employees.
6) Total Employment Profile
- Women represent 38% of total employment, and are clearly under-represented in all management occupational levels.
7) Total recruitment profile
- Of all employees recruited in 2000, 40% were women.
- Of all employees recruited during the past year, 73% were Black. Africans made up 53% of recruits, Coloureds 15% and Indians 5%.
- 33% of all top, senior and professionally qualified recruits were Black, and 37% of all management recruits were women. Africans made up 21% of all management recruits.
8) Total terminations profile
- Of all employees terminated from employment in 2000, 32% were women.
- Black employees were 71% of all terminations during the past year (1999/2000), Africans made up 53%, Coloureds 14% and Indians 4%.
- 24% of all management terminations were Black employees, and 31% of all management terminations were women. Africans made up 14% of all management terminations, Coloureds 5% and Indians 5%.
9) Employment changes profile
- At the top, senior and professionally qualified levels Black employment increased by 2329 positions. This increase is made up of 1 842 African positions, 170 Coloured positions and 317 Indian positions. Even though gains are evident for African employees in the management (1842) and skilled categories (2837), overall losses (-15 796) equate to 58% of all net losses in employment.
10) Promotions profile
- Of all internal opportunities created, 35% be given to women, and 65% to men.
- Overall, 68% of promotional opportunities went to Black employees and 47% to African employees. At the skilled occupational levels, 60% of all promotions went to Black employees and to 38% African employees.
- Across management levels, 35% of all promotions went to Black managers. In top management, 9% of all promotions went to Black managers, and in senior management, 8% went to Black managers. In the professionally qualified and mid management level, 11% of all promotions were Black.

Die dargestellten Statistiken belegen auch, dass die Geschlechterfrage ausreichend Konfliktpotential bietet. Diese Probleme werden wegen der vordringlichen Rassenproblematik, von der 90% der Bevölkerung betroffen sind, seltener angesprochen und in Südafrika nicht vordergründig diskutiert. Die Debatte die dort in der Literatur ausgetragen wird, wird vom Thema der Rassendiskriminierung beherrscht. Auch die öffentliche Diskussion, die in Südafrika erheblich erhitzter und belebter ausgetragen wird, findet unter diesen Gesichtspunkten statt. Vor allem die besondere koloniale Vergangenheit des Landes und die Periode der Apartheid haben dazu beigetragen, die Rassenproblematik in den Mittelpunkt zu rücken.

Betrachtet man die tatsächlichen Gegebenheiten in den unterschiedlichen Systemen, fällt insbesondere eine Tatsache auf. Die Trennung der Rassen hat in Südafrika zu der Spaltung des Landes in einem Ausmaß geführt wie es für die Geschlechterproblematik in Deutschland/ Europa undenkbar wäre. Die existierende Gesetzgebung und Rechtsprechung zur Arbeitnehmergleichberechtigung in Südafrika muss angesichts dieser Tatsache als Teil eines größeren, auf Wiederversöhnung und Wiederaufbau gerichteten Planes verstanden werden, soll die neue Republik Erfolg haben. Bei der Beurteilung der südafrikanischen Gesetze ist diese breite und existentielle Perspektive in besonderem Ausmaße zu berücksichtigen.

Teil II
GRUNDLAGEN

1. Kapitel Grundsätzliche Begriffsklärung

Welche abstrakten Möglichkeiten bestehen in einer Gesellschaft, in der Diskriminierungen im Arbeitsleben vorkommen, diese zu beseitigen?
Zwei aufeinanderfolgende Schritte sind kennzeichnend: Zunächst sind die Diskriminierungen zu erkennen, d.h. als den moralischen Vorstellungen der Gesellschaft nicht entsprechend zu bewerten. Die Ergebnisse dieses Prozesses sind in das Bewusstsein von Öffentlichkeit und Gesetzgeber zu bringen.[27]
Von diesem Zeitpunkt an ist in einem zweiten Schritt die gesetzgeberische Initiative gefragt, wirksamen rechtlichen Schutz gegen Diskriminierungen zu gewährleisten.[28] Ferner hat ein gesellschaftlicher Wandlungsprozess stattzufinden, da Gleichbehandlung auf einer unbestimmten Vielzahl von Faktoren beruht, die nicht vollends justiziabel sind.[29] Dieser Prozess geht über den Rahmen der rechtlich zu beurteilenden Materie hinaus.
Sowohl Deutschland/ Europa als auch Südafrika haben den ersten Schritt bewältigt.[30] Der zweite Schritt liegt an. Es ist zu fragen, welche gesetzgeberischen Maßnahmen in den Rechtssystemen zur Überwindung der Diskriminierung unternommen werden können.

I. Abgrenzung des untersuchten Bereiches

Es ist notwendig, dass sich auf die Arbeitnehmergleichberechtigung im Sinne dieser Arbeit beziehende Gebiet des Arbeitsrechts, alle untersuchten Rechtssysteme übergreifend, einheitlich zu bestimmen. Dabei ergeben sich einige Abgrenzungsschwierigkeiten, insbesondere hinsichtlich des Arbeitnehmerbegriffes.

Das untersuchte, individuelle Arbeitsrecht regelt die Rechtsbeziehung zwischen Arbeitnehmer und Arbeitgeber[31], die durch Vertrag zustande kommt.[32]

---

[27] Inzident: *Maidowsky*, 17 ff.; *Nickel*, 22 f.
[28] *Nickel*, 22 f.; *Maidowsky*, 35 ff.
[29] *Huster*, AöR 1993, 109 ff.
[30] Dies wird durch die angegebenen Statistiken verdeutlicht.
[31] Im deutschen Recht: HzA, *Leinemann*, 195, Rdnr. 1; im europäischen Recht: Grabitz/ Hilf, *Randelzhofer/ Forsthoff*, Art. 39 EGV, Rdnr. 10; im südafrikanischen Recht: *Du Toit et al.*, 52 ff.

Regelungsgrundlage des Arbeitsrechts ist die unselbständige[33], fremdbestimmte[34], entgeltliche[35] Arbeit. Die Sonderstellung der Personen in diesem Vertragsgefüge wird vom Arbeitsrecht überwacht.[36] Trotz großer tatsächlicher Machtunterschiede der im Arbeitsrecht handelnden Parteien, sollen die allgemeinen Wertentscheidungen der Gesamtrechtsordnung im Arbeitsrecht verbindlich sein.[37]
In Deutschland ist das individuelle Arbeitsrecht der Begriff für den genannten rechtlichen Bereich, der durch die Schutzbedürftigkeit bestimmter Personen in der abhängigen Arbeit geprägt ist.[38]
Auf europäischer Ebene ergeben sich Besonderheiten. Obwohl Art. 140 EGV von *Arbeitsrecht* spricht, existiert keine allgemein verbindliche und anerkannte Definition von europäischem Arbeitsrecht. Es ist trotz dieser Schwierigkeiten möglich, die Definition von europäischem Arbeitsrecht weiter voranzutreiben, indem man den Arbeitnehmer in den Mittelpunkt dieses Rechtsgebietes stellt. Zu beachten ist, dass auf europäischer Ebene mehrere Arbeitnehmerbegriffe existieren. Im zu behandelnden Themengebiet steht der arbeitsrechtliche Arbeitnehmerbegriff im Mittelpunkt. Dieser ist auf europäischer Ebene weitgehend geklärt.[39]
Überdies ist es möglich einen gemeinsamen europäischen Ansatz hinsichtlich der Arbeitnehmergleichberechtigung festzustellen. Anhand der von der EU

---

[32] Im deutschen Recht: *Löwisch*, Arbeitsrecht, 1; *Lieb*, 1; HzA, *Leinemann*, 195, Rdnr. 1; Münchener Handbuch zum Arbeitsrecht, *Richardi*, § 6 Rdnr. 1(rechtsgeschäftliches Leistungsversprechen); *Zöllner/ Loritz*, § 11, 1; im europäischen Recht: *Fuchs/ Marhold*, 26 ff.; im südafrikanischen Recht: *Grogan*, 15 ff.

[33] Im deutschen Recht: Münchener Handbuch zum Arbeitsrecht, *Richardi*, § 6 Rdnr. 1; *Lieb*, 1; *Löwisch*, Arbeitsrecht, 2; die Fragestellung soll an dieser Stelle nicht weiter vertieft werden, angemerkt sei, dass das BAG weitergehende Anforderungen an die Abhängigkeit stellt als die Literatur: die persönliche Abhängigkeit wird als Kriterium des BAG verwendet, Staudinger, *Richardi*, Vor § 611 BGB, Rdnr. 139; im europäischen Recht: Schwarze, *Rebhahn*, Art. 136 EGV, Rdnr. 22; Callies/ Ruffert, *Brechmann*, Art. 39 EGV, Rdnr. 11, hier wird deutlich, dass das Kriterium der Abhängigkeit im europäischen Recht nicht so betont wird, wie im deutschen Recht; im südafrikanischen Recht: *Du Toit et al.*, 52 ff.

[34] Im deutschen Recht: *Lieb*, 2 ff.; Kasseler Handbuch zum Arbeitsrecht, *Leinemann*, 45, Rdnr. 140 ff. im europäischen Recht: Schwarze, *Rebhahn*, Art. 136 EGV, Rdnr. 19; Grabitz/ Hilf, *Randelzhofer/ Forsthoff*, Art. 39 EGV, Rdnr. 11; im südafrikanischen Recht: *Grogan*, 15 ff.

[35] Im deutschen Recht: *Schaub*, 199, Rdnr. 1; im europäischen Recht: Callies/ Ruffert, *Brechmann*, Art. 39 EGV, Rdnr. 13; im südafrikanischen Recht: *Grogan*, 15 ff.

[36] Im deutschen Recht: *Löwisch*, Arbeitsrecht, 8; im europäischen Recht: *Fuchs/ Marhold*, 1; im südafrikanischen Recht: *Du Toit et al.*, 52 ff.

[37] Im deutschen Recht: Staudinger, *Richardi*, Vorbem. § 611 BGB, Rdnr. 101; im europäischen Recht: *Fuchs/ Marhold*, 1; im südafrikanischen Recht: *Du Toit et al.*, 52 ff..

[38] Münchener Handbuch zum Arbeitsrecht, *Richardi*, § 1 Rdnr. 5 ff.

[39] Grabitz/ Hilf, *Randelzhofer/ Forsthoff*, Art. 39 EGV, Rdnr. 8 ff.; Callies/ Ruffert, *Brechmann*, Art. 39 EGV. Rdnr. 8 f.

erlassenen Richtlinien und der Neuerungen im Primärrecht kann eine Strategie erkannt werden, mit der die im europäischen Rahmen angestrebten Lösungen erarbeitet werden sollen.[40] Diese eigene europäische Strategie ist Ausdruck des allgemeinen Ansatzes, dass das europäische Arbeitsrecht nicht lediglich die Fortsetzung nationaler Arbeitsrechtskonzeptionen auf europäischer Grundlage ist.[41]
Auf südafrikanischer Ebene erschließt sich der für den Bereich der Arbeit entscheidende Begriff des *Arbeitsrecht* auf vergleichsweise einfache Weise. Die meisten südafrikanischen Gesetze enthalten in sec. 1 Definitionen der wichtigsten, den Gesetzen zu Grunde liegenden Begriffe. Der Employment Equity Act, das zentrale Gesetz zur Arbeitnehmergleichberechtigung, enthält ebenfalls eine derartige Liste. Diese definiert „Arbeitsrecht" als die Gruppe der Gesetze, deren Verwaltung dem Arbeitsministerium unterstellt ist.[42] Die Begriffe *Arbeitgeber* und *Arbeitnehmer*, die den vorliegenden Fragen zugrunde zu legen sind, werden an dieser Stelle ebenfalls definiert.
Ausgehend von der Begriffsebene *Arbeitsrecht* ist auf die zentralen Begriffe der nächsten Ebene, *Arbeitnehmer* und *Arbeitgeber* näher einzugehen.

1) Arbeitnehmereigenschaft (Problem: Abgrenzung: Arbeitnehmer – Beamter)

Der für die Arbeit maßgebliche Arbeitnehmerbegriff ist im Bezug auf das Problem der Gleichberechtigung zu klären. Begriffliche Spannungen, die aus Unterschieden in den drei verschiedenen Rechtssystemen herrühren, werden aufgezeigt. Ziel ist, Hindernisse aufzudecken, die einer umfassenden Geltung der Gleichberechtigungsregelungen entgegenstehen können.

In Deutschland wurde der Arbeitnehmerbegriff entwickelt, um den personellen Anwendungsbereich des Arbeitsrechts zu bestimmen.[43] Die arbeitsrechtliche Thematik wird in Deutschland im Rahmen des bürgerlichen Rechts behandelt. Es ergibt sich ein Bild des Arbeitsverhältnisses als auf den Austausch von Lohn und Arbeit gerichtetes, gegenseitiges Schuldverhältnis, welches in das allgemeine Vertragssystem des BGB eingebettet ist.[44] Dieser Gesichtspunkt ist

---

[40] Übersicht über grundlegende Richtlinien hinsichtlich der Entwicklung des EG Arbeitsrechts: Schwarze, *Rebhahn*, Art. 136 EGV, Rdnr. 26; Übersicht über Richtlinien auf dem Gebiet der Gleichbehandlung von Mann und Frau, Fuchs, *Bieback*, Art. 141 EGV, Rdnr. 5 ff.

[41] *Fuchs/ Marhold*, 3.

[42] Sec. 1 Employment Equity Act.

[43] Münchener Handbuch zum Arbeitsrecht, *Richardi*, § 7, Rdnr. 16 ff.; ausführlich: *Schaub*, 73 ff.

[44] HzA, *Leinemann*, 195, Rdnr. 5; Münchener Handbuch zum Arbeitsrecht, *Richardi*, 51, Rdnr. 18.

vor dem Hintergrund der Auswirkungen arbeitsrechtlicher Sonderregelungen auf das System des BGB beachtlich.[45]
Auf dem Gebiet des europäischen Rechts existiert keine gesetzliche Definition des Arbeitnehmerbegriffs.[46] Das europäische Recht ist weitgehend unter Berücksichtigung der Arbeitnehmerbegriffe der Mitgliedstaaten entstanden. In der Folge ist der Begriff auf Grund der Auslegung des EuGH auf europäischer Ebene vereinheitlicht worden.[47]
In Südafrika wird der Arbeitnehmer in sec. 1 Employment Equity Act definiert. Danach ist ein Arbeitnehmer im Sinne der Fragen der Arbeitnehmergleichberechtigung: *„[...] any person other than an independent contractor who--*
a) works for another person or for the State and who receives or is entitled to receive, any remuneration; and
b) in any manner assists in carrying on or conducting the business of an employer, [...]".

Bezogen auf das deutsche Recht ist fraglich, wie Personen, die in einem Beamtenverhältnis stehen, einzuordnen sind. Sie stehen im Gegensatz zu Arbeitnehmern in einem öffentlich-rechtlichen Dienst- und Treueverhältnis und nicht in einem privatrechtlichen Beschäftigungsverhältnis.[48]
Privatrechtliche Rechtsverhältnisse als Voraussetzung der Arbeitnehmereigenschaft sind in Deutschland als Unterscheidungskriterium entwickelt worden, um eine Abgrenzung zwischen Arbeitnehmern und Beamten zu ermöglichen. Das Arbeitsverhältnis wird auf diese Weise von anderen Rechtsverhältnissen unterschieden, in denen ebenfalls abhängige Arbeit geleistet wird, in denen aber eigene, besondere rechtliche Regelungen zum Tragen kommen. Beamte können gemäß dieser Unterscheidung nicht unter den traditionellen Arbeitnehmerbegriff gefasst werden.[49] Andererseits nehmen beispielsweise Angestellte des öffentlichen Dienstes eine Zwischenrolle zwischen den Beamten und den hergebrachten Arbeitnehmern ein. Sie sind grundsätzlich „echte", nicht

[45] Der in Deutschland hergebrachte Unterschied zwischen Arbeitnehmern und Angestellten wird in der Arbeit nicht verfolgt. Vergleichbare Ansätze finden sich auch in der Literatur: Kasseler Handbuch zum Arbeitsrecht, *Leinemann*, 11, Rdnr. 23, Arbeitnehmer = Arbeiter und Angestellte; *Junker*, 65, Unterscheidung heute „*hinfällig*".
[46] Schwarze, *Rebhahn*, Art. 136 EGV, Rdnr. 18; Grabitz/ Hilf, *Randelzhofer/ Forsthoff*, Art. 39 EGV, Rdnr. 8.
[47] EuGH Rs. 75/63, Slg. 1964, 379, 396 f. (Unger); EuGH Rs. 66/85, Slg. 1986, 2121, 2139, Rdnr. 20 (*Lawrie-Blum*; EuGH Rs. C-85/96, Slg. 1998, I-2691, 2719 (*Sala*).
[48] *Junker*, 1; *Schaub*, 117.
[49] Kasseler Handbuch zum Arbeitsrecht, *Leinemann*, 42, Rdnr. 128; *Junker*, 1.

dem Beamtenrecht unterliegende Arbeitnehmer.[50] Ihre Rechtsstellung ist lediglich in einigen Fällen derjenigen von Beamten angenähert, da sie mit Beamten zusammenarbeiten und teilweise die gleichen Aufgaben erledigen.[51]

Gemäß dieser rechtlichen Einteilung, ergibt sich in Deutschland folgendes Bild: Traditionelle Arbeitnehmer sowie Angestellte des öffentlichen Dienstes fallen direkt unter die Thematik der Arbeitnehmergleichberechtigung. Beamte fallen dagegen, da sie in einem öffentlich-rechtlichen Dienst- und Treueverhältnis stehen, begrifflich aus dem thematischen Bereich heraus.
Vor dem Hintergrund dieser historisch bedingten, dogmatisch geprägten Unterscheidung ist zu bezweifeln, ob eine, der begrifflichen Ausklammerung folgende, unterschiedliche Behandlung der Gleichberechtigungsprobleme von Beamten und Arbeitnehmern sachgerecht erscheint.

Ein Blick auf das europäische Recht vertieft die Problematik: Nach der Judikatur des EuGH zu Art. 39 EGV fallen Beamte ebenfalls unter den Arbeitnehmerbegriff.[52] Für die Art. 136 ff. EGV (insbesondere auch für Art. 141 EGV) gilt dasselbe.[53] Diese Vorgehensweise stützt der EuGH durch das Argument, dass der Arbeitnehmerbegriff im Rahmen des EGV einheitlich zu verwenden sei. Seien Sonderregelungen für den öffentlichen Dienst vorgesehen, so seien diese ausdrücklich als solche gekennzeichnet.[54] Die Sichtweise des EuGH kann weiter damit begründet werden, dass das europäische Recht grundsätzlich nicht danach unterscheidet, ob ein bestimmter von ihm geregelter Sachverhalt in den Mitgliedstaaten Gegenstand öffentlichen oder privaten Rechts ist.[55] Alle Streitigkeiten zu beamtenrechtlichen Einstellungsfragen in Deutschland, die dem EuGH zur Vorabentscheidung gemäß Art. 249 EGV vorgelegt wurden, hat der EuGH anhand der Richtlinie 76/207/EWG entschieden. Diese Richtlinie ist auf europäischer Ebene sowohl auf privatrechtliche als auch auf öffentlich-rechtliche Beschäftigungsverhältnisse anzuwenden.[56]

---

[50] *Schaub*, 117, 199:" *Sie schließen einen privatrechtlichen Arbeitsvertrag ab, die Tatsache, dass der Arbeitgeber der Staat ist, ist vor diesem Hintergrund unschädlich.*".

[51] *Schaub*, 117.

[52] EuGH Rs. 66/85, Slg. 1986, 2121, 2139, Rdnr. 20 (*Lawrie-Blum*); Schwarze, *Rebhahn*, Art. 136 EGV, Rdnr. 21; Fuchs, *Langer*, Art. 39 EGV, Rdnr. 4; Grabitz/ Hilf, *Randelzhofer/ Forsthoff*, Art. 39 EGV, Rdnr. 16, 25.

[53] Fuchs, *Langer*, Art. 141 EGV, Rdnr. 13 f.; Schwarze, *Rebhahn*, Art. 136 EGV, Rdnr. 21; ebenso: Richtlinie 76/207/EG, vgl: *Hanau/ Steinmeyer/ Wank*, Wank § 16, Rdnr. 195.

[54] Fuchs, *Langer*, Art. 141 EGV, Rdnr. 14, z. B. Art. 39 Abs. 4 EGV.

[55] Schwarze, *Rebhahn*, Art. 136 EGV, Rdnr. 21.

[56] *Fuchs/ Marhold*, 72.

Welche Auswirkungen hat die unterschiedliche Ausdehnung des Arbeitnehmerbegriffs in Deutschland und Europa auf die vorliegende Arbeit?
Auf europäischer Ebene bereitet die weite Ausdehnung des Arbeitnehmerbegriffs keine Probleme. Fraglich ist allein, wie die Tatsache zu beurteilen ist, dass dieser Begriff im deutschen Recht um den Bereich öffentlich-rechtlicher Dienstverhältnisse verengt ist. Zwischen öffentlich-rechtlichen Dienst- und privatrechtlichen Anstellungsverhältnissen besteht in Deutschland trotz des betonten Unterschiedes besonders im Bereich der Gleichberechtigungsproblematik eine Wechselwirkung. Diese ergibt sich aus dem europäischen Einfluss. Auf europäischer Ebene wird nicht anhand der deutschen Kriterien differenziert. Entscheidungen des EuGH im Bereich der öffentlich-rechtlichen Dienstverhältnisse werden unter Berücksichtigung des europäischen Arbeitsrechts gefällt und strahlen auf das deutsche private Arbeitsrecht aus. Fragen der Vereinbarkeit von deutschen Regelungen mit dem europäischen Recht werden vom EuGH anhand arbeitsrechtlicher Vorschriften überprüft, obwohl in Deutschland öffentlich-rechtliche Vorschriften einschlägig wären. Die Entscheidungen auf europäischer Ebene, die in dieser Gemengelage zwischen europäischem Arbeitsrecht und deutschem öffentlichen Recht liegen, können und müssen auf das private Arbeitsrecht übertragen werden. Dabei sind einschlägige privatrechtliche Besonderheiten zu überprüfen.
Öffentlich-rechtliche Arbeitsverhältnisse in Deutschland sind im Rückschluss soweit in den Problembereich der Arbeit aufzunehmen, als sie die Grundlage für Urteile des EuGH in diesen Bereichen gewesen sind. Dies gilt ferner für die Rechtsprechung im deutschen Recht, soweit sie mit den besagten Urteilen des EuGH in Zusammenhang steht.[57]

Die Literatur geht teilweise einen Schritt weiter. Sie fordert, deutsche privatrechtliche Regelungen auf Fragen anzuwenden, die Beamten betreffen, um zu einer weiteren Vereinheitlichung der Materie zu gelangen.[58]

Der südafrikanische Arbeitnehmerbegriff gleicht in seiner Ausdehnung auf „*person[s who work] for the State*“ dem europäischen Recht. Dies untermauert die Auffassung, dass der Unterscheidung zwischen privaten und öffentlichen Arbeitgebern im Bereich der Arbeitnehmergleichberechtigung keine entscheidende Rolle zukommen sollte. Die Weite des europäischen und des südafrikanischen Arbeitnehmerbegriffes ist bei den folgenden, auf das deutsche Recht bezogenen Überlegungen zu berücksichtigen.

---

[57] *Schiek*, ArbuR 1996, 133.
[58] Erman, *Hanau*, § 611 a BGB, Rdnr. 3, vertritt den Standpunkt, dass § 611 a BGB direkt auf Beamte anwendbar sei.

Schließlich eine übergreifende Anmerkung zum vertraglichen Hintergrund des Arbeitnehmerbegriffes: In allen untersuchten Rechtssystemen wird der Arbeitnehmer aus der vertraglichen Perspektive als der Vertragspartner des Arbeitgebers betrachtet.[59] Aus Sicht der Gleichberechtigung ist zu hinterfragen ob es wertungsgerecht ist, lediglich unter der Voraussetzung einer bestehenden vertraglichen Verbindung Diskriminierungsschutz zu gewähren. Personen, die in ein Beschäftigungsverhältnis eintreten wollen sind in vergleichbarem Maße schutzbedürftig. Sie sind aus dem Gesichtspunkt des umfassenden Schutzes Benachteiligter von den Gleichberechtigungsregelungen mit zu berücksichtigen, obwohl sie noch keinen Arbeitnehmerstatus besitzen.

Dieser Schritt wird in allen drei Rechtssystemen inhaltlich vollzogen.[60] Bewerber um Arbeitsplätze werden hinsichtlich der für sie einschlägigen Bereiche von den Anti-Diskriminierungsregelungen geschützt. Der Untersuchungsrahmen der Arbeit erweitert sich entsprechend.

2) Arbeitgebereigenschaft

Arbeitsrechtliche Regelungen beziehen sich auf die Arbeitgeber-Arbeitnehmer-Beziehung. Der Begriff *Arbeitgeber* ist als Korrelat zum Begriff *Arbeitnehmer* zu verstehen.[61] Diese Einordnung trifft auf alle zu untersuchenden Systeme zu. Die Bedeutung des Arbeitgebers im Rahmen dieser Arbeit ergibt sich aus seiner Rolle als Vertragspartner des Arbeitnehmers.[62]

In Südafrika wird innerhalb der Vorschriften zur praktischen Umsetzung von Affirmative Action zwischen Arbeitnehmern verschiedener Größe unterschieden.[63] Diese Regelungen werden an späterer Stelle im Detail erörtert.[64]

---

59 Im deutschen Recht: Münchener Handbuch zum Arbeitsrecht, *Richardi*, § 6, Rdnr. 1 ff.; *Steinmeyer/ Waltermann*, 1 ff.; im europäischen Recht: Grabitz/ Hilf, *Randelzhofer/ Forsthoff*, Art. 39 EGV, Rdnr. 10, 25; im südafrikanischen Recht: *Grogan*, 15 ff.; sec. 1 Employment Equity Act.

60 Im deutschen Recht: § 611 a Abs. 1 S. 2 BGB; § 611 b BGB; Münchener Kommentar, *Müller-Glöge*, § 611 b BGB Rdnr. 1; im europäischen Recht: Art. 3 Richtlinie 76/207/EWG; im südafrikanischen Recht: sec. 9 Employment Equity Act; *Cheadle et al.*, 1998, 51.

61 Im deutschen Recht: Staudinger, *Richardi*, Vorbem. § 611 BGB, Rdnr. 403; Kasseler Handbuch zum Arbeitsrecht, *Worzalla*, 21, Rdnr. 66 f., beschreibt die Konsequenzen die sich aus den Rollen Arbeitnehmer/ Arbeitgeber ergeben; *Steinmeyer/ Waltermann*, 6; im europäischen Recht: Callies/ Ruffert, *Brechmann*, Art. 39 EGV, Rdnr. 8; im südafrikanischen Recht: *Du Toit et al.*, 52 ff.

62 Im deutschen Recht: *Schaub*, 199, Rdnr.1 ff.; *Junker*, 55; im europäischen Recht: *Fuchs/ Marhold*, 2, der Arbeitnehmer sei aufgrund der unterschiedlichen wirtschaftlichen Macht der Vertragsparteien zu schützen; im südafrikanischen Recht: Sec. 1 Employment Equity Act.

63 Sec. 1 Employment Equity Act, „*designated employer*".

64 Siehe unten: 213 ff.

II. Begriffe aus dem Bereich der Arbeitnehmergleichberechtigung

Der folgende Teil klärt die im nationalen und internationalen Gebrauch teilweise inhaltlich unterschiedlich belegten Rechtsbegriffe im Bereich Diskriminierung. In dieser Arbeit werden die verwendeten Begriffe einheitlich, gemäß der im Folgenden gegebenen Definition gebraucht.

1) Diskriminierung

Der Inhalt des Begriffs *Diskriminierung* leitet sich zunächst aus seiner Bedeutung im alltäglichen Gebrauch ab. Er ist umgangssprachlich mit einer allgemein negativen Konnotation belegt und weist keinen direkten Zusammenhang zum rechtlichen Bereich auf.[65]
Im Rahmen dieser Arbeit wird Diskriminierung nicht im gesellschaftlich-moralischen Zusammenhang verstanden, sondern vor einem juristischen Hintergrund. Die Trennung zwischen diesen Ebenen ist schwer vorzunehmen. Kritische Ansichten in der Literatur zielen darauf ab, den Begriff *Diskriminierung* nicht zu verwenden.[66] In der Umsetzung treffen diese Ansichten auf praktische Probleme. Es ist in der Gleichberechtigungsdogmatik nahezu unmöglich den Begriff der Diskriminierung als juristischen Fachbegriff zu umgehen. Diesem Problem Rechnung tragend, sollte Diskriminierung in der juristischen Debatte als Begriff aus der demokratischen Verfassungssprache gesehen und als solcher verstanden werden.[67]
Vor der Diskriminierung liegt die Differenzierung. Differenzierung bedeutet, Personen anhand verschiedener Kriterien zu unterscheiden und in der Folge unterschiedlich zu behandeln. Eine Differenzierung wird zur Diskriminierung über das wertende Element.[68] Die Diskriminierung knüpft an Kriterien an, die nach gesetzlichen Wertvorstellungen nicht verwendet werden sollten. Differenzierungen sind gesetzlich wertneutral. Wird ein Kriterium in die Liste der gesetzlich nicht erwünschten Differenzierungskriterien aufgenommen, wandelt sich eine Differenzierung zur Diskriminierung.[69] Hinter diesem Prozess stehen die veränderten gesellschaftlichen Ansichten in einem bestimmten Bereich.

[65] *Nickel*, 69; dazu auch: *Van Niekerk*, CLL 1995, 105, 106.
[66] *Becker*, 1 ff.
[67] *Becker*, 2: Er sagt, die Verwendung des Begriffs der Diskriminierung ohne eine Trennung der juristischen und der moralischen Sprachebene sei eine unzulässige Strategie, die sich die Vermischung der Sprachebenen zunutze mache.; inhaltlich entsprechend: *Cheadle et al.*, 1995, 77 f.
[68] *Brassey*, EL 1994/ 95, 56.
[69] *Schlachter*, 10.

Im Zusammenhang mit dem südafrikanischen Diskriminierungsbegriff wird die genannte allgemeine Abgrenzung vor dem speziellen Hintergrund der südafrikanischen Geschichte um weitere Gesichtspunkte ergänzt. Diskriminierung und Differenzierung werden dort im speziellen Fall abgegrenzt.[70]

Auch Diskriminierung und Ungleichbehandlung sind nicht deckungsgleich. Eine Diskriminierung kann das Ergebnis einer Ungleichbehandlung sein/ in einer Ungleichbehandlung bestehen oder die Folge einer Gleichbehandlung sein, die wegen der unterschiedlichen Ausgangslage zweier Personen nicht hätte vorgenommen werden sollen.[71]

Diskriminierung kann in zwei unterschiedlichen Formen als unmittelbare Diskriminierung („direct discrimination") oder als mittelbare Diskriminierung („indirect discrimination") auftreten.[72] Die begrifflichen Unterschiede zwischen deutschem/ europäischen und südafrikanischem Recht sind kurz darzustellen.
Die erste Form von Diskriminierungshandlungen entspricht dem herkömmlichen Verständnis von Diskriminierung. Unmittelbare Diskriminierung bezeichnet im deutschen und europäischen Recht die auf Individuen bezogene, direkte nachteilige Behandlung.[73] Wird eine Person aufgrund ihres Geschlechtes oder ihrer Rasse diskriminiert, oder findet die Diskriminierung auf der Grundlage von Merkmalen statt, die für eine bestimmte Gruppe charakteristisch sind, so wird diese Diskriminierung im Rahmen der südafrikanischen Verfassung als direkte Diskriminierung bezeichnet.[74]
Die zweite Form von Diskriminierungshandlungen wird als mittelbare Diskriminierung bezeichnet. Eine Regelung wird im deutschen und europäischen Recht dann als mittelbar diskriminierend angesehen, wenn sie auf den ersten Blick neutral wirkt, weil sie abstrakt/ generell formuliert ist und zu formeller Gleichbehandlung führt, gleichzeitig aber materiell eine bestimmte Gruppe erheblich stärker belastet als eine andere.[75] Im europäischen Recht wird der

---

[70] Constitutional Court: *Harksen v. Lane*, 1997 (11) BCLR 1489 (CC), 49; *Brink v. Kitshoff*, NO 1996, (6) BCLR 609 (CC); *Larbi- Odam & Others v. MEC for Education (North-West Province) & Another*, 1997 (12) BCLR 1655 (CC); *East Zulu Motors (Pty) Ltd. v. Van der Linde & Another*, 1997 (6) BCLR 759 (CC); *Fraser v. The Children's Court Pretotia North & Others*, 1997 (2) SA 261 (CC); *Prinsloo v. van der Linde* 1997 (6) BCLR 759 (CC); *President of the Republic of South Africa v. Hugo*, 1997 (4) SA 1 (CC); anders: *Cachalia et al*, 28.

[71] *Schlachter*, 10.

[72] *Nickel*, 70 f. unterscheidet zusätzlich danach, wer benachteiligt wird und wer benachteiligt; *Tinarelli*, 17 ff.; *Krimphove*, 188 ff.; *Krämer*, 31 ff.

[73] *Nickel*, 71; ferner dazu: *Wisskirchen*, 7 ff.; *Ebsen*, RdA 1993, 12 ff.

[74] *De Waal/ Currie/ Erasmus*, 168.

[75] *Holznagel/ Schlünder*, Jura 1996, 519, 526; *Wisskirchen*, 7 ff.; *Krimphove*, 188 f.

Begriff der mittelbaren Diskriminierung von der Richtlinie 2000/43/EG[76] in Art. 2 b), von der Richtlinie 2000/78/EG[77] in Art. 2 b) und von der Richtlinie 2002/73/EG[78] in Art. 2 gesetzlich definiert.[79] In Südafrika wird mittelbare Diskriminierung angenommen, wenn eine Regelung als neutral[80] erscheint, in Wirklichkeit aber eine unproportionale Anzahl von Personen aus einer bestimmten Gruppe berührt.[81] Mittelbare/ indirekte Diskriminierung ist aufgrund ihrer versteckten Wirkung erheblich schwieriger festzustellen, als unmittelbare/ direkte Diskriminierung. Der eigentliche Grund für eine Ungleichbehandlung ist zunächst wertneutral. Erst durch die statistische Betrachtung der Auswirkungen einer Maßnahme auf verschiedene Gruppen lässt sich die diskriminierende Wirkung erkennen.

Die Diskriminierungsbegriffe in den unterschiedlichen Systemen decken sich zu großen Teilen. Diese Übereinstimmung ist nicht verwunderlich, da die Figur der mittelbaren Diskriminierung jeweils von der *„disparate impact“* Rechtsprechung des US Supreme Courts abgeleitet wird.[82] In der südafrikanischen Literatur werden Ansätze vertreten, die die strenge Trennung zwischen direkt und indirekt aufheben, und beide Formen lediglich als unterschiedliche Ausprägungen von Diskriminierung ansehen wollen.[83] Vergleichbare Tendenzen finden sich auch in der deutschen/ europäischen Literatur.[84]

---

[76] Richtlinie 2000/43/EG des Rates vom 29.06.2000 zur Anwendung des Gleichbehandlungsgrundsatzes ohne Unterschied der Rasse oder der ethnischen Herkunft.

[77] Richtlinie 2000/78/EG des Rates vom 27.11.2000 zur Festlegung eines allgemeinen Rahmens für die Verwirklichung der Gleichbehandlung in Beschäftigung und Beruf.

[78] Richtlinie des Europäischen Parlaments und des Rates vom 23.9.2003 zur Änderung der Richtlinie 76/207/EWG des Rates zur Verwirklichung des Grundsatzes der Gleichbehandlung von Männern und Frauen hinsichtlich des Zugangs zur Beschäftigung, zur Berufsbildung und zum beruflichen Aufstieg sowie in Bezug auf die Arbeitsbedingungen, ABlEG Nr. L. 269 v. 5.10.2002, S. 15.

[79] Die Richtlinien im Detail: *Bauer*, NJW 2001, 2672; *Nickel*, NJW 2001, 2668; *Hadeler*, NZA 2003, 77 f.

[80] Zum Beispiel Größen- oder Gewichtsbeschränkungen.

[81] *De Waal/ Currie/ Erasmus*, 168; *Adriaanse v. Swartklip Products* [1999] 6 BARL 649 (CCMA); detailliert: *Dupper*, ILJ 2000, 747 ff.

[82] Die Entstehung dieser Figur geht auf die Entscheidung *Griggs v. Duke Power Co.*, 401 U.S. 424 (1971) zurück. Der US Supreme Court hat die Figur des „disparate impact“ inzwischen in ständiger Rechtsprechung anerkannt. Diskriminierungen werden nicht von Motiv her betrachtet, sondern das Ergebnis einer bestimmten Maßnahme steht im Vordergrund, Erman, *Hanau*, § 611 a BGB, Rdnr. 7; entgegen der individualbezogenen unmittelbaren Diskriminierung ist die mittelbare Diskriminierung gruppenbezogen ausgerichtet, *Nickel*, 71; die deutsche Rechtsprechung zur mittelbaren Diskriminierung steht unter starkem inhaltlichen Einfluss der Rechtsprechung des EuGH, *Wisskirchen*, 7 ff.; *Ebsen*, RdA 1993, 12, 13; *Holznagel/Schlünder*, Jura 1996, 526; *Schlachter*, 76; *Sacksofsky*, 191; *Schiek*, AuR 1996, 130.

[83] *Albertine/ Kentridge*, SAJHR 1994, 149, 166 f.

[84] Fuchs, *Bieback* , Art. 141 EGV, Rdnr. 57.

Die eingehendere Differenzierung zwischen den beiden Diskriminierungsformen sowie der konkrete Umgang mit diesen Rechtsfiguren in den zu untersuchenden Systemen ist aus der Bearbeitung dieser Arbeit ausgeklammert.

2) Definition sonstiger Begriffe

a) Gleichberechtigung – Gleichstellung/ Gleichbehandlung[85]

Die Begriffe *Gleichberechtigung* und *Gleichstellung/ Gleichbehandlung* werden teilweise in der Literatur genutzt, um unterschiedliche Auffassungen hinsichtlich der Rolle des Staates zur Bewältigung der Diskriminierungsproblematik im Arbeitsrecht darzustellen. Alleine die Verwendung des einen oder anderen Begriffes kann Rückschlüsse auf die Haltung des Verfassers gestatten.[86]
Gleichberechtigung steht nach einer Auffassung für ein materielles Verfahren, das darauf zielt, die bislang benachteiligte Stellung einer Person auszugleichen. Dies setze voraus, dass die Personen tatsächlich verschieden seien, und an diese Unterschiede zuvor ungerechtfertigte Maßnahmen geknüpft worden seien.[87] Nach einer zweiten Ansicht bedeutet Gleichberechtigung, dass der Staat lediglich für die formelle rechtliche Ausgangsgleichheit der verschiedenen Personen zu sorgen habe.[88] Dem Begriff Gleichberechtigung sei kein darüber hinausgehender, materieller Inhalt beizumessen.[89] Beide Meinungen stimmen darin überein, dass das Ziel der Gleichberechtigung darin liegt, die benachteiligte Stellung einer unterprivilegierten Person aufzuheben.[90] Der materielle Gehalt des Begriffes, d.h. die Ausrichtung des Begriffes hin zu tatsächlichen Umständen, ist umstritten.
In dieser Arbeit soll Gleichberechtigung als umfassender, möglichst wertneutraler Begriff für Maßnahmen, die sich gegen Diskriminierung richten, verstanden werden. Aus diesem Hintergrund enthält der Begriff zwangläufig eine materielle Ebene, da die tatsächliche Situation das konkrete Gesicht dieser Maßnahmen beeinflusst. Eine Tendenz in Richtung einer der wertenden Auffassungen sowie eine Tendenz in Richtung einer der im Folgenden dargestellten allgemeinen Konzeptionen kann daraus nicht gefolgert werden. Gleichberechtigung soll - unabhängig von den dargestellten, abweichenden Auffassungen - ein, der Debatte zu Grunde liegender Auffangbegriff sein.[91]

---

[85] Umfassend zu den Inhalten: *Lautmann*, 9 ff.
[86] Wertende Verwendung bei: *Kokott*, NJW 1995, 1049 f.
[87] *Schlachter*, 9.
[88] *Gusy*, NJW 1988, 2505.
[89] *Gusy*, NJW 1988, 2505.
[90] *Schlachter*, 9; *Gusy*, NJW 1988, 2505.
[91] Ein großer Teil der Literatur verwendet die Begriffe entsprechend. Im Bereich der Gesetzgebung der Europäischen Gemeinschaft fällt auf, dass die Verwendung der Begriffe variiert. Dies kann mit der Übersetzung der offiziellen Texte zusammenhängen.

Gleichberechtigung werden die Begriffe *Gleichstellung* oder *Gleichbehandlung* gegenübergestellt. Diese Begriffe zielen direkt auf die materielle Ebene, die tatsächlichen Umstände ab. Sie fordern eine inhaltliche Ausrichtung, die zwischen zwei Personen voraussetzungslos keine Unterschiede macht.[92] Gleichstellung/ Gleichbehandlung drücken eine aktivere, lenkende und eingreifende Rolle des Staates aus. Dieser habe für eine faktische „*Gleichmachung*“ der verschiedenen Personen und dadurch auch der verschiedenen Personengruppen zu sorgen.[93] Gleichstellung/ Gleichbehandlung betonen das am Ende eines Prozesses stehende Ergebnis der Gleichheit.[94] Den Begriffen kann eine weitergehende Bedeutung hinsichtlich der Einordnung des Wertes der Gleichheit in das allgemeine Wertesystem beigelegt werden. Die Gleichheit wird zum Selbstzweck erhoben. Gleichheit wird nicht als ein, dem allgemeinen Wertesystem untergeordnetes Ziel angestrebt, sondern als übergeordnetes, primäres Hauptziel der Gesellschaft.[95]
Intensität und Ausrichtung der den Begriffen *Gleichstellung/ Gleichbehandlung* beigemessenen Inhalte empfehlen die Begriffe nicht als neutrale Grundlage einer sachlichen, rechtlichen Diskussion. Beide Begriffe sind trotz dieser Bedenken in Gesetzgebung, Rechtsprechung und Literatur gebräuchlich. Oftmals kann dem Kontext, in dem die Begriffe verwendet werden, keine den Begrifflichkeiten folgende inhaltliche Tendenz beigemessen werden. Auf die möglichen inhaltlichen Konsequenzen sei dennoch hingewiesen.

b) Positive Diskriminierung[96]

Eine Definition positiver Diskriminierung kann anhand des kleinsten gemeinsamen Nenners aller darunter fallenden Maßnahmen vorgenommen werden. Es handelt sich um Regelungen, die aktiv Benachteiligte fördern/ bevorzugen und über die Abschaffung diskriminierender Maßnahmen hinausgehen.[97] Voraussetzung von positiver Diskriminierung ist, dass in einer Gesellschaft verschiedene Personen/ Gruppen existieren, die unterschiedlicher Behandlung ausgesetzt sind. Die benachteiligten Personen/ Gruppen können aufgrund gesellschaftlicher Ungerechtigkeiten nur in eng eingegrenzten Arbeitsfeldern (zumeist Bereiche mit geringer Entlohnung) tätig werden. Diesen Personen/ dieser Gruppe werden im Wege positiver Diskriminierung weitere Tätigkeitsbereiche geöffnet. Der Staat nimmt aktiv Ungleichbehandlungen zwischen den verschiedenen Personen/ Personengruppen vor, die schon zuvor

---

[92] *Schlachter*, 9.
[93] *Schlachter*, 9.
[94] *Schlachter*, 10.
[95] *Schlachter*, 10.
[96] Oder: positive Maßnahmen.
[97] *Sacksofsky*, 234; *Maidowsky*, 100.

unterschiedlich behandelt wurden.[98] Um den gewünschten Erfolg zu erzielen, werden die Vorzeichen der Ungleichbehandlung umgekehrt.
Positive Diskriminierung soll nach der Theorie vorübergehend, während eines bestimmten Zeitraumes und in einem bestimmten Bereich angewendet werden und enden, sobald Gleichstellung erreicht ist.[99] An dieser Stelle tauchen Probleme auf. Fraglich ist zum einen, wie der Bereich zu fassen ist, in dem die Notwendigkeit positiver Diskriminierung beurteilt werden soll. Ist auf eine bestimmte Abteilung eines Betriebes abzustellen? Ist ein bestimmter Betrieb der relevante Maßstab, oder ist erst auf der Ebene z.B. eines Tarifgebietes eine Beurteilung möglich? Zum anderen ist zu fragen, anhand welcher Kriterien der Zeitraum zu beurteilen ist. Gibt es einen definitiven Endzeitpunkt, ab dem die verschiedenen Personen/ Gruppen ihrem eigenen Schicksal überlassen sind, da die Gleichstellung einmal erreicht war, oder beginnen die Maßnahmen von Neuem, wenn wieder Diskriminierungen zu beobachten sind? Was ist zu unternehmen, wenn bestimmte Maßnahmen über das anvisierte Ziel hinausschießen?
Die besondere Problematik der positiven Diskriminierung liegt darin, dass sie gleichzeitig in die Rechtssphären dreier Personen eingreift. Auf Arbeitnehmerseite werden die Rechtskreise der geförderten und der benachteiligten Person betroffen. Auf der anderen vertraglichen Seite wird in den Rechtskreis des die Arbeitsstelle anbietenden Arbeitgebers eingegriffen. Dieser wird in seiner Entscheidungsfreiheit eingeschränkt.[100] Die durch positive Diskriminierung verursachten Folgen sind für die Betroffenen unmittelbar und individuell spürbar. Die Folgen betreffen Einschnitte oder Vorteile in zentralen Bereichen des Lebens, am Arbeitsplatz, an der Ausbildungsstelle. Positive Diskriminierung stellt die Problematik der Gleichberechtigung in zugespitzter Weise dar. Fundamentale Wertungen der Rechtsordnung werden direkt berührt.

Problematisch ist weiter, ob positive Diskriminierung unterstellt, dass die benachteiligten Personen/ Gruppen nicht aus eigener Kraft dazu in der Lage seien, sich Zugang zu Bereichen zu verschaffen, die der privilegierten Gruppe vorbehalten sind.[101] Sollte man diese Wirkung im Rahmen von positiver Diskriminierung annehmen, bliebe das hinter positiver Diskriminierung stehende Ziel der Gleichberechtigung auf der Strecke, da bestimmte zuvor benachteiligte Personen/ Gruppen zwar in der Lage wären, bestimmte Arbeitsplätze zu erreichen, dies aber immer mit dem Makel der eigentlichen Unterlegenheit behaftet wäre.

---

[98] *Schiek*, ArbuR 1996, 128, 129.
[99] Staudinger, *Richardi/ Annuß*, § 611 a BGB, Rdnr. 46; *Maidowsky*, 40 ff.
[100] *Maidowsky*, 46.
[101] *Schlachter*, 10.

Positive Diskriminierung ist nur einer von mehreren Begriffen, die das dargestellte Problemgebiet umschreiben.[102] In dieser Arbeit soll positive Diskriminierung ohne tendenzielle Wertung verwendet werden, sie erscheint der in der Literatur gebräuchlichste Begriff zu sein.[103] In diesem Zusammenhang ist eine Anmerkung hinsichtlich des Verlaufs der juristischen Debatte um positive Diskriminierung zu machen. Aufgrund des besonderen Konfliktpotentials, welches positive Diskriminierungen bergen, handelt es sich um einen juristischen Bereich, der in starkem Maße von politischen Auffassungen und Zielsetzungen beeinflusst wird. Dies schlägt sich in Inhalt und Form vieler Veröffentlichungen zu diesem Thema nieder.

Maßnahmen positiver Diskriminierung lassen sich nach der Bindungsintensität unterscheiden. Der Normadressat kann durch Bestimmungen verpflichtetet werden, bestimmte bevorzugende Maßnahmen durchzuführen oder zu dulden („*imperativ*"). Der Normadressat kann auch über Sollensbestimmungen zu diesem Schritt bewegt werden, wobei zusätzlich Anreize gegeben werden können, um die entsprechenden Vorschriften zu unterstützen („*influenzierend*").[104]
Neben der Bindungsintensität lässt sich die „normative Härte" der Vorschriften abgestuft einteilen.[105] Es können starre oder flexible Vorgaben gegeben werden. Die unterschiedlichen Beispiele in diesem Bereich lassen an der Bandbreite der ergreifbaren Maßnahmen, von Fördermaßnahmen bis hin zu den verschieden ausgestalteten Quoten erkennen. Die Höhe der in den jeweiligen Regelungen vorgesehenen Werte kann ebenfalls variieren. Dies bewirkt eine Abstufung der quantitativen Wirksamkeit.

c) Affirmative Action

Affirmative Action ist das südafrikanische Pendant zu positiver Diskriminierung in Deutschland und Europa. Es wird definiert als: „*[...] preferential access to social resources for persons who are members of groups which have been previously disadvantaged by adverse discrimination*".[106]
Das Konzept von Affirmative Action ist darauf angelegt, einen signifikanten Einfluss auf die südafrikanische Arbeitnehmerstruktur auszuüben. Bestimmte Zielgruppen sollen von den ergriffenen Maßnahmen profitieren, während andere Gruppen durch Affirmative Action zwangsläufig in zentralen Bereichen ihres Lebens benachteiligt werden. Die südafrikanische Regierung hat sich zum Ziel gesetzt, die Ungerechtigkeiten der Vergangenheit aufzuheben und die systema-

[102] Sonst: umgekehrte Diskriminierung usw..
[103] *Maidowsky*, 40.
[104] *Maidowsky*, 43.
[105] *Maidowsky*, 43.
[106] *Smith*, (1992) 8 SAJHR, 234; ähnlich: *Cheadle et al.*, 1991/ 92, m.w.N.

tischen Benachteiligungen des Apartheidssystems rückgängig zu machen. Sie sagt: „*[The disparities stemming from the past] cannot be remedied simply by eliminating discrimination. Policies, programmes and positive action designed to redress the imbalances of the past are therefore needed.*“[107]
In diesem Sinne versteht auch die anhaltende Diskussion in der südafrikanischen Öffentlichkeit die rechtliche Debatte: Affirmative Action beginnt einen entscheidenden Einfluss auf das Leben vieler Südafrikaner auszuüben. Veränderungen in einem entscheidenden Lebensbereich, der täglichen Arbeit, stehen an.[108]
Nicht nur die öffentliche Diskussion, auch die rechtliche Debatte schlägt hohe Wellen. In einem Land, welches nach langen Jahren eines Apartheidssystems noch nach Bahnen der demokratischen Willensäußerung sucht, in dem die Folgen des vorherigen Systems noch intensiv zu spüren sind, verdeutlicht Affirmative Action die Risse in der Gesellschaft. Jedem, der mit der Umsetzung dieses Programms beschäftigt ist, muss deutlich sein, dass nicht nur auf rechtlicher Ebene, sondern auch im Hinblick auf das gesellschaftliche Umfeld mit großer Vorsicht vorgegangen werden muss. Dies gilt besonders hinsichtlich der Verankerung von Affirmative Action in der südafrikanischen Verfassung.
Im Südafrika nach der Apartheid sind alle arbeitsrechtlichen Gesetze an der neuen Verfassung des Landes zu messen. Aus diesem Grund kommt dem relevanten Abschnitt, sec. 9 (2) Constitution zentrale Bedeutung zu.[109]

In der südafrikanischen Literatur taucht ebenfalls die Frage nach der Geltungsdauer von Affirmative Action auf. Was soll passieren, wenn der Zustand der Arbeitnehmergleichberechtigung erreicht ist? Es wird als allgemeines Prinzip von Affirmative Action angesehen, dass es sich um eine temporäre Maßnahme und nicht um eine dauerhafte Umkehrung der Verhältnisse handele. Sobald der Zustand der Arbeitnehmergleichberechtigung erreicht sei, falle die Begründung und Rechtfertigung für Affirmative Action weg.[110] In der Zukunft liege ein

---

[107] Explanatory Memorandum to the Employment Equity Bill, General Note 1840 of 1997, 1. December 1997, Government Gazette 18481, 5.

[108] So auch eine Stellungnahme der *Labour Market Commission*, 434: „ *[Affirmative action] is not intended to promote cosmetic changes resulting from the hiring of a few members of disadvantaged groups into key positions, nor is it designed to promote black and woman employees into positions for which they are not qualified. Rather, it involves a systematic move towards promoting the employment and improving the labour market security of groups previously discriminated against, bolstered by the necessary education and training, and in co-ordination with extra-market reforms designed to reduce the degree of socio-economic disadvantage of the majority.*“; Levy, EED 1999, 1 ff.

[109] Sec. 9 (2) Constitution ermöglicht: „*legislative and other measures designed to protect or advance persons, or categories of persons disadvantaged by unfair discrimination*".

[110] *Garbers*, 281.

Wendepunkt, ab dem Affirmative Action nicht mehr notwendig sei.[111] Um diesen Punkt zu erreichen, sei Affirmativ Action notwendig. Missbrauch von Affirmative Action sei auf Grund der Verfassung nicht möglich. Sollte Affirmative Action fortgeführt werden, obwohl der Wendepunkt erreicht sei, würden die Maßnahmen nach südafrikanischem Verfassungsrecht unfaire Diskriminierung darstellen. An dieser Stelle ist problematisch, welche Kriterien verwendet werden können, um zu bestimmen, dass der genannte Wendepunkt erreicht ist. Sec. 42 Employment Equity Act enthält diesbezüglich gesetzgeberische Hinweise.[112]

Ein offensichtliches Hindernis, das der gleichmäßigen Verteilung aller Arbeitsmöglichkeiten in Südafrika entgegensteht, ist der dortige Fachkräftemangel. Anstellungen in gehobenen Berufen, Zugang zu Universitäten und Beförderungen können nur an Personen vergeben werden, die die vorausgesetzten Fähigkeiten oder die vorausgesetzte Bildung besitzen.[113] Würden Arbeitsplätze in großem Umfang Personen angeboten, die den ihnen in den Berufen gestellten Anforderungen nicht gewachsen seien, sehen Autoren die Gefahr, dass am Ende der Umverteilung keine größere soziale Gerechtigkeit, sondern eine Bedrohung für die soziale Ordnung stehen könnte.[114] Das Problem des Fachkräftemangels wurde vom südafrikanischen Gesetzgeber aufgegriffen. In sec. 20 (3) Employment Equity Act finden sich dahingehende Bestimmungen. In der Literatur werden die getroffenen Regelungen hart kritisiert.[115]
Die südafrikanische Regierung sieht das Problem der Arbeitnehmergleichberechtigung als gewichtig an. Diese hervorgehobene Stellung wirft die Frage auf, ob dem Anliegen der Gleichheit absolute, über allen anderen Werten einer funktionierenden Arbeitswelt liegende Priorität eingeräumt werden soll, kann und darf. Hinter dieser Frage steht die Überlegung, dass die Ziele von Affirmative Action nur in einer funktionierenden Volkswirtschaft erreicht werden können. Südafrika, international als „Schwellenland" angesehen, benötigt handlungsfähige Unternehmen, die sich in einem international geöffneten Markt bewegen können. Dazu werden effiziente und gut ausgebildete Arbeitnehmer gebraucht.[116] In den arbeitsrechtlichen Regelungen finden sich Hinweise darauf, dass der Gesetzgeber das Ziel der Arbeitnehmergleichberechtigung zwar als hervorgehobenes Ziel behandelt sehen möchte, es aber in den Rahmen einer allgemeinen Arbeitsmarktpolitik einbettet (Employment Equity Act, Preamble).

---

[111] *Klug*, SAJHR 1991, 317, 330.
[112] Siehe unten: 213 f.
[113] Guter Überblick: *Ngwena*, 1 ff., Schwerpunkt dort: Behinderungen („*disabled persons*").
[114] *Palk*, EED 1995, 3, 1 ff.
[115] *Brassey*, ILJ 1999, 1359 ff.
[116] *Smith*, (1992) 8 SAJHR, 234, 237, Versuch die Befürchtungen mit Hinweis auf die Affirmative Action unterstützende Rolle der Wirtschaft in Amerika zu entkräften.

Affirmative Action wird im englischsprachigen Bereich anders behandelt als positive Diskriminierung in der deutschen Diskussion.[117] Übereinstimmend ist festzustellen, dass Affirmative Action auch im englischsprachigen Raum als gesetzgeberische Maßnahme angesehen wird, die der Tatsache begegnet, dass trotz konstitutioneller Gleichheitsgarantien unterprivilegierte Gruppen existieren.[118] Der zentrale Unterschied ist, dass Affirmative Action im Gegensatz zu positiver Diskriminierung von einem anderen Hintergrund abstammt.
Ein kurzer geschichtlicher Überblick verdeutlicht die Problematik: Positive Diskriminierung stellt die deutsche Antwort auf gesetzgeberische Entwicklungen außerhalb Deutschlands, vor allem in den USA, dar. Im angloamerikanischen Raum stammt Affirmative Action aus dem Bereich der Rassendiskriminierung. Die Frauenbewegung hat sich den Begriff dort erst später zu eigen gemacht.[119] Positive Diskriminierung ist die sinngemäße Übersetzung des englischsprachigen Oberbegriffs in die deutsche Rechtssprache. In Deutschland/ Europa hat sich positive Diskriminierung weder auf begrifflicher noch auf inhaltlicher Ebene zu der Rechtsfigur entwickelt, die sie heute darstellt. Seit der Begriff in Deutschland/ Europa auftauchte, wird er zudem fast ausschließlich im Bereich der Geschlechterdiskriminierung verwendet.
Begriffe mit einem derartigen Hintergrund sollten lediglich unter besonderer Vorsicht benutzt und abweichende Besonderheiten ausdrücklich genannt werden. Konkret bedeutet dies, dass behutsam vorgegangen werden muss, sobald Affirmative Action aus dem Kontext der Rassenproblematik gelöst wird. Zweifelhaft ist, ob diesen Bedenken in Deutschland/ Europa Rechnung getragen wurde. Der Begriff *Affirmative Action* wurde vor dem deutschen/ europäischen Hintergrund in doppelter Weise auf neue Bereiche übertragen, ohne zu klären, ob er dafür passend ist. Folgende Fragen sind dabei in den Hintergrund geraten: Kann Affirmative Action neben der angestammten Verwendung in der Rassendiskriminierungsproblematik auch hinsichtlich der Geschlechterproblematik verwendet werden? Ist es zusätzlich möglich, den Begriff ohne Zusammenhang zu dem System, aus dem er theoretisch hergeleitet und in dem er in seiner ursprünglichen Bedeutung verwendet wurde, in einem neuen System zu verwenden?[120]

---

[117] *Maphai et al.*, 1 ff.
[118] *Peters*, 2 f.
[119] Der Kampf um Geschlechtergleichberechtigung konnte dabei die in der Rassengleichberechtigung geschlagenen Pfade benutzen, war andererseits aber eingeschränkt durch die vormalig benutzte Argumentation.
[120] Z.B. Probleme des gerichtlichen Prüfungsmaßstabes „*strict scrutiny*", die in Amerika eine Hauptrolle spielen, werden in Deutschland/ Europa nicht in diesem Ausmaß problematisiert.

Auch in Südafrika stellt sich ein Teil der aufgeworfenen Fragen. Affirmative Action wird in Südafrika hinsichtlich der Rassendiskriminierungs- und der Geschlechterdiskriminierungs-Problematik gebraucht. Dabei wird es in der Form verwendet, in der es in der amerikanischen Rechtstheorie entwickelt wurde. Teile der südafrikanischen Literatur begegnen dieser Übertragung mittels einer pragmatischen Sichtweise. Es wird gefragt, warum nicht ein rechtliches Mittel verwendet werden solle, das, obwohl in einem anderen Kontext entwickelt, viele südafrikanische Probleme lösen könne.[121] Es spiele lediglich eine untergeordnete Rolle, ob das Rechtsinstitut auf Probleme der Rassen oder der Geschlechterdiskriminierung angewandt werde.[122]
Andererseits wird darauf verwiesen, dass mit dem Schlagwort *Affirmative Action* eine je nach Kulturkreis und politischer Grundhaltung des Sprechers unterschiedliche konkrete Maßnahme gemeint sein könne. Als Beispiel wird die Affirmative Action-Politik des Nachbarlandes Zimbabwe genannt, die gänzlich andere Inhalte habe als ihr südafrikanisches Gegenstück.[123] An diesem Beispiel werde deutlich, dass Affirmative Action oftmals der situationsspezifische Versuch einer Regierung sei, die eigene politische Macht zu untermauern. Demnach ginge es z.B. in Amerika um schwarze Wählerstimmen und in Zimbabwe darum, Verbündeten der Regierung Belohnungen zukommen zu lassen.[124]

Affirmative Action ist nicht der einzige im angloamerikanischen Rechtskreis verwandte Begriff zu diesem Thema. In der Literatur finden sich weitere Begriffe wie „*affirmative discrimination*“, „*affirmative treatment*“, „*benign classification*“, „*benign treatment*“, „*preferential treatment*“, „*benign discrimination*“, „*reverse discrimination*“ und andere.[125] Zumeist werden die genannten Begriffe synonym verwendet. Die Wahl eines bestimmten Begriffes kann auch die Haltung des Verfassers ausdrücken.[126] Herauszugreifen ist der Begriff „*reverse discrimination*“. Dieser Begriff streicht den Widerspruch, der Maßnahmen positiver Diskriminierung begrifflich innewohnt, besonders deutlich heraus.[127]

[121] *Smith*, (1992) 8 SAJHR, 234, 235.
[122] *Rycroft*, ILJ 2001, 1411, 1414; *Smith*, (1992) 8 SAJHR, 234, 235; umgekehrt wird dies auch in der amerikanischen Theorie so vertreten: *Dworkin*, Kapitel 9.
[123] *Smith*, (1992) 8 SAJHR, 234, 240.
[124] *Smith*, (1992) 8 SAJHR, 234, 240.
[125] *Innes et al.*, 4.
[126] Die Verwendung von „reverse“ und „discrimination“ kann auf eine ablehnende Haltung des Verfassers hindeuten, die Verwendung von „affirmative“ und „treatment“ auf eine aufgeschlossene Haltung des Verfassers.
[127] *Fredman*, (1997) 113 L.Q.R., 576.

In dieser Arbeit wird der Begriff *Affirmative Action* in Bezug auf den angloamerikanischen Rechtskreis und in Bezug auf alle in Südafrika getroffenen Maßnahmen verwendet.[128] Dies geschieht wertneutral und ist nicht zugleich eine Aussage über Zulässigkeit oder Unzulässigkeit beschriebener Mittel und Wege.

Die Oberbegriffe *positive Diskriminierung/Affirmative Action* beschreiben die aktiv fördernde Rolle des Staates im abstrakten Sinn ohne Bezug zu der konkreten Umsetzung. Im folgenden Teil soll ein Überblick gegeben werden, über die Maßnahmen, die unter diesen Oberbegriffen als konkrete rechtliche Mittel möglich sind. Es ist notwendig, ein einheitliches methodisches Bild vom möglichen Vorgehen in den unterschiedlichen Systemen zu erhalten.

d) Fördermaßnahmen/ „remedial measures“

Allgemeine Fördermaßnahmen/ „remedial measures“ belasten/ bevorzugen die beteiligten Personen oder Gruppen im geringsten Ausmaße. Unter den Titel Fördermaßnahmen ist ein breiter Katalog von entlastenden, umschichtenden und unterstützenden Maßnahmen zu fassen. Im deutschen/ europäischen Rahmen sind dies: Unternehmen werden von frauenspezifischen Zusatzkosten entlastet, flexiblere Arbeitszeiten werden eingeführt, Teilzeittätigkeiten werden aufgewertet, die Rückkehr nach familienbedingter Berufsunterbrechung wird gefördert, Fortbildungen und Lehrgänge für benachteiligte Gruppen werden angeboten usw.[129]
In Südafrika setzen die möglichen Maßnahmen notwendigerweise auf einer früheren Ebene an: Schulen werden gebaut und mit qualifiziertem Personal ausgestattet, räumliche und örtliche Barrieren werden aufgehoben, öffentliche Verkehrsverbindungen werden geschaffen usw.[130]
Maßnahmen, die vorangegangene Bevorzugungen privilegierter Gruppen abbauen, werden in allen Systemen ebenfalls dem Bereich der Fördermaßnahmen zugeordnet. So können Sprachhindernisse entfernt oder Zugangsvoraussetzungen zu bestimmten Berufen vereinfacht werden.[131]
In Südafrika beziehen sich Fördermaßnahmen in erster Linie auf bessere Ausbildung und bessere Infrastruktur für die schwarze Bevölkerung. In Deutschland/ Europa zielen die Maßnahmen vorwiegend darauf ab, es Frauen zu ermöglichen Beruf, und Familie besser zu vereinbaren.
Allgemeine Fördermaßnahmen/ „remedial measures“ sind dadurch gekennzeichnet, dass sie nicht direkt in den Rechtskreis von Mitbewerbern eingreifen.

---

[128] Affirmative Action ist der in der dortigen Diskussion am häufigsten verwendete Begriff, *Sobel*, 1.
[129] *Schlachter*, JA 1994, 73; *Sacksofsky*, 167; *Raasch*, 76 ff.
[130] *Government Gazette* 18481, vol. 390, 1997, 12.
[131] *Government Gazette* 18481, vol. 390, 1997, 12 f.

Dies bedeutet nicht, dass Fördermaßnahmen vom Gleichberechtigungsstandpunkt aus als neutral zu bezeichnen wären. Die Maßnahmen knüpfen an vom Diskriminierungsverbot erfasste Kriterien an und widmen sich überwiegend der Förderung von Gruppen. Eine indirekte Belastung der vormals bessergestellten Personen ist aus mehreren Gesichtspunkten gegeben. Zum einen erhalten sie keine vergleichbaren Fördermittel, zum anderen werden sie, sollten staatliche Mittel knapp sein, Einschränkungen in anderen Gebieten hinnehmen müssen.
Die zentralen Unterschiede von allgemeinen Fördermaßnahmen/ „remedial measures" gegenüber den übrigen, noch zu nennenden Maßnahmen zeigen sich auf mehreren Ebenen. Allgemeine Fördermaßnahmen/ „remedial measures" beziehen sich in der Regel nicht auf die direkte Konkurrenzsituation um einen Arbeitsplatz. Statt dessen greifen sie im Vorfeld ein und ermöglichen bestimmten Personen/ Gruppen erst, in eine potentielle Konkurrenzsituation einzutreten. Ohne der allgemeinen theoretischen Debatte vorzugreifen, soll diese Wirkung grob als Angleichung der Startbedingungen beschrieben werden. Allgemeine Fördermaßnahmen/ „remedial measures" zeichnen sich zudem dadurch aus, dass durch die Maßnahmen konkret in bestehende Ungerechtigkeiten eingegriffen wird. So wird es z.B. den Bewohnern eines abgelegenen Townships durch öffentliche Verkehrsmittel ermöglicht, in zentrale Stadtteile zu gelangen. Eine konkrete, auf das vorherige ungerechte System zurückzuführende Benachteiligung wird aufgehoben. In den Rechtskreis der durch die Fördermaßnahmen Benachteiligten wird mittelbar und damit individuell weniger spürbar eingegriffen.
Allgemeine Fördermaßnahmen/ „remedial measures" werden dahingehend kritisiert, dass sie es den Betroffenen erschweren könnten, nach Auslaufen der Maßnahmen Arbeitsplätze zu finden, da Unternehmen dann nur noch bereit seien unter vergünstigten Bedingungen einzustellen.[132] Ferner gleiche die prinzipielle Stoßrichtung der Maßnahme, die sich von der passiven Rolle des Staates entferne, derjenigen intensiverer Maßnahmen, wenn nicht konkret bewiesene, individuelle Benachteiligungen aufgehoben würden.

e) Quotenregelungen/ „affirmative action measures"[133]

Die abstrakten Forderungen von positiver Diskriminierung/Affirmative Action werden weiter durch rechtliche Maßnahmen umgesetzt, die sich unter dem Begriff *Quotenregelung/ „affirmative action measures"* zusammenfassen lassen. Der Begriff *Quotenregelung* wird oftmals aus Gründen der Vereinfachung als

---

[132] *Raasch*, 80.

[133] Der Begriff Affirmative Action wird im südafrikanischen Sprachgebrauch in doppelter Weise, als Oberbegriff der theoretischen Forderungen und als Oberbegriff der möglichen praktischen Maßnahmen verwendet, z.B. *Government Gazette* 18481, vol. 390, 1997, 11; *Tinarelli*, 48 f.

einheitliches Schlagwort benutzt. Tatsächlich verbergen sich dahinter mehrere verschiedene rechtliche Gestaltungen, die untereinander vermischt werden können. Diese unterscheiden sich nach verfahrensgemäßer Ausgestaltung und der gewählten Bezugsgröße.[134]

Mit dem Begriff *Quotenregelung/ „affirmative action measures"* sind grundsätzlich Steuerungsmaßnahmen gemeint, die auf die Besetzung von Stellen direkt Einfluss nehmen. Damit unterscheiden sie sich von allgemeinen Fördermaßnahmen/ „remedial measures", die sich als politische Lenkungsmethoden im Vorfeld der Stellenbesetzung darstellen. Quotenmaßnahmen/ „affirmative action measures" können die direkte Bevorzugung einer Person aus einer zuvor benachteiligten Gruppe gegenüber einer Person aus einer zuvor bevorzugten Gruppe ermöglichen.[135] Darüber hinaus können sie die konkrete Bevorzugung einer bestimmten Gruppe gegenüber einer anderen Gruppe erlauben oder fordern. Dabei können die Maßnahmen von unterschiedlichen Bezugsgrößen ausgehen, d.h. sich an den prozentualen Bevölkerungsanteilen orientieren, an den prozentualen Anteilen in der erwerbsfähigen Bevölkerung, an den prozentualen Anteilen innerhalb bestimmter Berufszweige, Regionen usw.[136] Die Bezugsgröße ist, da sich je nach Richtwert unterschiedliche Beteiligungsgrade ergeben, elementarer Bestandteil jeder Regelung, die sich an statistischen Daten orientiert.

Quotenregelungen/ „affirmative action measures" können in zwei verschiedene Kategorien unterteilt werden. Zum einen sind Quoten denkbar, die sich unmittelbar auf das Ergebnis der Entscheidung auswirken. Diese sind als Ergebnisquoten zu bezeichnen.[137] Ihr Merkmal ist die Tatsache, dass allein das in der Quote angegebene Kriterium die Entscheidung herbeiführt. Unter die Kategorie Ergebnisquoten fallen starre Quoten/ „quotas" und Zielvorgaben/ „timetables".[138] Die genannten Quoten zeichnen sich dadurch aus, dass sich Bewerberleistungen in bestimmten Situationen nicht gegen das von der Quote angegebene Hauptkriterium durchsetzen können.

Zum anderen existieren Quoten, die den Entscheidungsprozess bei der Auswahl von Bewerbern mittelbar beeinflussen. Diese werden als Entscheidungsquoten bezeichnet.[139] Merkmal dieser Quoten ist die Tatsache, dass das in der Quote angegebene Kriterium lediglich ein Hilfskriterium neben der fachlichen Leistung des Bewerbers ist. Entscheidungsquoten sind als leistungsbezogene

---

[134] HzA, *Weber*, 347 f.

[135] *Raasch*, 47 f.; *Sacksofsky*, 167; Schlachter, JA 1994, 73.

[136] Übersicht: *Pfarr/ Bertelsmann*, 94 f.

[137] *Pfarr/ Bertelsmann*, 92; *Hanau*, Gedächtnisschrift für Lüderitz, 421, 422; HzA, *Weber*, 348, gelangt inhaltlich zu diesem Ergebnis, vertauscht allerdings die Begrifflichkeiten.

[138] *König*, DÖV 1995, 837, 842.

[139] *Pfarr/ Bertelsmann*, 93; *Hanau*, Gedächtnisschrift für Lüderitz, 421, 422.

Quoten/ „tie-breaker“ möglich.[140] Bewerberleistungen sind zunächst ausschlaggebend für die Besetzung von Stellen. Sollten sich die Bewerberqualifikationen entsprechen, greift das in der Quote vorgesehene Hilfskriterium.

Legt man die getroffene Einteilung zugrunde, ergibt sich folgendes Bild:

aa) Starre Quote/ „quota“

Eine starre Quote/ „quota“ setzt einen festen Prozentsatz von Bewerbern der privilegierten und benachteiligten Gruppen fest. Die zur Verfügung stehenden Plätze sind gemäß dieses festgesetzten Satzes zu verteilen.[141]
Mit der Einführung starrer Quoten/ „quotas“ sind einige Probleme verbunden. Starre Quoten/ „quotas“ stellen nicht primär auf die Eignung des Bewerbers bei der Einstellung ab.[142] Daraus ergibt sich der Hauptkritikpunkt. Die Ergebnisse der Quotierung kollidieren mit den formalen Gleichheitsgarantien der Anti-Diskriminierungsgesetze. Ferner wird befürchtet, dass die Qualität der in der Wirtschaft geleisteten Arbeit unter einer solchen Quote leiden könnte.[143] Dieses Argument gewinnt an Stärke, wenn wie in Südafrika, die Mitglieder der privilegierten und benachteiligten Gruppe unterschiedlich gute Ausbildungen genossen haben.
Starre Quoten/ „quotas“ sind ausschließlich auf die unterschiedlichen Gruppen bezogen. Die hinter den Gruppen stehenden Individuen werden lediglich über die Zugehörigkeit zu diesen Gruppen berücksichtigt. Daraus ergibt sich ein weiterer Kritikpunkt, der mit dem Stichwort „over-/ underinclusiveness“ bezeichnet werden kann. Damit ist gemeint, dass starre Quoten/ „quotas“ möglicherweise an den Bedürfnissen der Individuen vorbeigehen.
Durch starre Quoten/ „quotas“ wird am intensivsten in den Rechtskreis der Mitglieder der vormals privilegierten Gruppe eingegriffen. Die Quotierung kann durch individuelle Qualifikation nicht umgangen werden, da es auf die persönliche Leistung nicht ankommt. Aus dieser intensiven Betroffenheit wird die sogenannte „innocent white/ male victim“-Problematik abgeleitet.
Die Entscheidungsfreiheit des Arbeitgebers wird stark beschnitten. Er kann lediglich Entscheidungen treffen, die dazu dienen, die Quote zu erreichen. Durch diesen Eingriff in die Rechte des Arbeitgebers kollidieren Quoten mit der Privatautonomie.

---

[140] *König*, DÖV 1995, 837, 842.
[141] *Maidowsky*, 43 f.; Schlachter, JA 1994, 73; *Rosenfeld*, 45 f.; *Palk*, EED 1996, 2, 6 f.
[142] *Hanau*, Gedächtnisschrift für Lüderitz, 421, 422.
[143] *Palk*, EED 1995, 3, 1 ff.; *Palk*, EED 1996, 2, 6 f.; *Innes et al.*, 13 f.

Starre Quoten sind in Deutschland/ Europa hinsichtlich der Vergabe von Ausbildungsplätzen im öffentlichen Dienst im Gespräch.[144] In Südafrika sind „quotas" im EEA nicht vorgesehen (sec. 15 (3) EEA). Dennoch gibt es Anwendungsfälle. Starre Quoten werden von den dortigen Sportverbänden SARFU (South African Rugby Football Union) und UCB (United Cricket Board of South Africa) benutzt. Sie dienen der Auswahl der Spieler der Rugby und Cricket Profiligamannschaften und bei der Zusammenstellung der Nationalmannschaften in diesen Sportarten. Der Direktor des United Cricket Board, Percy Sonn, äußerte sich anlässlich einer Auftaktveranstaltung für eine Reihe von Länderspielen der südafrikanischen Nationalmannschaft wie folgt: *„At this point of time winning is not all that matters for South Africa*".[145] Diese Aussage kann als sinnbildlich verstanden werden für den Charakter von starren Quoten. Das durch die Quote verfolgte Ziel der Gleichheit wird in den Mittelpunkt gesetzt, andere Belange in den betroffenen Bereichen von dieser Gewichtung verdrängt.

Der EEA benutzt sogenannte „numerical goals" (sec. 15 (3) EEA) oder auch „targets". Diese Variante von starren Quoten/ „quotas" fällt ebenfalls unter die Kategorie Ergebnisquote. Der Unterschied zwischen starren Quoten/ „quotas" und „numerical goals" liegt in der Entstehung der eigentlichen Zahlenquote und damit in der Bezugsgröße. Starre Quoten/ „quotas" werden gesetzlich festgelegt und beruhen auf einer zentralen Erfassung der statistischen Daten. „Numerical goals" werden von dem jeweiligen Unternehmen festgelegt, für welches die Zahlen in der Folge verbindliche Vorgabe werden. Ihnen liegen die konkreten Fakten des Unternehmens zugrunde (sec. 20 (2) EEA).

bb) Leistungsbezogene Quote/ „tie-breaker"

Die leistungsbezogene Quote/ „tie-breaker" soll Mitgliedern einer benachteiligten Gruppe ermöglichen, in Bereiche vorzudringen, die bislang trotz gleicher Qualifikationen Mitgliedern der anderen Gruppe vorbehalten waren. Gemäß der Regelung einer leistungsbezogenen Quote/ eines „tie-breakers" steht den Mitgliedern der benachteiligten Gruppe ein Anspruch auf bevorzugte Einstellung zu, wenn sie und die Bewerber der privilegierten Gruppe gleich qualifiziert sind.

Grundsätzlich stellen sich bei dieser Art von Quoten die gleichen Probleme, die bei starren Quoten/ „quotas" erwähnt wurden. Der Eingriff in die Rechte von Personen aus der abgelehnten Gruppe ist geringer, da die Zugehörigkeit zu einer

[144] Weitergehender: Entwurf eines Quotierungsgesetzes der Grünen von 1990, BT-Drucksachen 11/ 3266.

[145] Rede des Direktors des South African National Cricket Board anlässlich des Beginns der Australien Tour der südafrikanischen Nationalmannschaft, Anfang November 2001, www.mg.co.za.

der Gruppen nicht als primäres Merkmal einfließt. Sie wird als Hilfskriterium verwendet, sollte eine Entscheidung nach Leistungsgesichtspunkten nicht möglich sein.[146] Tritt eine Situation ein, in der gleich qualifizierte Bewerber aufeinandertreffen, wird aber ebenfalls in die Rechte des aus der privilegierten Gruppe stammenden Bewerbers eingegriffen.[147]

Die Entscheidungsfreiheit des Arbeitgebers wird im Falle einer Pattsituation ebenfalls berührt. Er hat, statt sich auf von ihm ausgewählte Hilfskriterien zu beziehen, das in der Quote vorgesehene Hilfskriterium zu benutzen. Gegen leistungsbezogene Quoten wird diesbezüglich vorgebracht, dass sie in der Praxis wenig erfolgversprechend seien. Der Arbeitgeber könne sich der Wirkung der Quoten entziehen, indem er die von ihm an den Bewerber gestellten Merkmale so ausrichte, dass sie auf den letztlich ausgewählten Bewerber passten.[148] Ferner wird gefragt, wie oft es vorkommen könne, dass zwei identisch qualifizierte Bewerber aufeinander träfen.[149] An dieser Stelle berühren leistungsbezogene Quoten/ „tie-breaker" einen im Rahmen der Stellenvergabe generell kritischen Punkt, da gefragt wird, welche Kriterien bei der Beurteilung eines Stellenbewerbers einfließen müssen oder dürfen.[150]

Leistungsbezogene Quoten sind in Deutschland/ Europa gebräuchlich. Stellenvergaben im öffentlichen Dienst in vielen deutschen Bundesländern wurden/ werden anhand von leistungsbezogenen Quoten gehandhabt. Dies hat zu vielen Diskussionen in der Literatur und zu einer Vielzahl gerichtlicher Urteile geführt.[151] In Südafrika sind leistungsbezogene Quoten ebenfalls von Interesse, da sie als zentrales Gestaltungsmittel im EEA vorgesehen sind.

cc) Zielvorgaben/ „timetables"

Zielvorgaben[152]/ „timetables" greifen nicht direkt in die einzelne Einstellungsentscheidung des Arbeitgebers ein. Sie legen eine über einen bestimmten, längeren Zeitraum zu erreichende Vorgabe fest, anhand derer die bis zu diesem Zeitpunkt frei werdenden Stellen zu vergeben sind.[153] Die inhaltlich (quantitativ) in den Zielvorgaben/ „timetables" vorgesehenen Quoten entscheiden über die Intensität des bewirkten Eingriffes. Die Wirksamkeit von Zielvorgaben/

---

[146] *König*, DÖV 1995, 837, 842; *Hanau*, Gedächtnisschrift für Lüderitz, 421, 422 f., die Verwendung unterliege gerichtlicher Prüfung.
[147] HzA, *Weber*, 348; *Schlachter*, JA 1994, 73.
[148] *Schlachter*, JA 1994, 74.
[149] *Schlachter*, JA 1994, 74.
[150] *Herrmann*, ZfA 1996, 19, 26 ff.
[151] Z.B.: OVG Schleswig Holstein 06.03.1998, NVwZ-RR 1999, 261; OVG Saarland 11.01.1998, EuroAS 1998, 33; OVG Rheinland-Pfalz 29.06.1999, DVBl 1999, 1445.
[152] Auch: Förderpläne.
[153] Maidowsky, 43; Schlachter, JA 1994, 74; *König*, DÖV 1995, 837, 841; *Palk*, EED 1996, 2, 6.

„timetables" hängt davon ab, ob sie verbindlich ausgestaltet oder lediglich als Richtvorgaben anzusehen sind.[154] Sollten vor Ablauf der Vorgabefrist noch nicht alle in der Zielvorgabe/ im „timetable" zu besetzenden Stellen vergeben sein, kann es zu direkten Benachteiligungen von Personen aus der privilegierten Gruppe kommen. Dieser Eingriff ist von stärkerer Qualität als bei den leistungsbezogenen Quoten, da der Arbeitgeber die Vorgabe erfüllen muss und nicht mehr auf Leistungskriterien achten kann. Der individuelle Bewerber kann sich in dieser Situation dem Vorgabekriterium nicht mehr entziehen.
Der Arbeitgeber kann sämtliche Einstellungsentscheidungen grundsätzlich frei treffen. Er muss sich dabei im Rahmen der Zielvorgabe/ des „timetable" bewegen. Die Entscheidungen werden auf diese Weise nicht individuell bestimmt, sondern alle innerhalb eines bestimmten Zeitraumes getroffenen Entscheidungen werden in eine bestimmte Richtung gelenkt.
Eine Zielvorgabe/ ein „timetable" kann, wenn mit entsprechenden Vergünstigungen verbunden, einen Anreiz für den Arbeitgeber darstellen, sich um gut qualifizierte Bewerber aus der benachteiligten Gruppe zu bemühen.[155] Die Zielvorgabe/ der „timetable" kann aber auch zu einem Unterangebot entsprechender Bewerber am Markt führen. Dies treibt zunächst die Gehälter der verfügbaren, den Vorgaben entsprechenden Bewerber in die Höhe. Sind keine entsprechenden Bewerber mehr verfügbar, sind Arbeitgeber gezwungen, auf unterqualifizierte Personen zurückzugreifen, die den Vorgaben entsprechen, oder sie müssen gegen die Zielvorgaben/ „timetables" verstoßen. Problematisch ist ferner, eine vernünftige inhaltliche Ausgestaltung der Zielvorgaben/ „timetables" zu erreichen.
In Deutschland/ Europa haben Zielvorgaben über die Gleichstellungsgesetze des öffentlichen Dienstes Einzug in die Diskussion in Rechtsprechung und Literatur gehalten.[156] In Südafrika spielen „timetables" ebenfalls eine entscheidende Rolle. Der EEA sieht als zentrale Verpflichtung der Arbeitgeber vor, dass diese einen Employment Equity Plan zu erstellen haben (sec. 20 EEA). Dieser beinhaltet die Strategie eines Unternehmens hin zu mehr Arbeitnehmergleichberechtigung. Die Wirksamkeit dieser Strategie lässt sich anhand des vom Arbeitgeber aufgestellten „timetable" erkennen. Ferner kann auf diese Weise kontrolliert werden, ob sich der Arbeitgeber plangemäß verhalten hat.

dd) Quoten bei Vorliegen einer Mindestqualifikation/ „Plus-Factor"

Ein Sonderfall innerhalb der Systematik der Quoten sind die Quoten bei Vorliegen einer Mindestqualifikation.[157] Gemäß der Herangehensweise handelt

[154] *König*, DÖV 1995, 837, 842.
[155] *Schlachter*, JA 1994, 74.
[156] Siehe z.B.: § 5 Abs. 3 und 4 Hessisches Gleichberechtigungsgesetz.
[157] *König*, DÖV 1995, 837, 841.

es sich bei ihnen um einen Unterfall der leistungsbezogenen Quoten. Personen einer bestimmten Gruppe werden bis zu einer bestimmten Quote bevorzugt, sobald sie eine notwendige Mindestqualifikation besitzen.
Quoten bei Vorliegen einer Mindestqualifikation können sowohl als Entscheidungsquoten als auch als Ergebnisquoten angesehen oder ausgestaltet werden. Dies hängt vom Charakter der Vorzugsregelung ab. Ist vorgesehen, dass bestimmte Personen zwangsläufig vorgezogen werden, sobald sie eine festgelegte Qualifikationsmarke erreicht haben, so handelt es sich um modifizierte Ergebnisquoten. Zwar spielen Bewerberleistungen eine Rolle, sie können aber in bestimmten Konstellationen die Quotenvorgaben nicht mehr verdrängen. Sieht die Regelung hingegen vor, dass Bewerber einer bestimmten benachteiligten Gruppe mit in den Entscheidungsprozess einbezogen werden, wenn sie eine festgelegte niedrigere Qualifikation erreichen, so handelt es sich um eine modifizierte Entscheidungsquote.
In Südafrika wird ein vergleichbares System diskutiert, sogenannte „Plus-Factor"-Regelungen. Nach diesem System wird zunächst ein vergleichender Test nach dem Leistungsprinzip durchgeführt. Personen aus benachteiligten Gruppen erhalten daraufhin einen Bonus, den „Plus-Factor". In einem dritten Schritt wird eine vergleichende Auswahl vorgenommen. „Plus-Factor"-Regelungen sind vergleichbar mit der oben erwähnten Quote bei Vorliegen einer Mindestqualifikation in der Version einer modifizierten Entscheidungsquote.

ee) Haushaltsvorbehalte/ „Reservations"

Schließlich ist auf eine letzte Form von positiver Diskriminierung/Affirmative Action hinzuweisen, die sogenannten Haushaltsvorbehalte/ „Reservations".[158] Der Begriff Haushaltsvorbehalt zeigt die deutschen Wurzeln der Maßnahme im öffentlichen Recht. Eine dem Haushaltsvorbehalt/ der „Reservation" entsprechende Problematik im Privatrecht ist in geschlechts-/ rassenbezogenen Stellenausschreibungen oder Finanzierungsvorbehalten zu finden.[159] Hinter diesem Begriff verbirgt sich die Ausschreibung einer bestimmten Stelle lediglich für ein Geschlecht/ eine Rasse, d.h., die Stelle wird lediglich dann vergeben/ Mittel für die Stelle werden lediglich dann bereitgestellt, wenn sie tatsächlich mit einem weiblichen/ schwarzen Bewerber besetzt wird. Die Besonderheit eines Haushaltsvorbehaltes/ einer „Reservation" zeigt sich darin, dass im Rahmen der Einstellungsentscheidung keine Diskriminierung wegen des Geschlechts/ der Rasse mehr stattfinden kann. Rasse und Geschlecht stellen auf dieser Ebene keine unterscheidungsfähigen Kriterien mehr dar, da dahingehende Unterschiede schon vorher „ausgesiebt" wurden. Die Unterscheidung nach Rasse/ Geschlecht wird auf die Ebene der Stellenausschreibung vorverlagert. Aus den genannten

[158] Dazu: *Tetzel*, NJW 1998, 2336.
[159] *Hanau*, Gedächtnisschrift für Lüderitz, 421 ff.

Gründen ist es schwierig, die Maßnahme in die obige Systematik einzuordnen. Die Wirkungsintensität eines derartigen Vorgehens ist vergleichbar mit der Intensität starrer Quoten. Die Maßnahme setzt jedoch früher an, da Bewerber, die nicht das geforderte Rassen/ Geschlechtsmerkmal aufweisen können, keine Berücksichtigung für den eigentlichen Auswahlprozess erhalten.

III. Existenz grundlegender Diskriminierungsmuster

Im folgenden Teil wird nach der Existenz allgemeiner Diskriminierungsmuster gefragt. Die Grundlagen der Diskriminierung werden genauer betrachtet. Hintergründe für Geschlechter- und Rassendiskriminierung werden gesucht. Das Hauptaugenmerk gilt dabei der Frage nach möglichen Gründen und daraus abgeleitet nach möglichen Rechtfertigungen.

1) Grundlagen der Diskriminierung

Die Frage nach der Gleichberechtigung von Männern und Frauen in der Arbeitswelt in Deutschland/ Europa stellt (lediglich) einen Teilbereich der gesamten Problematik dar.[160] Sie wird von einer Vielzahl anderer Bereiche umrahmt und beeinflusst. Probleme der Kindererziehung hängen mit der Berufstätigkeit unmittelbar zusammen. Der Kinderwunsch und der Wunsch, die Kinder zu erziehen, kann der Karriereplanung hinderlich sein. Daneben gibt es eine Vielzahl anderer Belange, in denen Frauen Nachteile zu überwinden haben.[161]
Einige Probleme aus diesen Bereichen können nicht völlig ausgeklammert werden, da sie mit arbeitsrechtlichen Problemen in eine Wechselwirkung treten. Familienrechtliche Fragen sind ein gutes Beispiel. Eines der zentralen Probleme in Deutschland ist, wie es gelingen kann, Arbeitnehmerstatus und Haushalts- und Familientätigkeit einer Person (heute in der Regel noch: einer Frau) auf einen Nenner zu bringen.[162] Frauen die mit der Rolle als Hausfrau und Mutter belastet sind, sind in zeitlicher und räumlicher Weise eingeschränkt. Sie können nicht das gleiche Ausmaß an Energie für die Arbeit verwenden, wie Männer in vergleichbarem Alter ohne eine solche Doppelbelastung. In der Literatur wird gefordert, Arbeitnehmergleichberechtigung müsse angesichts dieser Tatsachen auf ausgleichende Familienpolitik abzielen.[163] Hierbei sei zu beachten, dass nur solche Maßnahmen helfen würden, den geschlechtsspezifisch aufgeteilten Arbeitsmarkt zu durchbrechen, die von Männern und Frauen gleichmäßig

---

[160] *Raasch*, 21 ff.; Di *Fabio*, AöR 1997, S. 404, 414.
[161] *Di Fabio*, AöR 1997, 404, 420 ff.; *Fredman*, 7 ff.
[162] *Kokott*, NJW 1995, 1049 f.
[163] *Schlachter*, JA 1994, 73.

angenommen würden.[164] Frauen und Männer müssten in der Lage sein zu wählen, ob sie als Hausfrau/ -mann und Mutter/ Vater leben wollten, oder ob sie ein Arbeitsverhältnis eingehen wollten; dies eventuell zusätzlich zu der Haushaltstätigkeit. Ein zentraler Ansatz sei, mit Anreizen den Schritt beider Eltern dahin, Familie und Beruf zu vereinbaren, zu fördern. Auf diese Ebene gehöre auch die Einbeziehung Kinderloser in den gemeinsamen „*Solidartopf*".[165]
Schließlich ist auf die Folgen hinzuweisen, die eine fehlende Abstimmung von Familienpolitik und Arbeitnehmergleichberechtigung haben kann. In einer Situation, in der Frauen nicht mehr alleine die Lasten der Kindererziehung tragen wollen/ können und in der Männer nicht dazu bereit/ in der Lage sind, mehr von dieser Aufgabe zu übernehmen, gerät ein zentraler Pfeiler der Gesellschaft ins Wanken. Familienpolitik, die der Berufsförderung beider Geschlechter untergeordnet ist, vernachlässigt die Sorge um die nächste Generation.
Zwei Lösungen des dargestellten Konflikts bieten sich an. Einerseits könnten Familien gefordert sein, mit den neuen Problemen umzugehen, diese aufzufangen.[166] Partner wären gefordert, bei der Karriereentwicklung mehr Flexibilität zu zeigen. Andererseits könnte der Arbeitsprozess diesen Konsequenzen steuernd und abmildernd entgegenzutreten haben.[167] Der Staat und die Arbeitgeber wären gefordert, mit neuen Arbeitskonzepten die Paare, die gleichberechtigte Karriereplanung wollen, zu unterstützen.[168]

Die Situation in Südafrika lässt sich folgendermaßen beschreiben. Die Auswirkungen des Apartheidssystems sind dort in vielen Aspekten des täglichen Lebens zu spüren.[169] Diese Ungleichheiten zeigen sich besonders deutlich hinsichtlich der Rassenunterschiede, aber auch in den Bereichen Geschlecht und Behinderung.[170]
Viele der Ungleichheiten, die heute an den Arbeitsplätzen zu finden sind, sind Ergebnisse diskriminierender Gesetze aus der Vergangenheit. In diesen wurden Schwarze und Frauen sowie Personen mit Behinderungen[171] bewusst aus Schlüsselpositionen, Ausbildungsprogrammen usw. herausgehalten. Schwarzen Personen war es ursprünglich nicht erlaubt, sich gewerkschaftlich zu organisieren. Das Arbeitsleben war in Richtung der größtmöglichen Trennung zwischen Schwarzen und Weißen strukturiert. Diese Trennung setzte sich im

[164] *Raasch*, 21 ff.; Pfarr, ZRP 1994, 309, 311, 313.
[165] *Pfarr*, ZRP 1994, 309, 312.
[166] *Sacksofsky*, 189.
[167] *Sacksofsky*, 189, Kinder würden als „*Privatsache*" angesehen.
[168] *Hörburger*, 78.
[169] Detailliert zur Lohndiskriminierung: *Van Der Walt*, ILJ 1998, 22 ff.
[170] Vergleichende Länderuntersuchung der ILO im Jahre 1992 siehe: *Government Gazette* 18481, Vol. 390, 5.
[171] Dazu detailliert: *Ngwena*, 1 ff.

Privatleben fort. Sie ging soweit, dass es Schwarzen nicht erlaubt war, in *weißen Gegenden* Grundstücke zu besitzen.[172] Das umfassende Ausmaß der Rassentrennung im Südafrika der Apartheid zeigt, dass die heutigen Unterschiede zwischen den Bevölkerungsgruppen auf drastischen und systematischen Vorgängen in der Vergangenheit beruhen. Die ungleiche Verteilung von Arbeits- und Ausbildungsmöglichkeiten für Arbeitnehmer führte dazu, dass heute große Teile der schwarzen Bevölkerung auf dem Arbeitsmarkt keine Beschäftigung finden. Sie sind nicht auf einem Ausbildungsstand, der es ihnen ermöglichen würde, in bestimmten Bereichen der Wirtschaft oder des Handwerks mit der weißen Bevölkerung zu konkurrieren. Der großen Anzahl nichtausgebildeter schwarzer Personen steht auf der Ebene der Berufe, für die fachliche Qualifikationen notwendig sind, ein umgekehrtes Problem gegenüber. In Südafrika herrscht in vielen Bereichen ein Mangel an Fachkräften.
Ausgehend von dieser umfassenden Diskriminierungssituation finden sich im südafrikanischen Kontext Äußerungen, die weitgehende und drastische Änderungen fordern. Es finden sich Beispiele in der Literatur, in denen gefordert wird, der Staat solle die wichtigsten Unternehmen des Landes kaufen und die Führungsetagen mit schwarzen Managern besetzen. Alle Diskussionen über die besten Förderungsmöglichkeiten für Schwarze hätten sich dann erledigt: *„[...] blacks are now in a position of control. They could then proceed to hire qualified blacks in positions of real power and authority. Whites will really have no say*".[173] Das Beispiel zeigt die Auswirkungen des Apartheidregimes. Es zeigt auch, in welchem Maße auf Rassekriterien bezogenes Denken die Argumentation einiger Autoren beherrscht.

a) Grundsätzliche Erwägungen zu den Ursachen von Diskriminierung

In den zu untersuchenden Systemen sind offene Diskriminierungen kaum noch anzutreffen. Stattfindende Diskriminierungen leiten sich aus anderen Gesichtspunkten ab, die mehr im Hintergrund liegen. Diese Hintergrundbegebenheiten sind oft schwer fassbar und nicht an einzelnen Vorkommnissen festzumachen. *Benda* hat für dieses Phänomen in Deutschland den Begriff *„strukturelle Diskriminierung*" geprägt.[174] In der Arbeit wird davon ausgegangen, dass im Bereich der EU von einem einheitlichen Diskriminierungsproblem gesprochen werden kann.[175] Fraglich ist, ob sich entsprechende Diskriminierungsstrukturen sowohl in Deutschland (Europa) als auch in Südafrika finden lassen.

---

[172] *Kahn*, SALJ 1998, 21 ff.
[173] *Mbatha*, People Dynamics 1992, 14, 15.
[174] *Benda*, 7 f.; dazu: *König*, DÖV 1995, 837; *Holznagel/ Schlünder*, Jura 1996, 519, 526.
[175] So auch z.B.: *Schiek*, ArbuR 1996, 128, 130.

aa) Deutschland

Der allgemeine Ausbildungsstand von Frauen in Deutschland entspricht heute dem männlicher Bewerber.[176] Die Vorurteile, die sich auf die Fähigkeiten der Frauen „zu performen" beziehen, sind in der öffentlichen Auffassung auf dem Rückzug.[177] Ein immer wieder verwendetes Beispiel für strukturelle Diskriminierung sind die Rollenbilder von Männern und Frauen. Deutsche Männer konnten sich traditionell frei zwischen allen Möglichkeiten entscheiden, die sie für ihr karrieremäßiges Vorankommen als hilfreich ansahen. Familie war in dieser Hinsicht eher hilfreich als hinderlich.[178] Frauen hatten die mit der Familie verbundenen Lasten zu tragen. Die genannten Rollenbilder befinden sich mehr und mehr auf dem Rückzug. Die dahinterstehende, tatsächliche Rollenverteilung bleibt weiterhin bestehen. Diese Problematik ist im vorangehenden Teil aus Sicht der Familie und der Frauen erörtert worden. Im Folgenden soll die Sichtweise der Wirtschaft dargestellt werden. Frauen treffen im Bereich der Wirtschaft auf ökonomisch-rational kalkulierende Personalchefs, die die Möglichkeit der Einstellung einer Frau von deren potentiellen mutterschaftsbedingten Fehlzeiten behindert sehen.[179] Ein Blick auf die Statistik zeigt, dass Frauen heute durchschnittlich 1,2 Kinder zur Welt bringen.[180] Die mutterschaftsbedingten Ausfallzeiten haben sich im Vergleich zu früher reduziert, immer noch ergibt sich aber bei Einstellung einer Frau ein potentielles Fehlzeitrisiko. Eine entscheidende Rolle in diesem Zusammenhang spielt der Beurteilungsmaßstab bei der Bewerberauswahl. Eine Beurteilung kann an individuellen Informationen über den Bewerber oder an eine Gruppe betreffende, statistische Informationen geknüpft werden. Auf der Gruppenebene gibt es statistische Erkenntnisse, dass Frauen in der Regel ihre Berufstätigkeit unterbrechen. Diese Tatsache kann einen Bewerbungsvorteil für Männer bedeuten, da sie im Gegensatz zu konkurrierenden Frauen nicht am statistisch ungünstigen Maßstab gemessen werden.[181] In dem Maße, in dem Personalentscheidungen in der

---

[176] *Schlachter*, JA 1994, 72.

[177] Diese Vorurteile bilden die Hauptargumente für die Begründung von Rassendiskriminierung in der englischsprachigen Literatur, *Rosenfeld*, 298 f., in Deutschland wird ihnen relativ wenig Aufmerksamkeit geschenkt.

[178] *Ziegler*, 5 ff.; der Autor beschreibt im Jahre 1958 das *„natürliche Entscheidungsrecht"* des Mannes.

[179] *Schlachter*, JA 1994, 72; *Di Fabio*, AöR 1997, 404, 415; *König*, DÖV 1995, 837, 838.

[180] Frauen in den alten Bundesländern gebären durchschnittlich 1.42 Kinder, Frauen in den neuen Bundesländern gebären durchschnittlich 0.98 Kinder, daraus ergibt sich ein Schnitt von 1.2 Kindern; *Statistisches Bundesamt*, Statistisches Jahrbuch 2001. Die Tatsache, dass die durchschnittliche Geburtenzahl an dieser Stelle einfließt, unterstreicht, dass Arbeitnehmergleichberechtigung in Deutschland eng mit Familienförderung verbunden ist.

[181] *Schlachter*, 31 f.

Wirtschaft anhand statistischer Grundlagen gefällt werden, ergibt sich ein struktureller Nachteil für Frauen.
Ferner ist die Theorie vom sogenannten „dual labour market“ zu nennen. Die Theorie besagt, dass sich der Arbeitsmarkt in zwei Bereiche unterteilen lässt. Zum einem gebe es den Bereich der Arbeitsplätze bei großen, spezialisierten und langfristig arbeitenden Unternehmen. Ein Arbeitnehmer, der in diesem Bereich arbeiten würde, sei nach einer gewissen Zeit so spezialisiert, dass er in einem sehr engen Konkurrenzfeld arbeite und daher schwer austauschbar sei. Arbeitnehmer in dem sekundären Bereich der kurzzeitig und weniger spezialisiert arbeitenden Unternehmen könnten diesen Qualifikationsgrad nicht erreichen. Sie seien einfacher zu ersetzen und auszutauschen.[182] Diese Theorie von der Zweiteilung des Arbeitsmarktes zeigt Auswirkungen auf die Geschlechterproblematik, sobald Frauen aufgrund des Fehlzeitrisikos der Weg in den primären Arbeitsmarkt verschlossen bleibt. Langfristige, hochqualifizierte Arbeitsplätze bleiben so Männern vorbehalten.

Das Ungleichgewicht von Frauen und Männern in der Wirtschaft wird anhand verschiedener weiterer Modelle erklärt. Die zur Erklärung herangezogenen Faktoren lassen sich in angebots- und nachfrageorientierte Erklärungsmodelle trennen. Die Modelle widmen sich der Frage, ob Frauen in bestimmten Berufen wegen individueller Entscheidungen oder wegen gesellschaftlicher Diskriminierung nicht anzutreffen sind.
Angebotsorientierte Erklärungen gehen davon aus, dass Frauen sich aktiv aus verschiedenen Gründen nicht für bestimmte Berufe oder berufliche Wege entscheiden würden. Auf diese Weise sei ein Ungleichgewicht entstanden.[183] Der statistische Hintergrund zeige zwar, dass die Anteile von Frauen und Männern von Bereich zu Bereich verschoben seien. Ein teilweise verfehlter Proporz sei aber kein Zeichen dafür, dass Diskriminierung stattgefunden habe.[184] In einer freien Gesellschaft, die die Chancengleichheit gewährleiste, sei die nicht proportionale Verteilung von Arbeitsplätzen das *„Resultat der Präferenzentscheidungen der beteiligten Individuen“*.[185]
Es wird weiter auf die sogenannte „human-capital theory“ verwiesen. Nach dieser Theorie bestimmt sich das Arbeitsentgelt und die Position in der sich der Arbeitnehmer befindet nach den von seiner Person zuvor an Gegenwert aufgebrachten Investitionen im Bildungsbereich.[186] Frauen würden bestimmte Belastungen nur ungern in Kauf nehmen, die Ausbildung und Beruf mit sich

---

[182] *Schlachter*, 32 f.
[183] *Schlachter*, 24 f.
[184] *Sachs*, RdA 1998, 129, 138.
[185] *Sachs*, RdA 1998, 129, 138, unter Bezugnahme auf gleichlautende Äußerungen des EuGH in der Kalanke Entscheidung, EuGH, NJW 1995, 3109 ff.
[186] *Becker*, (1971), 39 ff.; *Raasch*, 45 ff.

brächten. Dadurch verfügten Frauen über weniger „human- capital" als Männer. Ihnen seien aufgrund eigener vorheriger Entscheidungen bestimmte Berufe verbaut.
Die genannten Auffassungen sind Gegenstand scharfer Kritik. Bereits die zögernde Haltung von Frauen, sich für bestimmte Berufe zu entscheiden, sei auf gesellschaftliche Diskriminierungsmuster zurückzuführen. Nicht in der Entscheidung für oder gegen einen bestimmten Beruf, sondern in dem zu der Entscheidung führenden gesellschaftlichen Hintergrund liege das diskriminierende Element.[187] Die Aussagen, die auf ein geringeres Maß an „human- capital" bei Frauen abstellen, seien diskriminierend und fehlerhaft. Im Gegensatz zu früher könne nicht mehr behauptet werden, dass Frauen über einen generell schlechteren Ausbildungsstandart verfügten.[188] Frauen seien zu den gleichen beruflichen Anstrengungen bereit wie Männer. Es gebe Beispiele von Frauen, die trotz hoher Qualifikation keine oder lediglich unterqualifizierte Arbeitsplätze bekämen. Viele Frauen seien dazu gezwungen, zugunsten ihrer Ehemänner berufliche Auszeiten in Kauf zu nehmen, um sich der Familie zu widmen. Angesichts bestehender Lohndifferenzen sei dies in vielen Partnerschaften der einzig rationale Schritt um ein optimales *„Familieneinkommen"*[189] zu erzielen.
Das Angebotsmodell trifft wertende Aussage auf zwei Ebenen: Auf der ersten Ebene wird die mangelnde Repräsentanz von Frauen in bestimmten Bereichen mit fehlendem Angebot weiblicher Arbeitskräfte begründet. Auf der zweiten Ebene werden Gründe für diese Abweichungen gegeben. Das Unterangebot wird auf mangelnde Bereitschaft und mangelndes „human capital" der Frauen zurückgeführt. An dieser Stelle treffen die Wertungen des Angebotsmodelles auf Kritik. Die von der „human-capital theory" vorgebrachten Argumente werden durch die Ergebnisse der ökonomischen Untersuchungen in Deutschland widerlegt.[190] Deutsche Arbeitnehmer und Arbeitnehmerinnen können im Schnitt als gleich qualifiziert angesehen werden. Weitergehende Aussagen, die Frauen eine mangelnde Einsatzbereitschaft nachsagen, entbehren wissenschaftlicher Grundlage. Das Angebotsmodell kann die Frage, ob die Unterrepräsentation von Frauen in bestimmten Bereichen des Arbeitslebens auf Diskriminierung beruht, nicht auf juristisch befriedigende Weise lösen.

Nachfragemodelle erklären das geschlechtliche Ungleichgewicht aus der Einstellungsperspektive der Arbeitgeber. Sie setzen voraus, dass Einstellungsentscheidungen der Arbeitnehmer aus wirtschaftlichen Gesichtspunkten getroffen werden und suchen nach Unterschieden in der Produktivität der Bewerber, die sich am Geschlecht festmachen lassen. Sollten diese nicht zu

---

[187] *Sacksofsky*, 188.
[188] *Schlachter*, 24 f.
[189] *Schlachter*, 27.
[190] Verweise z.B. bei: *Schlachter*, JA 1994, 73 f.

ermitteln sein, ist laut des Nachfragemodells lediglich eine Schlussfolgerung möglich. Die mangelnde Einstellungsbereitschaft gegenüber Frauen ginge dann nicht von wirtschaftlich nachvollziehbaren Gesichtspunkten aus, sondern beruhe auf Diskriminierung.[191]

Die Untersuchung der Fähigkeiten von Frauen im Arbeitsmarkt ist oben dargestellt worden. Frauen sind grundsätzlich als ebenso geeignet anzusehen wie Männer. Einziger Unterschied sind die bei Frauen statistisch zu erwartenden Fehlzeiten aufgrund von Geburten und Kindererziehung. Ferner ist untersucht worden, ob aus dem tatsächlichen Umgang der Geschlechtergruppen miteinander Probleme im Berufsalltag entstehen. Unter anderem wurden Fragen nach geschlechtsspezifischen Unterschieden im Führungsverhalten gestellt. Die Untersuchung konnte keine maßgeblichen Differenzen feststellen.[192] Die Überlegungen des Nachfragemodells greifen an dieser Stelle. Die wirtschaftlich motivierte Benachteiligung von Frauen entbehrt abgesehen von den Fehlzeiten bei Schwangerschaft jeglicher Grundlage. Diskriminierende Faktoren müssen eine weitergehende Rolle spielen.

Ausgehend von dieser Schlussfolgerung ist nach nicht direkt greifbaren, diskriminierenden Faktoren zu fragen. Gesichtspunkte nicht-wirtschaftlicher Art könnten traditionelle Rollenverständnisse und konservative Haltung der Arbeitgeber sein. Die Verwendung dieser Kriterien ließe sich aus einer gesellschaftlichen Entwicklung erklären, die an die Frau den Fortbestand der Gesellschaft knüpft und sich daher für den Schutz der Frau einsetzt.[193] Zum Schutze der Frau gedachte Methoden führen auf diese Weise die wirtschaftliche Benachteiligung der Frau mit sich. Die gesellschaftliche Angst vor noch höherem Druck auf einem ohnehin schon überlasteten Arbeitsmarkt könnte weiter gegen die Einstellung von Frauen sprechen.[194] Politische und gesellschaftliche Gründe könnten Einfluss nehmen. Gewerkschaften könnten (unfreiwillig) eine Rolle spielen, indem sie sich für die Löhne ihrer Mitglieder stark machen, die sich überwiegend aus Männern zusammensetzen.[195]

Schließlich ist fraglich, wie Frauen als benachteiligte Gruppe mit der Problematik umgehen. Die Ansichten der Frauen über Wege aus der strukturellen Diskriminierung variieren. In der rechtswissenschaftlichen Literatur fordern weibliche Autoren immer weitergehende staatliche Eingriffe und

---

[191] *Becker*, (1971), 39, das gewählte Szenario gehe allerdings vom Bestehen eines perfekten Marktes aus, in der sich Entscheidungen der Arbeitnehmer merklich und nachvollziehbar abzeichneten.

[192] *Domsch/ Regnet*, 16 ff., 35 ff.; *Frerichs*, 15 ff. mit weitergehenden Untersuchungen.

[193] *Schmitt Glaeser*, DÖV 1982, 381, 388; *Becker*, (1971), 40.

[194] *Coester-Waltjen*, ZRP 1982, 217, 219; *Köbl*, 9, überspitzte Darstellung.

[195] *Dix*, 27 ff.

Lenkungsmaßnahmen.[196] Auch in der Gesellschaft finden sich entsprechend ausgerichtete Strömungen. Andererseits wird die Notwendigkeit von Eingriffen (z.B. Quotenregelungen) von Frauen bezweifelt. Viele Frauen lehnen es ab, mit dem Stigma „Quotenfrau" belegt werden zu können. Sie vertrauen auf die eigene Durchsetzungsfähigkeit gegenüber Männern und hoffen auf einen fortschreitenden Bewusstseinswandel in der Gesellschaft.[197]

bb) Südafrika

In einem zweiten Schritt ist die Rassenproblematik in Südafrika auf strukturelle Diskriminierungen zu untersuchen. Die tatsächliche Situation in Südafrika weicht von der in Deutschland ab. Es finden sich große Unterschiede im Ausbildungsstandart der einzelnen Rassen. Der Rahmen, in dem Diskriminierungen stattfinden, ist wesentlich größer als der entsprechende Rahmen in Deutschland. Der unterschiedliche Ausbildungsstandart führt zu einer Zweiteilung des Arbeitsmarktes (vgl. „dual labour market"-Theorie). Während der besser ausgebildete weiße Teil der Bevölkerung in die Führungsetagen einzieht und die Arbeitsplätze besetzt, für die weiterreichende Qualifikationen notwendig sind, bleiben der Mehrheit der schwarzen Bevölkerung lediglich Arbeitsplätze mit einfachem Anforderungsprofil. Die gesamte Infrastruktur des Landes trägt überdies dazu bei, diese Zweiteilung aufrechtzuerhalten. Von vielen *schwarzen Wohngebieten* aus sind keine adäquaten Bildungseinrichtungen erreichbar. Vor dem Hintergrund dieser offensichtlichen Diskriminierungsstrukturen wirkt es zynisch, die Theorien des Angebotsmodells oder die „human-capital theory" auf den südafrikanischen Kontext zu übertragen. Es mag zutreffen, dass sich nur wenige schwarze Personen finden lassen, die sich für hochqualifizierte Jobs bewerben. Diese Passivität ist nicht mit einer *„Präferenzentscheidung"* der schwarzen Bevölkerung, sondern anhand der zu dieser Entscheidung führenden Faktoren zu erklären. Die offensichtliche Struktur der Diskriminierungen im Südafrika der Apartheid und die dadurch entstandenen Konsequenzen verdeutlichen die argumentativen Schwächen des Angebotsmodells.

Gemäß des Nachfragemodells ist zunächst zu fragen, ob Produktivitätsunterschiede zwischen schwarzen und weißen Personen bestehen. Diese Frage ist auf der kollektiven Ebene zu bejahen, auf der individuellen Ebene dagegen zu verneinen. Entscheidendes Kriterium für eine aufgrund von Produktivitätsunterschieden existierende Diskriminierungsstruktur ist der, in dieser Hinsicht gewählte Auswahlmaßstab. In dem Maße, in dem Produktivitätsunterschiede

---

[196] Stellvertretend: *Slupik*, 15 ff., *Pfarr*, RdA 1995, 204 ff.

[197] *König*, DÖV 1995, 837, unter Bezugnahme auf *Das Parlament*, Nr. 48 v. 2.12.1994, 14; *Wiegand*, 16, Untersuchung über die Angaben von Frauen bezüglich ihrer Meinung zur Gleichberechtigungsfrage.

keine Rolle spielen, ist gemäß den Aussagen des Nachfragemodells auf diskriminierend motivierte Faktoren zurückzugreifen. An dieser Stelle zeigt sich ein deutlicher Unterschied zwischen Rassen- und Geschlechterdiskriminierung. Auf das Geschlecht bezogene Diskriminierungen sind aufgrund eines Frauenbildes entstanden, welches diese als besonders schützenswert einordnet. Auf die Rasse bezogene Diskriminierungen motivieren sich dagegen aus einem Bild, welches schwarzer Personen als minderwertig einstuft. Die Diskriminierungen sind nicht zum Schutz der Schwarzen gedacht, sondern zielen auf deren herabwürdigende Behandlung ab.
Aus der zu Zeiten der Apartheid vorherrschenden, weitgehenden Trennung zwischen Schwarzen und Weißen ergeben sich auch heute noch potentielle Probleme. Zwischen den Personengruppen herrschen „Berührungsängste", da jahrzehntelang Vorurteile geschürt wurden.

Die Aussagen schwarzer Autoren zu möglicher bevorzugter Behandlung sind nicht so gespalten wie die Auffassungen der Frauen in Deutschland. Einheitlich wird die Notwendigkeit von Veränderungen betont. Die Befürchtung, das Selbstvertrauen schwarzer Arbeitsplatzbewerber könne darunter leiden, dass sie den Arbeitsplatz nur aufgrund von Fördermaßnahmen erhalten könnten, findet sich eher bei weißen Autoren.[198] In der schwarze Autoren weisen darauf hin, dass jede schwarze Person, die einen herausragenden Arbeitsplatz erhalten habe, als positives Vorbild für andere Schwarze dienen könne. Die Gründe, warum die Person den Arbeitsplatz erhalten habe, seien zweitrangig.[199] Es finden sich ferner Stimmen, die betonen, dass durch Affirmative Action die Bevölkerung in großem Umfang aufgeklärt und für die Problematik sensibilisiert werde.[200]

b) Biologische Unterschiede

In einigen Argumentationen wird darauf verwiesen, dass die gespaltene Geschlechterstruktur im Berufsleben mit biologischen oder psychologischen Unterschieden zusammenhängen könne.[201] Entsprechende Ansätze werden im Rahmen der Arbeit nicht verfolgt. Außer dem biologischen Unterschied der Fähigkeit Kinder zu gebären, existieren keine wissenschaftlich belegbaren, wirtschaftlich erheblichen Faktoren.
Bei der Problematik der Rassendiskriminierung stellt sich die gleiche Frage vor einem anderen Hintergrund.[202] Sie kann ebenso einfach beantwortet werden, wie im Bereich der Geschlechterdiskriminierung. Biologische, für alle/ bestimmte

198 *Smith*, (1992) 8 SAJHR, 234, 235.
199 *Mbatha*, People Dynamics 1992, 14 ff.
200 *Rycroft*, ILJ 2001, 1411, 1413.
201 *Lang*, 11 ff., sie stellt diese Frage.
202 *Fredman*, racism, 9 ff.; TUC Workbook on Racism, 7 ff.

Arbeitnehmertätigkeiten erhebliche Unterschiede zwischen unterschiedlichen Rassen sind nicht wissenschaftlich beweisbar.[203] Alle menschlichen Rassen sind mit dem gleichen Potential an Intelligenz, Talenten und Fähigkeiten ausgestattet. Versuche, gesellschaftliche Diskriminierungen auf derartige Unterschiede zu schieben, können nicht auf wissenschaftlicher Ebene untermauert werden.[204]

2) Parallelen in der Diskriminierung[205]

Die Suche nach gemeinsamen Mustern für Rassen-/ Geschlechterdiskriminierung kann zunächst mit einem einfachen Ergebnis abgeschlossen werden. Gesellschaftliche Faktoren sind die Ursache für die unterschiedliche Behandlung von Männern und Frauen/ von Schwarzen und Weißen.

Über diese Grundaussage hinausgehende Feststellungen sind differenzierend anzustellen. Die Hintergründe der Diskriminierung stimmen in einigen Teilen überein und weichen in anderen voneinander ab. Eine systematische Darstellung verdeutlicht dies.
Eine Ebene, auf der Diskriminierungen basieren, sind Vorurteile. Sowohl Schwarzen als auch Frauen wird unterstellt, nicht dazu in der Lage zu sein, bestimmte Positionen einzunehmen. Die genannte Unterstellung ist gegenüber Frauen aus Schutzgesichtspunkten, gegenüber Schwarzen aus deren angenommener Minderwertigkeit motiviert. Trotz unterschiedlicher Zielrichtung gleicht sich die grundsätzliche Diskriminierungsebene.
Die nächste Ebene, auf der Diskriminierungen basieren, ist wirtschaftlich motiviert. Aufgrund potentieller, schwangerschaftsbedingter Fehlzeiten bleiben Frauen bestimmte Berufe verschlossen. Der mögliche wirtschaftliche Verlust spricht gegen die Anstellung einer Frau gegenüber einem Mann, bei dem dieser Nachteil nicht zu befürchten ist. In Südafrika wird die Befürchtung geäußert, Schwarze könnten Arbeitsplätze erhalten, denen sie nicht gewachsen seien. Wiederum ist es der mögliche finanzielle Verlust, der dazu führt, dass anstatt einer schwarzen Person eine weiße Person eingestellt wird. Finanzielle Gesichtspunkte machen auf der wirtschaftlichen Ebene eine strukturelle Parallele in der Diskriminierung der Frauen und der Schwarzen aus. Die Ursachen für die Diskriminierungen unterscheiden sich hingegen. In der Rassenproblematik fließen lediglich gesellschaftliche Faktoren als Motivation ein, während zwischen den Geschlechtern ein biologischer Unterschied (Schwangerschaft) zumindest feststellbar ist.
Ferner existiert eine kulturelle Diskriminierungsebene. Der geschlechtsspezifisch getrennte Arbeitsmarkt in Deutschland weist darauf hin, dass Frauen

---

[203] *Giddens*, 276.
[204] *Fredman*, racism, 10: "*politically and culturally constructed [differences]*".
[205] Dazu auch: *Maidowsky*, 57 ff.; *Peters*, 103 ff.

hin zu bestimmten Berufen und weg von anderen erzogen werden. In Südafrika ergibt sich ein ähnliches Phänomen z. B. aus der Tatsache, dass Schwarze in bestimmten Positionen nicht vorkommen und entsprechende Rollenbilder fehlen.

Das Ausmaß der Diskriminierungen unterscheidet sich. Schwarze in Südafrika sind in viel stärkerem Maße von Diskriminierungen betroffen als Frauen in Deutschland. Die Rassentrennung in Südafrika geht erheblich weiter als die Geschlechtertrennung in Deutschland. Südafrika ist aufgrund der kolonialen Geschichte, die zugleich eine Geschichte der Unterdrückung der schwarzen Mehrheit ist, noch immer eine gespaltene Gesellschaft.
Fraglich ist, ob dieser Unterschied in der Intensität der Diskriminierung sowie die oben genannten Differenzen die grundlegenden Parallelen berühren. Drei grundsätzliche Diskriminierungsebenen sind aus der Untersuchung hervorgegangen: Rassistisch/sexistisch, ökonomisch und kulturell motivierte Diskriminierungen. Aus diesen drei Ebenen bildet sich sowohl in Deutschland als auch in Südafrika ein umfassendes Diskriminierungsbild, die *„strukturelle Diskriminierung"*. Auf der Basis dieser Diskriminierungsstruktur sind die Rechtssysteme vergleichbar.
Die Tatsache, dass bestimmte Strukturen tiefer in der Gesellschaft verwurzelt sind als andere, spricht nicht gegen die grundsätzlichen Parallelen. Die bestehenden Unterschiede machen aber deutlich, dass die jeweiligen Besonderheiten eines Landes zu berücksichtigen sind. Rechtliche Maßnahmen können, auch wenn sie prinzipiell das gleiche Problem berühren, nicht „blind" auf ein anderes System übertragen werden. Dieses Spannungsfeld zwischen gleichen/vergleichbaren Ursachen und Hintergründen und zwischen Differenzen in Ausmaß, Motivation und Erscheinungsform ist bei dem Vergleich der rechtlichen Gegenmaßnahmen zu berücksichtigen.

2. Kapitel: Theoretische Grundsatzdebatte

Die Betrachtung der Ursachen und konkreten Erscheinungsformen der Diskriminierung ist mit obenstehenden Erwägungen beendet. Die Arbeit wird sich - ausgehend von diesen Erkenntnissen - mit den gesetzlichen Möglichkeiten gegen Diskriminierung befassen. Zunächst werden die gesetzlichen Möglichkeiten auf theoretischer Ebene untersucht. Dieses theoretische Fundament soll auf grundsätzlicher Ebene die Begrenzungen und Chancen, die sich aus Anti-Diskriminierungsgesetzgebung und positiver Förderungspolitik ergeben, erläutern.

Die auf theoretischer Ebene vorgenommene Unterteilung findet sich in zweifacher Hinsicht in der gesamten Arbeit. Ein Gliederungspunkt bezieht sich auf die Ausrichtung der Gesetze. Diese können gegen Diskriminierung oder auf positive Diskriminierung gerichtet sein. Diese Trennung wird von der Natur der Maßnahmen impliziert. Eine zweite Unterteilung basiert auf den Ergebnissen der folgenden theoretischen Untersuchung. Demnach sind methodisch drei grundsätzlich unterschiedliche Vorgehensweisen in der Diskriminierungsdogmatik möglich. Ein erster, streng auf Anti-Diskriminierungsgesetzgebung ausgerichteter Ansatz kann als formell oder symmetrisch bezeichnet werden. Ein zweiter Ansatz betont im Gegensatz dazu die Wichtigkeit aktiv-fördernden Eingreifens. Dieser kann als materiell oder substantiell bezeichnet werden. Zwischen diesen beiden Ansätzen befindet sich ein dritter, nicht eindeutig zu umschreibender Weg, der als Grundsatz der Chancengleichheit oder „*equal opportunities*"- Ansatz betitelt werden kann. Diese theoretischen Grundlagen werden im Gang der Untersuchung auf die Rechtspraxis der Systeme übertragen. Diese Anwendung zeigt, dass jedes der untersuchten Systeme einem anderen dieser dogmatischen Grundmuster folgt.

Die allgemeine theoretische Gleichstellungsdebatte setzt früher an als verfassungsrechtliche Diskussionen. Streitigkeiten zum Verfassungsrecht haben die dort vorgenommenen rechtlichen Wertungen im Auge. Entscheidungen werden aufgrund verfassungsgesetzlicher Vorgaben gefällt.[206] Auf allgemein wertender Ebene lässt sich unabhängig von den richtungsweisenden Entscheidungen einer Verfassung fragen, wie weit eine mögliche Gleichstellung gehen kann und soll. Ist die durch Mehrheiten legitimierte Politik berechtigt oder sogar verpflichtet, die Gesellschaft so zu prägen, dass Männer und Frauen/ Schwarze und Weiße letztlich faktische Gleichstellung und Machtgleichgewicht nicht nur am Arbeitsplatz, sondern in allen sozialen Lebensfeldern erfahren?[207]

---

[206] *Cheadle et al.*, 1997, 64.

[207] *Slupik*, 92; *Di Fabio*, AöR 1997, 404, 407; *Kentridge*, 1994, 84.

Bei der Beantwortung dieser Frage ist zu bedenken, dass die tatsächlichen Gegebenheiten soziale Ungleichheiten beinhalten. Aus diesen ergibt sich das zentrale Dilemma. Kann Anti-Diskriminierungsgesetzgebung angesichts bestehender sozialer Ungleichheiten an ihren hergebrachten, ehernen Prinzipien festhalten, oder sind Änderungen notwendig? Eine mögliche Änderung ist in positiver Diskriminierung/Affirmative Action zu erblicken. Fraglich ist, ob diese zu rechtfertigen ist. Das im Rahmen der Anti-Diskriminierungsgesetzgebung genannte rechtlich-moralische Problem zeigt sich an dieser Stelle in zugespitzter Form: Kann die Rechtsordnung angesichts bestehenden sozialen Ungleichgewichts neutral bleiben, oder sind aktive Schritte notwendig, um den Zustand zu verändern?[208] Der Ruf nach positiver Diskriminierung entstammt der Forderung, dass die Rechtsordnung ihre Neutralität solange aufzugeben habe, bis ein Zustand sozialen Gleichgewichts erreicht sei. Gegner positiver Diskriminierung beharren aber darauf, dass der Staat seine neutrale Rolle bewahren müsse; sie betonen die ursprünglichen Forderungen der Anti-Diskriminierungsgesetze.

In der Literatur gibt es unterschiedliche Auffassungen über die Ausmaße, die das Streben nach Gleichberechtigung annehmen solle. Ein Großteil der Literatur steht dem Thema positiv, teilweise fordernd gegenüber. Diesen Stimmen geht das politisch Durchsetzbare oftmals nicht weit genug.[209] Die Gegenauffassung spricht sich gegen aktive Maßnahmen aus. Die unter dieser Auffassung vertretenen Stimmen haben gemein, dass ihnen die politisch geforderten Mittel zu weit gehen und unverhältnismäßig erscheinen. Es wird von einem „Gleichbehandlungsboom" gesprochen und angemahnt, die Rolle der Gleichbehandlung im Gesamtkontext des Wertesystems nicht aus dem Auge zu verlieren.[210]

I. Anti-Diskriminierungsgesetzgebung in der Kritik

Stellungnahmen einiger Autoren zu den Anti-Diskriminierungsgesetzen der zu untersuchenden Systeme haben sich von dem Standpunkt, der die schlichte Einführung derartiger Gesetze fordert und verteidigt, weit entfernt.[211] Die Tatsache, dass in den betreffenden Systemen Anti-Diskriminierungsgesetze in Kraft sind, sich aber durch diese keine substantiellen Unterschiede in der Behandlung

---

208 *Maidowsky*, 38.

209 *Sacksofsky*, 305 ff.; *Pfarr*, ZRP 1994, 309 ff.; *Kokott*, NJW 1995, 1049 ff.; *Raasch*, 15 ff.; *Maphai*, Social Dynamics 1989, 1 ff.; *Fuchsloch*, NJW 1991, 442; *Smith*, (1992) 8 SAJHR, 243 ff.; *Klug*, (1991) 7 SAJHR, 189 f.; *Giddens*, 25 ff.; *Fredman*, (1997) 113 LQR, 247 ff.; *Fiss*, 56 ff.; *Fiscus*, 13 ff.; *Ezorsky*, 35 ff.; *Dworkin*, 8 ff.

210 *Fastrich*, RdA 2000, 65; *Huster*, AöR 1993, 109; *Di Fabio*, AöR 1997, 404; *Hofmann*, FamRZ 1995, 257; *Starck*, Festschrift für Dieterich 1999, 643; *Brassey*, ILJ 1999, 1359 ff.

211 Anschaulich: *Wiedemann*, Festschrift für Friauf, 135.

benachteiligter Gruppen ergeben haben, hat zu Literaturäußerungen geführt, die es sich zum Ziel gemacht haben, die Unzulänglichkeiten einfacher Anti-Diskriminierungsgesetzgebung aufzuzeigen. Die gesetzliche Lage in anderen Systemen (insbesondere der USA) habe gezeigt, dass die Anti-Diskriminierungsgesetzgebung langfristige gesellschaftliche Diskriminierungsstrukturen nicht nachhaltig verändert habe.[212] Offene Formen von Diskriminierung seien lediglich von verdeckten Formen der Diskriminierung ersetzt worden.[213]
Um diese Aussagen zu unterstreichen wird auf drei Gesichtspunkte abgestellt. Zunächst wird betont, Anti-Diskriminierungsgesetzgebung könne die schlechte Ausgangsposition benachteiligter Gruppen nicht verändern. Weiter wird auf den individualrechtlichen Charakter einer derartigen Gesetzgebung verwiesen. Individuelle Maßnahmen seien unzureichend, um die Probleme ganzer Bevölkerungsgruppen (in Südafrika sogar der Mehrheit der Bevölkerung) zu beseitigen. Schließlich wird der formelle Charakter reiner Anti-Diskriminierungsgesetzgebung herausgestrichen. Bestehende Ungerechtigkeiten würden weiter verfestigt und nicht aufgehoben. Im Einzelnen:

1) Nichtberücksichtigung benachteiligter Gruppen

Der erste Vorwurf, der gegenüber Anti- Diskriminierungsgesetzen erhoben wird, ist, dass die tatsächlichen Benachteiligungen, unter der einige gesellschaftliche Gruppen zu leiden hätten, nicht von den Regelungen dieser Gesetze erfasst würden.[214] Die neutral gefassten Gesetze gegen Diskriminierung gäben keine Antwort auf die Frage, wer für die Benachteiligungen verantwortlich sei. Dadurch könne derjenige, der sich gegen Benachteiligungen wehren wolle, niemanden zur Verantwortung ziehen. Am Beispiel Südafrikas wird gesagt: „*350 years of racial oppression by successive governments in South Africa was the `cause` of current disadvantages of black persons [...] but [t]his is not sufficiently precise for the attribution of legally relevant causation on a particular employer now hiring or employing labour.*“[215]
Die zentralen Aussagen dieser Kritik gehen in zwei Richtungen. Zum einen wird der Vorwurf erhoben, dass eine systematische Benachteiligung durch Anti-Diskriminierungsgesetzgebung nicht erfasst würde und in einem praktisch rechtsfreien Raum so weiterbestehen könne, als sei die Gesetzgebung nicht existent.[216] Gleichstellungsmaßnahmen mit Fokus auf das Arbeitsrecht seien zudem nicht ausreichend, um Diskriminierungen zu beseitigen, die alle Felder

[212] *Freeman*, 97; *O'Regan*, 79; *Van Niekerk*, CLL 1997, 1.
[213] *Hepple*, (1997) 18 ILJ 598, 603.
[214] *O'Regan*, 64, 82.
[215] *Hepple*, (1997) 18 ILJ 598, 605.
[216] *Freeman*, 97.

der Gesellschaft umfassten.[217] Zum anderen wird darauf abgestellt, dass Anti-Diskriminierungsgesetzgebung auf die Zukunft bezogene, formelle Gleichstellung verkünde. Sie kläre nicht, wer für die gegenwärtig verschobene Lage verantwortlich zu machen sei. Tatsächliche Unterschiede würden auf diese Weise als gegeben hingenommen. Wolle sich jemand, der unter Diskriminierung zu leiden habe/ gehabt habe, gegen die Diskriminierung wenden, gebe es niemanden, den er für das erlittene Unrecht verantwortlich machen könne. Eine Ausnahme liege nur vor, wenn jemand in der Lage sei, auf eine bestimmte, konkret diskriminierende Handlung einer bestimmten Person hinzuweisen.[218]

2) Individualrechtlicher Charakter

Ein weiterer Kritikpunkt, der gegen Anti-Diskriminierungsgesetze erhoben wird, ist, dass diese lediglich auf das Individuum fokussiert seien. Dieser Vorwurf bezieht sich an dieser Stelle nicht auf die problematische Frage der theoretischen Herleitung. Dieses Problem stellt sich eher im Rahmen von positiver Diskriminierung/Affirmative Action. Der Vorwurf bezieht sich auf die Problematik der praktischen Umsetzung von Anti-Diskriminierungsregelungen. Charakteristisch für diese Vorschriften sei, dass sie ein Rechtsschutzsystem schafften, indem einzelne Personen ihre Rechte im Wege persönlich durchgeführter Rechtsstreitigkeiten verteidigen könnten. Auf diesem Wege sei der Rechtsschutz dieser Einzelpersonen sichergestellt, aber die systematische Natur von Diskriminierungen, die den größten Einfluss auf das gesamte System habe, bleibe verborgen.[219]

Zentraler Inhalt dieser Kritik ist, dass nicht deutlich werde, dass hinter von Einzelnen geführten Rechtsstreitigkeiten nicht private Probleme, sondern die Schwierigkeiten ganzer Bevölkerungsgruppen stünden.[220] Diese perspektivische Verschiebung führe dazu, dass der Einzelne aus einer benachteiligten Gruppe als unfähig oder unwillig dazu angesehen werde, bessere berufliche Positionen zu erreichen (sog.: „*blaming the victim approach*").[221]

Als Lösung der Problematik bezogen auf die Ebene der Anti-Diskriminierungsgesetzgebung wird vorgeschlagen, dass es im Bereich dieser Gesetze einfacher möglich sein müsse, Popularklagen („*class action suits*") zu erheben.[222] Auf diesem Wege würde die Gruppe der Beschwerdeträger und der Beklagten erweitert, alle Mitglieder einer benachteiligten Gruppe könnten von positiven

---

[217] *Hepple*, (1997) 18 ILJ 598, 605.
[218] *Hepple*, (1997) 18 ILJ 598, 605.
[219] *O' Regan*, 65, 72 ff.; *Freeman*, 97; *Fredman*, (1992) ILJ (UK) 119, 132 f.
[220] *Fredman*, (1992) ILJ (UK) 119, 132 ff.
[221] *Freeman*, 98.
[222] *Hepple*, (1997) 18 ILJ 598, 607.

Entscheidungen profitieren und auf praktischer Ebene könnten strukturelle Erwägungen leichter einfließen.
Popularklagen sind nach dem gegenwärtigen Stand in den zu untersuchenden Systemen lediglich in Südafrika denkbar. Sie würden ermöglicht im Wege einer weiten Auslegung von sec. 38 Constitution. Südafrikanische Gerichte haben diese Möglichkeit bislang offengehalten, gleichzeitig aber betont, dass rechtsstaatliche Wege für die praktische Umsetzung derartiger Klagen gefunden werden müssten.[223]

3) Formeller Charakter

Dritter Kritikpunkt ist die formelle Ausrichtung der Anti-Diskriminierungsgesetzgebung. Diese Kritik lässt sich in zwei zentralen Fragen zusammenfassen: Muss die Maxime gesetzlichen Handelns dahin ausgerichtet sein, dass unterschiedliche Behandlung vor dem Gesetz gleicher Personen immer zu unterbinden ist? Sollte es nicht im Gegensatz dazu möglich sein, faktische Erwägungen dahingehend einzubeziehen, dass eine unterschiedliche Behandlung erlaubt ist, wenn damit Benachteiligungen aus der Vergangenheit aufgehoben werden?[224] Diese Kritik zielt auf eine Kernfrage ab, die im Rahmen der theoretischen Herleitung von positiver Diskriminierung/Affirmative Action in zugespitzter Form zu beantworten ist.

Eine Anmerkung soll zu an dieser Stelle vertretenen Extrempositionen erfolgen. Einige Autoren stellen sich auf den Standpunkt, dass Anti-Diskriminierungsgesetzgebung durch ihren formalen Charakter dazu führe, dass sich bestehende Ungerechtigkeiten weiter verfestigten. Sie sehen in aktiver Förderung den Ausweg aus dieser Sackgasse.[225] Durch diese Argumentation stellen sie Anti-Diskriminierungsgesetze und aktive Förderungsmaßnahmen als These und Anti-These gegenüber. Eine derartige theoretische Einordnung verdeutlicht die Schwächen von Anti-Diskriminierungsgesetzen. Sie beinhaltet aber zugleich Probleme im Zusammenhang mit der Rechtfertigung von positiver Diskriminierung/Affirmative Action. Diese Rechtfertigungsprobleme werden an späterer Stelle deutlicher, wenn aktive Maßnahmen mit den Wertungen der Anti-Diskriminierungsnormen der Verfassungen zu vereinbaren sind.[226]
Kein Autor, der positive Diskriminierung/Affirmative Action rechtfertigen möchte, spricht sich explizit gegen die grundsätzliche Richtigkeit der, von der Anti-Diskriminierungsgesetzgebung aufgestellten Thesen aus. Wird aber die

223 *Ngxzusa & Others v. Permanent Secretary, Department of Welfare, Eastern Cape & Another*, 2001 (2) SA 609 (E), 629.
224 *Fredman*, ILJ 2001, 154 f.
225 Dieser Argumentation folgt: *Rosenfeld*, 11 ff.
226 Siehe unten: 93 ff.

Auffassung vertreten, dass es sich bei Anti-Diskriminierung und positiver Diskriminierung/Affirmative Action um These und Anti-These handelt, führt dies aus theoretischer Sichtweise zu einem Ausschließlichkeitsverhältnis. Die Aussagen der These werden implizit verneint. Die Anti-These wird zwangläufig zu einer Ausnahme oder zu einem Gegensatz der These.
Führt man sich an dieser Stelle vor Augen, dass Anti-Diskriminierungsgesetzgebung ein grundlegender Teil aller Verfassungen der zu untersuchenden Systeme ist, wird die Problematik dieser Argumentation deutlich. Werden, um weitergehende Maßnahmen zu rechtfertigen, die Schwächen von Anti-Diskriminierungsgesetzgebung in dem Ausmaß betont, dass die Existenzberechtigung derartiger Gesetze in Frage gestellt wird, zeigt der Rückschluss aus diesem Argument, dass weitergehende Maßnahmen verfassungswidrig sein können.

II. Aktive Fördermaßnahmen als Antwort auf Schwächen der Anti-Diskriminierungsgesetzgebung

Die Diskussion um positive Diskriminierung/ Affirmative Action stellt sich als Konsequenz der aufgezeigten Kritik an Anti-Diskriminierungsgesetzgebung dar.[227] Die theoretische Debatte um Mittel und Wege der aktiven Förderung kann, abhängig vom Verhältnis zu Anti- Diskriminierungsregelungen, in drei Ansätze unterteilt werden.

1) Formell-/ symmetrischer Ansatz

Der formell-/ symmetrische Ansatz geht von der dogmatisch notwendigen Dominanz von Anti-Diskriminierungsregelungen aus.[228] Er lehnt positive Diskriminierung/ Affirmative Action unter Bezugnahme auf theoretische Argumente ab.[229] Ursprung jeder Überlegung ist ein abstrakter, formeller Gleichheitsbegriff.[230] Ausgehend von diesem Gleichheitsbegriff wird gesagt, dass jede Form der Differenzierung basierend auf den Kriterien Rasse oder Geschlecht abzulehnen sei. Die Zielrichtung differenzierender Maßnahmen spiele in diesem Zusammenhang keine Rolle.[231] Die zentralen Wertungen des formell-/ symmetrischen Ansatzes zeigen, dass ausgehend von der theoretischen Gleichheitsauffassung, die den Anti- Diskriminierungsregelungen zugrunde liegt, argumentiert wird. Maßnahmen, die sich für eine faktisch benachteiligte

---

[227] Z.B. *Fredman*, ILJ 2001, 163 f., stellt diese Schlussfolgerung indirekt auf; *O'Regan*, 79.
[228] *Freeman*, 98, bezeichnet diesen Ansatz als „*perpetrator perspective*".
[229] *Brassey*, ILJ 1999, 1359, 1360 f.
[230] *Barbera*, ILJ 2002, 83.
[231] *Kull*, 2 ff.

Gruppe positiv auswirken würden, werden von Vertretern dieser Ansicht auch nicht aufgrund der faktisch ausgleichenden Wirkung toleriert.[232]
Das theoretische Fundament dieses Ansatzes entstammt nicht der deutschen/ europäischen oder südafrikanischen Dogmatik, sondern wurde von US Gerichten entwickelt. In den Urteilen, die diesen Ansatz stützen, wird zur Begründung auf die Individualität jedes einzelnen Menschen abgestellt. Es könne nicht sein, dass der "*debtor or creditor race [or gender]*" eine Rolle spiele, da dies unvereinbar wäre mit fundamentalen Gleichheitswerten der (amerikanischen) Verfassung.[233] „*The guarantee of equal protection cannot mean one thing when applied to one individual and something else when applied to an individual of another colour [or gender].*"[234]

Aus den Ausführungen zum formell-/ symmetrischen Ansatz können, ausgehend vom zentralen Gleichheitsbegriff, drei Argumentationsstränge isoliert werden:
Die erste Aussage ist, dass das Gesetzessystem eines demokratischen Staates als unabhängiger, aus sich selbst gerechtfertigter Wertmaßstab anzusehen sei. Die tatsächlichen Verhältnisse innerhalb des Systems hätten sich diesem Recht anzupassen, da dieses absolute Aussagen treffe (z.B. eine abstrakte Gleichberechtigungsklausel).[235] Positive Diskriminierung/ Affirmative Action verstoße gegen diesen abstrakten Wertmaßstab, da tatsächliche Verhältnisse über das gesetzliche Wertesystem gestellt würden.
Die zweite Aussage ist, dass das Individuum als ausschließliches Zielobjekt des Rechts angesehen werden müsse.[236] Dieser Bezug sei unter zwei Gesichtspunkten notwendig: Verdienst („*merit*") und Schuld („*fault*"). Das Verdienst-Prinzip fordere, dass jeder Mensch gemäß seiner individuellen Fähigkeiten und Qualifikationen behandelt werden solle. Verdienst sei anhand dieser Maßstäbe objektiv bestimmbar. Rasse- oder Geschlechtskriterien seien in dieser Hinsicht gegenstandslos. Das Schuld-Prinzip fordere, dass jeder nur für seine eigenen Handlungen verantwortlich gemacht werden könne und nicht für die Handlungen anderer.[237] Positive Diskriminierung/ Affirmative Action liefe beiden Prinzipien zuwider. Das Verdienst-Prinzip werde durchbrochen, wenn Rasse- oder Geschlechtskriterien in die Beurteilung einer Person einbezogen würden. Das Schuld-Prinzip werde verletzt, wenn Personen, die keinerlei Einfluss auf die bestehenden Verhältnisse gehabt hätten, aufgrund von positiver

---

[232] *Fredman*, (1997) 113 L.Q.R., 575, 576; Beispiele finden sich in der US Rechtsprechung: *University of California v. Bakke*, 438 U.S. 265 (1978); *Adarand Constructors v. Pena*, 115 S. Ct. 2097 (1995).
[233] *Adarand Constructors v. Pena*, 115 S. Ct. 2097 (1995).
[234] *University of California v. Bakke*, (1978) 438 U.S. 265; *Fredman*, (1997) 113 L.Q.R., 575, 576.
[235] *Kull*, 2 ff.
[236] *Fredman*, (1997) 113 L.Q.R., 575, 577.
[237] *Fredman*, (1997) 113 L.Q.R., 575, 577; kritisch: *O'Regan*, 65, 74.

Diskriminierung/ Affirmative Action Positionen nicht erhalten könnten, die sie anderenfalls erhalten hätten.
Die dritte Aussage ist, dass sich der Staat gegenüber seinen Bürgern neutral zu verhalten habe.[238] Bevorzugungen, die gegen diese Neutralität verstießen, seien nicht erlaubt. Positive Diskriminierung/ Affirmative Action setze sich über die Neutralität des Staates hinweg und sei auch aus diesem Grund abzulehnen.

Die zentralen Aussagen des formell-/ symmetrischen Ansatzes werden von Vertretern anderer Auffassungen in Frage gestellt. Die Aussage, ein Gesetzessystem formuliere einen abstrakten Wertmaßstab, wird mit dem Argument angegriffen, Wirklichkeit und Ideal würden vertauscht.[239] Trotz der gesetzlichen Feststellung, dass Fragen der Rasse und des Geschlechts keinen Einfluss auf die Einordnung von Personen haben dürften, könne nicht geleugnet werden, dass dies in der gesellschaftlichen Realität nach wie vor der Fall sei. Diese Realitäten könnten nur überwunden werden, wenn sie bei der Erstellung von Gesetzen berücksichtigt und bekämpft würden. Die Annahme eines universell gültigen, abstrakten Wertmaßstabes sei realitätsfremd.
Der individualrechtliche Ansatz wird ebenfalls angegriffen. Wiederum lautet der Vorwurf, dass Wirklichkeit und Ideal vertauscht würden.[240] Die Prinzipien von Verdienst und Schuld könnten nicht darüber hinwegtäuschen, dass in der Realität der soziale Status einer Person und damit die Faktoren Rasse und Geschlecht eine zentrale Rolle spielten. Hinsichtlich des Verdienst-Prinzips eröffne sich eine weitergehende Problematik dahingehend, dass die angenommene objektive Bestimmbarkeit nicht den Tatsachen entspreche. Subjektive Vorlieben, sowie Rasse- und Geschlechtskriterien würden in die Beurteilung einbezogen. Dies mache deutlich, dass der gesamte Beurteilungsmaßstab in großem Maße subjektiv sei und sich (auch) an gruppenbezogenen Kriterien orientiere.[241] Sogar der Begriff Verdienst könne subjektiviert werden. Er könne anhand von Kriterien bestimmt werden, die auf indirektem Wege eine bestimmte Gruppe gegenüber einer anderen bevorzugten. Autoren innerhalb des materiell-/ substantiellen Ansatzes kehren aus diesem Grund die Argumentation des formell-/ symmetrischen Ansatzes um.

---

[238] *Fredman*, (1997) 113 L.Q.R., 575, 577.
[239] *O'Regan*, 65.
[240] *O'Regan*, 65, 72 ff.
[241] *O'Regan*, 65, 79.

Sie sagen, dass Faktoren wie Rasse und Geschlecht, statt sie scheinbar zu verbergen, offen in die Beurteilung von Verdienst einbezogen werden könnten: *„If a black skin will enable a doctor to do a medical job better than a white skin, then that black skin validly counts as a part of the calculation of „merit".*"[242] Schließlich wird die Auffassung eines neutralen Staates kritisiert. Die Regierung eines Landes, in dem Ungerechtigkeiten herrschten, könne nicht „neutral" sein. Selbst eine scheinbar „neutrale" Regelung habe den Effekt, dass sie die dominante Gruppe bevorzuge und die Ungleichheiten weiter verfestige.[243] Statt scheinbarer Neutralität müssten die Ursachen der Ungerechtigkeit berücksichtigt und in die Ausrichtung gesetzlicher Maßnahmen einbezogen werden.

Trotz der gegen den formell-/ symmetrischen Ansatz erhobenen Kritik ist die formelle Sichtweise weit verbreitet. Positionen dieses Ansatzes finden sich in allen untersuchten Rechtssystemen. Die nachfolgend zum deutschen Recht durchgeführten Untersuchungen werden zeigen, dass Rechtsprechung und Literatur in Deutschland in weiten Teilen dem formell-/ symmetrischen Ansatz folgen oder daran angelehnte Argumente benutzen.

2) Materiell-/ substantieller Ansatz

Die Ausführungen zum formell-/ symmetrischen Ansatz lassen erkennen, dass es hauptsächlich der materiell-/ substantielle Ansatz ist, der die Prämissen des formell-/ symmetrischen Ansatzes angreift.[244] Das zentrale Argument ist, dass das formale Ideal eines Gesellschaftsbildes, welches dem symmetrischen Ansatz zugrunde liegt, nicht mit gesellschaftlichen Realitäten übereinstimme.[245] Es sei nicht nur möglich, sondern sogar wahrscheinlich, dass der einzelne Arbeitnehmer in seiner persönlichen Laufbahn durch den Faktor Rasse oder Geschlecht bevorzugt oder benachteiligt werde.[246] Rechtsprechung und Gesetzgebung müssten dem faktisch nicht existierenden formell-/ symmetrischen Bild ein materiell-/ asymmetrisches, den gesellschaftlichen Tatsachen entsprechendes Bild entgegensetzen.[247] Weitergehend müsse bei einer Verteilung der beruflichen Möglichkeiten substantiell vorgegangen und die erfolgte Verteilung solcher Möglichkeiten substantiell beurteilt werden. Substantiell in diesem Sinne bedeute, dass jede Maßnahme zuerst an der gesellschaftlichen Realität

[242] *Dworkin*, A Matter of Principle, 299, überspitzt; ein mögliches Beispiel aus der Praxis: Eine Versicherung, die in Soweto Versicherungspolicen verkaufen will, benötigt dort schwarze Versicherungsvertreter, *Brassey*, ILJ 1999, 1359, 1360.
[243] *Fredman*, ILJ 2001, 154 f.
[244] *Freeman*, 98, bezeichnet diesen Ansatz als „*victim perspective*".
[245] *Maphai*, Social Dynamics 1989, 1 ff.
[246] *Fredman*, (1997) 113 L.Q.R., 575, 576.
[247] *Freeman*, 98, die tatsächlichen Ergebnisse der Gesetzgebung würden in einem formellen System *per definitionem* übersehen.

und nicht an dem ihr zugrunde liegenden theoretischen Modell zu messen sei.[248] Positive Diskriminierung/ Affirmative Action sei die Konsequenz des substantiellen Vorgehens.
Der materiell-/ substantielle Ansatz kehrt mit seiner Argumentation die drei zentralen Aussagen des formell-/ symmetrischen Ansatzes um.

Auch der materiell-/ substantielle Ansatz ist Gegenstand von Kritik. Im Gegensatz zu dem formell-/ symmetrischen Ansatz, der die Unveränderlichkeit des Rechts im Hinblick auf bestimmte zentrale Bestimmungen als unerlässlich erachtet, erlaubt der materiell-/ substantielle Ansatz, diese zentralen Bestimmungen zu modifizieren, wenn die tatsächliche Situation eines Landes derartige Maßnahmen erfordere. Es wird in Frage gestellt, ob eine in diesem Ausmaß biegsame Argumentation die Grundlage staatlichen Handelns seien könne/ dürfe. Der über allen anderen Gesichtspunkten stehende Blick auf die faktische Situation öffne staatlichem Missbrauch alle Türen.[249] Die Kritik soll anhand eines Beispieles verdeutlicht werden: Viele weiße Südafrikaner haben Angst vor positiver Diskriminierung/ Affirmative Action, da sie eine Umkehr des Apartheidssystems zu ihren Ungunsten befürchten.
Befürworter einer substantiellen Gleichheitskonzeption bestreiten die Richtigkeit dieser Kritik. Der Missbrauch einer auf positive Diskriminierung/ Affirmative Action gerichteten Politik sei nicht zu befürchten. Es sei im Rahmen einer freiheitlichen und fortschrittlichen Verfassung nicht möglich und nicht vorgesehen, Personengruppen wegen der Zugehörigkeit zu einer bestimmten Rasse oder einem bestimmten Geschlecht zu schädigen. Sollten Arbeitnehmer aufgrund von positiver Diskriminierung/ Affirmative Action keinen Arbeitsplatz bekommen, dann sei dies Ausdruck der Tatsache, dass das allgemeine Gefühl vorherrsche, der Arbeitsplatz müsse jemand anderem zufallen.[250] Ferner wird zur Verteidigung des materiell-/ symmetrischen Ansatzes vorgebracht, dass die Gegenauffassung die Zielrichtung der Maßnahmen verkenne. Anders als Diskriminierungshandlungen sei positive Diskriminierung/ Affirmative Action an sich wertneutral. Es gehe positiver Diskriminierung/ Affirmative Action nicht darum, bestimmte Personengruppen als minderwertig zu brandmarken, sondern es gehe um den Ausgleich bestehender Ungerechtigkeiten. Ein „Opfer“ von positiver Diskriminierung/ Affirmative Action werde nicht einem vergleichbaren Unzulänglichkeitsvorwurf ausgesetzt, dem ein Opfer von Diskriminierung entgegenzutreten habe.[251]
Zurück zum ursprünglichen Kritikpunkt: Die mangelnde Verankerung des theoretischen Modells an festen Wertprinzipien zeigt eine weitere Problematik

[248] *Fredman*, (1997) 113 L.Q.R., 575, 576, 577.
[249] Bonner Kommentar, *Rüfner*, Art. 3 Abs. 1 GG, Rdnr. 55.
[250] *Smith*, SAJHR 1995, 84, 96.
[251] *Rosenfeld*, 43 ff.

auf. Welchen Kriterien steht es offen, als Unterscheidungsmerkmale in Affirmative Action Programmen benutzt zu werden? Wer legt diese Kriterien fest?[252] Ein Beispiel wäre, dass in Südafrika festgestellt würde, Mitglieder des Stammes der Zulu wären im Gegensatz zu Mitgliedern des Stammes der Xhosa bedeutend häufiger in gehobenen und einflussreichen Ämtern und Stellungen vertreten.[253] Könnte Stammeszugehörigkeit als einschlägiges Kriterium für Affirmative Action verwendet werden? Existieren noch weitergehende Merkmale? Wie ist dem ausufernden Gebrauch immer weiterer Kriterien Einhalt zu gebieten, ohne dass eine feststehende Argumentationsbasis existiert?[254]

Über die geäußerten Kritikpunkte hinausgehend sind einige weitere, schwierig zu beantwortende Fragen aufzuwerfen. Zunächst ist die konkrete Zielrichtung von positiver Diskriminierung/ Affirmative Action zu problematisieren. Unstreitiges Ziel von positiver Diskriminierung/ Affirmative Action, aber auch von Anti-Diskriminierungsgesetzgebung ist, die Folgen einer konkret zu beweisenden Benachteiligung gegenüber einer einzelnen Person zu beseitigen („*remedial aims*").[255] Weitergehende Ziele sind umstritten. Das genannte konsensuale Ziel läuft Gefahr, positive Diskriminierungs-/ Affirmative Action Maßnahmen ins Leere laufen zu lassen. Die konkrete Ursache für bestehende Benachteiligungen ist in vielen Fällen nicht zu belegen. Positive Diskriminierung/ Affirmative Action kann unter entsprechenden Beschränkungen nicht greifen.
Dieser potentiellen Folgenlosigkeit kann entgegengewirkt werden, wenn weitergehende Ziele anvisiert werden. Entsprechende Forderungen werden in der materiell-/ substantiellen Literatur formuliert. Zunächst müsse von dem individuellen, vergangenheitsbezogenen Ansatz abgewichen werden. Mögliche, weitergehende Ziele seien, dass alle Bevölkerungsteile am Arbeitsleben proportional teilhaben sollten oder dass positive Vorbilder für benachteiligte Bevölkerungsteile geschaffen werden sollten („*non-remedial aims*").[256] Die Ziele wären gruppenbezogen und auf die Zukunft auszurichten. Nicht Kompensation, sondern der Abbau von Hindernissen für die nachfolgenden Generationen stünde im Mittelpunkt.[257]
Diese weitgreifenden Ziele bringen im Zusammenhang der Arbeit eine interessante Konsequenz mit sich. Die gruppenbezogene Komponente ermöglicht ohne Probleme, Geschlechter- und Rassendiskriminierung mit den gleichen Maßnahmen zu bekämpfen. Es geht lediglich darum, eine gruppenbezogene proportionale Angleichung zu erreichen. Welches Merkmal für die

---

252 *Kull*, 4.
253 Die Mitglieder beider Stämme stehen sich traditionell eher unversöhnlich gegenüber.
254 *Brassey*, ILJ 1999, 1359, 1360, kritisch und mit Beispielen anderer Kriterien.
255 *Fredman*, (1997) 113 L.Q.R., 575, 576, 577.
256 *Fredman*, (1997) 113 L.Q.R., 575, 576, 577.
257 *Klug*, SAJHR 1991, 317, 330.

Gruppeneinteilung entscheidend ist, ist unter diesem Gesichtspunkt gleichgültig.[258]

Weiter ist fraglich, ob positive Diskriminierung/ Affirmative Action hinsichtlich der selbstgesetzten Ziele erfolgreich ist. Diese Frage lässt sich auf zwei Ebenen stellen: Zum einen ist fraglich, ob positive Diskriminierung/ Affirmative Action tatsächlich hilft, entscheidende Fortschritte in Richtung Besserstellung der benachteiligten Gruppen zu erzielen.[259] Diese Frage zielt auf die Effektivität der Programme. Sie ist schwierig zu beantworten. Unterschiedliche Faktoren, z.B. der Zeitfaktor spielen eine Rolle.[260] Viele der Programme existieren zu kurz, um nachhaltig erfolgreich zu sein. Ohne die Wirksamkeit konkret verifizieren zu können, sei an dieser Stelle ein gewisser Grad an Effektivität unterstellt, von dem die gesetzgeberische Prärogative ausgehen kann. Zum anderen kommt eine Problematik auf der gesellschaftlich-moralischen Ebene hinzu. Positive Diskriminierungs-/ Affirmative Action Kandidaten begegnen der Gefahr, stigmatisiert zu werden.[261] Konkurrenzkampf und Neid werden geschürt, wenn sich bestimmte Kandidaten durch die als unfair empfundenen Vorteile vermeintlich schlechterer Wettbewerber benachteiligt fühlen. Dieses Problem kann auf der Makroebene eines einzelnen Unternehmens einschneidende Folgen haben, da das Unternehmensklima durch derartige Kämpfe beschädigt werden kann.[262] Lösungen für diese soziologisch-gesellschaftliche Frage sind nicht ersichtlich. Möglich ist, die Problematik mit dem Gegenargument zu kontern, dass positive Diskriminierung/ Affirmative Action durch die gesellschaftlichen Spannungen, die es erzeugt, dazu beiträgt, dass die gesamte Diskriminierungsproblematik in das Bewusstsein der Öffentlichkeit gelangt.

Drittens ist fraglich, ob Auswirkungen von Affirmative Action fair und auf die richtigen Personen/ Personengruppen verteilt sind. Dies soll in einem eigenen Abschnitt angesprochen werden. Der dort zu besprechende Ansatz von *Fiscus* nimmt für sich in Anspruch, das Problem des *„innocent white/ male victim“* zu lösen.

An diesen Bereich angelehnt ist die Frage der *„over- underinclusiveness“* von positiver Diskriminierung/ Affirmative Action. Zu klären ist, wer richtigerweise von positiver Diskriminierung/ Affirmative Action profitieren solle. Die Fragestellung geht in zwei Richtungen. Einerseits wird gesagt, dass aktive Förderungsmaßnahmen die wahren Diskriminierungsopfer nicht erreichen kön-

---

[258] *Maphai*, Social Dynamics 1989, 1 ff.

[259] *Ray*, SA Labour Bulletin 1998, 52, 53.

[260] *Klug*, SAJHR 1991, 317, mit negativer Bilanz aus den USA.

[261] *Palk*, EED 1996, 2, 1, 4.

[262] *Grogan*, EL 1996/ 97, 2, 5.

nten.[263] Diese Kritik kann am Beispiel Südafrikas verdeutlicht werden. Kritiker sind der Auffassung, dass die Masse der schwarzen Bevölkerung von Affirmative Action keine Vorteile haben werde, da dieser Gruppe schlicht die notwendige Qualifikation fehle. Es sei vorauszusehen, dass von Affirmative Action lediglich die Mitglieder der schwarzen Bevölkerung profitieren würden, die schon vorher relativ privilegiert waren.[264] Das Beispiel verdeutlicht gleichzeitig den zweiten Kritikpunkt, der darauf abzielt, das Affirmative Action lediglich den Personen Unterstützung gewährt, die entsprechende Hilfe nicht benötigen würden, da sie auch ohne staatliche Hilfe konkurrenzfähig wären.[265] Befürworter von positiver Diskriminierung/ Affirmative Action erkennen die genannten Problempunkte nicht an. Der ersten Kritik wird entgegnet, dass die genannte Tatsache lediglich das Ausmaß vorheriger Diskriminierungen zeige, aber nicht gegen positive Diskriminierung/ Affirmative Action an sich spreche.[266] Gegenüber dem zweiten Kritikpunkt wird aus der Gruppenperspektive argumentiert. Es könne nicht geleugnet werden, dass Frauen/ Schwarzen als Gruppe in bestimmtem Umfang Diskriminierungen entgegengebracht würden. Von diesem globalen Umfang sei jedes Individuum dieser Gruppen in bestimmten Maße ebenfalls betroffen.[267]

Der materiell-/ substantielle Ansatz ist, verglichen mit der formell-/ symmetrischen Auffassung, relativ jung. Die Zahl der Anhänger dieser Gleichheitskonzeption ist parallel zu der gestiegenen Bedeutung der Gleichheitsdebatte in der Öffentlichkeit stetig gewachsen. Die uneingeschränkteste Unterstützung erhält der materiell-/ substantielle Ansatz in Südafrika. Die jetzige südafrikanische ANC-Regierung hat schon vor in Kraft treten der Verfassung deutlich gemacht, dass sie auf dem Standpunkt stehe, dass die enormen Ungerechtigkeiten in Südafrika nur über eine materiell-/ substantielle Herangehensweise gelöst werden könnten.[268] Die nachfolgenden Untersuchungen werden zeigen, inwieweit die südafrikanischen Gesetze und die südafrikanische Rechtsprechung und Literatur dieser theoretischen Auffassung folgen.

[263] *O'Regan*, 82; *Rosenfeld*, 296.
[264] *Brassey*, ILJ 1999, 1359, 1361 f.
[265] *Rosenfeld*, 296.
[266] *Maphai*, Social Dynamics 1989, 1, 18 ff., mit Gesamtbetrachtung des Problems.
[267] *Klug*, SAJHR 1991, 317, 328.
[268] Constitutional Committee of the ANC, 1 ff.; später gleichlautend: *Jacobs*, EED 1995, 5, 1 ff.

3) Chancengleichheits-/ *„equal opportunities"*-Ansatz

Ein dritter Ansatz grenzt sich von beiden vorherigen theoretischen Modellen ab. Er stellt die Chancengleichheit aller Arbeitnehmer in den Vordergrund.[269] Der eigentliche theoretische Ansatz ist nicht so klar entworfen wie derjenige der oben genannten Theorien. Die beste Möglichkeit, diesen Ansatz zu erklären, ist, das vom ehemaligen US-Präsidenten Johnson entworfene Bild eines Wettrennens zu benutzen. Angenommen, ein „Rennen" würde heute in Systemen gestartet, in denen Ungerechtigkeiten bestünden, würde es den Personen, die von den hinteren Startblöcken aus starten müssten (den benachteiligten Personen) weitaus schwieriger fallen, dieses zu gewinnen, als denen, die näher am Ziel starten könnten (den bevorzugten Personen). Aus diesem Bild leitet dieser Ansatz die von ihm geförderte Lösungsmöglichkeit der Problematik ab. Jede Maßnahme positiver Diskriminierung sei erlaubt, solange dieser das Ziel zugrunde liege, den Startpunkt einer benachteiligten Gruppe dem Startpunkt einer privilegierten Gruppe anzugleichen.[270]
Sei diese Chancengleichheit erreicht, bestünde eine Situation, in der die einzelnen Personen nach „Verdienst" unterschieden werden könnten und müssten. Rasse- oder Geschlechtskriterien könnten aufgrund der angeglichenen Startbedingungen hinsichtlich der potentiellen Qualifikation von Personen dann keine Rolle mehr spielen.[271]

Der *„equal opportunities"*-Ansatz wird aufgrund der Tatsache kritisiert, dass trotz des bildlich sehr eingängigen Ausgangspunktes *„Chancengleichheit"* nicht deutlich werde, was unter diesem Begriff zu verstehen sei.[272] Diese Kritik kann dahingehend überspitzt werden, den Begriff *Chancengleichheit/ „equal opportunities"* als inhaltslose Worthülse anzusehen.[273]
Zum einen könne der Begriff ein strukturelles Erfordernis meinen, welches helfen solle, die angestrebten Ergebnisse zu erzielen, welches aber keine darüber hinausgehenden Garantien übernehme, dass diese Veränderungen tatsächlich erreicht würden. Zum anderen könnten materielle Forderungen gemeint sein, nach denen tatsächlich sicherzustellen sei, dass gleiche Startbedingungen für alle Personen herrschten. Die mögliche Inhaltslosigkeit lässt sich anhand eines Beispieles verdeutlichen: Soll für alle Berufseinsteiger in einer bestimmten Gesellschaft sichergestellt werden, dass diese gleiche Chancen für einen Berufseinstieg erhalten, so ist diese Maßnahme bezogen auf den tatsächlichen Einstieg in das Berufsleben dann mit dem *„equal opportunities"*-Ansatz überein-

---

[269] *Ncholo*, 23 ff.
[270] *Fredman*, (1997) 113 L.Q.R., 575, 576, 579.
[271] *Fredman*, (1997) 113 L.Q.R., 575, 579.
[272] *Freeman*, 112, *„the myth of equality of opportunity"*.
[273] *Rosenfeld*, 22 ff.; *Freeman*, 112.

stimmend, wenn alle Berufseinsteiger vergleichbare Möglichkeiten erhalten, sich um Arbeitsplätze zu bewerben. Vergleichbare Möglichkeiten müssten somit insbesondere am Ende der Schulausbildung bestehen. Derartige Möglichkeiten lassen sich aber nur durch zuvor tatsächlich gleiche Ausbildung gewährleisten. Um also alle Berufseinsteiger an einen Punkt zu bringen, an dem sie gleiche Chancen auf einen Arbeitsplatz haben, müsste der Punkt der Chancengleichheit mit materiell-/ substantiellen Maßnahmen angestrebt werden. Der Chancengleichheits-/ „*equal opportunities*"-Ansatz würde in diesem Falle eine andere Gleichheitskonzeption umfassen. Der Inhalt des Begriffes würde austauschbar.
An dieser Kritik zeigt sich, dass der „*equal opportunities*"-Ansatz letztlich kein eigener Ansatz, sondern eine Verschmelzung der beiden vorher genannten Theorien ist. Im Wege dieser Verschmelzung ist es möglich, die gefundenen Regelungen mehr in Richtung formell-/ symmetrischer Sichtweise oder mehr in Richtung materiell-/ substantieller Sichtweise auszurichten.

Der EuGH hat in seinen Urteilen zur Arbeitnehmergleichberechtigung Auffassungen vertreten, die von Stimmen in der Literatur als nicht miteinander vereinbar angesehen werden. In der folgenden Untersuchung wird argumentiert, dass es sich bei den Äußerungen des EuGH lediglich um verschiedene Positionen innerhalb des schwierig zu bestimmenden Chancengleichheits-/ „*equal opportunities*"-Ansatzes handelt.

4) Sonderproblem: Begriff des „*innocent white/ male victim*"

Positive Diskriminierung wird oftmals kritisiert mit der Aussage, dass durch positiv diskriminierende Maßnahmen die „falschen" Personen zur Bezahlung der Diskriminierungssünden der Vergangenheit herangezogen würden.[274] Den Kernpunkt dieser Kritik bildet der in der Literatur geschaffene Begriff des „*innocent white/ male victim*", der für die von seinen Vorfahren begangenen Ungerechtigkeiten bezahlen müsse.
Laut Kritikern von positiver Diskriminierung wird durch positive Maßnahmen eine Klasse von „*innocent white/ male victims*" geschaffen. Diese Klasse setzt sich zusammen aus jungen weißen Männern, die nicht verantwortlich sind für Handlungen, die in der Vergangenheit liegen.[275] Der Begriff kann auch auf andere Personen erweitert werden. Betroffen sein können alle, die zum Zeitpunkt diskriminierender Handlungen schon am Leben waren, die aber für Ungleichheiten, die nun durch Maßnahmen positiver Diskriminierung beseitigt werden sollen, in keiner Weise verantwortlich gemacht werden können. Die auf

[274] *Smith*, 1995 SAJHR, 84, 95; er sieht ferner einen Grund dafür, dass bestimmte Leute Affirmative Action nicht aufgeschlossen gegenüberstehen in der Tatsache, dass diese Leute mit den vorherigen Verhältnissen einverstanden waren.
[275] *Smith*, 1995 SAJHR, 84, 95.

dem formell-/ symmetrischen Standpunkt stehende Literatur findet in diesem Kritikpunkt eine weitere Begründung ihrer Theorie. Autoren, die sich für positive Diskriminierung/ Affirmative Action aussprechen, versuchen dagegen, die Theorie des *„innocent white/ male victim“* zu entkräften und zu zeigen, dass eine im dargestellten Sinne unschuldig benachteiligte Gruppe nicht existiert.[276]

Ein Autor, der in diesem Kontext erwähnt werden soll, ist *Ronald Fiscus*.[277] *Fiscus* hat im amerikanischen Kontext geschrieben und darauf hingewiesen, dass das Problem des *„innocent white/ male victim“* dasjenige sei, welches von der bisherigen Literatur noch nicht zufriedenstellend gelöst werden konnte. Gleichzeitig hat er betont, dass der Lösung dieser Frage grundsätzliche Bedeutung zukomme, da sie im Zentrum der Debatte um positive Diskriminierung stehe. Er präsentiert einen eigenen Lösungsansatz. Darin gesteht er zunächst ein, dass Programme, die positive Diskriminierung vorsehen, tatsächlich weiße Männer bei ihrem beruflichen Werdegang behindern könnten. Gleichzeitig betont er die aus seiner Sicht unbedingte Notwendigkeit, positive Diskriminierung/ Affirmative Action in bestimmten Bereichen vorzunehmen. Ausgangspunkt seiner Untersuchung ist die Schnittstelle zwischen materiell-/ substantieller und formell-/ symmetrischer Gleichheit. Er vergleicht die Beschäftigungsstrukturen einer fiktionalen Gesellschaft mit der faktischen Gesellschaft. Seine zentrale These ist, dass in einem System frei von Diskriminierungen die gesellschaftlichen Möglichkeiten proportional zu der sozialen Gesellschaftsstruktur verteilt würden.[278]
Fiscus startet mit dem Bild einer fiktionalen Gesellschaft, die sich zu 20 % aus Schwarzen und zu 80 % aus Weißen zusammensetzt.[279] 20 % der in dieser Gesellschaft bestehenden Arbeitsplätze müssten an Schwarze gehen. Der Begriff Arbeitsplätze sei in diesem Zusammenhang weit zu verstehen, er umfasse neben Arbeitsstellen selbst auch den Zugang zu diesen Stellen, Beförderungen, etc. Sollte der Verteilungsschlüssel nicht dem gerade dargestellten entsprechen, wäre die Arbeitnehmergleichberechtigung in der fraglichen Gesellschaft verletzt. Dies ist laut *Fiscus* ein eindeutiges Zeichen für stattfindende Rassendiskriminierungen. Die unterschiedliche Verteilung von Arbeitsplätzen könne zwar auf anderen Wegen erklärt werden. Man könne darauf abstellen, dass eine Bevölkerungsgruppe härter arbeite oder im Durchschnitt intelligenter sei. *Fiscus* sieht solche Erklärungsversuche aber als rassistisch an. Auch kulturelle Unterschiede können seiner Meinung nach nicht als Erklärung herangezogen werden, da der Verweis auf diese nicht die Wurzel des Problems erfasse und nicht er-

---

276 *Dworkin*, chapter 9; *Sullivan*, (1986) 100 Harvard Law Review, 78; *Klug*, SAJHR 1991, 317 ff.; *Smith*, (1992) 8 SAJHR, 234.
277 *Fiscus*, 7 ff.
278 *Fiscus*, 7 ff.
279 Dasselbe Beispiel ließe sich auch im Bereich der Geschlechterdiskriminierung bilden.

kläre, warum z.B. schwarze Kultur *per se* unterschiedlich sein sollte. Kultur sei ein dehnbarer Begriff, dessen Inhalte sich innerhalb kurzer Zeit ändern könnten. In der fiktionalen Gesellschaft in der die Weißen 80 % der Bevölkerung ausmachten, sollten die Weißen 80 % der Arbeitsressourcen dieser Gesellschaft für sich beanspruchen können. Sollten die Weißen mehr als „ihre" 80 % innehaben und folge man der Prämisse, dass diese Verteilung auf Rassendiskriminierung zurückgehe, so sei der weiße Bevölkerungsanteil überproportional bevorzugt. An dieser Stelle würde positive Diskriminierung/ Affirmative Action greifen und dafür sorgen, dass ein Teil der in der Gesellschaft zur Verfügung stehenden Arbeitsmöglichkeiten wieder Schwarzen angeboten würde. Durch diese Gegenmaßnahme könne der eigentliche *Status quo* wiederhergestellt werden. Der weiße Teil der Bevölkerung sei als einheitliche Gruppe zu betrachten. Diese Gruppe könne nicht geltend machen, dass sie Opfer von Diskriminierung geworden sei. Selbst in dem Fall, dass einige der Weißen beweisen könnten, dass sie persönlich nicht an diskriminierenden Maßnahmen teilgenommen oder diese unterstützt hätten, würde dies ihnen kein Recht geben, Möglichkeiten zu behalten, die ihnen nicht rechtmäßig zustünden. In dieser Hinsicht sei die Situation vergleichbar mit der, in der jemand gestohlene Güter besitze. Allein die Tatsache, dass der Besitzer der Güter beweisen könne, die Güter nicht gestohlen zu haben und von deren Diebstahl nichts gewusst zu haben, gebe ihm nicht das Recht, diese Güter zu behalten.[280]
Es sei in diesem Zusammenhang auch nicht möglich zu argumentieren, dass zuerst auf die reicheren Schichten in der weißen Bevölkerungsgruppe zugegriffen werden solle, da diese eine Belastung einfacher verkraften könnten. Nur die nach dem jeweiligen Differenzierungskriterium zu isolierende Bevölkerungsgruppe insgesamt könne als Bemessungsmaßstab herangezogen werden.

Die in dem verwendeten Beispiel durchgeführten Maßnahmen sind auf theoretischer Ebene genauer zu untersuchen. *Rosenfeld* hat die von *Fiscus* entworfenen Verteilungskriterien eingehender betrachtet[281]: Es könne zwischen verteilungsspezifischen und ergebnisspezifischen Verteilungskriterien unterschieden werden. Verteilungsspezifische Kriterien stellten die proportionale Verteilung vorhandener Güter im Verteilungsprozess in den Vordergrund. Werde nach diesem Maßstab verteilt, zähle, dass jeder Empfänger den gleichen Anteil eines bestimmten Gutes erhalte. Unwichtig sei, wie viele Einheiten dieses Gutes die Empfänger vor der Verteilung besessen hätten. Werde nach ergebnisspezifischen Kriterien verteilt, verschiebe sich die Gewichtung. Danach stehe im Vordergrund, dass am Ende des Verteilungsprozesses jeder Empfänger den gleichen Anteil eines bestimmten Gutes besitze. Diejenigen Empfänger, die vor dem Verteilungsprozess eine größere Menge des Gutes besessen hätten als

280 *Fiscus*, 7 ff.
281 *Rosenfeld*, 19 ff., *„marginal equality v. global equality"*.

andere, würden dementsprechend im aktuellen Verteilungsprozess benachteiligt. Angewandt auf eine Ausgangssituation, in der unterschiedliche Empfänger verschiedene Mengen eines bestimmten Gutes besäßen, kämen die beiden Verteilungsmuster auf diese Weise zu unterschiedlichen Ergebnissen.
Fiscus legt seinem Ansatz ergebnisspezifische Verteilungskriterien zugrunde und bezieht diese Kriterien auf bestimmte Gruppeneigenschaften (Rasse/ Geschlecht). Die Verbindung dieser ergebnisspezifischen Verteilung und des Gruppenbezuges markieren das theoretische Fundament seiner Argumentation.

Fiscus führt weiter aus, dass, wenn Maßnahmen getroffen werden sollten, nach denen die weiße Bevölkerungsschicht mit weniger als 80 % der Arbeitsplätze auszukommen hätte, dies ein Indiz dafür wäre, dass die Maßnahmen zu weit gegangen seien. Da die Gruppe der Weißen in diesem Falle weniger erhalte, als ihnen im Falle einer proportional-prozentualen Verteilung zustünde, sei die Gruppe in diesem Falle von positiver Diskriminierung/ Affirmative Action übermäßig belastet. Es müsse der weißen Bevölkerung durch entsprechende Programme ermöglicht werden, wieder den prozentualen Anteil an Möglichkeiten zu erhalten. Vor diesem Hintergrund müsse Mitgliedern der nun benachteiligten Gruppe die Möglichkeit offen stehen, ihre Rechte einzuklagen. Die Auffassung, dass es Mitgliedern der Gruppe, die durch Affirmative Action Maßnahmen benachteiligt werde, nicht erlaubt sein solle, gegen entsprechende Maßnahmen vorzugehen[282], gehe zu weit. Das von *Fiscus* aufgestellte System lässt den Schluss zu, dass Programme, die einer eigentlich bevorzugten Gruppe zu wenig Möglichkeiten zugestehen, nicht zu rechtfertigen sind. Positive Diskriminierung/ Affirmative Action solle zu einem gerechten Ausgleich führen und verhindern, dass sich neue Ungleichheiten bildeten oder alte bestehen blieben.[283]

Die gesamte von *Fiscus* entwickelte Strategie ist in einer Hinsicht einzuschränken. *Rosenfeld* stellt eine Differenzierung auf zwischen dem sogenannten „Verteiler“ und den sogenannten „Verteilungsobjekten“.[284] Der Staat sei als Verteiler zu bezeichnen. Der Begriff beziehe sich auf die Rolle des Staates, für die Verteilung bestimmter Güter verantwortlich zu sein. Bei der Ausfüllung dieser Rolle sei zu beachten, dass der Staat nur verteilen könne, was in seiner Reichweite liege. Dieses seien die Verteilungsobjekte. Aus dieser Konstellation ergebe sich ein Problem. Der Staat sei an seine gesetzliche Ordnung gebunden; die Menge der Verteilungsobjekte könne aus diesem Grunde eingeschränkt sein. Beispielsweise verfassungsmäßige Grenzen könnten den Staat an der gleichen

[282] So: *Sheppard*, 13, 33.
[283] *Fiscus*, 53: *„[...] society should not reward the children for the sins of their parents, neither should it punish them“*.
[284] *Rosenfeld*, 17 ff., *„domain of allocation v. domain of account“*.

Verteilung bestimmter Objekte hindern, obwohl dies aus anderer Perspektive wünschenswert wäre.
Das von *Fiscus* entworfene Bild kann aufgrund dieser Differenzierung lediglich in den Bereichen angewandt werden, in denen ein Verteiler über ausreichende Verteilungsobjekte verfügt.

Die von *Fiscus* aufgestellten Thesen werden in der Literatur kritisiert. Es wird gesagt: *„[t]he legal and objective foundations of [...] oppression [...] are now behind us.*[285] *Those who argue that discrimination persists are not dealing with the facts but with 'political and social ideology'"*.[286] Diese Aussage stellt den staatlichen Rahmen in den Vordergrund. Sie wendet eine formell-/ symmetrische Betrachtungsweise an. Im Falle eines demokratischen Systems, welches Gleichheit für alle gesellschaftlichen Gruppen per Gesetz garantiere (dies sei sowohl in Südafrika als auch in europäischen Ländern der Fall) könne staatliche Diskriminierung als beendet angesehen werden.
Um diese formelle Herangehensweise zu widerlegen, wurden in Amerika Studien durchgeführt, die zeigen, dass Rassendiskriminierungen gegenüber Arbeitnehmern immer noch existieren.[287] So wurde der Beweis angetreten, dass in Amerika institutionelle Arbeitnehmerdiskriminierung fortdauert, obwohl das Verfassungssystem der Vereinigten Staaten derartige Diskriminierungen verbietet.
Die genannte Auseinandersetzung mit *Fiscus* trifft in beiden Richtungen nicht den zentralen Punkt. Entscheidend ist nicht die Frage, ob weiterhin Diskriminierungen bestehen. Das Problem ist, an welcher Stelle das Ziel der Arbeitnehmergleichberechtigung in die staatliche Werte-Hierarchie eingeordnet wird. Hier vertreten beide Auffassungen lediglich bekannte Positionen. Die formell-/ symmetrische und die materiell-/ substantielle Betrachtungsweise treffen aufeinander.

In *Fiscus* Ansatz bleibt die Ausschließlichkeit, mit der er Rassendiskriminierungen für die disproportionale Verteilung von Arbeitsplätzen verantwortlich macht, angreifbar. Die Vielfalt gesellschaftlicher Mechanismen, die dazu führt, dass sich bestimmte Personengruppen für bestimmte Berufe entscheiden, wird nicht als zumindest mitbeeinflussender Faktor in das Denkmodell einbezogen. Als Beispiel seien geographische Faktoren genannt. Sollte in der fiktionalen Gesellschaft die 20 % starke, schwarze Bevölkerung überwiegend Küstenregionen des imaginären Landes bewohnen, so wären diese Bevölkerungsteile offensichtlich stark hingezogen zu Arbeitsplätzen, die in

[285] *Capaldi*, 13.
[286] *Capaldi*, 13 f.
[287] *Ezorzky*, part 1.

Verbindung mit dem Meer stehen. Rassendiskriminierung würde in diesem Fall nur eine untergeordnete Rolle bei der Verteilung dieser Arbeitsplätze spielen. Schließlich bleibt fragwürdig, inwieweit kulturelle Gruppen in dem statistischen Gruppenmodell eine Rolle spielen sollten. Kulturelle Identität bildet ein weiteres potentielles Differenzierungskriterium. Es ist nicht verständlich, warum ein solches Kriterium nicht in die Wertung einbezogen werden darf. *Fiscus* schließt aus der Tatsache, dass kulturelle Identität leicht zu beeinflussen ist und keine Rolle spielen sollte, darauf, dass derartige Kriterien keinen Einfluss auf die tatsächliche Verteilung haben. Durch diese doppelte Schlussfolgerung vermischt er die Wertungsebene mit der Tatsachenebene. Die vorgebrachte Kritik an dem Modell von *Fiscus* mag lediglich gegen einzelne Aspekte in diesem Modell gerichtet sein, es ergeben sich dennoch potentiell weitreichende Folgen. Der kategorische Ausschluss bestimmter Kriterien aus einem Gesamtmodell führt, sollte er sich als unbegründet erweisen, zu der Verwässerung des gesamten Modells, da die grundlegenden Bemessungsgrundlagen verschoben werden.

Ausgehend von einem liberalen Staatsverständnis kann *Fiscus* ebenfalls widersprochen werden. Ein liberales Staatsverständnis betont die Regelungskräfte, die dem Markt einer Demokratie immanent sind. Diese Marktkräfte würden über alltägliche Konkurrenz dazu führen, dass diskriminierende Faktoren ausgeschaltet würden. Statt dessen würden Qualitätsfaktoren an Wichtigkeit gewinnen.[288] *Fiscus* verteilt die Arbeitsplätze in einer Gesellschaft anhand statistisch festgelegter Kriterien und gibt so dem Markt keine Chance, sich selbst zu regulieren. Auf diesem Wege werden Personen behindert, die aus der Perspektive des Marktes eine bessere Ausgangsposition hätten.
Einige Autoren bezweifeln allerdings, dass die Regelungskräfte eines freien Marktes ausreichen könnten, um Diskriminierung zu beseitigen.[289] Grundsätzlich könne angenommen werden, dass Marktkräfte einige Durchsetzungskraft besäßen, um sich gegen Diskriminierungen zu behaupten. Träfen aber Faktoren zusammen, die die Marktkräfte einschränkten, dann ergebe sich ein anderes Bild. Möglich sei beispielsweise, dass einige Unternehmer keinen Antrieb besäßen, Profite zu maximieren, dass Monopole bestünden, dass nicht auf Jobs bezogene Diskriminierungen (z.B. Wohnorttrennung) bestünden und/ oder dass ein Überangebot an Arbeitnehmern existiere. Derartige Kräfte würden die Selbstregulierung des Marktes lähmen und zu einem Stillstand führen.

Die Schlussfolgerung, dass lediglich Diskriminierung für unterschiedliche Verteilung von Möglichkeiten in einer Gesellschaft verantwortlich ist, bleibt umstritten. Angemerkt sei auch, dass sich der Ansatz von *Fiscus* auf der Verfassungsebene als problematisch darstellen wird. Er ist gegenläufig zu der

---

[288] *Rosenfeld*, 52 ff.
[289] *Hepple*, (1997) 18 ILJ, 600.

generell in der Grundrechtsdogmatik anerkannten Ausrichtung derartiger Rechte hin zum Individuum und weg von der Gruppe.[290] Eine Lösung der Frage könnte statt in der von *Fiscus* propagierten theoretischen Aufhebung des Problems darin liegen, „*innocent white/ male victims*“ als problematische Gruppe anzuerkennen und Gegenmaßnahmen zu ergreifen (Subventionen, Gemeinschaftsprogramme, temporäres Angebot erweiterter Möglichkeiten usw.).

5) Qualifikationsbegriff (Verdienst/ „*merit*“)

Eine weitere übergeordnete Frage stellt sich innerhalb aller Ansätze. Sie schließt sich an die Bestimmung der Gleichheitskonzeption an: Wie ist Verdienst/ „*merit*“ oder Qualifikation gerecht bestimmbar?
Speziell dem „*equal opportunities*“-Ansatz wird vorgeworfen, den Verdienstbegriff nicht ausreichend zu definieren.[291] Die anderen Gleichheitskonzeptionen haben in dieser Hinsicht ebenfalls Probleme. Allgemein werden zwei Definitionsansätze verfolgt.[292] Qualifikation kann einerseits gemäß einer gesellschaftlich hergebrachten Definition verstanden werden. Dies stellt aufgrund der tatsächlich unterschiedlichen Ausgangspositionen die bevorzugten Gruppen oftmals besser. Andererseits kann der Begriff im Bezug auf den jeweiligen Stand der Gesellschaft ständig neu zu bestimmen sein.[293] Auf diese Weise soll der Dominanz der bevorzugten Gruppe entgegen getreten werden.
Grundlegend ist zunächst zu bestimmen, warum das Qualifikationsprinzip eine so wichtige Rolle spielt. Nach allgemeiner Auffassung ist es am gerechtesten, Arbeitsstellen anhand der Qualifikation einer Person zu vergeben. Aus ethischer Sicht stehen dieser Auswahl Zweifel entgegen, da derjenige, der mit mehr Talent ausgestattet ist und aus Qualifikationsgesichtspunkten einen Wettbewerbsvorteil hat, diesen Vorteil aus moralischen Gesichtspunkten nicht „verdient“ hat. Neben moralischen Gesichtspunkten fließen Nutzbarkeitserwägungen in die Überlegung ein. Von besser qualifizierten Personen wird angenommen, dass sie die übertragenen Aufgaben besser meistern werden. Diese Annahme ist wiederum nicht zwingend, hinsichtlich der tatsächlichen Vergabe von Arbeitsplätzen aber ausschlaggebendes Kriterium. Qualifikation erfüllt eine weitere Funktion. Durch den gesteigerten Einfluss objektivierbarer Qualifikationsnachweise gerät die jeder personellen Entscheidung immanente subjektive Ebene weiter in den Hintergrund. Dadurch verlieren diskriminierende Faktoren an Einfluss, es sei denn, diese Faktoren fließen indirekt über das Qualifikationsmerkmal ein. Das Qualifikationsprinzip erfährt seine Wichtigkeit aus der Erwägung, dass bestimmte erbrachte Leistungen einer Person ein

---

[290] Dazu allgemein: Maunz/ Dürig, *Dürig*, Art. 3 Abs. 2 GG, Rdnr. 68.
[291] *Fredman*, (1997) 113 L.Q.R., 575, 587.
[292] *Fredman*, (1997) 113 L.Q.R., 575, 587.
[293] *Fredman*, (1997) 113 L.Q.R., 575, 598.

Indikator dafür sein können, von welchem Nutzen diese Person dem Unternehmen als Arbeitnehmer sein könnte. Aus der Tatsache, dass die zu vergleichenden Leistungen von vielen Personen unterschiedlicher Gruppen zu erbringen sind, wird ein gewisses Maß objektiver Vergleichbarkeit geschlossen.

III. Stellungnahme

Die verschiedenen Gleichheitskonzeptionen sind jeweils argumentativ begründbar. Eine *Lösung* auf dem Weg zu mehr Arbeitnehmergleichberechtigung gibt es nicht. Statt dessen verdeutlichen die Argumentationen, dass die Auffassung von Gleichheit auf theoretischer Ebene als Wertungsproblem angesehen werden muss.

Hinsichtlich positiver Diskriminierung/ Affirmative Action kann dies anhand eines in der Literatur verwendeten Beispieles untermauert werden.[294] *Smith* weist darauf hin, dass Parkplätze für Behinderte in der Bevölkerung voll akzeptiert seien. Diese Akzeptanz zeige, dass unterschiedliche Behandlung bestimmter Gruppen nicht generell abgelehnt werde, sondern dass es auf die Verwendung des differenzierenden Merkmales ankomme.
Deutlich zeigt sich die Wertungsproblematik auch in dem Problem des „*innocent white/ male victim*“. Sucht man eine theoretische Lösung des Problems, erreicht jede Argumentation einen Punkt, an dem fraglich ist, wie weit die Forderung nach Gleichheit gehen kann/ soll: In welchem Maße sind tatsächliche Gegebenheiten in die Bewertung der Gleichheitsproblematik einzubeziehen? Können Rechte auf bestimmte Gruppen bezogen werden, oder muss das Individuum im Mittelpunkt stehen usw.?
Smith trifft die Wurzel des Problems, die ohne als solche gekennzeichnet zu sein, schon am Anfang der Arbeit auftauchte, als der Schritt von Differenzierung zu Diskriminierung als „Wertungsproblem“ beschrieben wurde. Positive Diskriminierung bleibt positiv, wenn man die Wertungsgrenze jenseits der unter diesem Schlagwort getroffenen Maßnahmen zieht. Sie wird zu Diskriminierung, verschiebt man diese Grenze. Die genannten Gleichheitskonzeptionen dienen der Grenzziehung, sie geben Hilfestellung, eine auf nicht greifbaren, moralischen Kriterien basierende Entscheidung zu treffen.

Die aufgeworfenen Wertungsfragen müssen im weiteren Gang der Untersuchung nicht rein hypothetisch entschieden werden. Sowohl in Deutschland/ Europa, als auch in Südafrika basieren die Rechtsysteme auf der „Verfassung“

[294] *Smith*, (1992) 8 SAJHR, 234, 243.

des jeweiligen Rechtsgebildes.[295] Aufbauend auf bestimmte allgemeine Fundamente geben die Verfassungen der untersuchten Systeme grundlegende Wertungen vor. Diese werden in den einfachen Gesetzen in die Praxis umgesetzt. Eine Entscheidung des grundsätzlichen Streites zwischen den verschiedenen Gleichheitskonzeptionen ist nicht notwendig. Vielmehr ist erforderlich, die verfassungsmäßigen Wertungen jedes untersuchten Systems vor dem Hintergrund der allgemeinen Überlegungen zu beleuchten und zu diskutieren.

[295] Hier ist mit Verfassung das Gesetz gemeint, das das jeweilige System an bestimmte Werte und Abläufe bindet und den Staat oder das Rechtsgebilde konstituiert; in Deutschland das Grundgesetz, auf Europa- Ebene der EGV in der Fassung von Amsterdam und in Südafrika die 1996 Constitution.

TEIL III
UNTERSUCHUNG DER SYSTEME

1. Kapitel: Verfassungsebene

I. Die südafrikanische Constitution vor dem Hintergrund der allgemeinen Gleichberechtigungsdebatte

Im Folgenden ist der Ansatz zu untersuchen, mit dem in Südafrika auf Verfassungsebene die strukturellen gesellschaftlichen Ungerechtigkeiten im Arbeitsleben beseitigt werden sollen. Auf die allgemeinen Theorien wird dabei Bezug genommen.

1) Verfassungsentwicklung

Südafrika hat in den letzten Jahren einen rasanten Wandel von einem Apartheidssystem hin zu einem freiheitlich demokratischen Staat vollzogen. Dieser Wandel hat auch auf staatsrechtlicher Basis tiefe Einschnitte mit sich gebracht. Seit 1994 ist Südafrika ein konstitutionell verfasster Rechtsstaat.[296]

a) Die Übergangs-Verfassung (Interim Constitution)

Die Interim Constitution, die am 27. 04. 1994 in Kraft trat, kann als ein Meilenstein demokratischer Entwicklung in Südafrika angesehen werden.[297] Bei der Entstehung[298] der Interim Constitution und in den ersten zu der neuen Verfassung ergangenen Fällen wurde insbesondere Wert darauf gelegt, diese systemverändernde Rolle zu betonen.[299] Die Interim Constitution enthielt an zentraler Stelle einen sich auf „*equality*" beziehenden Abschnitt.[300] In diesem Abschnitt zeigte sich zum ersten Mal die Zweiteilung, die die südafrikanische, auf Gleichberechtigung bezogene Politik seit der Interim Constitution bestimmt. Der relevante Abschnitt, sec. 8 Interim Constitution ist unterteilt in Vorschriften, die sich gegen unfaire Diskriminierung richten und in Vorschriften, die darauf gerichtet sind Gleichberechtigung aktiv umzusetzen. Die aus der allgemeinen Gleichberechtigungsdebatte zu ziehenden Schlüsse, dass sich Positive Diskriminierung/ Affirmative Action als Reaktion auf potentielle Unzulänglich-

---

[296] Überblick: *Kahn*, SALJ 1998, 21 ff.
[297] *De Waal/ Currie/ Erasmus*, 223.
[298] Zur Entstehung: *Grosser/ Venter*, 39 ff.
[299] *State v. Makwanyane*, 1995 (6) BCLR 665 (CC); *Mureinik*, (1994) 10 SAJHR, 31; *Du Toit et al.*, 21.
[300] *Albertyne/ Kentridge*, SAJHR 1994, 149.

keiten der Anti-Diskriminierungsgesetzgebung darstellt, zeigen sich in Südafrika schon in der Struktur der Gesetze.[301] Die Interim Constitution stellt das erste Beispiel in dieser Richtung dar.

b) Die 1996 Constitution

Die 1996 Constitution[302] ist am 04.02.1997 in Kraft getreten. In ihr wird dem Abschnitt über Gleichberechtigung ein mit der Interim Constitution vergleichbarer zentraler Standort eingeräumt.[303] Neben der zentralen Vorschrift in sec. 9 Constitution wird in sec. 1 Constitution das „*achievement of equality*" als eines der fundamentalen Werte der Constitution eingeordnet. Gleichberechtigung sei insbesondere angesichts der Vergangenheit des Landes von herausragender Bedeutung.[304] Sec. 9 Constitution enthält das erste materielle Recht der in Chapter 2 Constitution angeführten Grundrechte. In sec. 7 (1) Constitution findet sich die Einleitung zu diesem Grundrechtskatalog. Die Section betont, dass : „*[...] human dignity, equality and freedom [...]*" die Eckpfeiler der Demokratie in Südafrika darstellen sollen.

Der Wortlaut des Abschnittes über Affirmative Action veränderte sich von der Interim Constitution hin zur Constitution von 1996. In der Interim Constitution war die sich auf Affirmative Action beziehende sec. 8 (3) Interim Constitution negativ formuliert („*[t]his section shall not preclude[...]*"). Aus dieser Formulierung wurde geschlossen, dass Affirmative Action als Ausnahme zu dem Recht auf Gleichberechtigung konzipiert sei. Diese Konzeption wird in einer zu der relevanten Stelle ergangenen Entscheidung des Industrial Courts deutlich.[305] Die entsprechende Formulierung ist im Rahmen der Constitution geändert worden (sec. 9 (2): „*[...] may be taken*"). Der Ausgangspunkt der Frage, ob Affirmative Action Ausnahme zu oder Essenz des Rechts auf Gleichberechtigung ist, ist aufgrund der Veränderung der Formulierung innerhalb der Constitution umstritten.[306]

Ferner wurde sec. 9 (4) Constitution eingefügt. Sec. 9 (4) Constitution erweitert die Reichweite der Anti-Diskriminierungsregelungen der Constitution dahingehend, dass jede Person das Recht erhält, nicht von anderen Personen unfair diskriminiert zu werden. Die Interim Constitution war lediglich auf den Staat

---

[301] Vgl. auch: EEA.
[302] Im Folgenden: Constitution.
[303] Die Gleichberechtigungsvorschrift ist der erste Artikel im Kapitel der zentralen Menschenrechte.
[304] *Kentridge*, 14- 55.
[305] *George v. Liberty Life*, (1996) 17 ILJ 571 (IC), 589 f.; *De Waal/ Currie/ Erasmus*, 223.
[306] *Kentridge*, 14- 59.

bezogen anwendbar. Die Constitution besitzt auf Grund sec. 9 (4) direkte horizontale Wirkung.[307]

2) Gegenwärtiger Stand der Verfassung

Die in der Verfassung enthaltenen Vorschriften sowie die Rechtsprechung des Constitutional Court[308] haben dem Ziel „*equality*" höchste Priorität eingeräumt. Die Arbeitnehmergleichberechtigung ist ein Spezialthema dieser allgemeinen Gleichheitsdebatte. Die darauf gerichtete Forderung wird an der Constitution gemessen.[309] In der Verfassung und durch die für die Auslegung der Verfassung zuständigen Organe wird die Basis für die neue, grundlegende Bedeutung der Constitution gelegt. Südafrika befindet sich heute in einer Situation, in der die relevanten Gerichte sich ihrer verfassungsmäßigen Verantwortung bewusst sind und sich zum „neuen" Südafrika bekennen. Der Constitutional Court hat in einer Stellungnahme zur jüngeren Geschichte Südafrikas die Situation des Landes wie folgt beschrieben: „*[A]partheid systematically discriminated against black people in all aspects of social life. Black people were prevented from becoming owners of property or even residing in areas classified as 'white', which constituted nearly 90% of the land mass of South Africa; senior jobs and access to established schools and universities were denied to them; civic amenities, including transport systems, public parks, libraries and many shops were also closed to black people. Instead, separate and inferior facilities were provided. The deep scars of this appalling programme are still visible in our society.*"[310] Weiter führt der Constitutional Court zur gegenwärtigen Situation aus: „*There can be no doubt that the guarantee of equality lies at the very heart of the Constitution. It permeates and defines the very ethos upon which the Constitution is premised*".[311] Vor dem Hintergrund dieses Bewusstseins ist interessant, welche Schritte Verfassung und Verfassungsgerichte gegangen sind, um die gewonnenen Erkenntnisse umzusetzen. In sec. 9 Constitution findet sich die zentrale Gleichheitsnorm der Verfassung.

---

[307] *De Waal/ Currie/ Erasmus*, 201 f.

[308] Z.B.: *President of the Republic of South Africa v. Hugo*, 1997 (4) SA 1 (CC); 1997 (6) BCLR 718 (CC).

[309] EEA Chapter I, sec. 3: „*Interpretation of this Act. This Act must be interpreted [...] in compliance with the Constitution*".

[310] *Brink v. Kitshoff* NO 1996 (4) SA 197 (CC); 1996 (6) BCLR 752 (CC), 40 (per O'Regan J).

[311] *Fraser v. Children's Court, Pretoria North* 1997 (2) BCLR 153 (CC); 1997 (2) SA 261 (CC), 20.

a) Sec. 9 Constitution

Sec. 9 Constitution hat den folgenden Wortlaut:

Sec. 9 Equality

(1) Everyone is equal before the law and has the right to equal protection and benefit of the law.

(2) Equality includes the full and equal enjoyment of all rights and freedoms. To promote the achievement of equality, legislative and other measures designed to protect or advance persons or categories of persons, disadvantaged by unfair discrimination may be taken.

(3) The state may not unfairly discriminate directly or indirectly against anyone on one or more grounds, including race, gender, sex, pregnancy, marital status, ethnic or social origin, colour, sexual orientation, age, disability, religion, conscience, belief, culture, language and birth.

(4) No person may unfairly discriminate directly or indirectly against anyone on one or more grounds in terms of subsection (3). National legislation must be enacted to prevent or prohibit unfair discrimination.

(5) Discrimination on one or more of the grounds listed in subsection (3) is unfair unless it is established that the discrimination is fair.

Dieser Auszug der Verfassung ist genauer zu untersuchen. Aus den einzelnen Absätzen lassen sich abgekürzt folgende Grundaussagen ziehen:
Sec. 9 (1) Constitution ist die allgemeine Gleichheitsvorschrift. In sec. 9 (2) Constitution werden Maßnahmen verfassungsmäßig abgesichert, die der tatsächlichen Durchsetzung von Gleichberechtigung dienen sollen (Affirmative Action). Sec. 9 (3) Constitution gibt eine Auflistung der Gründe, deren Verwendung durch den Staat als unfaire Diskriminierung angesehen werden kann. Sec. 9 (4) Constitution erweitert das Verbot, die genannten Gründe zu verwenden auf jeden Bürger des Landes. Sec. 9 (5) Constitution ist Ausdruck einer dogmatischen Besonderheit in Südafrika, nach der zwischen Differenzierung, Diskriminierung und unfairer Diskriminierung unterschieden wird. Die Section bestimmt vor diesem Hintergrund die Beweislast für Fälle, in denen eine Diskriminierung aufgrund eines der verfassungsmäßig (sec. 9 (3) Constitution) genannten Gründe stattgefunden hat.[312]

b) Formelle und materielle Gleichheit („formal and substantial equality“)

Bevor die Gleichheitsvorschriften im Detail untersucht werden, ist zu klären, welche allgemeine theoretische Gleichheitskonzeption im Rahmen der südafrikanischen Constitution den Vorrang erhalten hat. Einstiegspunkt der Unter-

---

[312] Überblick: *De Waal/ Currie/ Erasmus*, 201.

suchung ist die Art und Weise, auf die der Constitutional Court die Vorschriften der Constitution auslegt. Aus der geschichtlichen Entwicklung der südafrikanischen Verfassung geht der kurze zeitliche Rahmen hervor, indem sich ein dogmatisches Fundament bilden konnte. Entsprechend hat der Constitutional Court in jüngeren Entscheidungen dazu Stellung genommen, wie die Constitution auszulegen sei. Stichwort des Ansatzes des Constitutional Court ist der sogenannte „*purposive approach*".[313] Diese Herangehensweise ist Ausdruck der Tatsache, dass im Rahmen der Constitution nicht formale Kriterien, sondern der materielle Wille der Verfassungsgeber ausschlaggebend sein soll. Dies wird insbesondere innerhalb der Gleichberechtigungsvorschriften betont: „*The purposive approach highlights the fact that [...] constitutional [...] adjudication is primarily about assessing, weighting and balancing principles, values and policy considerations in the context of the broad purposes and commitments of the Constitution*".[314]

In Südafrika wird auf grundlegender, theoretischer Ebene lediglich zwischen formeller und substantieller Gleichheit unterschieden.[315] Unter formeller Gleichheit wird die Notwendigkeit gleicher Behandlung unterschiedlicher Individuen im Falle vergleichbarer Umstände verstanden.[316] Die zentrale Annahme der formellen südafrikanischen Gleichheitslehre ist, dass alle Menschen gleichwertige Rechtsträger darstellten und vor diesem Hintergrund eine gleichwertige Behandlung verdienten. Die Benachteiligung einiger gegenüber anderen könne vor diesem Hintergrund nicht geduldet werden. Bestehende Benachteiligungen könnten aufgehoben werden, indem ein Zustand rechtlicher Gleichheit erstellt werde, in welchem allen Menschen die gleichen Rechte zur Verfügung gestellt würden.[317] Die formale Gleichheitslehre stellt nicht auf aktuelle soziale und ökonomische Ungerechtigkeiten ab. Wertneutrale, abstrakte rechtliche Gesichtspunkte sind ausschlaggebend. Die genannten Punkte verdeutlichen, dass die formale Gleichheitslehre mit der allgemein formell-/ symmetrischen Gleichheitskonzeption übereinstimmt.
Die südafrikanische Theorie substantieller Gleichheit ist dem materiell-/ substantiellen Gleichheitskonzept entlehnt. Sie berücksichtigt faktische Gegebenheiten im gedanklichen Vorbereitungsprozess. Nach substantieller Gleichheitslehre wird eine Untersuchung der aktuellen sozialen und ökonomischen Ver-

---

[313] *Albertyne/ Kentridge*, SAJHR 1994, 149, 151.
[314] *Albertyne/ Kentridge*, SAJHR 1994, 149, 151.
[315] *De Waal/ Currie/ Erasmus*, 200; *Kentridge*, 14- 59 ff.; *Davis et al*, 59 f.; *Devenish*, 48 f.; *Albertyne/ Kentridge*, SAJHR 1994, 149, 150, nähern sich dem in Deutschland problematisierten Verhältnis von Freiheit und Gleichheit aus vergleichbarer Sichtweise: „*freedom and equality [...] are mutually supportive*". Sie erkennen von dieser Basis ausgehend an, dass Kollisionen zwischen den beiden grundlegenden Rechten möglich seien.
[316] *De Waal/ Currie/ Erasmus*, 200 ; *Albertyne/ Kentridge*, SAJHR 1994, 149, 152.
[317] *Klug*, SAJHR 1991, 317, 318 f.

hältnisse (der faktischen Verhältnisse) der Bevölkerung der Bestimmung der Form von „Gleichheit“ vorangestellt.[318] Die Untersuchung müsse vorgenommen werden, um festzustellen, ob das Bekenntnis zu formeller Gleichheit aufrecht erhalten werden könne oder ob korrigierende Maßnahmen notwendig seien. Die materiellen Resultate einer bestimmten Regelung seien zu untersuchen, nicht deren formelle Zielrichtung. Ein Gesetz müsse sicherstellen, dass am Ende eines Verfahrens tatsächliche Gleichheit hergestellt werde.[319]

Ein Blick auf die Regelungsinhalte der Verfassung gibt Hinweise darauf, welche Gleichheitskonzeption der südafrikanischen Verfassung zugrunde liegt. Die sec. 9 (1); (3); (4); (5) Constitution sind auf das Verbot von Diskriminierung gerichtet. Die Bestimmungen laufen auf ein abstraktes Verbot hinaus. Materielle Gesichtspunkte sind nicht zu berücksichtigen, die Bestimmungen enthalten die Forderungen formeller Gleichheit. Sec. 9 (2) Constitution gibt den verfassungsmäßigen Hintergrund für die Einführung von Affirmative Action. Das Wesen von jeder Affirmative Action Regelung muss *per definitionem* Aspekte materieller Gleichheit umfassen. Ohne faktische Umstände zu berücksichtigen, wäre es unmöglich, die Zielgruppen der Regelung zu bestimmen. Eine rein formelle Gleichheitslehre befände sich im Widerspruch zu sec. 9 (2) Constitution. Diese beinhaltet Forderungen des materiellen Gleichheitskonzeptes.[320]
Die Mehrheit der südafrikanischen Literatur und der Gerichte tendiert trotz der Unterschiede innerhalb der sec. 9 Constitution dazu, die substantielle Gleichheitsauffassung als insgesamt einschlägig anzusehen.[321] Während sec. 9 (1); (3); (4); (5) Constitution Ausdruck der formellen Gleichheit seien, werde durch die Verbindung dieser Vorschriften mit sec. 9 (2) Constitution die substantielle Gleichheitsauffassung insgesamt in der Constitution verankert.[322] Diese Herangehensweise wird als die einzige mit dem oben genannten „*purposive approach*“ vereinbare Methodik betrachtet. Der inhaltlich wertende Ansatz des „*purposive approach*“ lasse aufgrund der Ausmaße der in Südafrika anzutreffenden Unterschiede lediglich den Schluss zu, dass der Gleichheitsbegriff in seiner Gesamtheit als materiell anzusehen sei. Widersprüche zwischen den Abschnitten der sec. 9 Constitution seien anhand der Frage zu klären, in welchem

---

[318] *Garbers*, 267.

[319] *Albertyne/ Kentridge*, SAJHR 1994, 149, 152; *De Waal/ Currie/ Erasmus*, 200 f.

[320] *De Waal/ Currie/ Erasmus*,200 f.; *Kentridge*, 14- 59 ff.; *Davis et al*, 59 f.; *Devenish*, 48 f.

[321] *Kentridge*, 14- 59 ff.; *Davis et al*, 59 f.; *Devenish*, 48 f.; *De Waal/ Currie/ Erasmus*,200 f.; *President of the Republic of South Africa v. Hugo*, 1997 (4) SA 1 (CC); 1997 (6) BCLR 718 (CC).

[322] *Davis et al*, 59 f.; *Kentridge*, 14- 59 ff.; *Devenish*, 48 f.; *De Waal/ Currie/ Erasmus*,200 f.; *Motola/ Ramaphosa*, 293; *Du Toit et al.*, 431; *Cheadle et al.*, 1997, 69.

inhaltlichen Verhältnis die Abschnitte der sec. 9 Constitution zueinander stünden. Die grundlegende Gleichheitskonzeption werde davon nicht berührt.[323]
Die Frage des Verhältnisses der Abschnitte der sec. 9 Constitution zueinander stellt sich im Folgenden auf zwei Ebenen: Die Regelungstechnik der Constitution hinsichtlich der Gleichberechtigung ist zu klären, ferner ist auf allgemein theoretischer Ebene zu fragen, wie mögliche Wiedersprüche innerhalb der Absätze aufzulösen sind.

aa) Verhältnis von sec. 9 (2) zu sec. 9 (1); (3); (4) Constitution

Nach allgemeiner, in der südafrikanischen Literatur vertretenen Auffassung müssen Affirmative Action Programme in verfassungsrechtlicher Hinsicht „regelungstechnisch" besonders abgesichert sein.[324] Sollten die Verfasser der Constitution gewollt haben, dass Affirmative Action Programme im Rahmen der Auslegung der allgemeinen Gleichheitsvorschriften der Constitution nicht als unwirksam erklärt würden, dann müssten sie die rechtlichen Grundlagen dieser Programme in der Constitution hinreichend verankert haben.[325] Die sec. 9 (1); (3); (4) Constitution verbieten jede Form von unfairer Diskriminierung und normieren, dass alle Bürger des Landes gleich zu behandeln sind. Die Abschnitte könnten potentiell gegen Affirmative Action sprechen. Sec. 9 (2) der Constitution ist direkt auf Maßnahmen positiver Diskriminierung gerichtet. Sec. 9 (2) Constitution ist zu diesem Zweck in die Verfassung eingefügt worden. Die Section soll die verfassungsmäßige Basis für Affirmative Action erstellen. Die explizite Normierung der Möglichkeit von Affirmative Action in sec. 9 (2) Constitution soll klarstellen, dass Affirmative Action die Rechte, gegen unfaire Diskriminierung vorzugehen, nicht behindert.[326] Eine gegen Affirmative Action sprechende Wortlautauslegung der anderen Vorschriften der sec. 9 Constitution

---

[323] *President of the Republic of South Africa v. Hugo*, 1997 (4) SA 1 (CC); 1997 (6) BCLR 718 (CC).

[324] *Smith*, 1995 SAJHR, 84, 85; *Chachalia et al*, 31, zur Interim Constitution.

[325] *Smith*, 1995 SAJHR, 84, 85; *Chachalia et al*, 31, zur Interim Constitution.

[326] *University of California v. Bakke* 438 U.S. 265 (1978), anhand dieses amerikanischen Falles wurde aufgezeigt, dass ein mit sec. 9 (1) Constitution vergleichbarer Wortlaut in zweierlei Weise interpretiert werden kann. Der Wortlaut kann dahingehend ausgelegt werden, dass er Affirmative Action erlaubt. Er kann andererseits dahingehend ausgelegt werden, dass er Affirmative Action untersagt. In dem betreffenden Fall war es einer der vordringlichen Aspekte, ob die Universität sec. 601 Title VI, Civil Rights Act of 1964 verletzt hatte, indem sie 16 von 100 Studienplätzen für Mitglieder von Minderheiten reserviert hatte. Fünf der entscheidenden Richter entschieden, dass das fragliche Gesetz Affirmative Action in bestimmter Weiser zulasse. Die übrigen Richter setzten sich nicht mit der Frage auseinander, ob die Rasse eines Menschen generell in irgendeiner Form bei der Vergabe von Studienplätzen berücksichtigt werden dürfe, sie entschieden lediglich, dass in der vorliegenden Konstellation gegen das Gesetz verstoßen worden sei, da der Kläger (Bakke) aus Gründen seiner Rasse ausgeschlossen worden sei.

werde auf diese Weise verhindert. Falle eine Maßnahme unter den Wortlaut von sec 9 (2) Constitution, könne nicht mit der Begründung dagegen vorgegangen werden, diese Maßnahme verletze ein fundamentales Recht der sec. 9 Constitution und bedürfe einer Rechtfertigung (sec. 36 Constitution).[327]
Sec. 9 (2) Constitution spiegelt die genannte Intention der Verfassungsgeber eindeutig wieder. „Regelungstechnisch" ist festgelegt, dass die verschiedenen Abschnitte der sec. 9 Constitution unterschiedliche Aspekte desselben Problems berühren und in ihren Anwendungsbereichen nicht direkt kollidieren können.

bb) Theoretisches Verhältnis Affirmative Action-/ Anti-Diskriminierungsregelungen

Auf der theoretischen Ebene stellt sich die Frage wie Affirmative Action konzeptionell in die Constitution eingefügt werden kann. Stellt Affirmative Action eine Form der Interpretation oder eine Ausnahme zur Gleichheitsvorschrift der Constitution dar? Allgemein wirkt sich diese Frage auf zwei Gesichtspunkte aus.[328] Der erste bezieht sich auf die Auslegung der Affirmative Action Klausel. Diese kann weit oder einschränkend ausgelegt werden. Dies hat praktische Auswirkungen auf die Wirksamkeit und das Ausmaß von Affirmative Action. Sollte Affirmative Action als Ausnahme zum Gleichbehandlungsgebot angesehen werden, müssten alle dahingehend getroffenen Anordnungen eng ausgelegt werden, um den verfassungsmäßigen Anforderungen zu genügen, dass alle Gesetzgebung, die potentielle Auswirkungen auf grundlegende Rechte besitzt, einer strengen Kontrolle unterliegt. Anzahl und Ausmaß von Affirmative Action Programmen wären strenger zu limitieren.[329] Sollten Affirmative Action Maßnahmen dagegen als Sonderformen oder besondere Interpretation der Gleichbehandlungsklausel angesehen werden, wäre ein breiterer Auslegungsrahmen möglich. Affirmative Action Programmen käme eine größere gestalterische Freiheit einhergehend mit geringerer gerichtlicher Überprüfbarkeit zu. Diese Weite wäre Ausdruck der Tatsache, dass Affirmative Action als Kern der verfassungsmäßigen Gleichheitsauffassung in Südafrika anzusehen wäre.[330]
Die zweite Fragestellung bezieht sich darauf, die Beweislast im Hinblick auf Affirmative Action Programme zu verteilen.[331] Sollten die Programme als Ausnahmen zu der generellen Gleichbehandlungsklausel angesehen werden, müsste die Beweislast demjenigen auferlegt werden, der die Programme initiiert hat. Sollte Affirmative Action hingegen als Teil des Rechtes auf Gleichheit

[327] *Rycroft*, ILJ 2001, 1411, 1413.
[328] *Sheppard*,19 f.
[329] *Kentridge*, 14- 35 f.; *De Waal/ Currie/ Erasmus*, 223.
[330] *De Waal/ Currie/ Erasmus*, 223.
[331] *De Waal/ Currie/ Erasmus*, 223.

angesehen werden, müsste die Beweislast demjenigen auferlegt werden, der die Legalität der Programme angreift.

Einerseits ist es möglich, Affirmative Action als Teil dessen zu betrachten, das benötigt wird, um Gleichberechtigung in bestimmten Situationen zu erreichen. Die in diese Richtung argumentierende Auffassung in der Literatur sieht in Affirmative Action die Manifestation des Rechtes auf Gleichheit in ihrem substantiellen Sinn.[332] Gegen diese theoretische Herleitung wendet sich die gegnerische Literaturmeinung mit dem in den USA geprägten Begriff der *„colour-blind Constitution*“.[333] Die Verfassung eines Landes solle grundsätzlich allen Menschen gleich gegenübertreten. Affirmative Action weiche von diesem Grundsatz ab und sei als Ausnahme zu Anti-Diskriminierungsnormen zu betrachten.[334] Würde der Grundsatz der Gleichbehandlung auf Verfassungsebene eingeschränkt, so müssten die entgegenstehenden Einschränkungen als Ausnahmen eng ausgelegt werden. Auch wenn Gleichberechtigung den temporären Einsatz von Affirmative Action Methoden erfordere, müsse im Hinblick auf Umfang und Dauer der Programme vor Überschreitungen und einem „Zuviel“ gewarnt werden.[335] Vertreter dieser Ansicht berufen sich auf den Wortlaut der Constitution, der für eine solche Ausnahme spreche. Die Vorschrift formuliere, Affirmative Action *„may be taken*” und benutze nicht die Formulierung *„will be taken*”, die für einen als selbstverständlich vorausgesetzten Umgang stünde.[336] Diese Argumentation wird von den Verfechtern von Affirmative Action vehement angegriffen. „Colour-blind“ und „gender-blind“-Ansätze würden die Gleichberechtigung verhindern statt diese zu fördern. Sie dürften nicht Grundlage einer verfassungsrechtlichen Gleichheitskonzeption sein.[337] Die Tatsache, dass es sich bei sec. 9 (2) Constitution um eine Interpretationsform der Anti-Diskriminierungsregelungen handele, werde durch den ersten Satz der Sec. 9 (2) Constitution untermauert.[338] Demnach beinhalte *„equality [...] the full and equal enjoyment of all rights and freedoms*“. Eine solche Aussage sei lediglich vor dem Hintergrund geplanter aktiver Gleichbehandlungsmaßnahmen sinnvoll, da die momentane Situation das Gegenteil der Forderung der Constitution darstelle. Die Affirmative Action Klausel weise darauf hin, dass sie darauf gerichtet sein soll, allen Menschen den gleichen Genuss aller Freiheiten zu

---

[332] *De Waal/ Currie/ Erasmus*, 223; *Motola/ Ramaphosa*, 294 f.; *Kentridge*, 14- 59.
[333] *Kull*, 7 ff.
[334] *Smith*, 1995 SAJHR, 84, 87; *Van Rensburg v. Northern Cape Provincial Administration*, (CCMA NC354 14 July 1997; *George v. Liberty Life Association of Africa Ltd.*, [1996] BLLR 985 (IC): *„affirmative action [is a] temporary deviation from the universal norm of equality*“.
[335] *Kull*, 7 ff.
[336] *Smith*, 1995 SAJHR, 84, 87.
[337] *Motola/ Ramaphosa*, 294 f.
[338] *Kentridge*, 14- 59.

ermöglichen. Dieser Hinweis wirke deplaziert, wenn die Klausel als Abkehr von der verfassungsmäßig geforderten Gleichheit zu verstehen sei. Der substantielle Charakter der gesamten sec. 9 Constitution lasse lediglich den Schluss zu, dass sec. 9 (2) Constitution im Kern dieser Vorschriften stehe und nicht am Rande.[339] Ferner wird die Rechtsprechung des Constitutional Court als Beleg herangezogen. Dieser habe sich explizit dagegen gewandt, dass in Südafrika ein „colour-/ gender-blind"-Ansatz maßgeblich werde.[340]

Welches Ergebnis bietet sich für die südafrikanische Constitution an? Sollte Affirmative Action die Ausnahme zum Recht auf Gleichheit darstellen, würde dies eine theoretische Konzeption von Gleichheit voraussetzen, die nicht auf Affirmative Action Programme baut. Sec. 9 (2) Constitution würde, obwohl explizit genannt, aus dem theoretischen Gleichheitskonzept herausfallen. Die Rechtfertigung von Affirmative Action im Gesamtrahmen der Verfassung wäre in jedem Einzelfall fragwürdig.
Sec. 9 (2) Constitution kann daher nur als interpretativer Teil des gesamten Begriffs der Gleichheit betrachtet werden. Die Gegenauffassung übersieht die Tatsache, dass sec. 9 (2) Constitution existiert und kein „colour blind"-Ansatz der Constitution zugrunde gelegt wurde. Der Gegenauffassung mögen auf grundsätzlicher Ebene Argumente zur Seite stehen, die südafrikanische Constitution hat eine anders lautende Tatsachenlage geschaffen.

cc) Verfassungsmäßige Grenzen von Affirmative Action

Fraglich ist, welche Grenzen Affirmative Action in der Constitution gesetzt werden. In der südafrikanischen Literatur gibt es einige Entwürfe, die das Verhältnis von Affirmative Action zu Constitution und Gesellschaft näher bestimmen.[341]
Der erste Ansatz ist vor dem Hintergrund des amerikanischen „*Constitutionalism*" entstanden. Der Ansatz stammt von *Klug*.[342] Dieser sagt: „*The United States Constitution is an example of a system of constitutional restraints. Within this framework the need to prevent the abuse of governmental power is often presented as the most important aspect of Constitution making. However, this approach fails to recognise the power of capital and private interests*

---

[339] *Kentridge*, 14- 35 f.
[340] *President of the Republic of South Africa v. Hugo*, 1997 (4) SA 1 (CC); 1997 (6) BCLR 718 (CC): „*We need therefore to develop a concept of unfair discrimination which recognizes that although a society which affords each human being equal treatment on the basis of equal worth and freedom is our goal, we cannot achieve that goal by insisting upon identical treatment in all circumstances before that goal is achieved.*".
[341] *Mureinik*, (1994) 10 SAJHR, 31; *Klug* (1991) 7 SAJHR, 323; *Albertyne/ Kentridge*, SAJHR 1994, 149, 150.
[342] *Klug* (1991) 7 SAJHR, 323.

generally and tends to accept existing social inequality as inevitable [...]".[343] *Klug* betont, dass auch in anderen Staaten die Angst vor dem Missbrauch staatlicher Macht vorherrsche. Dies sei in vieler Hinsicht nicht angebracht, da der Staat diejenige Institution darstelle, die Gleichberechtigung schaffe und damit ein Gegengewicht zu strukturell diskriminierenden privaten Institutionen darstelle. Die Constitution eines Landes, insbesondere eines Landes, das von Diskriminierungen geprägt sei, müsse entsprechend dieses Gedankens gestaltet und mit weitreichenden Ermächtigungen ausgestattet werden.
Von *Mureinik* stammt ein zweiter unterschiedlicher Ansatz.[344] Dieser geht vom Wortlaut der Verfassung *„designed to protect or advance"* aus, aus dem der Autor weitgehende gerichtliche Überprüfungsmöglichkeiten der staatlichen Handlungen ableitet.[345] Staatliche Affirmative Action Maßnahmen müssten an hohen Standards gemessen werden. Sowohl die Zielsetzung als auch die Eignung der vorgesehenen Maßnahmen müsse überprüfbar sein. Die Tatsache, dass in einem Land Diskriminierung herrsche, dürfe nicht zu dem Schluss führen, dem Staat zur Bekämpfung dieser Ungerechtigkeiten einen Freibrief auszustellen. Alle staatlichen Maßnahmen seien nur in einem engen rechtsstaatlichen Rahmen zu rechtfertigen.

Welche Schlussfolgerungen lassen sich aus den unterschiedlichen Ansätzen ziehen? Auf der einen Seite ist der Auffassung zuzustimmen, dass es problematisch sein kann, dem Staat zu viele Begrenzungen aufzuerlegen. Der Staat kann eine Ausgleichsfunktion erfüllen, um benachteiligten Gruppen zu helfen, sich gegen die übermächtigen wirtschaftliche Interessen durchzusetzen. Die Aussage, dass staatliche Gewalt in einer modernen Demokratie mit rechtsstaatlicher Gewalt gleichgestellt sein sollte, trifft den Schneidepunkt beider Argumentationen. *Klug* setzt diesen Zustand voraus; *Mureinik* nähert sich diesem Zustand mit Zweifeln. Er drückt seine Sorge darüber aus, dass der Staat immer von wirksamen Kontrollmechanismen überwacht werden solle. Rechtsstaatlichkeit könne nicht grundsätzlich vorausgesetzt werden. Eine derartige Sorge erscheint gerade in einer „jungen" Demokratie wie in Südafrika berechtigt. Ein funktionierendes System der Überprüfung staatlicher Gewalt sollte der Staatsmacht immer zugeordnet sein. Ohne Kontrolle ist Missbrauch problemlos möglich. Zu bedenken ist ferner, dass der Kampf gegen Diskriminierungen auch in Südafrika lediglich ein Ziel im Rahmen der gesamten verfassungsmäßigen Ordnung darstellt.

---

[343] *Klug* (1991) 7 SAJHR, 323.
[344] *Mureinik*, (1994) 10 SAJHR, 31.
[345] *Mureinik*, (1994) 10 SAJHR, 31.

c) Vorschriften gegen Diskriminierung

aa) Sec. 9 (1) Constitution

Sec. 9 (1) Constitution enthält eine allgemeine Gleichbehandlungsgarantie. Der Constitutional Court hat der Auslegung dieses Abschnittes große allgemeine Bedeutung beigemessen.[346] Er hat betont, dass sec. 9 (1) Constitution nicht generell jede gesetzliche Differenzierung verbiete.[347] Die Einordnung der sec. 9 (1) Constitution in den Gesamtkontext nimmt der Constitutional Court vor dem Hintergrund vor, dass zwischen Differenzierung, Diskriminierung und unfairer Diskriminierung unterschieden werden müsse.[348] Sec. 9 (1) Constitution befasse sich mit Differenzierung. Der Abschnitt sei in dieser Hinsicht unabhängig von sec. 9 (3) Constitution, der sich mit Diskriminierung und unfairer Diskriminierung auseinandersetze. Sec. 9 (1) Constitution stelle zwei Anforderungen auf, nach denen Handlungen als verfassungsgemäß beurteilt werden könnten. Es sei zu fragen, ob eine bestimmte Differenzierung durch legitime Gründe motiviert sei und ob die Maßnahme in einem rationalen Verhältnis zu dieser Motivation stehe. Auf Grund dieses eingeschränkten Prüfungsmaßstabes sei es möglich, dass eine Differenzierung die Kriterien der sec. 9 (1) Constitution erfülle, aber gleichzeitig eine unfaire Diskriminierung im Sinne der sec. 9 (3) Constitution darstelle.

Die südafrikanische Literatur stimmt grundsätzlich mit der vom Constitutional Court getroffenen Unterscheidung überein.[349] Weitergehend wird in der Literatur betont, dass der Constitutional Court das Ausmaß des Prüfungsumfanges in sec. 9 (1) Constitution nicht zu sehr einschränken dürfe.[350] Werde sec. 9 (1) zu stark in ein enges formalisiertes Schema gepresst, sei der gesamte Schutzcharakter des Abschnittes in Gefahr. Der Verfassungsgeber habe dies in der Constitution deutlich gemacht, indem er an die sec. 8 (1) Interim Constitution die Worte „*and equal benefit*" angefügt habe. Der Constitutional Court hat diesen von der Literatur vorgetragenen Bedenken in den zwischenzeitig zu behandelnden Fällen noch keine Rechnung getragen.[351]

---

[346] *S v. Ntuli*, 1996 (1) SA 1207 (CC); *City Council of Pretoria v. Walker*, 1998 (2) SA 363 (CC); im Überblick: *Kentridge*, 14- 9 ff.

[347] *Prinsloo v. Van der Linde*, 1997 (3) SA 1012 (CC).

[348] Darstellung: *De Waal/ Currie/ Erasmus*, 206 ff.

[349] *Kentridge*, 14- 56 f.; *De Waal/ Currie/ Erasmus*, 206 f.

[350] *Kentridge*, 14- 56 f.

[351] *President of the Republic of South Africa v. Hugo*, 1997 (4) SA 1 (CC); 1997 (6) BCLR 718 (CC); *National Coalition for Gay and Lesbian Equality v. Minister of Justice*,1999 (1) SA 6 (CC); 1998 BCLR 1517 (CC); 1998 (2) SACR 556 (CC); dazu: *Kende*, SALJ 2000, 745, 746 ff.

bb) Sec. 9 (3) Constitution: Verbot unfairer Diskriminierung

In sec. 9 (3) Constitution findet sich die zentrale Anti-Diskriminierungsregelung der südafrikanischen Verfassung. Sec. 9 (3) Constitution spricht ein umfassendes Diskriminierungsverbot aus. Einige dogmatische Besonderheiten sind im Rahmen von sec. 9 (3) Constitution zu beachten. Das Hauptproblem in der Anwendung der sec. 9 (3) Constitution besteht darin, zu zeigen, dass eine unfaire Diskriminierung vorliegt.[352] Der Wortlaut lässt erkennen, dass zumindest auf zwei Ebenen zu untersuchen ist, ob ein Verhalten unfaire Diskriminierung darstellt. In der Literatur werden diese beiden Prüfungsschritte um zwei weitere Kriterien ergänzt.[353] Folgendes Prüfungsschema ergibt sich:
Zunächst ist eine konkrete, differenzierende Handlung zu identifizieren (Differenzierungsebene). In einem zweiten Schritt muss das Gericht die Frage nachgehen, ob diese Differenzierung als Diskriminierung zu werten ist (Diskriminierungsebene). Sollte dies der Fall sein, ist in einem dritten Schritt zu fragen, ob die Diskriminierung auch als unfair angesehen werden kann (Ebene der Unfairness). Schließlich ist zu untersuchen, ob die fragliche Handlung anhand der Rechtfertigungsvorschriften der Verfassung zu rechtfertigen ist (Rechtfertigungsebene).

(1) Differenzierungsebene

Auf der Differenzierungsebene gilt es eine konkret differenzierende Handlung festzustellen.[354] Diese Ebene wirft aus praktischen Gesichtspunkten potentielle Probleme auf, ist aber in theoretischer Hinsicht problemlos.

(2) Diskriminierungsebene

Die weiteren Prüfschritte erfordern eine kurze Vorüberlegung. Die Tatsache, dass neben dem Vorliegen von Diskriminierung zusätzlich die Unfairness dieser Diskriminierung festzustellen ist, ist ein einmaliges Merkmal der südafrikanischen Rechtsordnung.[355] Um beide Untersuchungen durchführen zu können, wurde vom Constitutional Court der sogenannte *Harksen v. Lane*-Test ent-

---

[352] *Albertyne/ Kentridge*, SAJHR 1994, 149, 161; *De Waal/ Currie/ Erasmus*, 210 ff.; *Kentridge*, 14- 17 ff.

[353] *De Waal/ Currie/ Erasmus*, 202; *Prinsloo v. Van der Linde* 1997 (6) BCLR 759 (CC), insgesamt ist die Prüfungsweise umstritten, auf Grund der größten Übersichtlichkeit soll dem vierteiligen Ansatz gefolgt werden; allgemein auch: *Dupper/ Garbers*, ILJ 1999, 772, 778 ff.

[354] *De Waal/ Currie/ Erasmus*, 210.

[355] *Chachalia et al*, 28 f., zur Interim Constitution; *Devenish*, 47 ff.

wickelt.[356] Dieser zeigt, auf welcher Untersuchungsebene welcher Untersuchungsschritt durchzuführen ist.
Auf der Diskriminierungsebene ist ausschließlich festzustellen, dass eine diskriminierende Maßnahme vorliegt. Dies bedeutet, dass das festgestellte differenzierende Verhalten als möglicherweise diskriminierend zu werten ist. Eine Diskriminierung kann auf zwei unterschiedlichen Wegen festgestellt werden: Hat die differenzierende Maßnahme auf der Basis eines der in sec. 9 (3) Constitution aufgeführten Gründe stattgefunden, indiziert dieses das Vorliegen einer Diskriminierung. Hat eine Ungleichbehandlung auf Grund von nicht in der Constitution spezifizierten Gründen stattgefunden, ist auf gerichtlich entwickelte Wertungen zurückzugreifen.[357] Der Grund der Ungleichbehandlung ist in diesem Fall mit den aufgezählten Gründen wertend zu vergleichen. Auf diesem Weg ist herauszufinden, ob der verwendete Grund genauso fundamental gegen die Wertungsmaßstäbe der Verfassung verstößt, wie einer der genannten Gründe. Sollte dies zutreffen, ist der verwendete Differenzierungsgrund ebenfalls als diskriminierend anzusehen, obwohl er nicht in der Constitution erwähnt wird.[358]
Zu diesem Problembereich, der auf der ersten Ebene des *Harksen v. Lane*-Tests angesiedelt ist, äußerte sich der Constitutional Court wie folgt: *„[There will be discrimination on an unspecified ground if it] is based on attributes or characteristics which have the potential to impair the fundamental dignity of persons as human beings, or affect them adversely in a comparably serious way"*.[359]
Im Zusammenhang mit dieser Äußerung verwies das Gericht ferner darauf, dass die genannten Merkmale weit auszulegen seien.[360]

(3) Ebene der Unfairness

Die diskriminierende Handlung muss zudem als „unfair" einzuordnen sein. Um dieses festzustellen, ist die zweite Ebene des *Harksen v. Lane*-Tests anzuwenden. Zwei Möglichkeiten ergeben sich: Hat die Diskriminierung auf Grund eines der in sec. 9 (3) Constitution aufgelisteten Gründe stattgefunden, wird die Unfairness unterstellt. Liegt eine auf nicht in der Constitution genannten Merkmalen basierende Diskriminierung vor, ist die Unfairness dieser Diskriminierung positiv festzustellen.[361] Der Constitutional Court hat in diesem Bereich eine Reihe von Faktoren zusammengestellt, die die Unfairness einer Handlung indizieren:

---

[356] *Harksen v. Lane*, 1997 (11) BCLR 1489 (CC); dazu: *De Waal/ Currie/ Erasmus*, 202 f.
[357] *Kentridge*, 14- 18 ff.
[358] *De Waal/ Currie/ Erasmus*, 210 f.
[359] *Harksen v. Lane*, 1997 (11) BCLR 1489 (CC), 53.
[360] *Harksen v. Lane*, 1997 (11) BCLR 1489 (CC), 49.
[361] *Motola/ Ramaphosa*, 276 f.

- Die Stellung des Klägers in der Gesellschaft und darüber hinausgehend die Frage, ob der Kläger in der Vergangenheit unter systematischen Benachteiligungen gelitten hat;
- Die Eigenart der streitigen Vorschrift oder beklagten Behörde und die Motivation, die von den getroffenen Anordnungen ausging (Zielt die Anordnung eindeutig nicht darauf ab, in die Rechte des Klägers einzugreifen, und ist statt dessen darauf gerichtet, ein wichtiges gesellschaftliches Ziel zu erreichen, (z.B. Förderung der Gleichheit) dann kann die Natur der Anordnung, je nach Ausgangslage des Falles, einen erheblichen Einfluss auf den Ausgang der Frage haben, ob die Beschwerden des Klägers berechtigt sind.);
- Unter Beachtung der Faktoren (a) und (b) sind weiterhin alle möglicherweise relevanten Faktoren zu untersuchen, so die Frage, in welchem Ausmaß die Diskriminierung die Rechte des Klägers eingeschränkt hat, ob dieser in seiner Menschenwürde verletzt ist oder sich ein vergleichbar schwerer Verstoß ergeben hat.[362]

In der Literatur wird vertreten, dass die Faktoren des Constitutional Court helfen würden, den von der Constitution geforderten Test der Unfairness zu präzisieren und ein Ergebnis herauszuarbeiten. Die gegebenen Kriterien könnten aber nicht als eine geschlossene Liste angesehen werden. Die Rechtsprechung müsse in der Lage sein, im Laufe des Wandels der Zeit neue Kriterien zu entwickeln. Die Liste der bereitgestellten Faktoren diene dem Zweck, den begrifflich schwer fassbaren Test der Unfairness mit grundsätzlichen Konturen auszustatten.[363]

(4) Rechtfertigungsebene

Der letzte Schritt bei der Prüfung einer unfairen Diskriminierung gemäß sec. 9 (3) Constitution besteht darin, die fragliche Maßnahme auf mögliche Rechtfertigungsgründe zu untersuchen. Diese Untersuchung ist anhand des allgemeinen, in sec. 36 (1) Constitution vorgesehenen Rechtfertigungstests vorzunehmen. Dabei ist zu fragen, ob die Rechte des Klägers in Anbetracht der rechtsstaatlichen Demokratie in vernünftiger und legitimer Weise eingeschränkt werden.[364] Gedankliche Anhaltspunkte können dabei die Natur des eingeschränkten Rechtes, die Motivation der Einschränkung und die Zweck-Mittel-Relation der Einschränkung sein.[365]

---

[362] *Harksen v. Lane*, 1997 (11) BCLR 1489 (CC), 51.
[363] *De Waal/ Currie/ Erasmus*, 213.
[364] *Kentridge*, 14- 43.
[365] *Motola/ Ramaphosa*, 277 f.

Die Aufteilung der Untersuchung in die genannten verschiedenen Schritte wirft die Frage auf, welche materiellen Konsequenzen sich aus dieser Einteilung ziehen lassen. Ist der Begriff *Diskriminierung* in Südafrika wertneutral zu gebrauchen, da erst im Anschluss an die Überprüfung dieses Begriffes das Wertungskriterium *Unfairness* einfließt?[366]
Der Constitutional Court spricht sich in einer Reihe von Entscheidungen gegen eine derartige Sichtweise aus.[367] Der Begriff *Diskriminierung* sei herabwertend und könne nicht als neutral verstanden werden: „*Given the history of this country we are of the view that ,discrimination' has aquired a particular pejorative meaning relating to the unequal treatment of people based on attributes and characteristics attaching to them*".[368] Die Ebene der Unfairness trenne nicht lediglich zwei Differenzierungsebenen. Sie unterscheide zwischen erlaubter und verbotener Diskriminierung. Sie sei die doppelte wertungsmäßige Verneinung einer im modernen Südafrika nicht zu duldenden Handlung. Die vom Constitutional Court vertretene Auffassung wird verständlich, wenn man zum einen – wie auch der Constitutional Court – auf die Vergangenheit des Landes abstellt und wenn man zum anderen die Sichtweise mit der in der Constitution vertretenen, materiellen Gleichheitskonzeption in Verbindung bringt. Auf der materiellen Begriffsebene kann Diskriminierung als mehrschichtig und teilbar angesehen werden.
Im Anschluss an die Aufgliederung der Prüfungsstruktur verweisen einige Autoren zusätzlich darauf, dass durch die detaillierte Aufteilung der Prüfung subjektive Wertungen der Richter, die schwierige Fälle zu entscheiden hätten, besser zu lokalisieren seien.[369]

cc) Sec. 9 (4) Constitution

Die Reichweite der Anti-Diskriminierungsvorschriften der Constitution wird durch sec. 9 (4) Constitution ausgeweitet. War im Rahmen der Interim Constitution lediglich der Staat verpflichtet, die Anti-Diskriminierungsregel der sec. 8 (2) Interim Constitution zu beachten, so gilt über sec. 9 (4) Constitution die Gleichbehandlungsvorschrift der Constitution gegenüber jeder Person.[370] Aufgrund dieser angeordneten, unmittelbaren horizontalen Wirkung ist es nicht not-

---

[366] Diese Auffassung vertritt: *Cachalia et al*, 28.

[367] *Harksen v. Lane*, 1997 (11) BCLR 1489 (CC), 49; *Brink v. Kitshoff*, NO 1996, (6) BCLR 609 (CC); *Larbi- Odam & Others v. MEC for Education (North-West Province) & Another*, 1997 (12) BCLR 1655 (CC); *East Zulu Motors (Pty) Ltd. v. Van der Linde & Another*, 1997 (6) BCLR 759 (CC); *Fraser v. The Children's Court Pretotia North & Others*, 1997 (2) SA 261 (CC); *Prinsloo v. van der Linde* 1997 (6) BCLR 759 (CC); *President of the Republic of South Africa v. Hugo*, 1997 (4) SA 1 (CC).

[368] *Prinsloo v. van der Linde* 1997 (6) BCLR 759 (CC), 31.

[369] *Motola/ Ramaphosa*, 278 f.; allgemein: *Rycroft*, ILJ 2001, 1411 ff.

[370] *De Waal/ Currie/ Erasmus*, 202.

wendig, hinsichtlich der Anti-Diskriminierungsregelungen auf Konstruktionen mittelbarer Wirkung auszuweichen.

d) Vorschriften zur aktiven Förderung der Gleichberechtigung: Sec. 9 (2) Constitution

Sec. 9 (2) Constitution implementiert Affirmative Action Programme als Richtschnur staatlicher Politik. Die Aufnahme der Regelung in die Verfassung war, die Reichweite der Vorschrift ist umstritten.

aa) Sec. 9 (2) Constitution: „*designed to promote or advance*"

Ein Streitpunkt im Rahmen der sec. 9 (2) Constitution ist die Bedeutung des Wortlautes: „*designed to promote or advance*". In der südafrikanischen Literatur lassen sich zu dieser Formulierung zwei verschiedene Interpretationen finden.[371] Auf der einen Seite könnte die Formulierung als auf die Intention des Gesetzgebers bezogen angesehen werden.[372] Dies würde bedeuten, dass Affirmative Action Maßnahmen an sich nicht überprüft werden könnten, vorausgesetzt der Staat kann zeigen, dass Gleichberechtigung für Personen oder Gruppen, die durch unfaire Diskriminierung benachteiligt worden sind, durch die fraglichen Maßnahmen erreicht werden soll.[373]
Auf der anderen Seite könnte die Formulierung aber auch für eine rationale Verbindung zwischen den Mitteln und den Ergebnissen der fraglichen Maßnahme stehen.[374] In diesem Falle müsste der Gesetzgeber zeigen, dass die Intention der überprüften Programme und die gewählten Mittel in vernünftigem Maße miteinander übereinstimmen.[375] *Mureinik* vertritt diesen Ansatz.[376] Nach seiner Auffassung kann „*designed*" entweder „*intended to ...*" oder „*constructed as to ...*" bedeuten.[377] Er sagt, dass der Wortlaut im letzteren Sinne zu verstehen sei: „*[the wording] refers to measures which are not only intended to achieve something, but the design of which makes it objectively probable that they will in fact achieve that something; which are structured, in other words to achieve that thing*".[378] Es sei ein Vorteil zu einem weiteren Verständnis zu gelangen, da auf diese Weise nicht nur die Ergebnisse, sondern auch die verwendeten Mittel der

---

[371] Zusammenfassend: *Mureinik*, (1994) 10 SAJHR, 31; *Albertyne/ Kentridge*, SAJHR 1994, 149, 172 ff.
[372] *De Waal/ Currie/ Erasmus*, 224.
[373] *De Waal/ Currie/ Erasmus*, 224.
[374] *Kentridge*, 14- 59.
[375] *De Waal/ Currie/ Erasmus*, 174; *Mureinik*, (1994) 10 SAJHR, 31.
[376] *Mureinik*, (1994) 10 SAJHR, 31, 46 ff.
[377] Die Ausführungen beziehen sich auf den Wortlaut der Interim Constitution „*designed to achieve*".Die unterschiedliche Gestaltung des Wortlautes berührt die Problemstellung nicht.
[378] *Mureinik*, (1994) 10 SAJHR, 31, 47.

juristischen Überprüfung unterliegen würden. Die weite Auslegung sei zudem von der geschichtlichen Entwicklung der Norm gedeckt.[379]
In dem Fall *Public Servants of South Africa v. Minister of Justice* [380] hatte der Constitutional Court die geschilderte Frage zu entscheiden.[381] In dem Fall wurden männliche weiße Bewerber, die sich um einen Posten beworben hatten, trotz hervorragender Qualifikationen nicht zu Vorstellungsgesprächen eingeladen. Nach Auffassung des Gerichts waren diese Handlungen, obwohl sie Teil von Affirmative Action Programmen waren, „*haphazard, random and overhasty*"[382]. Die Maßnahmen seien nicht geeignet gewesen, die auf der Verfassungsebene für Affirmative Action Programme vorgesehenen Ziele zu erreichen. Die Handlungen wurden als verfassungswidrig eingestuft. Sie stellten unfaire Diskriminierung basierend auf Rasse und Geschlecht dar. Die Begründung macht die Ansicht des Gerichts deutlich, dass die Wörter "*designed*" und „*achieve*" für eine Kausalverbindung zwischen den geplanten Mitteln und den Ergebnissen stünden. Eine rationale Verbindung zwischen Mittel und Zweck sei erforderlich. Die Maßnahmen seien in dieser Hinsicht gerichtlich überprüfbar. In einem zweiten Fall, *Motola and Another v. University of Natal* [383] wurde diese Ansicht bestätigt. Die überwiegende Mehrheit der südafrikanischen Literatur unterstützt diese Auffassung ebenfalls.[384]
Der Wortlaut der Constitution ist demnach so zu interpretieren, dass Mittel und Ziele der zu überprüfenden Maßnahme im einem vernünftigen Verhältnis zueinander stehen müssen. Auf diese Art und Weise kann jede geplante oder durchgeführte Affirmative Action Maßnahme gerichtlicher Kontrolle unterstellt werden.

bb) Sec. 9 (2) Constitution: „*disadvantaged by unfair discrimination*"

Sec. 9 (2) Constitution umschreibt die möglichen Begünstigten von Affirmative Action, und greift damit den einfachgesetzlichen Regelungen vor. Potentielle Begünstigte von Affirmative Action müssen durch unfaire Diskriminierung benachteiligt sein. Dies kann unterschiedlich streng auszulegen sein. Einerseits kann daraus abgeleitet werden, dass jeder, der von Affirmative Action Vorteile erhalten will, beweisen muss, dass er selbst Opfer von unfairer Diskriminierung geworden ist.[385] Dieses Erfordernis stünde in der Nähe des im Rahmen der allgemeinen theoretischen Diskussion erwähnten „*blaming the victim-*

379 *Mureinik*, (1994) 10 SAJHR, 31, 48.
380 *Public Servants of South Africa v. Minister of Justice* 1997 (5) BCLR 577 (CC).
381 Die Entscheidung erging ebenfalls zu der Interim Constitution.
382 *Public Servants of South Africa v. Minister of Justice* 1997 (5) BCLR 577 (CC) 640.
383 *Motola and Another v. University of Natal* 1995 (3) BCLR 374 (D).
384 *De Waal/ Currie/ Erasmus*, 224 f.; *Kentridge*, 14- 59.
385 *Kentridge*, 14- 38.

approach". Nur wenn es einer Person gelänge, Diskriminierung nachzuweisen, wären Benachteiligungen erheblich. Daraus könnte geschlossen werden, dass Personen, die nicht in der Lage sind, diesen Nachweis zu führen, für ihre Lage selbst verantwortlich sind. Zudem träfe ein derartiges Erfordernis auf erhebliche praktische Probleme. Es wäre notwendig, dass jedes Unternehmen, das Affirmative Action Programme einführen will, die eigenen Diskriminierungen der Vergangenheit aufdeckte. Dieses Erfordernis würde sich als großes Hemmnis auswirken. Ferner ergäben sich Beweisprobleme für die negativ betroffenen Personen.[386] Andererseits könnten die Anforderungen herabzusetzen sein. In diesem Falle würde es genügen, dass eine Person darlegen kann, Opfer struktureller gesellschaftlicher Diskriminierung geworden zu sein. Weiter vereinfacht werden kann das Erfordernis dadurch, dass keine zeitlichen Grenzen vorgegeben werden, die Diskriminierung somit aus der Vergangenheit stammend oder gegenwärtig sein kann.[387] Der genaue Inhalt der Anforderung ist im Rahmen der Constitution noch nicht geklärt. Die vergleichbar geführte Streitigkeit auf arbeitsrechtlicher Ebene indiziert, dass sich die letztgenannte Auffassung durchsetzen wird.[388]
Schließlich ergibt sich in Südafrika aus der Tatsache ein Problem, dass verschiedene Bevölkerungsgruppen unterschiedlich stark diskriminiert worden sind. Fraglich ist, ob alle Gruppen gleiches Anrecht auf bevorzugte Behandlung haben sollten oder ob eine umgekehrte Rangordnung zur Anwendung kommen müsste.[389]

II. Das europäische Primärrecht vor dem Hintergrund der allgemeinen Gleichberechtigungsdebatte

1) Entwicklung des europäischen Primärrechts zur Arbeitnehmergleichberechtigung

Die europäischen Gemeinschaftsverträge sind seit ihrer ursprünglichen Fassung Gegenstand weitreichender Reformen und Änderungen gewesen.[390] Dieser Prozess hält bis heute an. Vorläufer des EGV[391] in der Fassung von Amsterdam vom 02.10.1997 waren der EWGV vom 25.03.1957 und der Europäische Gemeinschaftsvertrag vom 07.02.1992 in der Fassung von Maastricht.

---

386 *Kentridge*, 14- 38.
387 *Kentridge*, 14- 38.
388 Siehe unten: 203 f.
389 *De Waal/ Currie/ Erasmus*, 225.
390 *Geiger*, 143; detailliert: *Hanau/ Steinmeyer/ Wank*, Steinmeyer, § 11.
391 Die Bezeichnung EGV bezieht sich im Falle keiner zusätzlichen Kennzeichnung in den folgenden Abschnitten auf den EGV in der Fassung von Amsterdam.

Angemerkt sei, dass bei der Beurteilung der Entwicklung der Europäischen Gemeinschaft beachtet werden muss, dass der Integrationsprozess im wirtschaftlichen Bereich begann und unter Betonung dieses Bereiches fortgesetzt wurde. Die (sozial-) politische Integration ist in den Anfängen lediglich erwünschtes und erhofftes Nebenprodukt der wirtschaftlichen Verschmelzung gewesen.[392]

Früh in der Geschichte der Europäischen Gemeinschaft wurde erkannt, dass eine gemeinsame europäische Arbeits- und Sozialpolitik von Nutzen seien würde. Bereits nach Inkrafttreten des EWGV wurde die Notwendigkeit einer dahingehenden einheitlichen europäischen Politik deutlich.[393] Der EWGV enthielt unzureichende Regelungen, um die schwierigen Fragen der Arbeitnehmergleichberechtigung lösen zu können. Dem europäischen Drängen nach Veränderungen stand immer wieder der starke Wille der Mitgliedstaaten zum Erhalt des *Status quo* entgegen.[394] Der Aufbau eines europäischen Systems, gerichtet auf möglichst umfassenden Konsens, gestaltete es schwierig, Neuerungen umzusetzen. Auf der primärrechtlichen Ebene geschah lange nichts in Richtung fortschrittlicher arbeitsrechtlicher Politik.[395] Parallel zur steigenden Bedeutung der Frauenerwerbstätigkeit in allen Mitgliedstaaten erhöhte sich der Druck, eine adäquate arbeits- und sozialrechtliche Lösung dieses Problembereiches auf europäischer Ebene zu erzielen.[396] Die Kommission beschloss, da primärrechtliche Änderungen schwierig durchzusetzen waren, Leitlinien für ein sozialpolitisches Aktionsprogramm.[397] Eine Reihe von Richtlinien auf dem Gebiet der Gleichbehandlung von Männern und Frauen wurde aufgrund der in den Programmen erkannten, notwendigen Veränderungen erlassen. Eine der Richtlinien, die in diesem Zusammenhang entstanden, ist die Richtlinie 76/207/EWG.[398]
Im Jahre 1989 einigten sich elf Mitgliedstaaten der Europäischen Gemeinschaft (Ausnahme: Großbritannien) zudem auf die „Gemeinschaftscharta der sozialen

---

[392] *Streinz*, 9, (sog. Spill-over- Effekt); *Fredman*, 22 ILJ 2001, 1467, 1468; genauere Darstellung der gesamten Entwicklung bei: Grabitz/ Hilf, *von Bogdany/ Nettesheim*, Altband I, Art. 1 EGV, Rdnr. 1 ff.; *Neisser/ Verschraegen*, 9 ff.

[393] Grabitz/ Hilf, *Langenfeld/ Jansen*, Altband I, vor Art. 117 EGV, Rdnr. 2.

[394] Groeben/ Boeckh/ Thiesing/ Ehlermann, *Pipkorn*, Vorbem. Art. 117 bis 122 EWGV, Rdnr. 27, mit ausführlicher Schilderung.

[395] Übersicht über Entwürfe und Initiativen: Grabitz/ Hilf, *Langenfeld/ Jansen*, Altband I, vor Art. 117 EGV, Rdnr. 2 ff.

[396] Fuchs, *Bieback*, Art. 141 EGV, Rdnr. 4, sog. *„aktive Phase"*.

[397] Bull. EG 1973, Beilage 4, Groeben/ Boeckh/ Thiesing/ Ehlermann, *Pipkorn*, Vorbem. Art. 117 bis 122 EWG, Rdnr. 33 ff.

[398] Fuchs, *Bieback*, Art. 141 EGV, Rdnr. 5 mit einem Überblick über die im Rahmen der beschriebenen Entwicklung entstandenen Richtlinien.

Grundrechte der Arbeitnehmer“.[399] Diese Charta wurde vom Vereinigten Königreich abgelehnt, obwohl sie keine Rechte für Individuen vorsah. Die übrigen Mitgliedstaaten nahmen die Charta am 09.12.1989 an, und diese wurde dem EGV in der Fassung von Maastricht als Protokoll angefügt.[400] Der Charta kam keine unmittelbare Rechtswirkung zu. Sie fungierte als Auslegungshilfe bei der Auslegung von Rechtsakten im betreffenden Themengebiet. Eingebettet in einen großen Gesamtrahmen von Regelungen zu allen Bereichen der Sozialgesetzgebung, widmete die sich Charta auch dem Thema der Gleichberechtigung von Männern und Frauen im Arbeitsrecht. Dabei wurde die Rolle der Mitgliedstaaten betont, innerhalb ihrer Rechtssysteme für die Umsetzung der im Überblick dargestellten Ziele zu sorgen.[401]

Der EGV in der Fassung von Maastricht konnte auf einen höheren Grad an politischer Integration der Mitgliedstaaten aufbauen als der EWGV. Das insgesamt gestiegene Maß an Einigkeit erleichterte es, auf dem Gebiet der Arbeitnehmergleichberechtigung Fortschritte zu erzielen. Ein möglicher, von der politischen Entwicklung unabhängiger Einfluss kann auch in der Zunahme transnationaler Unternehmen gesehen werden. Mit der internationalen Ausrichtung stieg das Sicherheitsbewusstsein der Unternehmen, sich auf europaweit geltende arbeitsrechtliche Bedingungen verlassen zu können.[402]
Der in Art. 119 EGV in der Fassung von Maastricht vorgesehene Grundsatz der Entgeltgleichheit gewann, obwohl schon im EWGV vorgesehen, zunehmend an Bedeutung.[403] Trotz dieser stärkeren Gewichtung war der Einflussbereich der Norm bezogen auf das Problem der Arbeitnehmergleichberechtigung zu gering. Sie war auf den Regelungsbereich der Entgeltgleichheit beschränkt und beinhaltete keine weitergehenden Bestimmungen.[404] Daneben fanden sich im EGV in der Fassung von Maastricht keine Regelungen, die auf dem Gebiet der Arbeitnehmergleichberechtigung größere Veränderungen hätten bewirken können. Weitergehende Vorschriften wurden nicht in den EGV in der Fassung von Maastricht selbst, sondern in Regelungswerken, die dem Vertrag angegliedert waren, aufgenommen. Dieses Vorgehen diente einigen europäischen Staaten dazu, die Geschwindigkeit der sozial- und arbeitsrechtlichen Entwicklung auf europäischer Ebene zu bremsen, ohne komplett einen Stillstand

---

[399] Kommission (Hrsg.), Soziales Europa 1/90, ferner wurde das Aktionsprogramm zur Anwendung der Gemeinschaftscharta verabschiedet, KOM (89) 568.
[400] *Streinz*, 364.
[401] Grabitz/ Hilf, *Langenfeld/ Jansen*, Altband I, vor Art. 117 EGV, Rdnr. 5.
[402] Groeben/ Boeckh/ Thiesing/ Ehlermann, *Pipkorn*, Vorbem. Art. 117 bis 122 EWG, Rdnr. 34.
[403] Lenz, *Junghanns*, Art. 119 EGV, Rdnr. 1 ff., Grund war die zunehmende Rechtsprechung des EuGH; *Maidowsky*, 88 f.
[404] Lenz, *Junghanns*, Art. 119 EGV, Rdnr. 5 ff.

herbeizuführen.[405] Statt primärrechtlicher Regelungen wurden eine Reihe von Abkommen vereinbart, die helfen sollten, Fortschritte auf dem Gebiet der Arbeitnehmergleichberechtigung zu erzielen.[406] Zusammen mit dem EGV in der Fassung von Maastricht einigten sich die Mitgliedsstaaten (wiederum mit Ausnahme von Großbritannien) ferner auf den Abschluss des Protokolls über Sozialpolitik und des Abkommens über die Sozialpolitik.[407] Im Juli 1994 wurde das Weißbuch zur Europäischen Sozialpolitik[408] angenommen. Darin führt die Kommission die Leitlinien der künftig von ihr betriebenen Gleichstellungspolitik aus. Inhalte waren, den geschlechterspezifisch geteilten Arbeitsmarkt zu vereinen, die Frauenarbeit aufzuwerten, die Vereinbarkeit von Beruf und Familie zu fördern und andere Themen.[409] Im Jahre 1996 entwickelte die Kommission den sogenannten „Gender-mainstreaming-Ansatz"[410]. Ziel dieses Konzepts ist es, die Gleichstellung von Männern und Frauen über das Arbeitsrecht hinaus umfassend zu erreichen.
Neben diesen älteren Entwicklungen ist im Jahre 2000 (vor dem Hintergrund des politisch noch weiter „europäisierten" Vertrages von Amsterdam)[411] die „Rahmenstrategie der Gemeinschaft zur Förderung der Gleichstellung von Frauen und Männern"[412] von der Kommission vorgelegt worden, die sich insbesondere auch auf den Bereich Beruf und Beschäftigung bezieht.[413]
Die Übersicht zeigt, in welch umfangreichen Maße auf europäischer Ebene versucht wurde/ wird, die Arbeitnehmergleichberechtigung und dabei besonders die diesbezügliche Gleichberechtigung von Männern und Frauen voranzutreiben. Sie zeigt auch, welche Hindernisse der Entwicklung entgegenstanden. Auffällig ist dabei, dass schon 1976 die auf diesem Gebiet lange zentrale Richtlinie 76/207/EWG erlassen wurde.

Fraglich ist, worauf die genannte Richtlinie und andere sekundärrechtliche Vorschriften gestützt wurden. Auf Grund des europarechtlichen Prinzips der begrenzten Spezialermächtigung[414] ist auf europäischer Ebene von großer Bedeutung, dass eine Ermächtigung zum sekundärrechtlichen Handeln vorliegt. Das Grundprinzip der begrenzten Spezialermächtigung wird durch Art. 308 EGV abgemildert. Im EWGV und im EGV der Fassung von Maastricht gab es keine ausdrückliche Zuständigkeit der Gemeinschaft zur Regelung der Gleich-

---

[405] *Dungs*, 35.
[406] Überblick: Grabitz/ Hilf, *Langenfeld*, Art. 141 EGV, Rdnr. 9 ff.
[407] Abgedruckt bei: *Oetker/ Preis*, 13 ff.
[408] KOM (94) 333 endg., 44 ff.
[409] Grabitz/ Hilf, *Langenfeld*, Art. 141 EGV, Rdnr. 16.
[410] KOM (96), 67 endg.
[411] *Fredman*, 22 ILJ 2001, 1467, 1469.
[412] KOM (2000), 335 endg.
[413] Grabitz/ Hilf, *Langenfeld*, Art. 141 EGV, Rdnr. 17.
[414] *Streinz*, 131.

stellung der Geschlechter.[415] Getroffene Regelungen wurden auf die Art. 94 und 308 EGV (Art. 235 EGV a.F.) gestützt. Diese Vorschriften mussten zu diesem Zweck weit ausgelegt werden.[416] Dieser Zustand ist durch Art. 141 Abs. 3 EGV geändert worden. Art. 141 Abs. 3 EGV ermächtigt die Europäische Gemeinschaft, im Bereich der Gleichberechtigung der Geschlechter im Arbeitsrecht tätig zu werden.

Der Vertrag von Amsterdam hat das Recht der Gleichbehandlung von Mann und Frau zu einem der obersten sozialen Rechtsprinzipien der Gemeinschaft erhoben.[417] Die Art. 2; 3 Abs. 2; 13; 137 und 141 des EGV in der Fassung von Amsterdam beziehenen sich auf die Arbeitnehmergleichberechtigung. Die genannten Artikel sollen gemeinsam bewirken, dass die hinsichtlich der Arbeitnehmergleichberechtigung dünne Grundlagenbasis des EWGV und des EGV in der Fassung von Maastricht auf eine stärkere Basis gestellt werden.[418]
Art. 141 EGV hat sich zur zentralen Norm dieser Problematik im Arbeitsrecht entwickelt. Er stellt eine Mischung aus neuen Inhalten und solchen dar, die schon in den Vorgängerversionen des aktuellen EGV enthalten waren.[419] Zunächst beinhaltet Art. 141 EGV die Vorschriften des Art. 119 EGV a.F.[420] Diese Regelungen wurden teilweise aufgearbeitet.[421] Weiter wurden Vereinbarungen, die neben den älteren europäischen Verträgen geschlossen wurden, in den EGV integriert.[422] Darunter finden sich unter anderem die Inhalte der Sozialcharta unter Einbeziehung der Grundgedanken der Art. 117 ff. EGV a.F.
Vorschriften zu positiver Diskriminierung sind neu in den EGV aufgenommen worden. Art. 141 Abs. 4 EGV ist zentrale Regelung für den Bereich der aktiven Förderung von Arbeitnehmern geworden. Art. 141 Abs. 4 EGV geht auf Art. 6 Abs. 3 des durch den Vertrag von Amsterdam in den EGV integrierten Sozialabkommens zurück. Während sich Art. 6 Abs. 3 des Sozialabkommens

[415] *Fuchsloch*, FuR 1996, 87, 92; daher forderte der Deutsche Juristinnenbund im Mai 1995 dahingehende Änderungen des Primärrechts anlässlich der bevorstehenden Regierungskonferenz 1996.
[416] Schwarze, *Rebhahn*, Art. 136 EGV, Rdnr. 26.
[417] Fuchs, *Bieback*, Art. 141 EGV, Rdnr. 3; *Krimphove*, 21 ff., Überblick.
[418] Callies/ Ruffert, *Ukrow*, Art. 12 EGV, Rdnr. 1, Gleichberechtigung als „*Leitmotiv*“ des EGV.
[419] In der deutschen Literatur wird die Einführung des Art. 141 EGV teilweise als europäische Reaktion auf die Kalanke- Entscheidung angesehen, Erman, *Hanau*, § 611 a BGB, Rdnr. 15 a.
[420] Lenz, *Coen*, Art. 141 EGV, Rdnr. 4 ff.
[421] Art. 141 EGV stellt klar, dass der Grundsatz gleichen Entgelts auch bei gleichwertiger Arbeit gilt, Lenz, *Coen*, Art. 141 EGV, Rdnr. 14.
[422] Callies/ Ruffert, *Krebber*, Art. 141 EGV, Rdnr. 1, 80.

lediglich auf den Bereich der Entgeltgleichheit bezog, gilt Art. 141 Abs. 4 EGV allgemein für den Bereich des Arbeitsrechts.[423]

2) Gegenwärtiger Verfassungsstand Europa

Auf Ebene des europäischen Primärrechts sind die Vorschriften des EGV zu untersuchen. Die von EuGH zum EGV ergangene Rechtsprechung und die diesbezügliche Literatur werden in einem späteren Abschnitt behandelt, da die Auslegung der Entscheidungen des EuGH untrennbar mit der des Sekundärrechts verbunden ist.

a) Überblick

Die Regelungen des europäischen Primärrechts werden verfassungsdogmatisch eingeordnet und der Geltungsbereich des Primärrechts bestimmt.

aa) Verfassungsdogmatische Einordnung

Fraglich ist zunächst, wie die Regelungen des EGV im Rahmen der Arbeit verfassungsdogmatisch einzuordnen sind. Der EGV hat in keiner Fassung einen dem deutschen GG oder der südafrikanischen Constitution vergleichbaren Grundrechtskatalog enthalten. Im EGV findet sich kein mit Art. 3 Abs. 1 GG; sec. 9 (1) Constitution vergleichbarer allgemeiner Gleichheitssatz.[424] Die Charta der Europäischen Grundrechte, die im Dezember 2000 in Nizza proklamiert wurde, besitzt keinen verbindlichen Charakter. In der Entwicklung begriffen ist eine eigenständige europäische Verfassung, die als umfassendes Regelungswerk ausgehend von europäischen Grundrechten Gleichberechtigung garantieren wird.[425]
Doch schon jetzt sind im europäischen Recht an verschiedenen Stellen geschriebene Gleichberechtigungsgarantien enthalten, die grundrechtlichen Charakter besitzen[426] und in verschiedenen Teilen des EGV zu finden sind. Dies ist mit der Tatsache zu erklären, dass innerhalb der verschiedenen Zuständigkeiten der Europäischen Gemeinschaft[427] jeweils spezielle Rechte entstanden sind.[428]

---

[423] Grabitz/ Hilf, *Langenfeld*, Art. 141 EGV, Rdnr. 78.
[424] *Claasen*, JZ 1996, 921, 922; *Schweizer*, 135, zum Grundrechtskonzept des Gemeinschaftsrechts.
[425] Entwurf des Europäischen Konvents: Vertrag über eine Verfassung für Europa vom 13.06. und 10.07.2003; Gleichberechtigung von Männern und Frauen: Titel III, Art. II 23.
[426] Art. 141 EGV ist eine dieser Normen.
[427] Subsidiaritätsprinzip: Art. 3 b EGV in der Fassung von Maastricht, Art. 5 EGV, dazu: *Fischer*, 83.
[428] Beispiele aus der Entstehung: Art. 6; 40 III EGV in der Fassung von Maastricht.

Neben den geschriebenen Grundrechten haben sich ungeschriebene Gemeinschaftsgrundrechte entwickelt. Dies sind Normen, die dem primären Gemeinschaftsrecht zuzuordnen sind, dort aber nicht in vertraglicher Form niedergelegt wurden.[429] Hintergrund für die Entstehung ungeschriebener europäischer Grundrechte ist die immer weiter fortschreitende Entwicklung der Europäischen Gemeinschaft und der Rechtsprechung des EuGH.[430] Da der EuGH nicht auf geschriebene Rechte zurückgreifen konnte, hat er den auf europäischer Ebene zu gewährenden grundrechtlichen Schutz aus ungeschriebenen Rechten hergeleitet. Die diesbezügliche Zuständigkeit des EuGH wird unstrittig anerkannt.[431] Auf Grund dieser geschichtlichen Entwicklung werden europäische Grundrechte als Maximalstandart gesehen, d.h. als Bündel der Grundrechte, die in den Mitgliedstaaten existieren. Sie üben eine sog. „negative Kontrolle" aus.[432] Zentrales Gleichheitsrecht und Quelle aller speziellen Gleichheitssätze ist der allgemeine, ungeschriebene Gleichheitssatz, der diesem Katalog zuzuordnen ist.[433] Der Grundsatz der Gleichbehandlung von Männern und Frauen gehört ebenfalls dem Katalog der ungeschriebenen Grundrechte an. Er leitet sich aus dem allgemeinen Gleichbehandlungsgrundsatz ab.[434] Als ungeschriebenes Grundrecht des Gemeinschaftsrechts besitzt der Grundsatz der Geschlechtergleichbehandlung großen Einfluss auf dahingehende arbeitsrechtliche Probleme. Die Tatsache, dass der Grundsatz der Geschlechtergleichbehandlung im EGV in der Fassung von Amsterdam an mehreren Stellen ausdrücklich erwähnt wird[435], hat diesen Einfluss verstärkt und die Thematik insgesamt aufgewertet. Die Gemeinschaftscharta der sozialen Grundrechte, auf die in der Präambel des EUV und in Art. 136 EGV verwiesen wird, unterstreicht, obgleich ohne bindende Wirkung, zusätzlich den Grundrechtscharakter des Grundsatzes der Gleichbehandlung von Männer und Frauen.[436]

bb) Geltungsbereich des europäischen Primärrechts

Nach der verfassungsrechtlichen Einordnung stellt sich die Frage, wie sich dies auf den Geltungsbereich der genannten Rechte auswirkt. Grundsätzlich hat sich folgende Geltungssystematik bezüglich des Gemeinschaftsrechts entwickelt:

---

[429] *Schweizer*, 133.

[430] Schweizer, 133 f.; *Ebsen*, RdA 1993, 11.

[431] Entweder wird dies als unproblematisch angesehen oder auf Art. 220 EGV gestützt, der dortige Begriff „*Recht*" wird als Inbegriff der Gerechtigkeitsidee der europäischen Verfassungskultur gedeutet. Ferner ist diese Rechtsprechung am 05.04.1977 ausdrücklich von den Organen der Gemeinschaft anerkannt worden, *Streinz*, 131 f.

[432] *Schweizer*, 136; *Streinz*, 134, Übersicht über Gemeinschaftsgrundrechte: 140.

[433] Grabitz/ Hilf, *Langenfeld*, Art. 141 EGV, Rdnr. 2; *Schweizer*, 136; *Szczekalla*, 477 m.w.N.

[434] Grabitz/ Hilf, *Langenfeld*, Art. 141 EGV, Rdnr. 2.

[435] Art. 2; 3 Abs. 2; 13 EGV.

[436] Fuchs, *Bieback*, Art. 141 EGV, Rdnr. 3.

Sowohl geschriebene als auch ungeschriebene Rechtsgrundsätze binden zunächst die Organe der Gemeinschaft.[437] In einem weiteren Schritt gelten die Rechtsgrundsätze in den Mitgliedstaaten der Gemeinschaft. Die Mitgliedstaaten sind gebunden, soweit sie zwingendes Gemeinschaftsrecht ausführen.[438]
Entscheidend für die Arbeitnehmergleichberechtigung im Privatrecht ist, ob die Normen des europäischen Primärrechts unmittelbare Wirkung gegenüber Privatpersonen entfalten können. Der EuGH hat diese Frage in umfangreicher Rechtsprechung geklärt.[439] Er unterscheidet zwischen Vertragsrecht und den ungeschriebenen Grundrechten. Das europäische Vertragsrecht besitze horizontale Wirkung, wenn es sich um *„vollständige und rechtlich vollkommene"* Regelungen handele.[440] Die Regelungen müssten dazu eine Reihe von Vorraussetzungen erfüllen. Sie müssten ein klares, an die Mitgliedstaaten gerichtetes Ge- oder Verbot enthalten, die Verpflichtung der Mitgliedstaaten dürfe an keine Bedingung geknüpft sein und die Maßnahme dürfe zu ihrer Wirksamkeit keine weiteren europäischen oder mitgliedstaatlichen Umsetzungsakte erfordern.[441]
Die ungeschriebenen Grundrechte der Gemeinschaft seien nur von den Mitgliedstaaten zu beachten, wenn diese im inhaltlichen Rahmen des Gemeinschaftsrechts handelten.[442] Weitergehende Wirkung könne den ungeschriebenen Grundsätzen nicht beigelegt werden. Ungeschriebene Gemeinschaftsgrundrechte entfalten aus diesem Grund keine unmittelbare Wirkung gegenüber den Bürgern.
Neben der Frage der unmittelbaren Geltung sind weitere Auswirkungen des europäischen Primärrechts zu bedenken. Auch in einem Fall, in dem europäisches Primärrecht nicht unmittelbar anwendbar ist, können sich Auswirkungen auf nationale Rechtsordnungen über den Grundsatz der europarechtskonformen Auslegung ergeben.[443]

---

[437] *Streinz*, 136; Fuchs, *Bieback*, Art. 141, Rdnr. 4.
[438] Grabitz/ Hilf, *Langenfeld*, Art. 141 EGV, Rdnr. 3.
[439] Dazu: *Krämer*, 12 ff.
[440] Frühes Urteil: EuGH, Slg. 1963, 1 (*van Gend & Loos*), NJW 1963, 974.
[441] *Fischer*, 97 mit einer Übersicht der, zu den einzelnen unmittelbar geltenden Rechten ergangenen Entscheidungen des EuGH.
[442] EuGH Slg. 1989, 2609 (*Wachauf*), das sei der Fall, wenn die Mitgliedstaaten Gemeinschaftsrecht umsetzten/ vollzögen oder wenn sie sich auf europäische Schutzklauseln beriefen, um Grundfreiheiten durch nationale Regelungen zu beschränken.
[443] Kasseler Handbuch zum Arbeitsrecht, *Weber*, 2246.

b) Antidiskriminierungsvorschriften des EGV

aa) Art. 2 EGV

Art. 2 EGV legt die allgemeinen Aufgaben der Gemeinschaft fest und steht in engem inhaltlichen Zusammenhang mit Art. 3 EGV.[444] Im Rahmen einer Aufzählung bestimmt Art. 2 EGV: *„Aufgabe der Gemeinschaft ist [...] die Gleichstellung von Männern und Frauen [...]*“. Art. 2 EGV ist gemäß Wortlaut und systematischer Stellung weder Handlungsermächtigung noch Handlungsverpflichtung für die Organe der Gemeinschaft.[445] In der alten Fassung des EGV erhielt Art. 2 EGV eine besondere Bedeutung im Zusammenhang mit Art. 308 EGV. Er wurde zur inhaltlichen Bestimmung von Maßnahmen herangezogen, die der auf Art. 308 basierenden Schließung von Vertragslücken dienen sollten. Heute ist Art. 2 EGV allgemeine Auslegungshilfe, vergleichbar der Präambel, und dient zukünftigen Maßnahmen der Gemeinschaft als Richtungsangabe und Grenzmarkierung.[446] Art 2 EGV beinhaltet zu diesem Zweck die Vertragsziele der Gemeinschaft.[447] Einige Autoren sehen in Art. 2 EGV rechtlich verbindliche Ziele festgelegt.[448] Diese Auffassung wird von anderen Stimmen der Literatur[449] und vom EuGH[450] abgelehnt. Angesichts des Charakters der in Art. 2 EGV niedergelegten Zielbestimmungen wird deutlich, dass die genannte Streitfrage ohne praktische Auswirkungen bleiben wird. Die niedergelegten Ziele sind als weitreichende integrations-politische Leitideen formuliert.[451] Derart globalen Zielen können keine konkreten Handlungs- oder Umsetzungspflichten der Gemeinschaft entnommen werden. Besonders herauszugreifen ist die Funktion des Art. 2 EGV als sog. „stand-still-Gebot“.[452] Erreichte Fortschritte im Bereich der Vertragsziele werden durch die Norm verfestigt. An den in die Liste aufgenommenen Vertragszielen lässt sich die Entwicklung der EG verfolgen, die

---

[444] Callies/ Ruffert, *Ukrow*, Art. 2 EGV, Rdnr. 1.

[445] *Geiger*, 152; a.A.: Grabitz/ Hilf, *v. Bogdany*, Art. 2 EGV, Rdnr. 8, dieser sieht in Art. 2 die rechtlich verbindlichen Ziele der EG niedergelegt, daraus erwüchsen Handlungsaufträge für Organe und Rechtsprechung.

[446] *Geiger*, 152; Callies/ Ruffert, *Ukrow*, Art. 2 EGV, Rdnr. 6; Grabitz/ Hilf, *v. Bogdany*, Art. 2 EGV, Rdnr.13 f.

[447] Grabitz/ Hilf, *v. Bogdany*, Art. 2 EGV, Rdnr. 4.

[448] Callies/ Ruffert, *Ukrow*, Art. 2 EGV, Rdnr. 3; Grabitz/ Hilf, *v. Bogdany*, Art. 2 EGV, Rdnr. 8.

[449] Lenz, *Lenz*, Art. 2 EGV, Rdnr. 6.

[450] EuGH Slg. 1991, I-123 (Alstom Atlantique).

[451] Callies/ Ruffert, *Ukrow*, Art. 2 EGV, Rdnr. 3.

[452] Callies/ Ruffert, *Ukrow*, Art. 2 EGV, Rdnr. 5, (Grundnorm des Integrationsprogramms der EG).

weg von einem Wirtschaftsverbund zunehmend andere gesellschaftliche Ziele verfolgt.[453]
In der Literatur wird vertreten, dass die in Art. 2 EGV normierte Gleichstellung von Männern und Frauen unter den allgemeinen Vertragszielen besonders hervorgehoben werde. Dadurch sei dieses Ziel mit dem des gemeinsamen Marktes gleichrangig.[454] Das Gleichberechtigungserfordernis beziehe sich auf alle Aspekte des gesellschaftlichen Lebens und nicht lediglich auf den Bereich der Arbeitnehmergleichberechtigung. Dies ergebe sich aus der Zusammenschau von Art. 2 EGV und Art. 141 Abs. 4 EGV.

bb) Art. 3 Abs. 2 EGV

Art. 3 EGV wurde durch den Maastrichter und Amsterdamer Vertrag im Vergleich zum EWGV erheblich ausgeweitet.[455] Er stellt keine Kompetenznorm, sondern als Querschnittsklausel einen Auslegungs- und Anwendungsmaßstab für alle nachfolgenden Normen dar.[456] Der angefügte Art. 3 Abs. 2 EGV enthält eine Bestimmung über die Gleichberechtigung der Geschlechter. Art. 3 Abs. 2 EGV lautet: „*Bei allen in diesem Artikel genannten Tätigkeiten wirkt die Gemeinschaft darauf hin, Ungleichheiten zu beseitigen und die Gleichstellung von Männern und Frauen zu fördern.*“ Die Norm enthält keinen unmittelbar wirksamen Anspruch auf Herstellung der Gleichberechtigung.[457] An Art. 3 Abs. 2 EGV wird das Ziel des „Gender mainstreaming“, d.h. der Gleichberechtigung von Männern und Frauen in allen Bereichen und auf allen Ebenen der Gemeinschaftspolitik festgemacht.[458] In dieser Hinsicht ist Art. 3 Abs. 2 EGV Niederschlag des im Jahre 1996 von der Kommission vorgelegten „Gender mainstreaming-“ Ansatzes.[459] Art. 3 Abs. 2 EGV bildet im Hinblick auf die Arbeitnehmergleichberechtigung einen Teil des Hintergrundes für die Auslegung von Art. 141 EGV.

cc) Art. 13 EGV

Im Art. 13 EGV ist festgelegt: „*Unbeschadet der sonstigen Regelungen dieses Vertrages kann der Rat im Rahmen der durch den Vertrag auf die Gemeinschaft übertragenen Zuständigkeiten auf Vorschlag der Kommission und nach*

---

[453] Callies/ Ruffert, *Ukrow*, Art. 2 EGV, Rdnr. 11.
[454] Grabitz/ Hilf, *v. Bogdany*, Art. 2 EGV, Rdnr. 58.
[455] Grabitz/ Hilf, *v. Bogdany*, Art. 3 EGV, Rdnr. 1, m.w.N.
[456] *Streinz*, 372; Grabitz/ Hilf, *v. Bogdany*, Art. 3 EGV, Rdnr. 3 f; *Langenfeld*, Art. 141 EGV, Rdnr. 2.
[457] Grabitz/ Hilf, *v. Bogdany*, Art. 3 EGV, Rdnr. 21.
[458] *Dieball*, EuR 2000, 274, 275 f.
[459] Grabitz/ Hilf, *Langenfeld*, Art. 141 EGV, Rdnr. 17.

Anhörung des Europäischen Parlaments einstimmig geeignete Vorkehrungen treffen, um Diskriminierungen aus Gründen des Geschlechts [...] zu bekämpfen.“ Art. 13 EGV wurde durch den Amsterdamer Vertrag in den EGV eingefügt. Die Vorschrift enthält eine Kompetenzzuweisung an den Rat. Dieser wird ermächtigt, gegen Verletzungen des allgemeinen Gleichheitssatzes in verschiedenen Ausprägungen vorzugehen. Die Gleichberechtigung der Geschlechter ist eine der genannten Ausprägungen. Materiellrechtliche Regelungen werden nicht getroffen, die Vorschrift ist nicht unmittelbar anwendbar.[460]

Zwei wichtige, aktuelle sekundärrechtliche Regelungen wurden auf Art. 13 EGV gestützt. Es handelt sich um die Richtlinie 2000/43/EG zur Anwendung des Gleichbehandlungsgrundsatzes ohne Unterschied der Rasse oder der ethnischen Herkunft und um die Richtlinie 2000/78/EG zur Festlegung eines allgemeinen Rahmens für die Verwirklichung der Gleichbehandlung in Arbeit und Beruf. Bemerkenswert an den beiden Richtlinien ist deren ausgedehnter Geltungsbereich, der sich auf private Rechtsverhältnisse ohne Vorbehalte erstreckt.[461]

Die Regelungskompetenz des Rates besteht „*[u]nbeschadet der sonstigen Regelungen dieses Vertrages*“, subsidiär zu anderen Vorschriften, die im Vertrag enthalten sind. Im Bereich der Arbeitnehmergleichberechtigung trifft Art. 141 EGV eine solche Sonderregelung. Art. 13 EGV wird im Anwendungsbereich des Art. 141 EGV von diesem verdrängt und findet keine Anwendung.[462] Im Zusammenhang mit den Angaben zu den Vertragszielen und dem vorhergehenden Art. 12 EGV lässt sich ein allgemeiner Grundsatz der Nichtdiskriminierung als „Leitmotiv“ des Vertrages bezeichnen.[463] Die Fragen der Arbeitnehmergleichberechtigung, denen sich Art. 141 EGV zuwendet, drücken dieses „Leitmotiv“ in einem speziellen und eng umgrenzten Regelungsbereich aus.

dd) Art. 137 Abs. 1, 5. Spiegelstrich EGV

In Art. 137 Abs. 1, 5. Spiegelstrich EGV taucht Gleichberechtigung als Ziel der europäischen Sozialpolitik im EGV auf. Gemäß Art. 137 Abs. 1, 5. Spiegelstrich EGV „*[...] unterstützt und ergänzt die Gemeinschaft die Tätigkeit der Mitgliedstaaten [...]*“ hinsichtlich der „*Chancengleichheit von Männern und Frauen auf dem Arbeitsmarkt und Gleichbehandlung am Arbeitsplatz [...]*“. Die

---

460 Callies/ Ruffert, *Epiney*, Art. 13 EGV, Rdnr. 1; *Dieball*, EuR 2000, 274, 278; anders dagegen: Art. 12 EGV; *Geiger*, 202.

461 Dazu genauer: *Nickel*, NJW 2001, 2668 ff.; *Thüsing*, NZA 2001, 1061 ff.; *Thüsing*, ZfA 2001, 397 ff.

462 *Geiger*, 204.

463 Callies/ Ruffert, *Ukrow*, Art. 12 EGV, Rdnr. 1; Grabitz/ Hilf, *v. Bogdany*, Art. 6 EGV, Rdnr. 1.

Fassung des Art. 137 EGV ist aus Art. 118 a EGV a.F. und aus Art. 2 des Sozialabkommens abzuleiten.[464] Die Kompetenzen des Art. 137 Abs. 1 EGV stammen überwiegend aus dem Sozialabkommen.[465] Innerhalb des Art. 137 EGV existieren drei unterschiedliche Kategorien von Regelungsmaterien. An jede ist eine eigenständige Mehrheitsregelung geknüpft. Art. 137 Abs. 1 EGV ist mit qualifizierter Mehrheit regelbar und benötigt keine einstimmige Entscheidung.

Der Kompetenztatbestand des Art. 137 Abs. 1, 5. Spiegelstrich EGV ist von den anderen im Rahmen des EGV existierenden Normen über die Gleichberechtigung der Geschlechter abzugrenzen. Zum einen wird die Auffassung vertreten, Art. 137 Abs. 1, 5. Spiegelstrich EGV und Art. 141 Abs. 3 EGV seien deckungsgleich.[466] Gegen diese Auffassung können systematische Erwägungen vorgebracht werden.[467] Der europäische Gesetzgeber hat in Art. 141 EGV eine zentrale Vorschrift zur Regelung der Frage der Gleichberechtigung der Geschlechter geschaffen. Es erscheint zweifelhaft, dass zwei Vorschriften mit dem gleichen Anwendungsbereich parallel zueinander im EGV zu finden sein sollten. Der Grundsatz des *effet utile* würde für eine Auslegung sprechen, bei der die Unterschiede und nicht Gemeinsamkeiten im Anwendungsbereich der verschiedenen Normen im Vordergrund stünden.

Ferner ließe sich argumentieren, dass sich positive Diskriminierung auf europäischer Ebene auf Art. 137 Abs. 1, 5. Spiegelstrich EGV stützen ließe. Wiederum sprechen systematische Erwägungen gegen diese Ansicht. Es wäre nicht einzusehen, warum mit positiver Diskriminierung eines der umstrittensten Probleme in diesem Bereich gesondert von der zentralen Norm des Art. 141 EGV abschließend geregelt und befürwortet sein sollte.

c) Vorschriften über positive Diskriminierung

Die genannten geschriebenen und ungeschriebenen Gleichbehandlungsgrundsätze bilden den Kernbereich der europäischen Anti-Diskriminierungsgesetzgebung. Auch im europäischen Recht ist deutlich geworden, dass die tatsächliche Situation in den Mitgliedstaaten und die Gleichheitsforderungen der Anti-Diskriminierungsgesetzgebung auseinanderfallen. Art. 141 EGV als zentrales Gleichbehandlungsgrundrecht im Bereich des Arbeitsrechts hat diese Einflüsse aufgenommen.[468] Er enthält unterschiedliche Aussagen und ist zunächst die

---

[464] *Dieball*, EuR 2000, 274, 280.

[465] Schwarze, *Rebhahn*, Art. 137 EGV, Rdnr. 1, 2, 6.

[466] Schwarze, *Rebhahn*, Art. 137 EGV, Rdnr. 14.

[467] inhaltlich übereinstimmend: Grabitz/ Hilf, *Langenfeld*, Art. 141 EGV, Rdnr. 75; *Streinz*, 366.

[468] EuGH Slg. 1978, 1365 (*Defrenne III*), Lenz, *Coen*, 2. Auflage, Art. 141 EGV, Rdnr. 3, *Szczekalla*, 477.

spezielle Ausprägung des in der Gemeinschaftsordnung geltenden, ungeschriebenen allgemeinen Gleichheitssatzes.[469] Schon Art. 141 Abs. 3 EGV fällt aus dem so gesteckten Rahmen aber möglicherweise heraus. Es ist schwierig Art. 141 Abs. 3 EGV in die Systematik der Arbeit einzuordnen, da der konkrete Inhalt noch nicht letztlich geklärt ist.
Art. 141 Abs. 4 EGV geht noch weiter. Art. 141 Abs. 4 EGV bezieht sich auf positive Förderungsmaßnahmen. Inwiefern Art. 141 Abs. 4 EGV mit den Forderungen der Anti-Diskriminierungsrechte kollidiert, wird im Folgenden zu überprüfen sein.

Stimmen in der Literatur betonen zudem die umfassende Reichweite von Art. 2 EGV. Art. 2 EGV umfasse die gesamte Bandbreite möglicher Maßnahmen gegen Diskriminierung. Er sei gerichtet auf die Gleichberechtigung der Geschlechter und solle dahingehende Programme unterstützen. Maßnahmen positiver Diskriminierung seien aus diesem Grund von Art. 2 EGV mitumfasst.[470]

aa) Art. 141 EGV – Die Norm im Überblick

Der Art. 141 EGV ist im Vertrag von Amsterdam neu gefasst worden und erweitert den Art. 119 EGV a.F.[471] 141 EGV ist in vier Absätze unterteilt. Die Absätze 1 und 2 widmen sich dem Bereich der Entgeltgleichheit zwischen Männern und Frauen. Art. 141 Abs. 1, 2 EGV liegt auf einer Linie mit der Anti-Diskriminierungsgesetzgebung. Der entsprechende Grundsatz ist in den Mitgliedstaaten schon lange direkt anwendbar.[472] Die Absätze 3 und 4 wurden der Vorschrift durch den Amsterdamer Vertrag angefügt.

Art. 141 EGV entfaltet als geschriebene gemeinschaftsrechtliche Grundrechtsnorm Wirkung gegenüber der Gemeinschaft und gegenüber den einzelnen Staaten.[473] Art. 141 EGV besitzt unmittelbare Geltung in den Mitgliedsstaaten.[474] Diese Wirkung ist auch ohne grenzüberschreitende Sachverhalte gegeben.[475] Weiter ist die herrschende Meinung der Auffassung, dass Art. 141

[469] Lenz, *Coen*, 2. Auflage, Art. 141 EGV, Rdnr. 3; *Szczekalla*, 477 m.w.N.
[470] Callies/ Ruffert, *Ukrow*, Art. 2 EGV, Rdnr. 19.
[471] Callies/ Ruffert, *Krebber*, Art. 141 EGV, Rdnr. 1; Grabitz/ Hilf, *Langenfeld*, Art. 141 EGV, Rdnr. 1; Schwarze, *Rebhahn*, Art. 141 EGV, Rdnr. 1; Bergmann/ Lenz, *Langer*, 101.
[472] EuGH Slg. 1976, 455, 476 (*Defrenne II*).
[473] NJW 1976, 2065; EuGH Slg. 1976, 455 (*Defrenne*), als grundlegendes Urteil zum Vorgänger des Art. 141 EGV, Art 119 EGV a. F.
[474] Schwarze, *Rebhahn*, Art. 141 EGV, Rdnr. 1.
[475] *Streinz*, 370 f.

EGV auch im Verhältnis zwischen Privatpersonen gelte.[476] Diese horizontale Wirkung ergebe sich aus dem Schutzzweck der Norm. Art. 141 EGV beziehe sich auf die Gleichberechtigung von Männern und Frauen im Arbeitsrecht. Diese solle möglichst umfassend erreicht werden. Vor diesem Hintergrund liefe die Begrenzung des Anwendungsbereiches der Norm auf das Verhältnis zwischen Bürger und Staat zentralen Wertungen der Regelung zuwider.

Welche Rahmenbedingungen schafft Art. 141 EGV für die Gleichberechtigung der Geschlechter im Arbeitsrecht? Unstreitig hängt Art. 141 EGV inhaltlich mit dem allgemeinen ungeschriebenen Gleichberechtigungsgrundsatz zusammen. In der Literatur wird diskutiert, in welcher hierarchischen Rangfolge die beiden Grundsätze zueinander stehen.[477] Im Rahmen dieser Diskussion liegen die Schwerpunkte darin, die Verwandtschaft zwischen dem geschriebenen und dem ungeschriebenen Recht aufzuzeigen. Dabei wird oftmals übersehen, dass Art. 141 Abs. 4 EGV erheblich weitergehende Forderungen enthält als der allgemeine Gleichberechtigungsgrundsatz.
Die Tatsache, dass die Entwicklung von Regelungen positiver Diskriminierung im europäischen Recht von einigen Autoren nicht als Kritik an der Anti-Diskriminierungsgesetzgebung verstanden wird, zeigt sich an einer weiteren Stelle. Unabhängig von dem Verhältnis zwischen Art. 141 EGV und dem ungeschriebenen Grundrecht auf Gleichberechtigung wird argumentiert, dass sich ein allgemeiner, arbeitsrechtlicher Gleichbehandlungsgrundsatz aus Art. 141 EGV Abs. 3 und 4 EGV ableiten lasse.[478] Diese Argumentation wird von anderen Teilen der Literatur kritisiert. Aus Art. 141 Abs. 3 und 4 EGV könne nicht auf einen allgemeinen arbeitsrechtlichen Gleichbehandlungsgrundsatz geschlossen werden. Inhalt und Formulierung der Regelung sprächen dagegen.[479] Der allgemeine arbeitsrechtliche Gleichbehandlungsgrundsatz existiere als von Art. 141 Abs. 3 und 4 EGV unabhängiges rechtliches Institut. Gleichbehandlung werde in den Art. 2 und 3 EGV auf der Ebene allgemeiner Zielvorstellungen erwähnt. Art. 141 Abs. 3 und 4 EGV könne nicht höher eingestuft werden als derartige allgemeine Vertragsziele. Vielmehr spreche die systematische Stellung des Art. 141 EGV für die Annahme eines eigenständigen arbeitsrechtlichen Gleichheitsgebotes.[480] Angehängt an die Regelung des Entgeltgleichheitsgebotes werde in Art. 141 Abs. 3 und 4 EGV zu allgemeinen arbeitsrechtlichen Problemen Stellung genommen. Dies zeuge davon, dass die Existenz eines

---

[476] Schwarze, *Rebhahn*, Art. 141 EGV, Rdnr. 1; Kasseler Handbuch zum Arbeitsrecht, *Weber*, 2246; Fuchs,*Bieback*, Art. 141 EGV, Rdnr. 9; EuGH Slg. 1976, 455, 476 (*Defrenne II*).
[477] Grabitz/ Hilf, *Langenfeld*, Art. 141 EGV, Rdnr. 5; Münchener Handbuch zum Arbeitsrecht I, *Birk*, § 19 Rdnr. 306.
[478] Widersprüchlich: Callies/ Ruffert, *Krebber*, Art. 141 EGV, Rdnr. 1.
[479] *Geiger*, 204.
[480] Grabitz/ Hilf, *Langenfeld*, Art. 141 EGV, Rdnr. 4.

allgemeinen arbeitsrechtlichen Gleichbehandlungsgrundsatzes im Art. 141 Abs. 3 und 4 EGV schon vorausgesetzt sei.[481]

Ein allgemeiner arbeitsrechtlicher Gleichbehandlungsgrundsatz gelte als ein weiteres Grundprinzip des Gemeinschaftsrechtes.[482] Dies sei vor dem europäischen Hintergrund inhaltlich notwendig. In den Verfassungen der Mitgliedstaaten seien allgemeine Diskriminierungsverbote enthalten. Diese seien aber keine Gewähr für einen im privaten Arbeitsrecht verbindlich wirkenden, umfassenden Gleichbehandlungssatz.[483] In Art. 141 Abs. 3 und 4 EGV werde der Regelungsgehalt weiterentwickelt.[484]

Der zweiten Ansicht ist zuzustimmen. Würde man nicht von der Existenz eines grundlegenden arbeitsrechtlichen Gleichheitssatzes ausgehen, müsste die weitergehende Neuregelung des Art. 141 Abs. 3 und 4 EGV auf Grundsätze gestützt werden, die aus sekundärem Gemeinschaftsrecht abzuleiten wären (z.B. aus der Richtlinie 76/207/EWG). Ein allgemeiner arbeitsrechtlicher Gleichbehandlungsgrundsatz auf europäischer Ebene verankert die Basis für die getroffenen Regelungen dagegen selbständig auf der Ebene des Europarechts, weitgehend abgelöst von der mitgliedsstaatlichen Ebene.[485] Die erstgenannte Ansicht verwischt die Unterschiede zwischen dem allgemeinen arbeitsrechtlichen Gleichbehandlungsgrundsatz und Art. 141 EGV. Der allgemeine arbeitsrechtliche Gleichbehandlungsgrundsatz stellt eine weitere Ausformung der Anti-Diskriminierungsgesetzgebung im europäischen Recht dar. Art. 141 Abs. 3 und 4 EGV geht über diese grundlegenden Forderungen hinaus. Er ermöglicht - in einem noch zu klärenden Maße - aktive Förderungsmaßnahmen zugunsten der benachteiligten Gruppe der Frauen. Art. 141 Abs. 3 und 4 EGV ist entgegen einiger Literaturerwägungen eine Antwort auf die Schwächen der Anti-Diskriminierungsgesetzgebung auf europäischer Ebene. Die Vorschrift spiegelt im Lichte ihrer Auslegung durch den EuGH den europäischen Ansatz, gerichtet auf aktive Förderung, wieder.

Art. 141 Abs. 3 und 4 EGV kann auf dieser Basis als eigenständiges Grundprinzip des Gemeinschaftsrechts und als Grundrecht der Bürger der Mitgliedstaaten der Gemeinschaft angesehen werden.[486] Er besitzt direkte Auswirkungen auf das sekundäre Gemeinschaftsrecht. Auch die älteren, auf der Basis des Art. 308 EGV ergangenen Richtlinien sind an Art. 141 Abs. 3 und 4 EGV zu messen

---

481 Grabitz/ Hilf, *Langenfeld*, Art. 141 EGV, Rdnr. 4; Callies/ Ruffert, *Krebber*, Art. 141 EGV, Rdnr. 75 f.

482 EuGH Slg. 1978, 2004 (*Isoglukose*); zum EGV in der Fassung von Maastricht schon: *Epiney*, Festschrift für Schnyder, 205, 212 f.

483 Callies/ Ruffert, *Krebber*, Art. 141 EGV, Rdnr. 75.

484 Fuchs, *Bieback*, Art. 141 EGV, Rdnr. 1; *Steindorff*, RdA 1988, 130.

485 So auch: Callies/ Ruffert, *Krebber*, Art. 141 EGV, Rdnr. 76.

486 Zu Art. 119 EGV schon: EuGH Slg. 1976, 455, 473 (*Defrenne II*); EuGH Slg. 1978, 1365, 1385 (*Defrenne III*).

und entsprechend auszulegen.[487] Dies ist bemerkenswert, da das sekundäre Recht bis zum EGV in der Fassung von Amsterdam weitreichender war als das primäre Recht. Als Resultat der fortlaufenden Entwicklung hat sich die materielle Ausstrahlungswirkung umgekehrt.[488]

bb) Art. 141 Abs 3 EGV

Art. 141 Abs. 3 EGV lautet: „*Der Rat beschließt gemäß dem Verfahren des Artikels 251 und nach Anhörung des Wirtschafts- und Sozialausschusses Maßnahmen zur Gewährleistung der Anwendung des Grundsatzes der Chancengleichheit und der Gleichbehandlung von Männern und Frauen in Arbeits- und Beschäftigungsfragen,[...].*“ Der Artikel ermächtigt den Rat, Maßnahmen im Bereich der Gleichbehandlung von Frauen und Männern gemäß dem Verfahren nach Art. 251 EGV zu beschließen. [489] Die Vorschrift ist in dem speziellen Bereich, der von ihr erfasst wird, *lex specialis* zu Art. 13 EGV.[490] Als Richtschnur des Vorgehens wird der „Grundsatz der Chancengleichheit“ explizit genannt. Dadurch wird auf gesetzgeberischer Ebene die Gleichheitskonzeption indiziert, welcher der EuGH in seiner Rechtsprechung folgt. Die Frage, welche inhaltlichen Konturen dem Begriff der Chancengleichheit gegeben werden können, wird im Rahmen der Untersuchung der Rechtsprechung des EuGH besprochen.[491]

(1) Verhältnis von Art. 141 Abs. 3 EGV zu
Art. 137 Abs. 1, 5. Spiegelstrich EGV

Das Verhältnis von Art. 141 Abs. 3 EGV zu Art. 137 Abs. 1, 5. Spiegelstrich EGV bedarf aufgrund der ähnlichen Ermächtigungswirkung beider Normen einer besonderen Klärung.[492] Grundsätzlich ermächtigt Art. 137 Abs. 1, 5. Spiegelstrich EGV den Rat dazu, durch Richtlinien die Chancengleichheit von Männern und Frauen am Arbeitsmarkt zu verbessern und die Gleichberechtigung durchzusetzen. Die Normen unterscheiden sich nach Auffassung der Literatur in zwei Gesichtspunkten: Die Ermächtigung werde im Rahmen eines unterschiedlichen Rechtssetzungsverfahrens erteilt, und die Rechtsfolgen seien unterschiedlich. Art. 137 EGV ermächtige lediglich zum Erlass von Mindestvorschriften, Art. 141 Abs. 3 EGV hingegen enthalte keine Ein-

---

487 Fuchs, *Bieback*, Art. 141 EGV, Rdnr. 2 f.
488 Callies/ Ruffert, *Krebber*, Art. 141 EGV, Rdnr. 76 ff.
489 Callies/ Ruffert, *Krebber*, Art. 141 EGV, Rdnr. 99; Fuchs, *Bieback*, Vorbem. Art. 141 EGV, Rdnr. 13.
490 Grabitz/ Hilf, *Langenfeld*, Art. 141 EGV, Rdnr. 76.
491 Siehe unten: 225 ff.
492 Callies/ Ruffert, *Krebber*, Art. 141 EGV, Rdnr. 97; *Dieball*, EuR 2000, 274, 282.

schränkungen dieser Art.[493] Die Abgrenzung sei dahingehend vorzunehmen, dass Art. 141 Abs. 3 EGV als weiterreichende Norm anzusehen sei.[494] Art. 137 EGV sei lediglich als Ermächtigungsgrundlage für Mindestvorschriften einschlägig. Weitergehende Vorschriften seien auf Art. 141 Abs. 3 EGV zu stützen. Gesetzgeberisch gewählte Mittel erlaubten keine Unterscheidung. Beide Normen ermächtigten zum Erlass von Richtlinien. Eine Differenzierung müsse auf der gestalterischen Reichweite basieren, die die jeweilige Vorschrift eröffne.[495]

(2) Reichweite des Art. 141 Abs. 3 EGV

Das Ausmaß der in Art. 141 Abs. 3 EGV gegebenen Ermächtigung ist zu bestimmen. Art. 141 Abs. 3 EGV ermächtigt zunächst unproblematisch zum Erlass von Anti-Diskriminierungsregelungen. Er ist zu dem Zweck in den EGV eingefügt worden, europäische Maßnahmen gegen Diskriminierungen auf Grund des Geschlechts im Arbeitsrecht auf eine gesicherte Ermächtigungsgrundlage zu heben.[496] Problematisch ist, ob Art. 141 Abs. 3 EGV darüber hinaus als ausreichende Ermächtigungsgrundlage für den Beschluss von Maßnahmen positiver Diskriminierung auf europäischer Ebene angesehen werden kann.[497]
Art. 141 Abs. 4 EGV ermöglicht Maßnahmen dieser Art. Art. 141 Abs. 4 EGV ist im Gegensatz zu Art. 141 Abs. 3 EGV keine Ermächtigungsgrundlage für den Rat, sondern bezieht sich auf Maßnahmen der Mitgliedstaaten.[498] Aus dem Vergleich der beiden Absätze und aus deren systematischer Stellung lassen sich verschiedene Schlüsse ziehen.
Allgemein macht Art. 141 EGV deutlich, dass der EGV Maßnahmen positiver Diskriminierung aufgeschlossen gegenüber steht. Art. 141 Abs. 4 EGV könnte allerdings die einzige gesetzliche Anlaufstelle für derartige Maßnahmen sein. Die Tatsache, dass alleine Absatz 4 eine Ermächtigungsgrundlage enthält, spricht für diese Auffassung. Ferner ist Art. 141 Abs. 4 EGV, der *„spezifische Vergünstigungen"*, d.h. positive Diskriminierung ermöglicht, nicht an den Rat, sondern an die Mitgliedstaaten gewendet. Daraus könnte zu schließen sein, dass der sich an den Rat wendende Art. 141 Abs. 3 EGV diesen nicht zu Maßnahmen positiver Diskriminierung ermächtigen, sondern Maßnahmen in diese Richtung dem Umsetzungswillen der Mitgliedstaaten überlassen will.[499]

---

[493] Grabitz/ Hilf, *Langenfeld*, Art. 141 EGV, Rdnr. 75; a.A.: Schwarze, *Rebhahn*, Art. 137 EGV, Rdnr. 14.
[494] *Dieball*, EuR 2000, 274, 282.
[495] Grabitz/ Hilf, *Langenfeld*, Art. 141 EGV, Rdnr. 75.
[496] *Geiger*, Art. 141 EGV, Rdnr. 13.
[497] Callies/ Ruffert, *Krebber*, Art. 141 EGV, Rdnr. 100.
[498] Schwarze, *Rebhahn*, Art. 141 EGV, Rdnr. 53; Callies/ Ruffert, *Krebber*, Art. 141 EGV, Rdnr. 100.
[499] Grabitz/ Hilf, *Langenfeld*, Art. 141 EGV, Rdnr. 76.

Art. 141 Abs. 3 EGV spricht andererseits von Chancengleichheit. Die Unbestimmtheit dieses Begriffes ist im Rahmen der allgemeinen Diskussion festgestellt worden. Chancengleichheit könnte innerhalb des Art. 141 Abs. 3 EGV dafür sprechen, dass positive Diskriminierung auch von Art. 141 Abs. 3 umfasst wird. Urteile des EuGH zur positiven Diskriminierung stellen darauf ab, dass positive Maßnahmen zulässig seien, die der Verwirklichung der Chancengleichheit dienen.[500] Positive Diskriminierung in der vom EuGH bisher abgesegneten Form könnte nach dieser Lesart als Maßnahme zur Verwirklichung der Chancengleichheit von Art. 141 Abs. 3 EGV umfasst sein. Ein weiteres Argument in diese Richtung ergibt sich aus dem Vorschlag der Kommission zur Änderung der Richtlinie 76/207/EWG. Dieser Vorschlag stellt hinsichtlich Art. 141 Abs. 3 EGV folgendes fest: „*Der [...] Artikel [141 Abs. 3 EGV] stellt eine spezifische Rechtsgrundlage in Bezug auf sämtliche von der Richtlinie 76/207/EWG abgedeckten Aspekte dar.*“[501] Diese Formulierung spricht dafür, dass Art. 141 Abs. 3 EGV Ermächtigungsgrundlage zum Erlass von Regelungen zu positiver Diskriminierung in dem Maße ist, wie dies von der Richtlinie 76/207/EWG (und der diese konkretisierenden Rechtsprechung des EuGH) ermöglicht worden wäre, wenn es sich dabei um primäres europäisches Recht gehandelt hätte.

Ein anderes Argument spricht gegen eine Ausdehnung des Art. 141 Abs. 3 EGV auf positive Diskriminierung. Art. 141 Abs. 3 EGV selbst erwähnt den Grundsatz der Gleichbehandlung, der eingehalten und angewendet werden solle. Soll eine Regelung über positive Diskriminierung unter Bezugnahme auf Art. 141 Abs. 3 EGV gestützt werden, so wäre dies nur möglich, wenn die positive Diskriminierung Teil des Grundsatzes der Gleichbehandlung und nicht Ausnahme zu diesem Grundsatz wäre. Art. 2 Abs. 4 Richtlinie 76/207/EWG wird von einer Auffassung so ausgelegt, dass es sich bei positiver Diskriminierung um eine Ausnahme zum Grundsatz der Gleichberechtigung handelt.[502] Soll dieser Gedanke stringent fortgeführt werden, kann Art. 141 Abs. 3 EGV, der ausdrücklich dazu ermächtigt, „*Maßnahmen zur Gewährleistung und Anwendung des Grundsatzes der Gleichbehandlung*“ zu ergreifen, nicht so gelesen werden, dass er auch dazu ermächtigt Maßnahmen zu ergreifen, die in einem Gegensatz zu den genannten Maßnahmen stehen. Die Argumentation lässt sich aber in das Gegenteil verkehren, wenn man entgegen genannter Auffassung Art. 2 Abs. 4 Richtlinie 76/207/EWG und damit auch Art. 141 Abs. 3 EGV als Weiterentwicklung des Grundsatzes der Gleichberechtigung betrachtet.[503]

[500] Schon: EuGH Slg. 1995, I- 3069, (*Kalanke*); EuGH Slg. 1997, I- 6383.
[501] KOM (2000), 334, 4.
[502] EuGH, Saggio, 10.06.1999, I- 1877, Rdnr. 21, Verweis auf die bisherige Rechtsprechung des EuGH.
[503] EuGH, Saggio, 10.06.1999, I- 1877, Rdnr. 26.

Aus der genannten Formulierung des Art. 141 Abs. 3 EGV ergibt sich ein weiteres Argument gegen die Ausdehnung des Absatzes 3. Art. 141 Abs. 3 EGV ist anders gestaltet als Art. 141 Abs. 4 EGV, der von der „*effektiven Gewährleistung der vollen Gleichstellung*“ spricht. Nach Ansicht der Literatur soll diese Differenzierung dahingehend verstanden werden, dass Art. 141 Abs. 3 EGV nur solche Maßnahmen umfasse, die auf der bisherigen Linie der Gesetzgebung der Europäischen Gemeinschaft zur Gleichbehandlung lägen.[504] Lediglich vom EuGH abgesegnete Vorhaben der Mitgliedstaaten fielen nicht in diesen Bereich. Derartige Maßnahmen seien zukünftig von Art. 141 Abs. 4 EGV abgedeckt. Eine vergleichbare Geltung des Art. 141 Abs. 3 EGV gehe über die gesetzgeberische Intention hinaus.

Der Meinungsstreit über die Reichweite des Art. 141 Abs. 3 EGV hat eine große Bandbreite verschiedener Argumente zu Tage gebracht. Art. 141 Abs. 3 EGV ist schwierig einzugrenzen. Diese Problematik hängt mit der Tatsache zusammen, dass der zentrale Begriff zur Auslegung des Art. 141 Abs. 3 EGV der Begriff der Chancengleichheit ist. Die allgemeine theoretische Diskussion hat gezeigt, wie biegsam dieser Begriff ist. Die schwankende Linie des EuGH unterstreicht diese Problematik. Sowohl Maßnahmen, die dem formal-/ symmetrischen Ansatz folgen, als auch Maßnahmen nach dem materiell-/ sustantiellen Ansatz können potentiell unter den Begriff der Chancengleichheit gefasst werden. Auf Grund dieser Weite kann positive Diskriminierung sowohl als ausserhalb des Begriffes der Chancengleichheit stehend, als auch als diesen umfassend angesehen werden. Die Weite des Begriffsinhaltes macht es unmöglich, den Streit auf der Basis des EGV zu entscheiden.
Werden außerhalb des EGV liegende Faktoren, z.B. die Rechtsprechungsentwicklung des EuGH, hinzugezogen, können lediglich Prognosen darüber abgegeben werden, in welche Richtung der EuGH Art. 141 Abs. 3 EGV auslegen wird. Die Entwicklung der EuGH-Rechtsprechung zeigt, dass der Begriff Chancengleichheit vom EuGH immer weiter an den materiell-/ substantiellen Ansatz angenähert wird. Dies könnte ein Indiz dafür sein, dass der EuGH sich zu einer weiten Auslegung des Art. 141 Abs. 3 EGV entschließen wird. Die Stellungnahmen der Kommission zu Art. 141 Abs. 3 EGV deuten in dieselbe Richtung.
Vor dem Hintergrund dieser erweiternden Faktoren erscheint es möglich, dass sich Art. 141 Abs. 3 EGV - trotz schwerwiegender, entgegenstehender Argumente - zu einer Ermächtigungsgrundlage für Maßnahmen positiver Diskriminierung auf europäischer Ebene entwickeln kann.

[504] Grabitz/ Hilf, *Langenfeld*, Art. 141 EGV, Rdnr. 77; Callies/ Ruffert, *Krebber*, Art. 141 EGV, Rdnr. 100; Münchener Handbuch zum Arbeitsrecht, *Birk*, § 19 Rdnr. 33.

cc) Art 141 Abs. 4 EGV

(1) Aussage des Art. 141 Abs. 4 EGV

Art. 141 Abs. 4 EGV lautet: „*Im Hinblick auf die Gewährleistung der vollen Gleichstellung von Männern und Frauen im Arbeitsleben hindert der Grundsatz der Gleichbehandlung die Mitgliedstaaten nicht daran, zur Erleichterung der Berufstätigkeit des unterrepräsentierten Geschlechts oder zur Verhinderung bzw. zum Ausgleich von Benachteiligungen in der beruflichen Laufbahn spezifische Vergünstigungen beizubehalten oder zu beschließen.*" Art. 141 Abs. 4 EGV erlaubt den Mitgliedstaaten der Gemeinschaft, bestimmte Maßnahmen zu treffen, die der Förderung von Frauen dienen und dabei über den Gleichheitssatz hinausgehen.[505] Eine Verpflichtung der Mitgliedstaaten ist nicht vorgesehen.[506] Art. 141 Abs. 4 EGV ist nicht explizit auf die Förderung von Frauen beschränkt. Aus der Protokollerklärung Nr. 28 des Amsterdamer Rates ergibt sich, dass der Artikel in den EGV eingefügt wurde, um „*in erster Linie*" der Förderung von Frauen zu dienen. Art. 141 Abs. 4 EGV enthält keine Verpflichtung, die möglichen Vergünstigungen für Frauen vorzusehen.[507] Die Auslegung von Absatz 4 im Zusammenhang mit Absatz 3 verdeutlicht, dass beide Klauseln über den Bereich der Entgeltgleichheit hinausgehen und sich auf den gesamten Bereich der Arbeitnehmergleichberechtigung hinsichtlich des Geschlechts beziehen.

Ob Art. 141 Abs. 4 EGV neben der genannten Öffnungsklausel für die Mitgliedstaaten noch eigene Anforderungen enthält, die die Mitgliedstaaten bei der Umsetzung entsprechender Maßnahmen beachten müssen, ist fraglich. Der Wortlaut des Art. 141 Abs. 4 EGV spricht für eine notwendige Konkretisierung und Zweckgebundenheit der Maßnahmen. Demnach müssen getroffene „*spezifische Vergünstigungen*" der „*Erleichterung der Berufstätigkeit*" dienen oder „*zur Verhinderung bzw. zum Ausgleich von Benachteiligungen*" eingesetzt werden.[508] Aus dem Wortlaut des Art. 141 Abs. 4 EGV wird geschlossen, dass dieser lediglich verhältnismäßige Maßnahmen vorübergehender Natur ermögliche, die sich gegen überkommene Rollenvorstellungen wendeten.[509] Nach anderer Auffassung sind im Art. 141 Abs. 4 EGV trotz der Wortlauteingrenzungen keine eigenen Anforderungen an positive Diskriminierung enthalten. Die Rechtmäßigkeit von Maßnahmen auf dem betroffenen Gebiet

---

[505] Grabitz/ Hilf, *Langenfeld*, Art. 141 EGV, Rdnr. 78.
[506] *Hanau*, Gedächtnisschrift für Leibnitz, 241, 261.
[507] Schwarze, *Rebhahn*, Art. 141 EGV, Rdnr. 53.
[508] Callies/ Ruffert, *Krebber*, Art. 141 EGV, Rdnr. 89 ff; Schwarze, *Rebhahn*, Art. 141 EGV, Rdnr. 54; Fuchs, *Bieback*, Art. 141 EGV, Rdnr. 151 ff.
[509] Grabitz/ Hilf, *Langenfeld*, Art. 141 EGV, Rdnr. 79.

richteten sich alleine nach dem Recht der Mitgliedstaaten, denen Art. 141 EGV es grundsätzlich ermögliche, zu handeln.[510]
Auf Grund der in Art. 141 EGV gewählten Formulierungen und der Stellung des Art. 141 EGV als primärrechtliche Ermächtigungsgrundlage ist entgegen der zweitgenannten Auffassung davon auszugehen, dass gewisse europarechtliche Voraussetzungen vorliegen müssen. Die aus dem Wortlaut der Norm erkennbaren Forderungen nach Konkretisierung und Zweckgebundenheit sind Ausdruck der vom EGV an die gewählten Mittel gestellten Anforderungen. Bezieht man die Wortlauterfordernisse des Art. 141 Abs. 4 EGV auf allgemeine Grundsätze der Auslegung europäischen Primärrechts, wird die Bedeutung des Wortlauts deutlich. Art. 141 Abs. 4 EGV setzt voraus, dass die auf diese Norm gestützten Maßnahmen geeignet und verhältnismäßig sind und sich an den vorgegebenen Zielen orientieren.

Auch der Bindungsgehalt von Art. 141 Abs. 4 EGV kann unterschiedlich beurteilt werden. Zum einen könnte Art. 141 Abs. 4 EGV als *lex specialis* zu Art. 2 und 3 EGV eine politische Programmaussage mit unverbindlichem Charakter im speziellen Bereich der Arbeitnehmergleichberechtigung sein. Der Norm käme in diesem Fall die Aufgabe zu, als Auslegungshilfe bei der Bestimmung von Aufgaben der Gemeinschaft zu dienen.[511] Andererseits könnte Art. 141 Abs. 4 EGV über den Gehalt von Programmaussagen hinausgehende Regelungen enthalten. Diese weitergehende Bindungswirkung wird nahezu einhellig angenommen.[512] Für diese inhaltliche Ausrichtung spreche, dass Art. 141 Abs. 4 EGV konkret formuliert sei und auf genau bestimmte Maßnahmen abziele.[513] Dieser Auslegung des Art. 141 Abs. 4 EGV ist zuzustimmen. Andere Auffassungen werden der Tatsache nicht gerecht, dass Absatz 4 systematisch in eine Norm mit bindender Aussagekraft eingeordnet ist. Art. 141 Abs. 4 EGV findet sich in einem Bereich des EGV, in dem detaillierte Spezialregelungen getroffen werden und nicht im Bereich der allgemeinen Programmaussagen am Anfang des Vertrages.

Schließlich ist zu klären, in welchem Umfang Art. 141 Abs. 4 EGV den Mitgliedstaaten ermöglicht, Maßnahmen positiver Diskriminierung einzuführen. Nach Ansicht von *Rebhahn* dürfen die Mitgliedstaaten lediglich Maßnahmen im Bereich des öffentlichen Dienstes treffen.[514] Gegen diese Auffassung wird vor-

[510] Münchener Kommentar zum Arbeitsrecht, *Birk*, § 18, Rdnr. 55.
[511] Unklar: *Geiger*, Art. 141 EGV, Rdnr. 1.
[512] Callies/ Ruffert, *Krebber*, Art. 141 EGV, Rdnr. 81; Fuchs,*Bieback*, Art. 141 EGV, Rdnr. 1 ff.
[513] Grabitz/ Hilf, *Langenfeld*, Art. 141 EGV, Rdnr. 5, argumentiert vor dem Hintergrund der Rechtsprechung des EuGH.
[514] Schwarze, *Rebhahn*, Art. 141 EGV, Rdnr. 54.

gebracht, sie stünde im Widerspruch zu der Annahme, dass Art. 141 Abs. 4 EGV in den Mitgliedstaaten unmittelbare Geltung besitze. Im Laufe der Entwicklung des Art. 141 EGV habe der EuGH anerkannt, dass der Norm unmittelbare Wirkung zukomme.[515] Vor diesem Hintergrund sei nicht einzusehen, warum eine unmittelbar in den Mitgliedstaaten geltende Norm, die ihrem Wortlaut nach keine Einschränkungen aufweise, nur innerhalb eines bestimmten Bereiches anwendbar sein solle.[516] Das primäre Recht sei in dieser Hinsicht von sekundärem Recht zu unterscheiden. Während z.B. der Richtlinie 76/207/EWG nach der Rechtsprechung des EuGH nur Bindungswirkung gegenüber den Mitgliedstaaten zukomme,[517] bestehe bei primärem Recht eine derartige Begrenzung nicht. Im Rahmen dieser umfassenden Wirkung bleibe kein Raum für eine Begrenzung auf Rechtsverhältnisse im öffentlichen Bereich. Art. 141 EGV wirke unmittelbar in Bezug auf privatrechtliche Rechtsbeziehungen.[518]

(2) Verhältnis von Art. 141 Abs. 4 EGV zum Grundsatz der Gleichbehandlung

Vorstehende Erwägungen verdeutlichen, dass Art. 141 Abs. 4 EGV über die Forderungen der Anti-Diskriminierungsgesetzgebung hinausgeht, da Art. 141 Abs. 4 EGV positive Diskriminierung ermöglichen soll. Fraglich ist, wie das Verhältnis zwischen Art. 141 Abs. 4 und der grundlegenden Anti-Diskriminierungsgesetzgebung zu charakterisieren ist. Zwei Ansätze sind denkbar:
Art. 141 Abs. 4 EGV könnte auf Tatbestandsebene aussagen, dass keine Diskriminierung und damit kein Verstoß gegen den Gleichbehandlungsgrundsatz vorliege.[519] Der EuGH hat zu Art. 2 Abs. 4 der Richtlinie 76/207/EWG in einem frühen Urteil entschieden, dass es sich bei den durch den besagten Artikel gestatteten Maßnahmen *„nur dem Anschein nach um Diskriminierungen“* handele.[520] Stimmen in der Literatur sehen Art. 141 Abs. 4 EGV ebenfalls als eine allgemeine Ergänzung zum Gleichbehandlungsgrundsatz.[521] Art. 141 Abs. 4 EGV sei die primärrechtliche Ausformung des Art. 2 Abs. 4 der Richtlinie 76/207/EWG. Dort und in der Richtlinie 79/7/EWG[522] komme zum Ausdruck, dass es sich bei den vorgesehenen Regelungsmöglichkeiten nicht um eine Ausnahme oder Verletzung des Gebots der Gleichbehandlung handele. Statt

---

[515] EuGH Slg. 1976, 455, 476 (*Defrenne II*), zu Art. 119 EGV.
[516] Umgekehrte Argumentation: Fuchs, *Bieback*, Art. 141 EGV, Rdnr. 13 f.
[517] EuGH Slg. 1986, 723, 749 (*Marschall*).
[518] Fuchs, *Bieback*, Art. 141 EGV, Rdnr. 9; *Blanpain*, 303 ff.
[519] Callies/ Ruffert, *Krebber*, Art. 141 EGV, Rdnr. 81; Fuchs, *Bieback*, Art. 141 EGV, Rdnr. 144.
[520] EuGH Slg. 1986, 6315, Rdnr. 15 (Kommission/ Frankreich).
[521] Fuchs, *Bieback*, Art. 141 EGV, Rdnr. 144.
[522] Die letzte Erwägung zur Richtlinie 76/7/EWG lautet: „*Die Mitgliedstaaten können in diesem Rahmen zugunsten Frauen besondere Bestimmungen erlassen, um die tatsächlich bestehenden Ungleichheiten zu beseitigen.*“

dessen liege eine andere Ausformung des sonst auf anderen Ebenen wirksamen Gleichbehandlungsgebotes vor.[523] Dabei sei anzumerken, dass das Verhältnis des Gleichbehandlungsgebotes im Spannungsfeld zwischen materieller und formeller Gleichbehandlung noch eingehender zu definieren sei.
Die erstgenannte Auffassung begegnet an vielen Stellen erheblicher Kritik. Fraglich sei, ob die im Urteilszusammenhang getroffene Äußerung des EuGH, die zu der alten Rechtslage und zu einer sekundärrechtlichen Spezialvorschrift ergangen sei, im Rahmen des Art. 141 Abs. 4 EGV Anwendung finden könne. Sei dies nicht der Fall, stehe die Begründung der entsprechenden Literaturauffassung gleichfalls in Frage. Aus diesen Gründen sei das Verhältnis zwischen Art. 141 Abs. 4 und der Anti-Diskriminierungsgesetzgebung anders zu bewerten. Einzige Lösung sei, Art. 141 Abs. 4 EGV erst auf Rechtfertigungsebene anzusiedeln. Dann stellten Maßnahmen, die gemäß Absatz 4 getroffen würden, tatbestandlich einen Verstoß gegen den Gleichbehandlungsgrundsatz dar, wären aber durch die Vorschrift gerechtfertigt. Dieser Betrachtungsweise entspreche der tatsächliche Vorgang, wenn positive Diskriminierung angewendet werde. Ein Beispiel verdeutliche dies: Von zwei Arbeitnehmern, die sich um einen Arbeitsplatz bewerben, werde einer aus Gründen seines Geschlechts nicht eingestellt. Vom Tatbestand her könne dieser Geschehensablauf nur als Diskriminierung gesehen werden.[524] Werde die Diskriminierung dennoch gesetzlich gestattet, könne sie lediglich als nicht rechtswidrig angesehen werden. Diese Funktion erfülle Art. 141 Abs. 4 EGV als gesetzlich vorgesehene Rechtfertigungsmöglichkeit.

Die unterschiedlichen dogmatischen Gestaltungsvarianten sind ohne direkte praktische Relevanz, da Art. 141 Abs. 4 EGV den Bürgern kein subjektives Recht einräumt, von einem Mitgliedsstaat positive Maßnahmen zu verlangen. Vor dem rechtspolitischen Hintergrund ist die Frage der Gestaltung relevanter, da sich aus beiden Konstruktionen unterschiedliche faktische und moralische Bindungswirkung ablesen lässt. Ferner ist eine Betrachtung der europäischen Dogmatik aus theoretischen Gesichtspunkten von Interesse. Wird schon auf Tatbestandsebene kein Verstoß gegen den Grundsatz der Gleichbehandlung anerkannt, existiert kein Ansatzpunkt, positive Maßnahmen im europäischen Zusammenhang als Diskriminierung zu werten. Positiv fördernde Maßnahmen wären schwieriger angreifbar.
Wird positive Diskriminierung als Rechtfertigungsgrund konstruiert, sind alle Handlungen in diesem Bereich eingehender zu überprüfen. Das Regel-Ausnahme-Verhältnis würde sich verschieben. Positive Diskriminierung würde dann dem Ausnahmebereich unterliegen, da ein Verstoß gegen den Gleichbehandlungsgrundsatz auf Tatbestandsebene vorläge. Bezogen auf diese

---

[523] Fuchs, *Bieback*, Art. 141 EGV, Rdnr. 144.
[524] So auch: Callies/ Ruffert, *Krebber*, Art. 141 EGV, Rdnr. 81.

Ausnahme wären Rechtfertigungen vorzubringen, die einer genauen Prüfung unterzogen werden müssten. Der allgemeine Grundsatz, dass Ausnahmen eng auszulegen und einer strikten Prüfung zu unterziehen sind, wäre anzuwenden.[525]
Ausgehend vom theoretischen Fundament der Gleichberechtigungsmaßnahmen im europäischen Recht wird die Bedeutung der Anti-Diskriminierungsgesetzgebung deutlich. In diese Richtung gehende Anordnungen sind von allen Mitgliedstaaten ohne größere Spielräume im nationalen Recht zu beachten. Weitergehende Maßnahmen werden den Mitgliedstaaten dagegen freigestellt. Dies verdeutlicht, dass weitergehende, positive Maßnahmen als Ausnahmen zu den obligatorischen grundlegenden Regelungen gesehen werden. Würden sie ebenfalls im Kern der Gleichberechtigungsstrategie stehen, wäre nicht zu rechtfertigen, dass die Einführung derartiger Maßnahmen den Mitgliedstaaten lediglich ermöglicht wird.

(3) Anforderungen des Art. 141 Abs. 4 EGV

(a) Merkmal „geeignet"

Die Formulierung des Art. 141 Abs. 4 EGV setzt inzident die Geeignetheit einer Maßnahme positiver Diskriminierung voraus, die im EGV angegebenen Ziele (d. h. Gleichberechtigung) zu erreichen.[526] Dies wird aus dem Umkehrschluss deutlich, dass Art. 141 Abs. 4 EGV Einzelfall-Voraussetzungen an die allgemeine Ermächtigung zum Erlass positiver Diskriminierungsmaßnahmen knüpft.
Art. 141 Abs. 4 EGV betritt gesetzgeberisches Neuland auf europäischer Ebene. Er ist die erste Vorschrift, die ausdrücklich Regelungen vorsieht, die über den Rahmen allgemeiner Anti-Diskriminierungsregelungen hinausgehen. Die Vorschrift wird vor diesem Hintergrund kritisiert. Das Merkmal „geeignet" habe deutlicheren Ausdruck finden sollen. Dies sei auf Grund der exponierten Stellung der Vorschrift zu fordern. Theoretisches Fundament und konkrete Ausformung von Regelungen positiver Diskriminierung seien in vielen Bereichen noch ungeklärt. Zwar hätten sich positive Diskriminierung fordernde Äußerungen und Stellungnahmen von Organen der Gemeinschaft in Art. 141 Abs. 4 EGV niedergeschlagen, dies reiche zur inhaltlichen Konkretisierung aber nicht aus. Nicht nur die Frage, „ob" die Geeignetheit einer Maßnahme in Art. 141 Abs. 4 EGV vorausgesetzt werde, sei indirekt zu klären. Auch die Frage, „wann" eine Maßnahme geeignet sei, müsse sekundär bestimmt werden. Dies werde durch die Tatsache erschwert, dass es jeweils um die Geeignetheit einer von einem Mitgliedsstaat vorgeschlagenen Einzelmaßnahme gehe. Es bleibe unklar, ob eine solche Maßnahme im Einzelfall zu überprüfen sei oder aus

[525] Callies/ Ruffert, *Krebber*, Art. 141 EGV, Rdnr. 82.
[526] Callies/ Ruffert, *Krebber*, Art. 141 EGV, Rdnr. 84.

gesamtstaatlicher, möglicherweise europäischer Sicht. Fraglich bleibe weiter, zu welchem Zeitpunkt eine Überprüfung stattzufinden habe, und welche Zeiträume zu überprüfen seien.[527]

(b) Merkmal „verhältnismäßig“

Ein allgemeines Prinzip der Verhältnismäßigkeit ist vom EuGH als eines der Grundprinzipien des Gemeinschaftsrechts anerkannt worden.[528] Dieses Prinzip fließt auch in die Beurteilung von Maßnahmen gemäß Art. 141 Abs. 4 EGV ein.[529] Die Verhältnismäßigkeit einer Maßnahme eines Mitgliedstaates ist anhand der konkreten zu überprüfenden Maßnahme festzustellen. Der Verhältnismäßigkeitsmaßstab bestimmt sich dabei ausschließlich nach europäischem Recht.

(c) Merkmal „Vergünstigung“

Zentraler Begriff im Art. 141 Abs. 4 EGV sind die *„spezifische[n] Vergünstigungen“*.[530] Mit Vergünstigungen ist die Gewährung von Vorteilen jeglicher Art allgemein umschrieben. Dabei spielt es keine Rolle, ob die Vorteile erst noch gewährt oder lediglich beibehalten werden sollen.[531] Der Begriff Vergünstigung ist in zweifacher Hinsicht eingegrenzt. Zum einen muss es sich um spezifische Vergünstigungen handeln, d.h. diese müssen final und konkret mit der Erreichung eines bestimmten Zweckes verbunden werden.[532] Darüber hinaus werden die bestimmten Zwecke näher umrissen.[533] Zweck der Vergünstigungen kann zunächst die *„Erleichterung der Berufstätigkeit des unterrepräsentierten Geschlechts“* sein. Mehrere Stimmen in der Literatur halten es bei dieser Alternative für nicht erforderlich, dass eine konkrete Benachteiligung vorliegen muss, damit eine Erleichterungsmaßnahme vorgenommen werden kann.[534] Aufgrund des Verhältnismäßigkeitsgrundsatzes könne die Berufserleichterungs-Alternative des Art. 141 ohnehin nur in engen sachlichen Grenzen angewendet werden. Es sei auf den statistisch zahlenmäßigen Unterschied der Geschlechter abzustellen. Da der EGV keine Hinweise darauf erhalte, ab welchen Zahlenverhältnissen Vergünstigungen möglich seien, müsse der Unterschied unter

---

[527] Callies/ Ruffert, *Krebber*, Art. 141 EGV, Rdnr. 84.
[528] Fuchs, *Bieback*, Art. 141 EGV, Rdnr. 99, m.w.N.
[529] Grabitz/ Hilf, *Langenfeld*, Art. 141 EGV, Rdnr. 79.
[530] Fuchs, *Bieback*, Art. 141 EGV, Rdnr. 151 ff.
[531] Callies/ Ruffert, *Krebber*, Art. 141 EGV, Rdnr. 92.
[532] Fuchs, *Bieback*, Art. 141 EGV, Rdnr. 152; Callies/ Ruffert, *Krebber*, Art. 141 EGV, Rdnr. 88.
[533] Überblick: Fuchs, *Bieback*, Art. 141 EGV, Rdnr. 151.
[534] Erfurter Kommentar, *Schlachter*, Art. 141 EGV, Rdnr. 24; Callies/ Ruffert, *Krebber*, Art. 141 EGV, Rdnr. 12.

Berücksichtigung der Verhältnismäßigkeit beurteilt werden. Je größer die zahlenmäßigen Unterschiede seien, desto eher sei es geboten, Vergünstigungen zu vergeben. Die entgegenstehende Argumentation vertritt den Standpunkt, dass konkret bewiesene Benachteiligungen vorauszusetzen seien. Für diese Herangehensweise spreche, dass die Rechtsfolgen des Art. 141 Abs. 4 EGV zu erheblich seien, um rechtfertigen zu können, dass dieser ohne konkret zu bestimmende Voraussetzungen greife. Ferner könne die systematische Auslegung des Art. 141 Abs. 4 EGV dieses Erfordernis untermauern.[535]
Beide genannte Ansätze korrespondieren mit allgemeinen theoretischen Ansichten. Werden konkrete Benachteiligungen verlangt, steht dies im Einklang mit der Forderung, dass lediglich „remedial measures“ möglich sein sollten. Folglich ist die Kritik, der dieser Ansatz ausgesetzt ist, auch an dieser Stelle einschlägig. Wird positive Diskriminierung an im Einzelfall zu beweisende Voraussetzungen geknüpft, besteht die Gefahr, dass die Maßnahmen weitgehend wirkungslos bleiben. Verlangt man keine derart einschränkenden Voraussetzungen, besteht die Gefahr fehlender Konturen. Im Zusammenhang des EGV erscheint es als gute Lösung, den Verhältnismäßigkeitsgrundsatz zu Rate zu ziehen, bis der Vertragswortlaut auf anderer Ebene eine weitere Klärung erfährt. In der Formulierung fehlen jegliche Hinweise. Nicht nur Angaben über die Anforderungen an bestimmte Beweissituationen bleiben unklar, auch die konkrete Ausgestaltung der Zahlenverhältnisse und Angaben darüber, auf welcher Ebene (räumlich/ persönlich/ sachlich) die Vergleichsgruppen anzusetzen sind, sind nicht enthalten.

Zweck der Vergünstigung kann ferner der „*Ausgleich oder die Verhinderung von Benachteiligungen im Berufsleben*“ sein. Der Zielbereich dieser Alternative wird in zweifacher zeitlicher Hinsicht eingegrenzt. Der Ausgleich von Benachteiligungen im Berufsleben ist vergangenheitsbezogen. Ihre Verhinderung bezieht sich auf die Zukunft. Im Rahmen dieser Alternative muss eine konkrete Benachteiligung nachgewiesen sein oder drohen.[536] Unklar ist, wie konkret die Benachteiligungssituation sein muss, damit die Vorschrift eingreifen kann. Stellt man zu hohe Anforderungen an eine konkrete Benachteiligungssituation, besteht wiederum die Gefahr, dass Art. 141 Abs. 4 EGV ins Leere läuft. Rückblickend wird es einfach sein, eine Benachteiligungssituation festzustellen, doch im Hinblick auf prognostische Entscheidungen für die Zukunft, ist dies schwerer. Auf der anderen Seite dürfen die Anforderungen an eine konkrete Benachteiligungssituation nicht zu niedrig angesetzt werden. Werden bestimmte Vergünstigungen gewährt, stellt dies einen Eingriff in die Rechte der benachteiligten Personen dar. Dieser ist lediglich in einem verhältnismäßigen Umfang möglich.

---

[535] Darstellung in: Callies/ Ruffert, *Krebber*, Art. 141 EGV, Rdnr. 89.
[536] Inzident: Callies/ Ruffert, *Krebber*, Art. 141 EGV, Rdnr. 89 ff.

(d) Merkmal „*Mitgliedstaaten*"

Der Begriff „*Mitgliedstaaten*" in Art. 141 Abs. 4 EGV gilt in seiner wörtlichen, engen Form. Eine Ausweitung auf andere Körperschaften, die hoheitliche Funktionen ausüben, ist nicht möglich. Diese enge Auslegung folgt aus dem Wesen von Art. 141 Abs. 4 EGV als Ausnahmeregelung zum allgemeinen Gleichbehandlungsgrundsatz.[537] Problematisch ist der Fall, in dem eine mitgliedstaatliche Regelung, die auf Art. 141 Abs. 4 EGV gestützt werden könnte, weitergehende Ermächtigungen enthält, z.B. den nationalen Sozialpartnern die Möglichkeit zu positiver Diskriminierung einräumt. Grundsätzlich ist auch in derartigen Fällen von einer engen, restriktiven Auslegung der Ausnahmeregelung auszugehen.[538] Eine trennscharfe Abgrenzung ist in diesem Bereich nicht möglich.

III. Das deutsche Verfassungsrecht vor dem Hintergrund der allgemeinen Gleichberechtigungsdebatte

Im folgenden Teil werden die Gleichheitsvorschriften des GG ausführlich auf ihre Auswirkungen auf das deutsche Arbeitsrecht hin betrachtet. Hintergrund der Untersuchung ist die Frage, wie stark Anti-Diskriminierungsgrundsätze im deutschen Verfassungsrecht verankert sind, und in welchem Maße sich weitergehende Forderungen dagegen durchzusetzen vermögen. Die allgemeine theoretische Grundsatzdebatte und die Ergebnisse der anderen betrachteten Systeme fließen in die Überlegungen ein.
In der deutschen Verfassungsliteratur werden weitere Grundrechte angesprochen, die der Einführung positiver Förderungsmaßnahmen entgegenstehen könnten. Darunter fallen Art. 2 Abs. 1 GG; Art. 6 Abs. 1 GG; Art. 12 Abs.1 GG und Art. 14 Abs. 1 GG[539]. Diese Verfassungseinflüsse werden angesichts der rechtsvergleichenden Fokussierung auf den Konflikt zwischen Anti-Diskriminierungsregelungen und positiven Maßnahmen lediglich am Rande berührt. Der breitgefächerten deutschen Grundrechtsproblematik stehen in den anderen Rechtssystemen keine vergleichbaren Problempunkte gegenüber.

1) Entwicklung des Verfassungsrahmens in Deutschland

Das 1949 in Kraft getretene GG bildete in Deutschland nach dem zweiten Weltkrieg die Basis für die grundsätzliche Entwicklung der Gleichberechtigungsdogmatik.

---

[537] Grabitz/ Hilf, *Langenfeld*, Art. 141 EGV, Rdnr. 77; Callies/ Ruffert, *Krebber*, Art. 141 EGV, Rdnr. 81.
[538] Callies/ Ruffert, *Krebber*, Art. 141 EGV, Rdnr. 81.
[539] Ausführlicher: *Pfarr/ Bertelsmann*, 93 ff.; *Sacksofsky*, 179 ff.

Dem Verfassungsgeber war im Jahre 1949 bewusst, dass Änderungen des bisherigen deutschen Rechts notwendig sein würden, um das Ziel der Gleichberechtigung von Männern und Frauen zu erreichen.[540] Auf Grund der geschichtlichen Erfahrungen der Weimarer Republik waren die Mängel der vorherigen demokratischen Ordnung offenbar. Die Zielrichtung stand fest. Grundrechte sollten nicht nur Proklamation sein, sondern als unmittelbares Recht die Staatsgewalt binden können.[541] Als Ergebnis dieser Überlegungen zur Verwirklichung von mehr Gleichberechtigung entstand Art. 3 GG. Die Absätze dieses Artikels sind gesondert voneinander zu untersuchen.

a) Art. 3 Abs. 1 GG

Der allgemeine Gleichheitssatz des Art. 3 Abs. 1 GG ist abstrakt, ohne Bezug zu Einzelfällen gefasst. Er lautet: „*Alle Menschen sind vor dem Gesetz gleich*". Auf Grund dieser Form bedarf der Rechtssatz einer Erläuterung.[542] Das Bundesverfassungsgericht hat in seiner Rechtsprechung stets nach erläuternden Formeln gesucht, die die konkrete Natur des Gleichheitssatzes zeigen. Hieß es in der ursprünglichen Formel, dass der Gesetzgeber: „*weder wesentlich Gleiches willkürlich ungleich, noch wesentlich Ungleiches willkürlich gleich behandeln*"[543] darf, so geht das Gericht heute von der sogenannten „*neuen Formel*" aus.[544] Vorteil der „*neuen Formel*" sei: Die Kontrolldichte des Gerichts werde erhöht. Die Verhältnismäßigkeit einer gesetzgeberischen Maßnahme trete in den Vordergrund.[545] Auffällig ist, dass die verwendeten Begriffe nicht zu einer wirklichen Klärung des Inhalts des Gleichheitssatzes beitragen.[546] Die von den Gerichten verwendeten Formeln bieten Argumentationsmuster an, anhand derer ein vernünftiger Umgang mit dem Gleichheitssatz möglich werden soll. Als Wertmaßstäbe fließen Wertungen des Grundgesetzes, d. h. Grundrechte und

---

540 *Starck*, Festschrift für Thomas Dieterich, 1999, 643.

541 Dreier, *Heun*, Art. 3 GG, Rdnr. 6 ff.; Starck, Festschrift für Thomas Dieterich, 1999, 643; *Pieroth/ Schlink*, 41.

542 Sachs, *Osterloh*, Art. 3 GG, Rdnr. 7.

543 BVerfGE 4, 144, 155; Bonner Kommentar, *Rüfner*, Art. 3 GG, Rdnr. 16 ff.; Model, *Müller*, Art. 3 GG, Rdnr. 3 ff.

544 BVerfGE 55, 72, 88; BVerfGE 70, 230, 239; die „*neue Formel*" lautet: „*Der allgemeine Gleichheitssatz gebietet, alle Menschen vor dem Gesetz gleich zu behandeln. Demgemäß ist dieses Grundrecht vor allem dann verletzt, wenn eine Gruppe von Normadressaten im Vergleich zu anderen Normadressaten anders behandelt wird, obwohl zwischen beiden Gruppen keine Unterschiede von solcher Art und solchem Gewicht bestehen, dass sie die ungleiche Behandlung rechtfertigen könnten.*"; Bonner Kommentar, *Rüfner*, Art. 3 GG, Rdnr. 25; Sachs, *Osterloh*, Art. 3 GG, Rdnr. 13 ff.; v. Mangoldt/ Klein/ Starck, *Starck*, Bonner Grundgesetz, Art. 3 Abs. 1 GG, Rdnr. 11.

545 BVerfGE 70, 230, 239; Dreier, *Heun*, Art. 3 GG, Rdnr. 19.

546 Model, *Müller*, Art. 3 GG, Rdnr. 4, dem Gesetzgeber wurde bewusst Freiheit gelassen.

Staatsziele in die Auslegung des Art. 3 Abs. 1 GG mit ein.[547] Diese weitgestreuten Einflussmöglichkeiten auf Art. 3 Abs. 1 GG erklären sich aus seiner allgemeinen Form und der daraus folgenden allgemein abstrakten Wirkungsweise.[548] Ein den weiteren Gehalt des Art. 3 Abs. 1 GG konkretisierender inhaltlicher Gesamtkontext kann an dieser Stelle nicht gegeben werden.
Art. 3 Abs. 1 GG ist als allgemeiner Gleichberechtigungssatz eine Auffangnorm mit der gegen Ungleichbehandlungen des Staates vorgegangen werden kann.[549] Aus rechtsvergleichender Sichtweise gesprochen ist Art. 3 Abs. 1 GG die grundlegende, allgemeine Anti-Diskriminierungsnorm in der deutschen Verfassung.

Die Art. 3 Abs. 2 und 3 GG sind *lex specialis* zu Art. 3 Abs. 1 GG.[550] In dieser Arbeit, in der bezogen auf Deutschland die Regelungen, die die Gleichberechtigung der Geschlechter betreffen, im Mittelpunkt stehen, wird der allgemeine Gleichheitssatz von den spezielleren Regelungen verdrängt. Die dem Art. 3 Abs. 1 GG zu Grunde liegende Systematik, insbesondere die im Rahmen des Art. 3 Abs. 1 GG aufgeworfenen allgemeinen Probleme, besitzen aber Ausstrahlungswirkung auf die speziellen Gewährleistungen der Art. 3 Abs. 2 und 3 GG.[551]

Problematisch hinsichtlich des Arbeitsrechtes ist, ob Art. 3 GG unmittelbar auf das Verhältnis zwischen Privatpersonen anzuwenden ist. Diesen Ansatz verfolgt die Theorie der unmittelbaren Drittwirkung der Grundrechte.[552] Ausgangspunkt dieser anfangs vom BAG vertretenen Theorie war, dass im Arbeitsrecht auf Grund der unterschiedlichen wirtschaftlichen Machtpositionen grundgesetzliche Wertungen in besonderem Maße als Schutz benötigt würden.[553] Am intensivsten haben sich Stimmen zu Art. 3 Abs. 3 GG gehalten, dieser müsse im Privatrecht unmittelbar anwendbar sein.[554] Die Debatte im Rahmen des Art. 3 Abs. 3 GG bleibt allerdings auf Grund der einfachrechtlichen Normierungen des § 611 a BGB ohne praktische Auswirkungen.[555]
Gegen die Theorie der unmittelbaren Drittwirkung lassen sich gewichtige Argumente anführen. Entstehungsgeschichte des Grundgesetzes und die Entwicklungsgeschichte der Grundrechte sprechen dagegen, die Geltung auf den

---

[547] v. Mangoldt/ Klein/ Starck, *Starck*, Bonner Grundgesetz, Art. 3 Abs. 1 GG, Rdnr. 13 ff.
[548] *Schmidt- Bleibtreu/ Klein*, Art. 3 GG, Rdnr. 13.
[549] *Jarass/ Pieroth*, Art. 3 GG, Rdnr. 4.
[550] Maunz/ Dürig, *Dürig*, Art. 3 Abs. 3 GG, Rdnr. 3.
[551] BVerfGE 38, 228; *Schmidt-Bleibtreu/ Klein*, Art. 3 GG, Rdnr. 1.
[552] Die Theorie der unmittelbaren Drittwirkung wurde zentral vertreten von: *Nipperdey*, DVBl. 1958, 445 ff.; BAGE 1, 185, 191 ff.; anders: BAG 48, 122, 138 f.; *Pieroth/ Schlink*, 43 m.w.N.
[553] *Jarass/ Pieroth*, Art. 3 GG, Rdnr. 27.
[554] Kasseler Handbuch zum Arbeitsrecht, *Weber*, 2247 f.; undeutlich: *Slupik*, JR 1990, 318; aA: *Fastrich*, RdA 2000, 78; zu Art. 3 Abs. 2 a.F.: *Suelmann*, 13 ff.
[555] *Schlachter*, 85.

Bereich zwischen Privatpersonen auszudehnen. Die Grundrechte sollten das Verhältnis des Einzelnen zum Staat regeln.[556] Ferner spricht die systematische Auslegung des Grundgesetzes dagegen. Die Passagen des Grundgesetzes, die zwischen Privatpersonen gelten sollen, sind als solche ausdrücklich gekennzeichnet.[557] Schließlich ist zu berücksichtigen, dass sich auch ohne unmittelbare Drittwirkung der Grundrechte sachgerechte Ergebnisse erzielen lassen. Nach dem heutigen Stand der Grundrechtsdogmatik wird Grundrechten nicht lediglich die eingleisige Wirkweise als Abwehrrechte gegenüber dem Staat zuerkannt. Es wird weiter betont, dass sich aus den Grundrechten Schutzpflichten gegenüber dem Bürger ergeben können, und Grundrechten wird der Charakter objektiver Wertentscheidungen beigemessen.[558] Als solche besitzen sie Ausstrahlungswirkung in das Privat- und Arbeitsrecht.[559]
Den genannten Argumenten folgend[560], wird die Theorie der unmittelbaren Drittwirkung der Grundrechte im Rahmen der Arbeit abgelehnt.

b) Art. 3 Abs. 3 GG

Art. 3 Abs. 3 S. 1 GG lautet: *„Niemand darf wegen seines Geschlechtes, [...] benachteiligt oder bevorzugt werden.“* Bei den Beratungen zur Erstfassung des Artikels entbrannte am Merkmal des Geschlechts ein Streit über seine Aufnahmefähigkeit an dieser Stelle im Grundgesetz. Die Aufnahme des Merkmales Geschlecht in die Liste der unzulässigen Anknüpfungsverbote wurde behindert von Uneinigkeiten über Art und Ausmaß der Beseitigung zahlreicher geschlechtsspezifischer Rechtsbeschränkungen.[561] Die Befürworter der Nennung des Merkmales Geschlecht setzten sich mit folgender Begründung durch: Die ausdrückliche Formulierung solle dazu dienen, dem allgemeinen Gleichheitssatz hinsichtlich aller genannten Merkmale schon im grundgesetzlichen Rahmen eine schwer zu umgehende Schärfe zu geben.[562]
Der Verfassungsgeber hat mit der in Art. 3 Abs. 3 GG stehenden Auflistung eine eindeutige Wertung in das GG aufgenommen. Die dort genannten Merkmale dürfen nicht Grundlage einer Ungleichbehandlung sein. Eine Diskussion darüber, ob die genannten Merkmale sich tatsächlich durch erhebliche Unterschiede voneinander unterscheiden und verschieden behandelt werden

[556] *Pieroth/ Schlink*, 44.
[557] *Pieroth/ Schlink*, 44, Art. 9 Abs. 3 S. 1 GG.
[558] *Junker*, 28.
[559] *Jarass/ Pieroth*, Art. 3 GG, Rdnr. 27, grundgesetzliche Wertungen fliessen über die privatrechtlichen Generalklauseln in das Privatrecht ein; *Junker*, 29.
[560] Stellvertretend für die ablehnende Haltung der herrschenden Auffassung in der Literatur: Maunz/ Dürig, *Dürig*, Art. 1 Abs. 3 GG, Rdnr. 129 ff.; *Jarass/ Pieroth*, Art. 3 GG, Rdnr. 27; *Schlachter*, 72.
[561] Sachs, *Osterloh*, Art. 3 Abs. 2 und 3 GG, Rdnr. 226 f.
[562] Maunz/ Dürig, *Dürig*, Art. 3 Abs. 3 GG, Rdnr. 1.

müssten, ist im Geltungsbereich des GG überflüssig.[563] Das GG erklärt alle möglichen oder tatsächlichen Unterschiede durch seine Wertung für unerheblich.[564]

c) Art. 3 Abs. 2 GG

An Art. 3 Abs. 2 GG ist ein Großteil der verfassungsrechtlichen Probleme der Arbeit geknüpft. Die Norm ist kurz in den geschichtlichen Kontext einzuordnen. Vor dem Hintergrund der nationalsozialistischen Geschichte hatte der Verfassungsgeber zunächst das Anliegen, dass, gleichgültig wie Art. 3 Abs. 1 GG inhaltlich konkretisiert würde, eine bestimmte Anzahl von Unterscheidungskriterien von vorne herein als nicht legitim angesehen werden dürften.[565] Diese spiegeln sich in Art. 3 Abs. 2 GG wieder. Art. 3 Abs. 2 GG kollidierte bei in Kraft treten des Grundgesetzes mit verschiedenen zu dieser Zeit geltenden Normen, unter anderem mit damaligem Besatzungsrecht. Einer uneingeschränkten Geltungskraft der Norm musste eine die möglichen rechtlichen Kollisionen klärende Übergangszeit vorangeschoben werden.[566] Art. 117 Abs. 1 GG sah vor, dass das Art. 3 Abs. 2 GG entgegenstehende Recht während einer Übergangszeit, längstens bis zum 31.03. 1953, in Kraft bleiben und geändert werden solle. An dieser Übergangsregelung lässt sich der Umfang des bei in Kraft treten des Grundgesetzes gegen Art. 3 Abs. 2 GG verstoßenden Rechts ablesen.[567]

Die Entstehungsgeschichte des Art. 3 Abs. 2 GG weist eine Besonderheit auf. Die Norm ist auf Grund des Ringens der Frauen um Gleichberechtigung in das Grundgesetz eingefügt worden. Die Aufnahme war nicht in erster Linie durch allgemeine eher theoretisch motivierte Gleichberechtigungserwägungen bedingt.[568] Dies wirft die Frage auf, ob dieser geschichtliche Hintergrund heute die Auslegung der Norm beeinflussen muss oder soll.[569] In der älteren Literatur finden sich keine konkreten Aussagen über diesen Gesichtspunkt. In der Rechtsprechung vor 1994 wurde davon ausgegangen, dass die allgemeine Formulierung der Norm, die auf eine Gleichberechtigung in beide Richtungen hinweise, als Auslegungsmaßstab überwiege.[570] Dieser Gedanke wurde von der

---

563 Anders: Die allgemein geführte Gleichstellungsdebatte.
564 Bonner Kommentar, *Rüfner*, Art. 3 Abs. 2 und 3 GG, Rdnr. 540; v. Mangoldt/ Klein/ Starck, *Starck*, Bonner Grundgesetz, Art. 3 Abs. 3 GG, Rdnr. 338.
565 Bonner Kommentar, *Rüfner*, Art. 3 Abs. 2 und 3 GG, Rdnr. 538, bezogen auf das Merkmal: *Geschlecht*.
566 Dreier, *Heun*, Art. 3 GG, Rdnr. 93.
567 *Starck*, Festschrift für Thomas Dieterich, 1999, S. 643; *Hofmann*, JuS 1988, 249, 250.
568 Dreier, *Heun*, Art. 3 GG, Rdnr. 94.
569 *Slupik*, JR 1990, 319: Der Verfassungsgeber wollte Frauenrechte stärken.
570 BVerfGE 85, 191, 206 f.

Literatur nach 1994 aufgegriffen und stellt heute die allgemeine Auffassung dar.[571] Die besondere Entstehungsgeschichte des Art. 3 Abs. 2 GG fließt daran anschließend, sekundär in die Auslegung ein.

Art. 3 Abs. 2 GG in seiner heutigen Form ist nicht in einem einheitlichen Verfahren entstanden. Art. 3 Abs. 2 S. 2 GG ist erst im Rahmen der Verfassungsreform 1994 eingefügt worden.[572] Der Artikel geht auf das Gesetz zur Änderung des Grundgesetzes vom 27. 10. 1994 zurück und ist am 14. 11. 1994 in Kraft getreten.[573] Die Verfassungsänderung war Gegenstand eines erheblichen Streites, der sich bis heute in Auslegungsfragen der, durch die damalige Kompromisslösung gefundenen Formulierung wiederfindet.[574] Hauptproblem der Verfassungsänderung war es, eine mehrheitsfähige, inhaltlich eindeutige Formulierung zu finden.[575] Ob dieses Anliegen verwirklicht werden konnte, wird von Stimmen in der Literatur bezweifelt.[576] Der genaue Inhalt des Art. 3 Abs. 2 S. 2 GG wird im nachfolgenden Teil dieser Arbeit genauer beleuchtet.[577]

Problematisch ist das Verhältnis von Art. 3 Abs. 2 zu Art. 3 Abs. 3 GG. Im Laufe der dogmatischen Entwicklung haben sich die Ansichten des BVerfG und einiger Stimmen in der Literatur zu diesem Verhältnis geändert. Ursprünglich gingen Rechtsprechung und Literatur von der inhaltlichen Übereinstimmung der beiden Absätze aus.[578] Das Verhältnis zwischen Art. 3 Abs. 2 und 3 GG habe sich dann, parallel zu der Veränderung des Frauenbildes des BVerfG ge-

---

[571] Stellvertretend: *Hofmann*, FamRZ 1995, 257, 263; Dreier, *Heun*, Art. 3 GG, Rdnr. 94.

[572] Zur Entstehung: *Sacksofsky*, 392 ff.

[573] Die konkrete Änderung geht auf eine Empfehlung der *Gemeinsamen Verfassungskommission von Bundestag und Bundesrat* zurück. Die Grundlage der Verfassungsänderung fand sich in Art. 5 Einigungsvertrag, und obgleich es sich bei der Änderung des Art. 3 Abs. 2 GG nicht um einen Inhalt handelte, der in unmittelbarem Zusammenhang mit der deutschen Einigung stand wurde der Artikel in die Änderungsbestrebungen miteinbezogen. Die *Gemeinsame Verfassungskommission* berief sich zudem noch auf Art. 31 Abs. 1 Einigungsvertrag, in dem es als Aufgabe des gesamtdeutschen Gesetzgebers stehend angesehen wird, sich um die Gleichbehandlung der Geschlechter zu kümmern; siehe dazu Maunz/ Dürig, *Dürig*, Art. 3 Abs. 2 GG, Rdnr. 58 und 69; weiter wurde darauf hingewiesen, dass durch die Regelung eines frauenpolitischen Hauptanliegens die Integrationswirkung der Verfassung erhöht werde, *Hofmann*, FamRZ 1995, 257.

[574] BT-Drucksachen, 12/6000, 50 f.; Sachs, *Osterloh*, Art. 3 Abs. 2 und 3 GG, Rdnr. 231; Hierbei ist vor allem an die Streitfrage der Quotenregelungen zu denken.

[575] BT-Drucksachen, 12/6000, 50 f.; *Hofmann*, FamRZ 1995, 257; Abdruck der verschiedenen Formulierungsvorschläge.

[576] *Isensee*, NJW 1993, 2583, 2585: „dunkle Sentenz“, „ dilatorischer Formelkompromiss“.

[577] Siehe unten; 166 ff.

[578] v. Mangoldt/ Klein/ Starck, *Starck*, Bonner Grundgesetz, Art. 3 Abs. 1 GG, Rdnr. 280 f.; detailliert: *Starck*, JZ 1996, 197, 198.

wandelt.[579] Dies sei auf drei Stufen geschehen. In den fünfziger und sechziger Jahren sei die natürliche Verschiedenheit der Geschlechter betont worden. Das BVerfG habe seine Aufgabe darin gesehen, zu verhindern, dass sich die Andersartigkeit der Frauen nachteilig für diese auswirke.[580] In den siebziger und frühen achtziger Jahren habe dann die Gleichheit der Geschlechter im Mittelpunkt gestanden. Die Betonung der Andersartigkeit sei als überkommene und nicht mit Art. 3 Abs. 2 GG im Einklang stehende Rollenvorstellung gewertet worden.[581] Auf der letzten Stufe seien ab Mitte der achtziger Jahre zum ersten Mal soziale Unterschiede, die auf die Verschiedenheit der Geschlechter zurückzuführen seien, mitberücksichtigt worden. Diese Überlegungen hätten erstmalig Anlass dazu gegeben, sich mit der kompensatorischen Behandlung erlittener Nachteile auseinander zusetzen.[582]

In der Rechtsprechung des BVerfG gibt es einige wichtige Entscheidungen zu Art. 3 Abs. 2 GG und zu dem Verhältnis von Art. 3 Abs. 2 und 3 GG, die vor der Verfassungsänderung im Jahr 1994 ergangen sind.[583] Auf diese Rechtsprechung hat die Gemeinsame Verfassungskommission bei den von ihr erarbeiteten Entwürfen ausdrücklich hingewiesen und ausgehend von dieser Rechtsprechung einen eigenen Ansatz entwickelt.[584]

aa) Rentenentscheidung[585]

Das Rentenurteil des BVerfG veränderte die Herangehensweise der deutschen Rechtsprechung an Art. 3 Abs. 2 GG.[586] Stimmen in der Literatur, die Gleichstellungsmaßnahmen des Staates aufgeschlossen gegenüber stehen, haben das Urteil als *„ersten Schritt eines deutschen Gerichts in Richtung Affirmative Action“* bezeichnet.[587] Ob diese Einschätzung der Rechtsprechung begründet ist, sei dahingestellt.

In der Sache ging es bei der Entscheidung um die Frage, ob ein unterschiedliches Rentenalter für Männer und Frauen zu rechtfertigen sei.[588] Das

---

579 *Sacksofsky*, 79 ff.

580 *Sacksofsky*, 80 ff.

581 *Sacksofsky*, 85 ff.

582 *Sacksofsky*, 91 ff.

583 *König*, DÖV 1995, 838.

584 *Hofmann*, FamRZ 1995, 257; hierbei stellt sich die Frage, inwiefern von der vorherigen Rechtsprechung des BVerfG abgewichen wurde; *Limbach/ Eckertz- Höfer*, 15 ff., dokumentiert die Sitzungen der Gemeinsamen Verfassungskommission.

585 BVerfGE 74, 163.

586 BVerfGE 74, 163 ff.; NJW 1987, 1541 ff.

587 *Kokott*, NJW 1995, 1049.

588 Nach der angegriffenen Regelung war es Frauen möglich, sich im Alter von 60 Jahren zur Ruhe zu setzen, während dies Männern erst ab dem Alter von 65 zustand.

BVerfG rechtfertigte eine Unterscheidung unter Würdigung der allgemeinen Rolle von Frauen in der Gesellschaft. Frauen seien generell als schwächeres und benachteiligtes Geschlecht einzuschätzen. Weiter zog das BVerfG faktische Erwägungen mit in Betracht. Es verweist auf den hohen Druck, dem Frauen ausgesetzt seien, wenn sie gleichzeitig für ihre Familien sorgten und dem Berufsleben nachgingen. Dieser Sichtweise des BVerfG kann vorgeworfen werden, dass das stereotype Rollenverständnis der Frau in der deutschen Gesellschaft als „*arbeitende Hausfrau*" weiter perpetuiert wurde.[589] Andererseits lässt sich feststellen, dass Männer in dem Urteil weniger vorteilhaft behandelt werden als Frauen. Diese Unterscheidung findet nur aufgrund ihres Geschlechts statt.[590]
Aus dogmatischer Sicht ist das Urteil bemerkenswert. Das BVerfG sah einen Anlass, seine bisherige Rechtsprechung zu Art. 3 Abs. 2 GG dahingehend zu ergänzen, dass „*der Gesetzgeber zu einer Ungleichbehandlung auch dann befugt ist, wenn er einen sozialstaatlich motivierten, typisierenden Ausgleich von Nachteilen anordnet, die ihrerseits auch auf biologische Unterschiede zurückgehen. Darin liegt keine Ungleichbehandlung „wegen des Geschlechts" wie bei den Entscheidungen zum Hausarbeitstag (BVerfGE 52, 369)[...], sondern eine Maßnahme, die auf Kompensation erlittener Nachteile zielt.*" Diese Aussagen deuteten zum ersten Mal daraufhin, dass das BVerfG tatsächliche Entwicklungen im Bereich der Geschlechtergleichberechtigung berücksichtigt haben könnte.

bb) Nachtarbeitsentscheidung

Ein zweites Urteil des BVerfG behandelt die Frage, ob es Frauen generell erlaubt sein solle, Nachtarbeit zu leisten.[591] Vor dieser Entscheidung war das Verbot der Nachtarbeit für Frauen mit dem Argument aufrecht erhalten worden, dass Frauen nicht dem durch Nachtarbeit entstehenden zusätzlichen Druck ausgesetzt werden sollten, da sie sich tagsüber um die Kinder zu kümmern hätten. Mit diesem Argument wurden bestehende Rollenvorstellungen unterstützt. Das BVerfG akzeptierte das Argument nicht. Es hob hervor, dass Art. 3 Abs. 2 GG es verbiete, dass überkommene Rollenvorstellungen sich auf gegenwärtige Gleichberechtigungsprobleme auswirkten. Ferner verwies es auf die Rolle der Ehe, die es den Lebenspartnern erlaube, ihre Lebensplanung individuell zu gestalten und einen dem Staat nicht zugänglichen Bereich

[589] *Kokott*, NJW 1995, 1050.
[590] Daher steht das Urteil des BVerfG auch im Widerspruch zu einem späteren Urteil des EuGH, in dem ein unterschiedliches Rentenalter allein aus Gründen des Geschlechts nicht als rechtfertigungsfähig angesehen wird; EuGH, Slg. 1993, 5535.
[591] BVerfGE 84,9; NJW 1991, 1602.

schaffe.[592] Diesen Argumenten folgend erklärte das BVerfG das Nachtarbeitsverbot für verfassungswidrig.
Das Urteil kann inhaltlich nicht als Richtungswechsel in der Rechtsprechung des BVerfG angesehen werden. Es ist materiell eine spätere Zusammenfassung dessen, was das Gericht schon eher vertreten hatte.[593] Dogmatisch ist die Bedeutung des Urteils im Hinblick auf Art. 3 Abs. 2 GG zu erblicken. Obwohl es sich um eine klassische Gleichberechtigungsfrage handelte, blieb Art. 3 Abs. 2 GG bei der Beurteilung außen vor. Art. 3 Abs. 2 GG wurde statt dessen über den Wortlaut hinaus als Gleichstellungsmandat gesehen. Das Gericht strich in dieser Entscheidung ferner den individualrechtlichen Charakter des Art. 3 Abs. 2 GG heraus. Zum Verhältnis von Art. 3 Abs. 2 und 3 GG sagt das BVerfG: *„Soweit es um die Frage geht, ob eine Regelung Frauen wegen ihres Geschlechts zu Unrecht benachteiligt, enthält Art. 3 Abs. 2 GG keine spezielleren Anforderungen. Der über das Diskriminierungsverbot des Art. 3 Abs. 3 GG herausreichende Regelungsgehalt des Art. 3 Abs. 2 GG besteht darin, dass er ein Gleichberechtigungsgebot aufstellt und dieses auch auf die gesellschaftliche Wirklichkeit erstreckt. Der Satz „Männer und Frauen sind gleichberechtigt" will nicht nur Rechtsnormen beseitigen, die Vor- und Nachteile an Geschlechtsmerkmale anknüpfen, sondern für die Zukunft die Gleichberechtigung der Geschlechter durchsetzen."*[594]

Mit dieser Rechtsprechung hat das BVerfG den Grundstein gelegt für das heute vom Gericht vertretene Verhältnis des Art. 3 Abs. 2 zu Abs. 3 GG. Gleichberechtigungsfragen der vorliegenden Art sollen danach ausschließlich vor dem Hintergrund des Art. 3 Abs. 3 GG überprüft werden. Hinsichtlich des Art. 3 Abs. 2 GG hat diese Rechtsprechung zudem die Bestrebungen um eine Verfassungsänderung im Jahre 1994 verstärkt.[595] Die nachstehenden Ausführungen werden zeigen, dass der neu konzipierte Art. 3 Abs. 2 GG an die vorherige Rechtsprechung inhaltlich anknüpft und sich aus dieser Anknüpfung neue Ungewissheiten ergeben haben. Art. 3 Abs. 2 GG und das Verhältnis der Absätze zueinander sind auch nach dieser Entscheidung des BVerfG Gegenstand unterschiedlicher Auffassungen geblieben.[596]

---

[592] BVerfG, NJW 1993, 643, 644.
[593] *Di Fabio*, AöR 1997, 404, 408.
[594] BVerfGE 85, 191, 206 f..
[595] BT- Drucksachen 12/6000, 50 f.
[596] Kokott, NJW 1995, 1049, 1051; hier findet sich der Verweis, dass das Urteil des BVerfG möglicherweise durch ein kurz zuvor ergangenes Urteil des EuGH beeinflusst wurde, in dem die Nachtarbeit für Frauen als zulässig angesehen wurde.

2) Gegenwärtige Verfassungslage in Deutschland

a) Anti-Diskriminierungsregelungen

aa) Art. 3 Abs. 1 GG – Das Gleichheitskonzept der Verfassung

Art. 3 Abs. 1 GG ist der Aufhänger der Frage, welche der genannten theoretischen Gleichheitskonzeptionen im Rahmen des Art. 3 GG Anwendung finden soll. In der deutschen Verfassungsliteratur finden sich folgende Ausführungen: Art. 3 I GG müsse als zentraler Gleichheitssatz der Verfassung mit der grundrechtlich verbürgten Freiheit in Einklang stehen. Gleichheit und Freiheit seien als grundlegende Werte in die Verfassung eingeflossen.[597] Beide Werte ergäben das ethische Fundament der Verfassung. Eine Spannung zwischen diesen beiden Grundwerten entstehe erst, wenn in konkreten Situationen Wertakzente in die eine oder andere Richtung zu setzen seien.[598] Diese Problematik zeige sich am Beispiel der Diskriminierung. Fänden sich Diskriminierungen in einer Gesellschaft, so entstehe das Ziel, diese rückgängig zu machen. Um dieses Ziel durchzusetzen, müsse die Gesellschaft in der Zukunft mit einem „Mehr" an Gleichheit aufwarten. Dieses „Mehr" gehe zu Lasten der Freiheit, da für bestimmte Bevölkerungsteile Möglichkeiten eingegrenzt und beschnitten werden müssten.[599] Fraglich sei, wie dieser Schritt dogmatisch vollzogen werden könne.

An dieser Stelle fließen die zu den allgemeinen theoretischen Gleichheitskonzeptionen angestellten Überlegungen in die deutsche Grundrechtsdogmatik ein. Eine Auffassung geht von dem Ideal der rechtlichen Gleichheit aus.[600] Dies entspricht inhaltlich der formell-/ symmetrischen Gleichheitskonzeption. Sie folgt der Aussage, dass alle Menschen von Natur aus gleich seien und die gleiche Freiheit besitzen sollten. *Starck* definiert die rechtliche Gleichheit in ihrer Beziehung zu dem für sie zentralen Element der Freiheit. Es liege in der Natur der Menschen, frei und gleich zu sein; dieser natürliche Zustand müsse erreicht werden (sich *„einpendeln"*).[601] Alle Menschen faktisch gleichzumachen sei nicht notwendig und in einer freiheitlichen Verfassungsordnung nicht möglich, da Freiheit und Gleichheit einander bedingten. Werde das Gleich-

---

[597] v. Mangoldt/ Klein/ Starck, *Starck*, Art. 3 Abs. 1 GG, Rdnr. 3; Dreier, *Heun*, Art. 3 Abs. 1 GG, Rdnr. 14.

[598] Benda/ Maihofer/ Vogel, *Kriele*, 129, 133 ff.

[599] v. Mangoldt/ Klein/ Starck, *Starck*, Art. 3 Abs. 1 GG, Rdnr. 3; Dreier, *Heun*, Art. 3 Abs. 1 GG, Rdnr. 14.

[600] *Di Fabio*, AöR 1997, 404, 407; v. Mangoldt/ Klein/ Starck, *Starck* , Art. 3 Abs. 1 GG Rdnr. 3.

[601] v. Mangoldt/ Klein/ Starck, *Starck* , Art. 3 Abs. 1 GG Rdnr. 3.

gewicht einer der beiden Grundwerte gestört, so gerate auch der andere Grundwert aus dem Gleichgewicht.[602]
Die Idee der faktischen Gleichheit geht von veränderten Voraussetzungen aus.[603] Sie entspricht der materiell-/ substantiellen Gleichheitskonzeption. Gleichheit zwischen den Menschen müsse vom Staat aktiv hergestellt und könne nicht alleine durch rechtliche Gleichheit erreicht werden.[604] Gleichheit sei nicht der Ausgangspunkt des staatlichen Handelns, sondern dessen Ziel. Um zu einer Definition von faktischer Gleichheit zu gelangen, müsse der Ausgangspunkt gegenüber der erstgenannten Ansicht verändert werden. Die tatsächlichen sozialen Verhältnisse in Deutschland seien in die Erwägungen einzubeziehen. In Deutschland bestehe eine Situation, in der die Freiheit gegenüber der Gleichheit dominiere.[605] Diese Dominanz müsse abgebaut und der tatsächlichen (faktischen) Gleichheit zum Durchbruch verholfen werden. An dieser Stelle sei der Staat gefragt, der nehmen und verteilen und aktiv Gleichheit herstellen müsse.[606]
Die Vertreter rechtlicher Gleichheit kritisieren die faktische Gleichheitsidee. Fraglich sei, wie eine Konzeption faktischer Gleichheit tatsächlich umgesetzt werden könne.[607] Problematisch erscheine, dass es keine allgemeinen Aussagen darüber gebe, wann faktische Gleichheit erreicht sei. Da die Menschen verschieden seien, stünden sich immer unterschiedliche Merkmale gegenüber. Um das Konzept faktischer Gleichheit umzusetzen, sei eine Machtstruktur notwendig, die die genauen Gegebenheiten der Gleichheit festlege. Diese Machtstruktur müsse in letzter Konsequenz auf eine Diktatur hinauslaufen, da umso mehr Gleichheit erreicht werden könne, umso zentraler diese bestimmt werde. Auch eine Diktatur könne auf Grund der Unterschiede zwischen herrschender und beherrschter Schicht den Zustand faktischer Gleichheit nicht erreichen.[608] Sei eine Entscheidung zwischen rechtlicher und faktischer Gleichheit notwendig, könne diese vor dem Hintergrund des deutschen, freiheitlich demokratischen Staatsverständnisses nur zugunsten rechtlicher Gleichheit

---

602 v. Mangoldt/ Klein/ Starck, *Starck* , Art. 3 Abs. 1 GG Rdnr. 3.
603 *Sacksofsky*, 192 ff.; *Schlachter*, 66.
604 Dreier, *Heun*, Art. 3 Abs. 1 GG, Rdnr. 58; *Sacksofsky*, 193, mit dem Beispiel, dass im Falle der formal gleichen rechtlichen Behandlung von Besitzenden und Nichtbesitzenden die faktischen Unterschiede noch verstärkt würden; kritisch: v. Mangoldt/ Klein/ Starck, *Starck* , Art. 3 Abs. 1 GG Rdnr. 4.
605 Dreier, *Heun*, Art. 3 Abs. 1 GG, Rdnr. 59.
606 *Sacksofsky*, 193, *„Die Herstellung größerer sozialer Gleichheit verlangt aber häufig gerade die Ungleichbehandlung*"; Dreier, *Heun*, Art. 3 Abs. 1 GG, Rdnr. 59.
607 v. Mangoldt/ Klein/ Starck, *Starck* , Art. 3 Abs. 1 GG Rdnr. 4, mögliche Fundamente der Gleichheit könnten auf sehr unterschiedlichen und daher nicht justiziablen Gesichtspunkten basieren; krit.: *Sacksofsky*, 194 ff.
608 v. Mangoldt/ Klein/ Starck, *Starck* , Art. 3 Abs. 1 GG Rdnr. 4.

getroffen werden. *Starck* schließt: „*Faktische Gleichheit der Menschen ist eine Utopie, die vernünftigerweise nicht Ziel einer Staatsverfassung sein kann*".[609]

Alexy führt bezüglich der offenen Streitpunkte einen neuen Gedanken in die deutsche Dogmatik ein. Er macht deutlich, dass die Gegenläufigkeit von rechtlicher und faktischer Gleichheit dem Gleichheitssatz immanent sei. Komme ein Prinzip zur Geltung, werde das andere Prinzip automatisch verletzt. Eines Rückgriffes auf das gegenläufige Recht der Freiheit bedürfe es in diesem Zusammenhang nicht.[610] *Alexy* folgert daraus, dass der Gegensatz zwischen rechtlicher und faktischer Gleichheit ohne Zuhilfenahme anderer Prinzipien aufzulösen sein müsse. Er sieht eine Lösung darin, dass entgegen der ursprünglichen Theorie der faktischen Gleichheit, diese nicht als subjektives, einklagbares Recht ausgestaltet werden solle.[611]

In der deutschen Verfassungswirklichkeit ist es nicht notwendig, eine strikte Entscheidung zwischen beiden grundlegenden Auffassungen herbeizuführen. Eine Besonderheit der deutschen Verfassung verbindet die beiden Ansätze. Dies ist der Einfluss des Sozialstaatsprinzips auf die vorliegende dogmatische Frage.[612] Das Sozialstaatsprinzip enthält nach heute allgemeiner Auffassung einen Auftrag an den Staat, auf ein Programm des sozialen Ausgleichs hinzuwirken.[613] Die Stellungnahmen, die sich in der Literatur zu der Frage der Auswirkungen des Sozialstaatsprinzips auf die unterschiedlichen Gleichheitskonzeptionen finden lassen, umgehen die genannte Problematik zunächst mit dem Hinweis auf eine notwendige Einzelfallprüfung jeder materiellen verfassungsrechtlichen Frage.[614] Verwiesen wird weiterhin auf die „*schon oft bemerkte Antinomie*"[615] zwischen Gleichheit und dem Schutz wichtiger Freiheitsrechte. Inhaltlich wird zum Wesen des Sozialstaates gesagt, dass unproportionale Maßnahmen, die auf Grund des Sozialstaatsprinzips einzelnen Bürgern gegenüber getroffen würden, zu rechtfertigen seien, weil faktische Unterschiede zwischen den Bürgern bestünden.[616] Diese Begründung klingt plausibel, besagt aber im Kern nichts anderes, als auch der faktische (materiell-/

---

609 v. Mangoldt/ Klein/ Starck, *Starck*, Art. 3 Abs. 1 GG Rdnr. 4; Bonner Kommentar, *Rüfner*, Art. 3 I GG, Rdnr. 53.

610 *Alexy*, 379, „*Paradox der Gleichheit*".

611 *Alexy*, 379 ff.; dazu: *Schlachter*, 57 ff.

612 *Straßmair*, 71 ff.

613 *Jarass/ Pieroth*, Art. 20 GG, Rdnr. 104 ff.; Bonner Kommentar, *Rüfner*, Art. 3 I GG, Rdnr. 54.

614 Sachs, *Osterloh*, Art. 3 Abs. 1 GG, Rdnr. 44; Bonner Kommentar, *Rüfner*, Art. 3 I GG, Rdnr. 54; zu der Diskussion im Rahmen des Art. 3 Abs. 2 GG, von Münch/ Kunig, *Gubelt*, Art. 3 GG, Rdnr. 82.

615 Bonner Kommentar, *Rüfner*, Art. 3 I GG, Rdnr. 55.

616 Sachs, *Osterloh*, Art. 3 Abs. 1 GG, Rdnr. 45.

substantielle) Ansatz fordert: Wegen der Ungleichheit der Bürger müsse der Staat lenkend eingreifen.
Eine Lösung des dogmatischen Problems ist an anderer Stelle zu finden. Entscheidend ist, eine Grenze zwischen den genannten Ansätzen zu ziehen. Verlangt man grundsätzlich rechtliche Gleichheit, so muss klar sein, dass tatsächliche Aktionen des Staates von diesem Ansatz abweichen können. Anhand der Schwere und des Ausmaßes dieser Abweichungen wird dann die Verhältnismäßigkeit und damit die grundgesetzliche Vereinbarkeit verschiedener Maßnahmen zu beurteilen sein. Dogmatischer Aufhänger eines solchen Vorgehens und Wertmaßstab der zu ziehenden Grenze ist die Natur der Bundesrepublik Deutschland als sozialstaatliche Demokratie. Das aus diesem Wesen abgeleitete Sozialstaatsprinzip (Art. 20 Abs. 1; Art. 28 Abs. 1 S. 1 GG) steht als entscheidender Faktor dahinter. Es greift genau an dem oben beschriebenen Konfliktpunkt ein und hilft Kompromisse bezüglich des Gegensatzes zwischen rechtlicher und tatsächlicher Gleichheitsdogmatik zu finden.[617]
Die deutsche Dogmatik geht einen eigenen Weg zwischen den beiden Gleichheitskonzeptionen. Die Nähe zu den jeweiligen Theorien ist eine im Einzelfall zu entscheidende Wertungsfrage, auf die im Rahmen der einfachen Gesetze näher einzugehen ist.

Hinsichtlich des Art. 3 Abs. 1 GG wird ferner eine Debatte über die Frage der Definition des Begriffs *Chancengleichheit* geführt.[618] Diese Debatte findet ebenfalls bezüglich Art. 3 Abs. 2 GG statt und soll, da dieser dem Darstellungsschwerpunkt der Arbeit näher steht, dort erläutert werden.[619]

An dieser Stelle kann abschließend festgestellt werden, dass Art. 3 GG als grundlegende Gleichheitsnorm des Grundgesetzes die Gleichheit der Menschen in dem Maße verbürgt, in dem diese Verbürgung durch die Staatszielbestimmung „Sozialstaat" in die Pflicht genommen wird.[620] Der Theorienstreit zwischen rechtlicher und faktischer Gleichheit, d.h. zwischen den unterschiedlichen theoretischen Gleichheitskonzeptionen, wird auf diese Weise im Rahmen der deutschen Verfassung in konstruktiver und ausgleichender Weise gelöst.

---

[617] So: Sachs, *Osterloh*, Art. 3 Abs. 1 GG, Rdnr. 45; v. Mangoldt/ Klein/ Starck, *Starck*, Art. 3 Abs. 1 GG, Rdnr. 6; Dreier, *Heun*, Art. 3 Abs. 1 GG, Rdnr. 60; *Jarass/ Pieroth*, Art. 20 GG, Rdnr. 112.

[618] von Münch/ Kunig, *Gubelt*, Art. 3 Abs. 1 GG, Rdnr. 62 ff.; Bonner Kommentar, *Rüfner*, Art. 3 Abs. 1 GG, Rdnr. 58.

[619] Siehe unten: 150 ff.

[620] Stellvertretend: Bonner Kommentar, *Rüfner*, Art. 3 Abs. 1 GG, Rdnr. 53.; v. Mangoldt/ Klein/ Starck, *Starck*, Art. 3 Abs. 1 GG, Rdnr. 4; diesbezüglich unklar: *Sacksofsky*, 192 ff.

bb) Art. 3 Abs. 3 GG

Art. 3 Abs. 3 GG stellt die zentrale Anti-Diskriminierungsregelung im Hinblick auf die Gleichbehandlung der Geschlechter dar.

cc) Verfassungsrechtliche Betrachtung des Art. 3 Abs. 3 GG

Art. 3 Abs. 3 S. 1 GG stellt ein subjektives Grundrecht sowie eine objektive staatliche Wertentscheidung dar.[621] Eingefügt in das Wertesystem der Grundrechte ist Art. 3 Abs. 3 GG eine Konkretisierung des allgemeinen Gleichheitssatzes des Art. 3 Abs. 1 GG.[622] Art. 3 Abs. 3 S. 1 GG enthält ein Diskriminierungsverbot.[623] Dies bedeutet, dass jede unterschiedliche Behandlung „*wegen*" des Geschlechts, die zu einer Benachteiligung oder Bevorzugung führt, verboten ist. Problematisch ist, ob Art. 3 Abs. 3 S. 1 GG ein Anknüpfungs- oder ein Begründungsverbot darstellt.[624] Nach einer Auffassung ist in Art. 3 Abs. 3 S. 1 GG ein Anknüpfungsverbot normiert.[625] Um die Verbotsrechtsfolge des Art. 3 Abs. 3 S. 1 GG auszulösen, sei es erforderlich, dass sich Ungleichbehandlung und Merkmal (d. h. hier: Geschlecht) in einem Kausalzusammenhang befänden. Eine weitere Auffassung geht davon aus, dass Art. 3 Abs. 3 S. 1 GG ein Begründungsverbot enthalte.[626] Demnach stehe nicht die Kausalitätsfrage im Vordergrund, sondern die Begründung einer Maßnahme. Es sei dem Staat erlaubt, Differenzierungen anhand der in Art. 3 Abs. 3 S. 1 GG normierten Merkmale vorzunehmen, er dürfe Differenzierungen lediglich nicht mit den genannten Merkmalen begründen. Deutlich wird anhand beider Auffassungen, dass Art. 3 Abs. 3 S. 1 GG eine strikte Forderung nach Gleichberechtigung der Geschlechter aufstellt.[627]

Der individualrechtliche Charakter des Art. 3 Abs. 3 S. 1 GG wird zunächst aus seiner Formulierung hergeleitet.[628] Überzeugender als dieser Ansatz ist, auf die Verwandtschaft mit Art. 3 Abs. 1 GG hinzuweisen. Wird der allgemeine Gleichheitssatz in seiner jeweiligen Konkretisierung als Ausformung des Gebotes der individuellen Menschenwürde gesehen, so kann dieses auch für Art. 3 Abs. 3 S. 1 GG angenommen werden.[629]

---

[621] v. Mangoldt/ Klein/ Starck, *Starck*, Bonner Grundgesetz, Art. 3 Abs. 3 GG, Rdnr. 341.

[622] v. Mangoldt/ Klein/ Starck, *Starck*, Bonner Grundgesetz, Art. 3 Abs. 3 GG, Rdnr. 338; *Jarass/ Pieroth*, Art 3 GG , Rdnr. 89.

[623] *Schlachter*, 67.

[624] Dreier, *Heun*, Art. 3 GG, Rdnr. 105.

[625] *Lauda*, 18 ff.; *Sacksofsky*, 139 ff.

[626] *Sacksofsky*, 146; *Peters*, 153.

[627] Sachs, *Osterloh*, Art. 3 GG, Rdnr. 259; v. Mangoldt/ Klein/ Starck, *Starck*, Art. 3 Abs. 2 GG, Rdnr. 280.

[628] v. Mangoldt/ Klein/ Starck, *Starck*, Art. 3 Abs. 3 GG, Rdnr. 341; *Sacksofsky*, 321.

[629] *Peters*, 153; v. Mangoldt/ Klein/ Starck, *Starck*, Art. 3 Abs. 3 GG, Rdnr. 339.

dd) Rechtsvergleichende Betrachtung der Anti- Diskriminierungsregelungen

Basierend auf dem auf das deutsche Recht bezogenen, rechtsvergleichenden Ansatz der Arbeit sind die Auswirkungen der untersuchten Rechtssysteme auf das deutsche Recht festzustellen.

(1) Vergleich mit europäischem Recht

Der Vergleich zwischen den Anti-Diskriminierungsnormen im Grundgesetz und im EGV zeigt auf der formalen Ebene einen Unterschied in der Formulierung auf. Art. 137 Abs. 1, 5. Spiegelstrich EGV richtet sich explizit auf die Gleichberechtigung am Arbeitsplatz. Diese formale Differenz basiert auf regelungssystematischen Erwägungen.[630] Inhaltlich können aus diesem Unterschied keine abweichenden Konsequenzen hergeleitet werden, die allgemeinere Fassung des Grundgesetzes erstreckt sich auf den gleichen Anwendungsbereich.
Auf der materiellen Ebene ergeben sich aus dem europäischen Recht keine entscheidenden inhaltliche Impulse für das deutsche Verfassungsrecht. Das europäische Anti-Diskriminierungsrecht hat sich aus einem ungeschriebenen Gleichbehandlungsgrundsatz entwickelt. Dieser Grundsatz geht inhaltlich auf die geschriebenen Gleichbehandlungsgrundsätze der Mitgliedstaaten zurück. Art. 3 Abs. 1 und 3 GG haben auf diese Weise die europäische Gleichberechtigungsgesetzgebung mitgeprägt. Die Anti-Diskriminierungsinhalte des Grundgesetzes sind aus diesem Grunde keinen entscheidenden, direkten europäischen Einflüssen ausgesetzt, sondern selbst Einfluss gewesen. Zentraler Ansatz der Anti-Diskriminierungsregelungen beider Systeme ist es, die möglichst umfassende Gleichberechtigung von Männern und Frauen zu erreichen. Den Anti-Diskriminierungsnormen liegen unterschiedliche theoretische Grundkonzepte zu Grunde. Die daraus folgenden Unterschiede werden aber erst im Zusammenhang mit positiven Förderungsmaßnahmen deutlich.[631]

(2) Vergleich mit südafrikanischem Recht

Die Anti-Diskriminierungsvorschriften im deutschen und im südafrikanischen Verfassungsrecht wurden vor unterschiedlichen gesellschaftlichen Hintergründen entwickelt. Das Grundgesetz entstand nach dem Ende des zweiten Weltkrieges. Ausgehend von den Wirren der Zeit ist dem Werk der Wunsch nach demokratischer gesellschaftlicher Festigung und nach Stabilität zu entnehmen. Die südafrikanische Verfassung ist wesentlich jünger. Sie entspringt einer gesellschaftlichen Strömung deren einzige Konstante der Wille zur grund-

630 Grundgesetzliche Regelungen basieren auf großer Abstraktheit, während sich im EGV vielfach detailliertere Reglungen finden.
631 Dazu siehe unten: S. 180 ff.

legenden Veränderung zu sein scheint. Schon ihre vorübergehende Vorgängerversion, die Interim Constitution ist mit der Zielsetzung entstanden, die gesellschaftlichen Verhältnisse in Südafrika nachhaltig zu verändern. Aus dieser Zielsetzung ergibt sich eine besondere Motivation, die alle auf Gleichberechtigung bezogenen Maßnahmen bestimmt. Jede Handlung ist darauf gerichtet, sich vom vorherigen Unrechtsstaat abzusetzen. In der Constitution wird diese Vorgehensweise fortgesetzt.

Die genannten Unterschiede im Prozess der gesellschaftlichen Entstehung finden sich im Detail der Verfassungen wieder. Differenzen liegen zunächst auf der formalen Prüfungsebene. Die südafrikanische Dogmatik trägt eine Besonderheit vor, indem sie eine vierstufige Diskriminierungsprüfung entwickelt hat. Diskriminierung ist in zweifacher Weise negativ zu bewerten: Zum einen ist der Begriff Diskriminierung negativ umschrieben und zum anderen ist die Unfairness der Diskriminierung zu überprüfen.[632] Im deutschen Verfassungsrecht ist Diskriminierung lediglich ein Grundbegriff. Problematisch ist erst die von der Begrifflichkeit ausgehende Qualifizierung einer Maßnahme als diskriminierend.[633]

Ein weiterer formaler Unterschied liegt darin, dass sich in der südafrikanischen Verfassung ein erheblich längerer Katalog mit Merkmalen findet, deren Verwendung unfaire Diskriminierung indiziert.[634]

Der Vergleich der Verfassungen zeigt, dass sich die formalen Differenzen nicht auf die materielle Seite auswirken. Auf den von den Verfassungen vorgegebenen, abweichenden Wegen werden vergleichbare Ergebnisse erzielt. Das einheitliche Ziel lautet, einen formalen Rahmen für wirksamen, umfassenden Diskriminierungsschutz zu gewährleisten. Formale Unterschiede sind auf hergebrachte rechtliche Eigenheiten der beiden Systeme zurückzuführen, maßgebliche inhaltliche Differenzen ergeben sich daraus nicht.

Das Ergebnis des Vergleiches auf der formalen Ebene stimmt mit den Erkenntnissen der allgemeinen theoretischen Debatte überein. Das jeweilige formale Gesicht der Anti-Diskriminierungsregelungen in einem Verfassungssystem ist letztlich Ausdruck des dem System zu Grunde liegenden theoretischen Konzepts. Dieses ist im Rahmen der reinen Umsetzung der Anti-Diskriminierungsregelungen zwangsläufig zunächst gleich: formell-/ symmetrisch.

Abweichungen auf der materiellen Ebene fallen stärker ins Gewicht. Die Bedeutung und damit der Geltungsgrad der Anti-Diskriminierungsregelungen in den beiden Rechtsordnungen setzt sich entscheidend voneinander ab. Nicht mehr die reine Umsetzung der Regelungen, sondern ihr Stellenwert im Gesamtsystem ist in diesem Zusammenhang entscheidend.

---

[632] Siehe oben: S. 105 ff.

[633] Siehe oben: S. 151 f.

[634] Sec. 9 (3) Constitution.

Anti-Diskriminierungsgesetzgebung ist das Herzstück des deutschen mit Gleichberechtigungsfragen befassten Verfassungsrechts. Im südafrikanischen Recht wird der Anti-Diskriminierungsgesetzgebung keine vergleichbare zentrale Position eingeräumt. Regelungen gegen Diskriminierung werden lediglich als Grundlage dafür angesehen, dass weitergehende Vorschriften umgesetzt werden können. Die abweichende Gewichtung an dieser Stelle ist auf die unterschiedlichen theoretischen Gleichheitskonzeptionen zurückzuführen, die den Verfassungen insgesamt zu Grunde liegen. Während im südafrikanischen Recht dem materiell-/ substantiellen Ansatz gefolgt wird ist in Deutschland ein formell-/ symmetrischer Ansatz bestimmend.[635]
Anders als auf der formellen Verfassungsebene führen die materiellen Differenzen somit zu greifbaren Unterschieden. Diese zeigen sich nicht im Rahmen der Anti-Diskriminierungsregelungen selbst, sondern erst im Bereich von positiver Diskriminierung/Affirmative Action.
Die im Folgenden zu überprüfende Verfassungsmäßigkeit entsprechender Regelungen belegt, dass sich aus verschiedenen Anti-Diskriminierungskonzepten abweichende Auswirkungen für den sich an diese anschließenden Bereich positiver Diskriminierung ergeben.

b) Positive Diskriminierung und Verfassungsrecht - Art. 3 Abs. 2 GG

Aufbauend auf der Schilderung der Anti-Diskriminierungsregelungen des Art. 3 GG ist in einem weiteren Teil zu fragen, ob Maßnahmen positiver Diskriminierung im deutschen Arbeitsrecht als mit den Regelungen des Grundgesetzes vereinbar angesehen werden können.
Grundgesetzlicher Aufhänger derartiger Maßnahmen könnte/ müsste Art. 3 Abs. 2 GG sein.[636] Dieser ist ausgehend von den Diskussionsschwerpunkten, die sich aus der allgemeinen theoretischen Debatte und aus dem Vergleich mit den anderen Systemen ergeben, zu besprechen. Dazu sind einige grundlegende Erwägungen vorangestellt.

Angemerkt sei, dass an dieser Stelle lediglich grundsätzliche Erwägungen zur Zulässigkeit positiver Maßnahmen einfließen. Die unterschiedlichen konkreten Ausprägungen positiver Diskriminierung werden im Rahmen des einfachen Rechts detailliert betrachtet.[637] Die Untersuchung des Grundgesetzes ist komplex und hält eine Bandbreite von Argumenten für und gegen die verfassungsmäßige Zulässigkeit positiver Diskriminierung bereit.

---

[635] Siehe oben: Für Deutschland: S. 75 ff.; für Südafrika: S. 78 ff.
[636] Vgl.: *Claasen*, JZ 1996, 921, mit Übersicht über Gegner und Befürworter positiver Maßnahmen.
[637] Vgl.: *Brohm*, JZ 1994, 213, 220, der eine differenzierte Prüfung fordert.

aa) Anti-Diskriminierungsvorschriften als Hindernis
für positive Diskriminierung

Die allgemeine theoretische Diskussion hat verdeutlicht, dass positive Diskriminierung die inhaltliche Weiterentwicklung der Anti-Diskriminierungsgesetzgebung darstellt. Beide gesetzlichen Maßnahmen stehen in einer Wechselbeziehung, da die strikte Forderung nach Gleichberechtigung, die in Anti-Diskriminierungsregelungen zu finden ist, positiver Diskriminierung grundsätzlich entgegensteht. Genannte Problematik ist in Deutschland von besonderer Bedeutung, da hier eine starke Basis von Anti-Diskriminierungsvorschriften besteht.[638]
Ein Vergleich des auf positive Maßnahmen bezogenen Verfassungswortlautes der untersuchten Systeme verdeutlicht die Schwierigkeiten. In der südafrikanischen Constitution ist, um möglichen Interpretationsschwierigkeiten aus dem Weg zu gehen, in der Verfassung selbst normiert, dass Affirmative Action zulässig ist (sec. 9 (2) Constitution). Dieser Section wird in der südafrikanischen Literatur große Bedeutung eingeräumt.[639] Auch im EGV wird in Art. 141 Abs. 4 EGV die Möglichkeit positiver Diskriminierung erwähnt.
Eine entsprechende explizite Normierung findet sich im Grundgesetz nicht. Diese Tatsache kann gegen die verfassungsmäßige Zulässigkeit von positiver Diskriminierung sprechen. Auf Grund des in Rechtsprechung und Literatur umstrittenen Art. 3 Abs. 2 S. 2 ist diese Argumentation aber nicht zwingend. Art. 3 Abs. 2 S. 2 GG wird von einer starken Meinungsgruppe so interpretiert, dass auch positive Maßnahmen vom Wortlaut umfasst seien.[640] In der Besprechung des Art. 3 Abs. 2 S. 2 ist auf die, schon an dieser Stelle anzutreffende Mehrdeutigkeit dieses Artikels genauer einzugehen.[641] Festzustellen ist: Je stärker Anti-Diskriminierungsregelungen auf die Verfassung einwirken (insbesondere auf Art. 3 Abs. 2 GG), desto größere potentielle Hindernisse ergeben sich in Deutschland für positive Diskriminierung.

Wird die genannte Problematik aus grundsätzlich/ theoretischer Perspektive betrachtet, ergibt sich eine vergleichbare Schwierigkeit: Fraglich ist, ob die Tatsache, dass in Deutschland im Gegensatz zu Südafrika unstreitig kein rein materiell-/ substantieller Gleichheitsansatz vertreten wird, gegen die Annahme spricht, dass positive Diskriminierung im Rahmen des Grundgesetzes zu rechtfertigen wäre. Die südafrikanische Verfassung baut nach Auffassung von

---

[638] Dies geht insbesondere aus der rechtsvergleichenden Betrachtung hervor, siehe oben: S. 151 f.
[639] Z.B.: *Smith*, 1995 SAJHR, 84, 85.
[640] BVerfGE 92, 91, 109; *Kokott*, NJW 1995, 1049 ff.; *Weber*, DB 1988, 45 ff; *Suerbaum*, Der Staat 1989, 419; *Fuchsloch*, NJW 1991, 442; *Pfarr*, 36 ff.
[641] Siehe unten: 161 ff.

Rechtsprechung, Literatur und Politik auf ein materiell-/ substantielles Gleichheitskonzept.[642] Dieses stellt Affirmative Action in den Mittelpunkt der auf rasche und nachhaltige Veränderungen ausgerichteten Gleichberechtigungspolitik. Das dogmatische Fundament des materiell-/ substantiellen Ansatzes hilft, die theoretischen Probleme von positiver Diskriminierung zu lösen oder zu umgehen. Baut die Verfassung eines Staates nicht auf einem entsprechenden theoretischen Konzept auf, ergeben sich verschiedene Widerstände. Die theoretische Begründung von positiven Maßnahmen wird erschwert, oder im Falle eines rein formell-/ symmetrischen Konzeptes unmöglich. Anti-Diskriminierungsregelungen gewinnen an theoretischer Bedeutung.
In Deutschland ist ein eigener theoretischer Ansatz zwischen den beiden Grundkonzepten entstanden. Dieser basiert auf dem Sozialstaatsprinzip und beinhaltet starke Elemente des formell-/ symmetrischen Gleichheitsbegriffes.[643] Auf diesem Wege ist positive Diskriminierung nicht grundsätzlich ausgeschlossen, es ergeben sich aber im Vergleich zu Südafrika zusätzliche Schwierigkeiten hinsichtlich der theoretischen Herleitung und der praktischen Umsetzung von positiver Diskriminierung.

(1) Verhältnis Positive Diskriminierung - Anti-Diskriminierungsgesetzgebung im Grundgesetz

Auch im deutschen Recht ist das Verhältnis zwischen Regelungen positiver Diskriminierung und Anti-Diskriminierungsgesetzgebung konkret zu bestimmen. Grundsätzlich kann positive Diskriminierung als Ausnahme oder als Interpretation der Anti-Diskriminierungsregelungen angesehen werden.
In den anderen untersuchten Systemen hat sich folgendes Bild ergeben: Auf der Basis der in Südafrika angenommen materiell-/ substantiellen Gleichheitskonzeption wird Affirmative Action als die interpretatorische Essenz der Anti-Diskriminierungsnormen angesehen, da nur im Wege positiver Veränderungen das Ziel der Gleichbehandlung erreicht werden könne.
Auf europäischer Ebene hat sich ein anderes Ergebnis gezeigt. Die theoretischen Ausführungen zur *Kalanke*-Entscheidung haben deutlich gemacht, dass nach Auffassung des EuGH positive Förderungsmaßnahmen als Ausnahmen zum Grundsatz der Gleichbehandlung anzusehen sind.[644] Dieses Ergebnis kann mit der im europäischen Recht herrschenden Gleichheitskonzeption begründet werden. Der dort vertretene „*equal opportunities*"-Ansatz stellt positive Maß-

---

[642] Z.B.: *Davis et al*, 59 f.
[643] Siehe oben: S. 146 ff.
[644] Vgl. EuGRZ 1995, 546 ff., *Kalanke*-Entscheidung; Generalanwalt *Saggio* vertritt in der *Badek*-Entscheidung eine entgegengesetzte Auffassung, d.h. möglicherweise zeichnet sich ein Wandel auch beim EuGH ab. Dieser uneinheitliche Kurs zeigt einmal mehr die Schwierigkeiten, die mit der Umsetzung des „*equal opportunity*"-Ansatzes verbunden sind.

nahmen nicht in den Mittelpunkt des Gleichberechtigungskonzeptes. Aus diesem Grunde fließen die Rechte der durch positive Förderung benachteiligten Personen stärker in die Überlegungen mit ein.
Aus der Untersuchung der Systeme wird deutlich, dass das Verhältnis der verschiedenen Regelungen direkt mit dem in dem jeweiligen System vertretenen theoretischen Gleichheitskonzept zusammenhängt. In Südafrika wird ein rein materiell-substantieller Ansatz vertreten und im europäischen Recht zeichnet sich ein Kompromiss zwischen den Gleichheitskonzeptionen ab. Die Erwägungen zu den Anti-Diskriminierungsregelungen im Grundgesetz haben gezeigt, dass in Deutschland über den Einfluss des Sozialstaatsprinzips der formell-/ symmetrische Ansatz beherrschender ist als in den anderen Systemen. Auf dieser Basis ist positive Diskriminierung einzuordnen. Die zentrale Bedeutung der Anti-Diskriminierungsregelungen ist entscheidend. Regelungen, die von diesen abweichen, können lediglich als Ausnahmen dazu charakterisiert werden.
Anti-Diskriminierungsregelungen und positive Diskriminierung stehen im deutschen Recht in einem Regel-Ausnahme Verhältnis zueinander.

Genannte Einordnung positiver Diskriminierung wirkt sich in der Folge auf die praktische Bewertung entsprechender Regelungen aus. Soll positive Diskriminierung im deutschen privaten Arbeitsrecht möglich sein, ist der Ausnahmecharakter zu berücksichtigen. Jede vorgesehene Regelung ist eng auszulegen und sowohl hinsichtlich der Wahl der Mittel als auch hinsichtlich des angestrebten Zieles gerichtlicher Überprüfung unterworfen.

(2) Problem des „agent of allocation"

Eine weitere, im Zusammenhang mit der allgemeinen theoretischen Diskussion angesprochene Problematik unterstreicht die Bedeutung des gesamten Verfassungsrahmens. Nach Auffassung von *Rosenfeld* ist jede Gleichberechtigungsdebatte im Rahmen einer staatlichen Verfassung von einem Phänomen geprägt, das er als *„agent of allocation"*-Problem bezeichnet.[645] Danach kann der Staat auf Grund des ihn bildenden Verfassungsrahmens lediglich die Güter verteilen, die ihm verfassungsmäßig zur Verfügung gestellt wurden. Sollten allgemeine theoretische Überlegungen für weitergehende Schritte sprechen, ist der Staat dennoch durch die eigene Verfassung gebunden.
Die Argumentation von *Rosenfeld* ist wertneutral und hinterfragt die staatlich getroffenen Wertungen. Die Antwort hängt entscheidend von der Frage ab, welcher Gleichheitskonzeption in dem zu überprüfenden System gefolgt wird. Übertragen auf den deutschen Verfassungsrahmen bedeutet diese Argumentation, dass der Staat in Deutschland lediglich das Ausmaß an Gleichheit aktiv

[645] *Rosenfeld*, 17 ff.

gewähren kann, das von den Grenzen des Art. 3 Abs. 3 GG gestattet wird. Das Gewicht der Anti-Diskriminierungsnorm grenzt die aktive Verteilung von Gleichheit ein. Im Unterschied dazu kann, auf Grund der verschiedenen Gleichheitskonzeption, der südafrikanische Staat („*agent of allocation*") in größerem Umfang aktiv eingreifen, als der deutsche.
Am Problem des „agent of allocation werden allgemeine Unterschiede zwischen kontinental-europäischem Recht (vertreten durch deutsches Recht) und angelsächsischem Recht (vertreten durch südafrikanisches Recht) verdeutlicht.

bb) Art. 3 Abs. 2 GG

Art. 3 Abs. 2 GG ist in zwei Sätze unterteilt. In der Auslegung der beiden Sätze liegen die größten Probleme dieses Artikels. Sie werden nacheinander besprochen und ihr Verhältnis zueinander und zu Art. 3 Abs. 3 S. 1 GG geklärt.

(1) Art. 3 Abs. 2 S. 1 GG

Zunächst ist mit Art. 3 Abs. 2 S. 1 GG der ältere der beiden Sätze des Art. 3 Abs. 2 GG zu untersuchen.

(a) Inhalt

Die durch Art. 3 Abs. 1 GG allgemein garantierte Gleichheit wird in Art. 3 Abs. 2 S. 1 GG für das Verhältnis zwischen Mann und Frau im speziellen Fall wiederholt.[646] Die Grundrechtsträgerschaft liegt bei Männern und Frauen[647], die jeweils als Individuum Gleichheit beanspruchen können.[648] Art. 3 Abs. 2 S. 1 GG drückt in seiner Kernaussage ein absolutes Differenzierungsverbot aus.[649] Frühere einschränkende Ansätze, nach denen der Art. 3 Abs. 2 S. 1 GG weiter auszulegen sei und „*nicht absolut gelten*" solle[650], werden nicht mehr diskutiert. Betrachtet man eine im konkreten Fall bestehende Ungleichbehandlung bildlich und sieht zwei verschieden behandelte Personen als auf verschiedenen Stufen stehend an, dann wird deutlich, in welche Richtung eine Gleichbehandlung gehen kann. Die beiden Personen können auf die niedrigere Stufe herunter-

---

646 *Leibholz/ Rinck/ Hesselberger*, Art. 3 GG, Rdnr. 46; v. Mangoldt/ Klein/ Starck, *Starck*, Art. 3 Abs. 2 GG Rdnr. 279; st. Rspr. des BVerfG, seit BVerfGE 3, 225, 240; 10, 59, 73; 52, 369, 374; 68, 384, 390.
647 *Jarass/ Pieroth*, Art. 3 GG, Rdnr. 87.
648 v. Mangoldt/ Klein/ Starck, *Starck*, Art. 3 Abs. 2 GG, Rdnr. 282.
649 Dreier, *Heun*, Art. 3 GG, Rdnr. 95; *Maidowsky*, 102; *Pieroth/ Schlink*, 107; von Münch/ Kunig, *Gubelt*, Art. 3 GG, Rdnr. 86; *Jarass/ Pieroth*, Art. 3 GG, Rdnr. 81; Maunz/ Dürig, *Dürig*, Art. 3 Abs. 2 GG, Rdnr. 2, „*Kategorisches Differenzierungsverbot*"; *Sacksofsky*, 23 ff., „*Gleichberechtigungsgebot*".
650 BVerfGE 75, 40, 70.

nivelliert werden, andererseits können sie aber auch auf der höheren Stufe zusammentreffen.[651] Art. 3 Abs. 2 S. 1 GG gibt in diesem Fall keinen konkreten Anspruch auf eine der beiden Möglichkeiten. Die Auswirkungen der Gleichbehandlung sind im Einzelfall festzustellen.[652]

Fraglich ist, ob Art. 3 Abs. 2 S. 1 GG weitere, über den Kerngehalt hinausgehende Aussagen trifft. Vor diesem Hintergrund ist auf die vor der Änderung des Grundgesetzes im Jahre 1994 in der Literatur vertretenen Ansätze hinzuweisen. Auf Grund der Formulierung des Art. 3 Abs. 2 GG a.F. und der davon abweichenden tatsächlichen Lage in der Bundesrepublik Deutschland forderten einige Autoren, dass der Geltungsbereich der Vorschrift erweitert werden solle. Art. 3 Abs. 2 GG a.F. wurde diesen Gesichtspunkten folgend ein imperativischer, auf Veränderungen gerichteter Charakter beigemessen, der im Sinne einer an den Staat gerichteten Handlungspflicht zu verstehen gewesen wäre.[653] Ein weiterer Ansatz wurde begrifflich dahingehend untermalt, dass der Charakter des Art. 3 Abs. 2 GG a.F. von einem Differenzierungsverbot hin zu einem Dominierungsverbot umgedeutet wurde.[654] Dieses Dominierungsverbot war darauf gerichtet, Art. 3 Abs. 2 GG a. F. angesichts der in Deutschland existierenden strukturellen Diskriminierung mehr Durchschlagskraft zu verleihen.[655] Die wertneutrale Herangehensweise des Differenzierungsverbotes bei bestehenden Ungleichheiten wurde kritisiert. Ein reines Differenzierungsverbot habe die Auswirkung, dass keine Unterscheidungen anhand des Geschlechts mehr vorgenommen werden dürften. Die Problematik solle gelöst werden, indem das Geschlecht, obwohl entscheidend, als Kriterium völlig ausgeklammert werde.[656] Eine Lösung des Problems sei aber lediglich dann möglich, wenn auf entsprechende Wertungen zurückgegriffen werde. Zu diesem Zweck sei das Dominierungsverbot notwendig.[657]

---

651 Dies ist eine Frage der Anwendung ergebnisorientierter Verteilungskriterien, vgl. *Rosenfeld*, 19.

652 Sachs, *Osterloh*, Art. 3 GG, Rdnr. 281 ff.

653 *Slupik*, JR 1990, 317, 319 f.

654 *Sacksofsky*, 312 ff.

655 *Sacksofsky*, 315 f., gelangt zu folgender Schlussfolgerung: Konsequenz des Differenzierungsverbots: Einzelne, die sich durch ein bestimmtes Merkmal auszeichnen, dürfen nicht als Gruppe wahrgenommen werden; Konsequenz des Dominierungsverbots: Eine Gruppe, die sich durch ein bestimmtes Merkmal auszeichnet, setzt sich durch die bewusst von Gesetzgeber zu diesem Zwecke initiierte Förderung gg. Individuen ohne dieses Merkmal durch. Beide Ansätze kommen zu unterschiedlichen Ergebnissen, abhängig davon ob ein rechtlicher Gleichheitszustand bereits erreicht wurde.

656 *Sacksofsky*, 26 f.

657 Die Argumentationsebene weist die Nähe dieser Auffassung zur materiell/ substantiellen Gleichheitskonzeption aus; *Schlachter*, 40, 57 „*Optimierungsgebot*".

Diese Auslegungsansätze haben sich im Rahmen der Verfassungsreform relativiert.[658] Sie sind in die Diskussion um die Fassung des Art. 3 Abs. 2 S. 2 GG eingeflossen und haben diese in dem Maße geprägt, in dem sich die hinter den Auffassungen stehenden Forderungen als mehrheitsfähig erwiesen haben. Weitergehende Relevanz kommt ihnen aus dem Grunde zu, dass sich das BVerfG in jüngeren Entscheidungen diesen Forderungen teilweise angeschlossen hat.

Die Rechtsprechung des BVerfG hat sich heute von der Auffassung, den Art. 3 Abs. 2 S. 1 GG als reines Differenzierungsverbot anzusehen, gelöst. Art. 3 Abs. 2 S. 1 GG wird vom BVerfG ein über obigen Grundrechtskern hinausgehender Inhalt zugeschrieben. Das BVerfG baut dabei auf die vor der Änderung des Art. 3 Abs. 2 GG begonnene Rechtsprechung auf, wonach Art. 3 Abs. 2 GG ein Gleichberechtigungsgebot aufstellt, welches er auf die gesellschaftliche Wirklichkeit erstreckt.[659]

Im Hinblick auf die Rechtsprechung des BVerfG nach der Verfassungsänderung 1994 ist besonders auf die sogenannte Feuerwehrdienstpflichtentscheidung des BVerfG[660] zu verweisen. In dieser wird die neue Prüfsystematik des BVerfG deutlich. Als Maßstab geschlechtsspezifischer Ungleichbehandlungen wird vom Gericht allein Art. 3 Abs. 3 GG verwandt, wonach Differenzierungen nur erlaubt seien, soweit zur Lösung von geschlechtsspezifischen Problemen zwingend erforderlich. In dieser Hinsicht zeigt sich die vollzogene dogmatische Abkehr des BVerfG von der gemeinsamen Prüfung der Absätze 2 und 3 des Art. 3 GG. Das BVerfG sagt: *„Fehlt es an zwingenden Gründen für eine Ungleichbehandlung, lässt sich diese nur noch im Wege einer Abwägung mit kollidierendem Verfassungsrecht legitimieren (...). Insoweit kommt vor allem das erwähnte Gleichberechtigungsgebot des Art. 3 Abs. 2 GG in Betracht, das den Gesetzgeber berechtigt, faktische Nachteile, die typischerweise Frauen treffen, durch begünstigende Regelungen auszugleichen (...).“*[661] Art. 3 Abs. 2 S. 1 spricht gemäß dieser Auffassung zusätzlich zu seiner Grundgewährleistung das Gebot aus, die Rechtsordnung im Blick auf die Gleichberechtigung der

[658] *Peters*, 161; andere Auffassung: *Sacksofsky*, 403.

[659] BVerfGE 85, 195, 206 f.; 15, 337, 345, *„Einer [...] Bevorzugung [von Männern] steht Art. 3 Abs. 2, 3 GG entgegen. Der Gleichberechtigungssatz ist, wie Wortlaut, Sinn und Entstehungsgeschichte ergeben, umfassend angelegt. Seine Geltung hängt nicht von der traditionellen Überzeugung der Betroffenen ab. Art. 3 Abs. 2, 3 GG wollte nicht lediglich vorher geltende Rechtsgrundsätze bestätigen, sondern für die Zukunft die Gleichwertigkeit der Geschlechter durchsetzen.“* (Entscheidung zur Höfeordnung); 48, 327, 340, (Entscheidung zum Ehenamen), mit Verweis auf obiges Zitat, mit der Ausnahme das nicht mehr auf Art. 3 Abs. 2, 3 GG, sondern auf Art. 3 Abs. 2 GG verwiesen wird.

[660] BVerfGE 92, 91.

[661] BVerfGE 92, 91, 109.

Geschlechter zu gestalten. Dabei geht es dem BVerfG nicht lediglich darum, gegen Hindernisse in der Rechtsordnung vorzugehen, die der Gleichberechtigung von Männern und Frauen im Weg stehen; Art. 3 Abs. 2 S. 1 GG könne darüber hinaus als Grundlage einer Rechtfertigung von Ungleichbehandlungen von Männern und Frauen angesehen werden, es müsse nur eine in der gesellschaftlichen Wirklichkeit anzutreffende Differenz vorliegen.[662] Diese Vorgehensweise deutet an, dass aktive Maßnahmen zur Arbeitnehmergleichberechtigung nach Ansicht des BVerfG als von Art. 3 Abs. 2 S. 1 GG umfasst angesehen werden könnten. Mangels ausdrücklicher Äußerungen des Gerichts zu positiven Maßnahmen kann eine dahingehende Rechtsprechung lediglich prognostiziert werden. Die vorgenommene getrennte Prüfung der Absätze 2 und 3 sowie die Bezugnahme auf begünstigende Regelungen unterstreichen dies. Inwiefern diese Rechtsprechungsauffassung berechtigt oder kritikwürdig erscheint, soll bei der Frage nach dem Verhältnis zwischen den Absätzen des Art. 3 GG geklärt werden.

(b) Ausnahmen zum Gleichbehandlungsgebot

Hinsichtlich des Kerngehalts des Art. 3 Abs. 2 S. 1 GG, dem Gleichbehandlungsgebot, werden weitere dogmatische Unterteilungen diskutiert. Leitet man aus Art. 3 Abs. 2 S. 1 GG ein striktes Gleichbehandlungsgebot ab, gilt auch dieses ausnahmsweise unter bestimmten, engen Kriterien nicht.[663] Dies sind Kriterien, die davor bewahren sollen, nicht miteinander vergleichbare Tatbestände gleichzusetzen.[664] Die Ausnahmekriterien erlangen besondere Bedeutung angesichts der Tatsache, dass positive Diskriminierung eine verfassungsmäßige Verankerung benötigt.

(aa) Biologisch

Unstreitig ergeben sich auf der Ebene der biologischen Konstitution von Männern und Frauen nicht miteinander zu vergleichende Tatbestände.[665] Diese lassen sich kurz und eindeutig bestimmen und sind in der Anwendung unproblematisch. Als Beispiele biologischer Besonderheiten der Frauen werden Menstruation, Defloration, Schwangerschaft, Geburt, Stillzeit und Klimakterium

---

662 *Di Fabio*, AöR 1997, 411; *Starck*, Festschrift für Thomas Dieterich, 643, 645.

663 *Leibholz/ Rinck/ Hesselberger*, Art. 3 GG, Rdnr. 2602, mit Nachweisen aus der Rechtsprechung des BVerfG; Schmidt- Bleibtreu/ Klein, *Kannengießer*, Art. 3 GG, Rdnr. 37.

664 *Jarass/ Pieroth*, Art. 3 GG, Rdnr. 94.

665 Dreier, *Heun*, Art. 3 GG, Rdnr. 37 ff.; *Schlachter*, 48 f.

genannt.[666] Vorschriften, z. B. Arbeitsschutzbestimmungen, die sich auf diese Unterschiede beziehen, sind zulässig, denn sie tragen den Tatbeständen Rechnung, die durch diese biologischen Verschiedenheiten entstehen.[667]

(bb) Funktional

Weitaus umstrittener ist die Frage nach der Zulässigkeit von funktional oder funktional-arbeitsteiligen Differenzierungen.[668] Motiviert durch frühe gerichtliche Entscheidungen[669], die von der rechtlichen Erheblichkeit funktioneller Unterschiede ausgehen, wird die Debatte um solche Unterschiede seit langem geführt. Stimmen aus der Literatur weisen zunächst darauf hin, dass der dehnbare Begriff „funktional" nicht als Aufhänger für ungerechtfertigte Benachteiligungen der Frau genutzt werden dürfe.[670] In der Hausarbeitstag-Entscheidung des BVerfG, in der funktionelle Unterschiede zur Diskussion standen, wurde überspitzt festgestellt: *„Es gehört nicht zu den geschlechtsbedingten Eigenheiten von Frauen, Hausarbeit zu verrichten."*[671]
Nach heutigem Stand der Diskussion steht nicht nur auf Grund der hinter der Äusserung stehenden Bedenken die Eigenständigkeit des Kriteriums der funktionellen Unterschiede in Frage. Es lässt sich sagen, dass heute lediglich auf funktionelle Unterschiede abgestellt werden darf, wenn diese an biologische Besonderheiten unmittelbar anknüpfen und sich als Folge dieser ergeben.[672] Diese Einordnung läuft damit letztlich auf rein biologische, eindeutig messbare Unterschiede heraus.[673] Diese sind in der heutigen Theorie die einzigen Kriterien, die eine Ungleichbehandlung eindeutig zu rechtfertigen vermögen.[674]

(cc) Weitere Ausnahmen

Weitergehende Literaturauffassungen fordern, neue Kriterien als zulässige Ausnahmen anzuerkennen. Die meisten genannten Kriterien vermögen nicht zu

---

666 Maunz/ Dürig, *Dürig*, Art. 3 Abs. 2 GG, Rdnr. 13; *Sacksofsky* verweist darauf, 129, dass diese Liste heute kaum noch Verwendung findet, 388, dass der diesbezügliche Prüfungsmaßstab verschärft wurde; *Peters*, 158.

667 Diese Differenzierungen, sofern sie tatsächlich auf den genannten Unterschieden beruhen stellen keine allgemeine Gleichung: Frau = schutzwürdig, auf.

668 Sachs, *Osterloh*, Art. 3 GG, Rdnr. 272 ff.; Ausführlich: *Sacksofsky*, 37 ff., 133 ff.; *Schlachter*, 50 f.; *Leibholz/ Rinck/ Hesselberger*, Art. 3 GG, Rdnr 2602.

669 HöfeOrdnungs-Entscheidung des BGH, BGHZ 30, 50.

670 v. Mangoldt/ Klein/ Starck, *Starck*, Art. 3 Abs. 2 GG, Rdnr. 301.

671 BVerfG 52, 369, 376.

672 Dreier, *Heun*, Art. 3 GG, Rdnr. 99; unklar: Model/ *Müller*, Art. 3 GG, Rdnr. 16; v. Mangoldt/ Klein/ Starck, *Starck*, Art. 3 Abs. 2 GG, Rdnr. 301.

673 von Münch/ Kunig, *Gubelt*, Art. 3 GG, Rdnr. 87, 90.

674 *Sacksofsky*, 133 ff.; *König*, DÖV 1995, 838; *Hofmann*, JuS 1988, 253.

überzeugen. Unter anderem wird der Nachteilsausgleich von strukturellen Diskriminierungen gegenüber Frauen als zulässige Ausnahme diskutiert.[675] Vor dem Hintergrund biologischer Unterschiede als einzigem anerkannten Kriterium erscheint die weitergehende Forderung als zu konturenlos.
Fraglich ist weiter, ob positive Diskriminierung als zulässige Ausnahme zum Gleichbehandlungsgebot angesehen werden kann. Dieser Weg wird bislang, soweit ersichtlich, in der deutschen Literatur nicht gegangen. Eine entsprechende Einordnung hätte einige Probleme zu überwinden. Gegenüber dem eindeutigen Kriterium der biologischen Unterschiede ergibt sich wiederum eine große Differenz. Positive Maßnahmen sind gerade als Ausgleich der schwer fassbaren, gesamtgesellschaftlichen strukturellen Diskriminierung gedacht. Daraus ergibt sich, dass der Rahmen von positiver Diskriminierung als mögliche Ausnahme schwierig einzugrenzen wäre. Auch die Entstehungsgeschichte der Norm spricht nicht für eine derartige Auslegung. Ausnahmen sind stets restriktiv gehandhabt worden. Die Weite positiver Diskriminierung könnte diese Grenze durchbrechen.
Auf Grund der Tatsache, dass positive Diskriminierung in Deutschland generell als Ausnahme zur Anti-Diskriminierungsgesetzgebung zu behandeln ist, lässt sich argumentieren, dass es notwendig sei, entsprechende Maßnahmen auf Verfassungsebene dahingehend einordnen zu können. Aus dieser Sichtweise ergibt sich an dieser Stelle ein Hindernis für positive Diskriminierung. Dieses ließe sich lediglich dann überwinden, wenn davon abgewichen würde, dass Ausnahmen zum Gleichberechtigungsgrundsatz notwendigerweise konkret bestimmbar sein müssen.

(2) Art. 3 Abs. 2 S. 2 GG

Art. 3 Abs. 2 S. 2 GG wird ausgehend von der bei seiner Einführung gegebenen, amtlichen Begründung betrachtet.[676] Demnach formuliert der neue Satz 2 kein subjektives Grundrecht, sondern einen objektiven, nicht unmittelbar anspruchsbegründenden oder einklagbaren „*verbindlichen Förderauftrag*". Die Bedeutung der Formulierung „*verbindlicher Förderauftrag*", die die letztliche Intention des Verfassungsgebers wiedergibt, ist im Zuge der Klärung der verschiedenen Spannungsfelder des Art. 3 Abs. 2 S. 2 GG näher zu bestimmen. Art. 3 Abs. 2 S. 2 GG ist wiederum in zwei Halbsätze unterteilt, aus denen zwei unterschiedliche, sich ergänzende Regelungsbereiche hervorgehen.

---

[675] *Schlachter*, 53 ff.
[676] Bericht *GemVerfKom.*, BT-Drucksachen, 12/ 6000, S. 50 ff.; Zum Entwurf der Fraktionen CDU/CSU, SPD und F.D.P., BT-Drucksachen, 12/ 6633, S. 6 ff.

(a) Förderungsklausel

Gemäß Art. 3 Abs. 2 S. 2 Hs. 1 GG fördert der Staat die Durchsetzung der Gleichberechtigung zwischen Männern und Frauen. Fraglich ist, inwieweit mit dieser Formulierung ein bindender, verpflichtender Auftrag für den Staat entsteht.[677]

Nach einer Auffassung soll die Förderungsklausel klarstellen, dass es darum geht, faktische Gleichstellung zwischen Frauen und Männern zu erreichen.[678] Diese Ansicht ist darauf gerichtet, aus der Formulierung des Art. 3 Abs. 2 S. 2 HS. 1 GG eine Pflicht des Staates zu faktischen Änderungen zu entnehmen. Dies ist nur vorstellbar, wenn eine feste Bindung des Staates an das ausgesprochene Förderungsgebot besteht. Die Wurzel dieser Ansicht liegt in den vor der Verfassungsänderung vertretenen Auffassungen, Art. 3 Abs. 2 GG a.F. drücke eine an den Staat gerichtete Handlungspflicht aus. Überträgt man die älteren Auffassungen auf die neue Gesetzeslage, wird deutlich, dass die Vertreter dieser Ansichten den geforderten Inhalt des Art. 3 Abs. 2 GG a.F. in Art. 3 Abs. 2 S. 2 HS. 1 GG verwirklicht sehen. Legt man Art. 3 Abs. 2 S. 2 HS. 1 GG derart weitreichende, verpflichtende Konsequenzen bei, hat dies nicht unerhebliche Auswirkungen auf die praktische Umsetzung. Es würde bedeuten, dass der Staat durch Art. 3 Abs. 2 S. 2 HS. 1 GG den Auftrag zu einem flächendeckenden Eingriff in die Rechtsverhältnisse der Bürger erteilt bekommen hätte. Der Staat hätte in allen Lebens- und Gesellschaftsbereichen ein Eingriffsrecht, möglicherweise sogar die Pflicht einzugreifen. Die Folge eines solchen Regulierungsrechtes wären Kollisionen mit der privatrechtlichen Vertragsautonomie, mit dem Grundsatz der mittelbaren Drittwirkung der Grundrechte und mit anders geregelten, grundgesetzlich abgesicherten Bereichen.[679]

Eine zweite Auffassung geht nicht von einer Bindungswirkung aus. Nach dieser Ansicht ist die Förderungsklausel lediglich als gesetzgeberische Willensbekundung zu verstehen.[680] Verpflichtende Handlungsaufträge an den Staat könnten Art. 3 Abs. 2 S. 2 HS. 1 GG nicht beigemessen werden. Seine Wirkweise sei darauf gerichtet, dem formulierten Anliegen im Sinne eines Programmsatzes breite Aufmerksamkeit zukommen zu lassen.

Der Widerstreit zwischen den beiden Auffassungen ist vor dem Hintergrund der grundgesetzlichen Methodenlehre zu lösen. Aus den amtlichen Begründungen

---

[677] von Münch/ Kunig, *Gubelt*, Art. 3 GG, Rdnr. 93 d.; *Kokott*, NJW 1995, 1049, 1051.

[678] *Kokott*, NJW 1995, 1049, 1051, die in der Abhandlung verwendeten Begrifflichkeiten sind missverständlich.

[679] *Hofmann*, FamRZ 1995, 257, 261 f.; zu denken sei z. B. an den von Art. 9 Abs. 3 GG abgesicherten Bereich der Autonomie der Tarifvertragsparteien.

[680] *Hofmann*, FamRZ 1995, 257, 261; *Starck*, Festschrift für Thomas Dieterich, 643, 646.

ist zu entnehmen, dass die Förderungsklausel ein Staatsziel darstellen solle.[681] Ein Staatsziel ist allgemein als Verfassungsnorm gekennzeichnet, die der Staatstätigkeit die andauernde Berücksichtigung bestimmter, im Staatsziel inhaltlich umschriebener Aufträge vorgibt.[682] Negativ gefasst bedeutet dies, dass ein Staatsziel kein subjektiv einklagbares Grundrecht hinsichtlich des von ihm zu regelnden Themenbereiches gibt. Ferner trifft den Staat auch keine Gewährleistungspflicht, für die Umsetzung des geforderten Zieles einzustehen.[683]
Was bedeutet dieser Hintergrund für das Staatsziel des Art. 3 Abs. 2 S. 2 GG? Eine wichtige dogmatische Konsequenz ist aus obigen Ausführungen zu ziehen. Ein Staatsziel kann dogmatisch nicht auf der Ebene von Grundrechten angesiedelt werden. Staatsziele stellen eine Sollens- Bestimmung auf, d. h. der Staat bekommt nicht nur eine Wahrnehmungsmöglichkeit, sondern auch eine Verantwortung, sich für die Umsetzung der geforderten Ziele einzusetzen. Dieser Verantwortung muss der Staat im Rahmen der anderen Grundrechte, Kompetenz-regelungen und sonstigen Verfahrensvorschriften nachkommen. Sollte es zu kollidierenden Interessen kommen, hat das Staatsziel gegenüber Grundrechten zurückzustehen.[684] Das BVerfG hat hinsichtlich des Staatszieles der Sozialstaatlichkeit schon vor der Diskussion um Art. 3 Abs. 2 S. 2 GG formuliert, dass dieses Ziel nur in den Grenzen der Rechtsstaatlichkeit verwirklicht werden könne.[685] Dieser dogmatische Grundsatz gilt auch im Hinblick auf Art. 3 Abs. 2 S. 2 GG. Genannter Einordnung folgend ist der Auffassung der Vorzug zu geben, die in Art. 3 Abs. 2 S. 2 HS. 2 GG einen auf weitestgehende Umsetzung gerichteten Programmsatz sieht.
Ein weiteres Argument spricht für diese Ansicht. In der verfassungspolitischen Diskussion, die vor Einfügung des Art. 3 Abs. 2 S. 2 in das Grundgesetz geführt wurde, ist die Forderung laut geworden, der Frau ein „Grundrecht auf reale Gleichstellung" einzuräumen. Diese Forderung basierte auf den weitreichenden Auslegungsansätzen zu Art. 3 Abs. 2 GG a.F.. Die Auswirkungen dieser Standpunkte auf die Neufassung des Art. 3 Abs. 2 GG sind im Rahmen der Darstellung der ersten Auffassung beschrieben worden. Wäre der Gesetzgeber diesen Ansichten gefolgt, hätte Art. 3 Abs. 2 S. 2 GG die Qualität eines sozialen Leistungsrechts auf gesetzgeberische Maßnahmen zur realen Gleichstellung bekommen. Ein derartiges Recht hätte sich nicht nur im Berufsleben, sondern auch in anderen gesellschaftlichen Bereichen ausgewirkt.[686] Diese Ausgestaltung des Art. 3 Abs. 2 S. 2 GG hat in den Beratungen zur Verfassungs-

---

681 BT- Drucksachen 12/6000, 50; Maunz/ Dürig, *Dürig*, Art. 3 Abs. 2 GG, Rdnr. 60; *Brohm*, JZ 1994, 213, 219; mit ausführlicher Auslegung: *Schumann*, 62 ff.
682 *Hofmann*, FamRZ 1995, 257, 261, *Starck*, Festschrift für Dieterich, 643, 646.
683 *Hofmann*, FamRZ 1995, 257, 261.
684 *Starck*, Festschrift für Dieterich, 643, 646.
685 BVerfGE 88, 203, 213.
686 Bonner Kommentar, *Rüfner*, Art. 3 Abs. 2 und 3 GG, Rdnr. 686 ff.

änderung keine dafür notwendige Mehrheit gefunden.[687] Statt dessen ist beschlossen worden, den neu eingefügten Satz als Staatsziel zu gestalten.[688] In der Konsequenz bedeutet dies, dass die erstgenannte Auffassung als inhaltliche Weiterentwicklung weitreichender Thesen zu Art. 3 Abs. 2 a.F. im Zuge der gesetzgeberischen Beratungen gescheitert ist.
Über die Förderungsklausel des Art. 3 Abs. 2 S. 2 GG geht lediglich die Verantwortung und nicht die unbedingte Pflicht auf den Staat über, die geforderten Ziele umzusetzen. Wie die Verantwortung zur Förderung der Gleichberechtigung vom Staat in diesem Rahmen wahrgenommen wird, ist eine politische Frage.[689] Art. 3 Abs. 2 S. 2 Hs. 1 GG ist als Regelungsauftrag an den einfachen Gesetzgeber zu verstehen, die tatsächliche Gleich-berechtigung von Männern und Frauen so weit wie möglich voranzutreiben.[690] Er ist kein verbindlicher Handlungsauftrag an den Staat.

(b) Nachteilsausgleich-Klausel

Gemäß des zweiten Halbsatzes des Art. 3 Abs. 2 S.2 GG hat der Staat auf die Beseitigung bestehender Nachteile hinzuwirken. Welcher Art die beschriebenen Nachteile sein müssen geht aus der Formulierung nicht näher hervor. In den Beratungen der Gemeinsamen Verfassungskommission wurden Vorschläge unterbreitet, die eine sogenannte *„konkretisierte Kompensationsklausel"* vorsahen.[691] Demnach sollten die Frauen für bestimmte, schon im Grundgesetz näher konkretisierte Nachteile Kompensation erhalten. Diese Vorschläge wurden abgelehnt, da eine konkrete Benennung immer das Risiko der Unvollständigkeit trage.[692] Ferner wird vorgeschlagen, die Auslegung der Klausel an die Rechtsprechung des BVerfG anzulehnen.[693] In einer Reihe von Urteilen gebe das BVerfG Anhaltspunkte, welche Nachteile es als kompensationsfähig erachte.[694] Anhand dieser Auslegungshinweise lasse sich sagen, wann eine Bevorzugung von Frauen im Einzelfall als sachgerecht und verfassungsmäßig angesehen werden könne. Eine dementsprechende Methodik erscheint auf dem heutigen Stand der inhaltlichen Klärung des Artikels als die beste Lösung.

---

[687] BT- Drucksachen, 12/6000, 50 f.
[688] Bonner Kommentar, *Rüfner*, Art. 3 Abs. 2 und 3 GG, Rdnr. 686; *König*, DÖV 1995, 840.
[689] *Hofmann*, FamRZ 1995, 257, 261.
[690] Maunz/ Dürig, *Dürig*, Art. 3 Abs. 2 GG, Rdnr. 61.
[691] BT- Drucksachen 12/6000, 50 f.
[692] *Hofmann*, FamRZ 1995, 257, 262; BT- Drucksachen 12/6000, 50 f.
[693] In diesem Sinne BT- Drucksachen 12/6000, 50 f.
[694] Nachteile, die ihrerseits auf biologische Unterschiede zurückgehen, BVerfGE 74, 163, 180; *„faktische Nachteile, die typischerweise Frauen treffen"*, BVerfGE 85, 191, 207; ferner gewichtet das BVerfG das Ausmaß der Vorteilsgewährung, *„nicht allzu erhebliche Vorteile"*, BVerfGE 74, 163, 180.

(c) Individuelle oder kollektive Ausrichtung

Ungeklärt ist, wie positive Diskriminierung ausgerichtet werden könnte. Die mögliche Bevorzugung der Frauen als Gruppe bereitet Probleme. Entscheidend ist, welcher Inhalt Art. 3 Abs. 2 S. 2 GG in dieser Hinsicht beizumessen ist. Es könnte sich um eine den individualrechtlichen Charakter des Art. 3 Abs. 2 S. 1 GG bewahrende oder um eine kollektivrechtliche Norm handeln.[695]
Einer Ansicht nach ist Art. 3 Abs. 2 S. 2 GG als Gruppengrundrecht anzusehen.[696] Die Regelung solle generell eine unterschiedliche Behandlung von Männern und Frauen als Gruppe rechtfertigen, um das Ziel der Gleichbehandlung der Geschlechter als solches zu erreichen. Schon Art. 3 Abs. 2 S. 2 Hs. 1 GG enthalte ein kollektives Förderungsgebot, die kollektive Stoßrichtung sei auch auf den zweiten Halbsatz auszudehnen.[697] Es könne sich bei positiver Diskriminierung um vergangenheits- oder zukunftsbezogene Maßnahmen handeln. Die Herstellung von Geschlechtergleichheit in der Zukunft habe immer auch etwas mit der Kompensation von Nachteilen zu tun, und das gelte auch im umgekehrten Falle.[698] Auf Grund der gruppenbezogenen Ausrichtung werde ferner erreicht, *„dass die einzelne Frau nicht eine individuelle Benachteiligung nachweisen muss, (...) sondern als Angehörige der diskriminierten Gruppe gefördert wird.*“[699] Die Gruppe der Frauen müsse im Vordergrund stehen, um das *„soziale Ideal der Geschlechterparität*“ zu erreichen.[700]
Durch diese Argumentation geht der gruppenbezogene Ansatz verschiedenen dogmatischen Problemen aus dem Weg. Neben der benannten Frage nach der zeitlichen Richtung der Maßnahme ist es auch unproblematisch, dass bestimmte Männer unschuldig von einer sie benachteiligenden Regelung getroffen werden. Männer sind ebenso wie Frauen als Gruppe zu betrachten. Es kommt nicht auf Benachteiligungen oder Diskriminierungen des Einzelnen an, sondern es ist immer auf das Kollektiv abzustellen. Sollte das Kollektiv der Männer sich in einer allgemein privilegierten Lage befinden, wäre die Benachteiligung eines Einzelnen unerheblich.[701] Diese Gedankengänge stehen der materiell-/substantiellen Gleichheitskonzeption nahe. Sie zeigen, dass diese Herangehens-

---

695 Diese Frage stellt sich auch im Rahmen der Förderungsklausel, sie soll aber an dieser Stelle aus Gründen der Übersichtlichkeit einheitlich behandelt werden, da die Fragestellung identisch ist.

696 Insbesondere: *Slupik*, 79 ff.; dieser Ansicht grundsätzlich, mit Unterschieden im Detail folgend: *Maidowsky*, 130 f.; *Pfarr*, 34; *Raasch*, 148 ff.; *Sacksofsky*, 334 f., 345 ff.

697 *Slupik.*, 79 ff.

698 *Slupik*, 135.

699 *Pfarr*, 34.

700 Huster, AöR 1993, 109, 122; Slupik, 135.

701 *Sacksofsky*, 322, die Autorin maß schon dem Art. 3 Abs. 2 vor der Verfassungsänderung gruppenrechtlichen Charakter bei; begründet wird die Auffassung mit dem gruppenbezogenen Aufbau aus Subjekt, Prädikat, Prädikatsnomen.

weise die Problematik unschuldiger, von bestimmten Maßnahmen betroffener Opfer („*innocent white/ male victims*") hervorruft. Bei dem Versuch diese Problematik zu lösen, sind Parallelen zu den von *Fiscus* entwickelten Theorien erkennbar.[702] Vertreter dieser Literaturauffassung argumentieren ebenfalls bezogen auf Gruppen und wollen die gesellschaftlichen Möglichkeiten anhand ergebnisspezifischer Verteilungskriterien vergeben.

Eine zweite Meinung spricht sich gegen die Deutung des Art. 3 Abs. 2 S. 2 GG als kollektives Grundrecht aus. Kollektive Grundrechte seien dem Grundgesetz unbekannt und entsprächen nicht dem System der Grundrechte.[703] Das Individuum könne bei einem kollektiven Recht nicht mehr selbst, sondern nur über seine Gruppenzugehörigkeit wahrgenommen werden. Dies würde in der praktischen Anwendung zu einem „Kompensationspuzzle" verbunden mit einer unüberschaubaren Flut von Gesetzen führen.[704]
Die Argumentation lässt zwei zentrale Pfeiler erkennen. Auf der einen Seite wird in Frage gestellt, dass Gruppen Rechte haben könnten/ sollten, und zum anderen wird bezweifelt, dass es ein sinnvolles Ziel sein könne, das Ideal der Gruppenparität als solches zu fördern.
Die Existenz von Gruppenrechten scheint Vertretern dieser Auffassung schon begrifflich ausgeschlossen.[705] Rechte dienten dazu, fundamentale Bedürfnisse eines „*Etwas*" durchzusetzen. Diese fundamentalen Bedürfnisse könnten nur entstehen, wenn dieses „*Etwas*" in Form der Subjektivität und organischen Eigenstruktur fähig sei, Bedürfnisse zu äußern. Diese Fähigkeit komme einer Anzahl von Menschen in ihrer Eigenschaft als sozialer Gruppe nicht zu. Schon die objektive Homogenität der Gruppe der Frauen sei schwerlich festzustellen. Auf subjektiver und struktureller Ebene träten noch größere Probleme auf.[706] Hiergegen werde eingewandt, dass juristischen Personen Rechte, gemäß Art. 19 Abs. 3 GG auch Grundrechte, zugeschrieben werden könnten.[707] Dieser Einwand werde aber dadurch entkräftet, dass juristische Personen auf eine feste organisatorische Struktur blicken könnten.
Generell sei problematisch, aus welchen Gründen Rechte auf das Individuum oder auf die Gruppe zu beziehen seien. Gruppenrechte seien grundsätzlich denkbar. In der Geschichte gebe es Beispiele davon, dass Rechte auf Gruppen (Nation, Arbeiterklasse usw.) bezogen wurden. Die geschichtliche Entwicklung habe aber gezeigt, dass letztlich das Recht des Einzelnen entscheidend sein müsse. In Deutschland sei vor diesem Hintergrund die Menschenwürde an die

---

[702] Siehe oben: 82 ff.
[703] *Starck*, Festschrift für Thomas Dieterich, 643, 645; *Schlachter*, 65 f.
[704] *Schmitt Glaeser*, DOEV 1982, 381, 388; *Laubinger*, VerwArch 1987, 473, 531.
[705] *Huster*, AöR 1993, 109, 122 ff.
[706] *Huster*, AöR 1993, 109, 123.
[707] *Raasch*, 150.

Spitze der Grundrechte gestellt worden.[708] Befürworter von Gruppenrechten müssten sich gerade in Deutschland mit dieser rechtlichen Tendenz - weg von Gruppenrechten, hin zu Individualrechten - auseinander setzen.
Auch die Konsequenzen von Gruppenrechten seien problematisch. Bei Individualrechten stehe der Einzelne und die sich aus seiner Menschenwürde ableitende Rechtssphäre im Mittelpunkt. Gruppenrechte zielten auf bestimmte Kollektive ab. Die Stoßrichtungen dieser Rechtsgewährungen unterschieden sich. Der Konfliktfall sei denkbar. Ein Gruppenrecht durchzusetzen könne in der äußersten Konsequenz bedeuten, dass individuelle Rechte aufzuheben seien.[709]

Im Zusammenhang mit dieser Kritik kommt die Frage auf, warum Gruppenrechte auf dem heutigen Stand der Rechtsdogmatik noch eine Rolle spielen. In der allgemeinen, theoretischen Gleichheitsdiskussion hat *Fiscus* ein gruppenrechtlich ausgerichtetes Argument verwendet. Er hat die gruppenrechtlichen Betrachtungen mit dem Argument gerechtfertigt, dass die Schwarzen/ Frauen als Klasse schon vorpositiv eine homogene Gruppe bildeten, ohne dass dafür gesetzgebende Maßnahmen notwendig gewesen wären.[710]
Deutsche Autoren versuchen, die Entwicklung eines Gruppenrechtes speziell im Fall des Art. 3 Abs. 2 GG aus dessen Wortlaut, Systematik und Entstehungsgeschichte zu erklären.[711] Dieser Ansatz bereitet Probleme. Die Vielzahl der Auffassungen über die den Inhalt des Art. 3 Abs. 2 GG beeinflussenden Faktoren ist schon aufgezeigt worden. Aus diesem Grund ist es schwierig, Gruppengrundrechte allein aus dem Grundgesetz zu erklären.[712] Die grundsätzliche Systematik des Grundgesetzes, nach der Gruppenrechte sonst nicht existieren, hält ein direktes Argument dagegen bereit.[713] In Deutschland ist parallel zu dem von *Fiscus* vertretenen Ansatz nach einer vorpositiven Gruppenidentität der zu fördernden Gruppe der Frauen zu fragen. Hier wird gesagt, der Geschlechterunterschied gehöre *„zu den fundamentalsten sozialen Realitäten der Gesellschaft*“. Man könne von einem *„gemeinsamen Gruppenschicksal der Frauen aus [...]gehen*“.[714] Die Basis dieses Arguments liegt in einer Anschauung Deutschlands als von der Vormachtstellung der Männer geprägtes Land. Die rechtliche Fragestellung läuft an dieser Stelle auf eine Entscheidung hinaus, die anhand einer wertenden Betrachtung der tatsächlichen Situation in Deutschland zu treffen ist. Ist die Argumentation, wonach in Deutschland eine

708 *Huster*, AöR 1993, 109, 125.
709 *Huster*, AöR 1993, 109, 125.
710 *Fiscus*, 15 ff.; *Fiss*, 107.
711 *Slupik*, 35 ff.; *Sacksofsky*, 316 ff.; *Pfarr*, 34.
712 Anders: *Sacksofsky*, 321 f.
713 *Huster*, AöR 1993, 109, 123.
714 *Slupik*, 15.

homogene vorpositive Gruppenidentität der Frauen existiert, im Hinblick auf den heutigen gesellschaftlichen Alltag zutreffend?
Ein Vergleich mit der tatsächlichen Situation in Südafrika kann an dieser Stelle Hilfestellung geben. Dazu ist zu fragen, welche Kriterien für die Existenz einer homogenen Gruppe der Schwarzen ins Feld gezogen werden können. In Südafrika leben die Bevölkerungsgruppen - mit geringen Ausnahmen - räumlich voneinander getrennt. Das Bildungssystem läuft getrennt voneinander ab, erst auf der Ebene der Universitäten beginnen sich die Bevölkerungsteile in den letzten Jahren zu mischen. Auf die Differenzen im Arbeitsalltag sei bewusst nicht verwiesen, denn diese sind gerade die Folge der oben beschriebenen Trennung der Bevölkerungsgruppen. Dieser Hintergrund stellt sich unvergleichlich drastischer dar, als die Situation in Deutschland. Die Gruppenidentität der deutschen Frauen wird mit der Benachteiligung der Frauen im Arbeitsleben begründet. Dieses Argument kann nicht greifen. Der Vergleich mit Südafrika zeigt, dass diese Differenzen kein Indiz für eine Gruppenidentität, sondern lediglich die Folge von auf anderen Ebenen liegenden Differenzierungen sind. Diese sind zu bestimmen. Räumliche Trennung und Bildungsunterschiede fallen in der heutigen Zeit als Gründe aus. Nimmt man den vergleichenden Maßstab zu Südafrika zur Hand, kann in Deutschland nicht von einer Gruppenidentität der Frauen gesprochen werden. Die Möglichkeit, Gruppengrundrechte zu verwenden und Argumentationen gruppenbezogen auszurichten, ist vor dem Hintergrund der tatsächlichen Gegebenheiten in Deutschland zweifelhaft.
Für Art. 3 Abs. 2 S. 2 GG bedeutet dieses Ergebnis, dass dieser nicht als Gruppenrecht angesehen werden kann. Der Rahmen der rechtlichen Geschichte und der tatsächlichen Gegebenheiten in Deutschland sprechen gegen eine dahingehende Auslegung. Im speziellen Fall der Nachteilsausgleich-Klausel bedeutet dies, dass an die Bestimmung der auszugleichenden Nachteile immer ein aus der individualrechtlichen Perspektive blickender Maßstab angelegt werden sollte. Die notwendige Anknüpfung an das Gruppenmerkmal *Geschlecht* darf in diesem Zusammenhang nicht mehr bedeuten, als ein Aufhänger zur Stärkung der Rechte des Einzelnen. Für positive Diskriminierung kann nichts anderes gelten. Es ergibt sich ein weiteres praktisches Umsetzungshindernis für positive Diskriminierung im Arbeitsrecht.

Die Argumentation gelangt in Südafrika zu einem unterschiedlichen Ergebnis. Die dortigen Verhältnisse werden als Rechtfertigung dafür angesehen, der Gruppe der Schwarzen als Bezugspunkt Rechte zukommen zu lassen. Im Zusammenhang mit der Zulässigkeit vergangenheitsbezogener Kompensation bedeutet der Gruppenbezug in Südafrika, dass schon die Zugehörigkeit zu der Gruppe der Schwarzen zu Kompensation berechtigen kann, da Benachteiligungen kollektiv als gegeben unterstellt werden.

Die unterschiedlichen Ergebnisse beruhen auf unterschiedlichen gesellschaftlichen Verhältnissen, d.h. einem unterschiedlichen Ausmaß an systematischen Benachteiligungen und weniger auf theoretischen Erwägungen. Aus theoretischer Sicht begegnet der südafrikanische Ansatz ebenfalls den genannten Schwierigkeiten.

(d) Chancengleichheit oder Ergebnisgleichheit

Im Rahmen des Art. 3 Abs. 2 S. 2 GG stellt sich ein weiteres dogmatisches Problem. Die obigen Ausführungen haben gezeigt, dass in Deutschland hinter dem Begriff Gleichberechtigung das vom Sozialstaatsprinzip beeinflusste Spannungsfeld zwischen rechtlicher und faktischer Gleichheit zu verstehen ist. Zusätzlich stellt sich die Frage, ob mit der aus der Gleichberechtigung folgenden Gleichheit Chancengleichheit oder Ergebnisgleichheit gemeint ist. In den Beratungen der Gemeinsamen Verfassungskommission zu Art. 3 Abs. 2 S. 2 GG hat sich an diesem Punkt ein Dissens ergeben.[715] Vor der Diskussion über die Unterschiede im Verhältnis von Ergebnis- und Chancengleichheit sind diese Begriffe von den Begriffen rechtlicher und faktischer Gleichheit abzugrenzen. In vielen Stellungnahmen der Literatur werden die Begrifflichkeiten vertauscht oder uneinheitlich gebraucht.[716]
Grundsätzlich ist zu sagen, dass sich das Begriffspaar rechtlicher und faktischer Gleichheit auf die aus der Rechtsordnung herzuleitende Gleichheitskonzeption bezieht. Das Begriffspaar Chancen- und Ergebnisgleichheit bezieht sich dagegen auf die aus diesen Gleichheitskonzeptionen zu ziehenden Schlussfolgerungen. Zudem ist zu beachten, dass jeder Begriff auf zwei allgemeine Wurzeln zurückzuführen ist. Hinter jeder Begrifflichkeit verbirgt sich eines der genannten allgemeinen, theoretischen Gleichheitskonzepte. Daneben sind die Begriffe mit den konkreten Wertungen des deutschen Verfassungskontexts verbunden.

Rechtliche Gleichheit zielt auf die abstrakt gleiche Behandlung aller Bürger eines Rechtssystems vor dem Gesetz ab. Diese Sichtweise entstammt der formell-/symmetrischen Gleichheitskonzeption.
Faktische Gleichheit ist darauf gerichtet, einen absoluten Zustand der Gleichheit zu erreichen. Mit dieser Forderung ist der Begriff der materiell-/ substantiellen Gleichheitskonzeption zuzuordnen.
Chancengleichheit bedeutet, dass eine tatsächliche Startgleichheit zwischen den Konkurrenten hergestellt, eine sich im Ergebnis ergebende Differenz aber

[715] *Schweizer*, Art. 3 GG, 74 ff.

[716] Die faktische Gleichheit wird von einigen Autoren missverständlich/ fehlerhaft als Chancengleichheit bezeichnet, siehe z.B. Maunz/Dürig, *Scholz*, Art. 3Abs. 2 GG, Rdnr. 59; ferner: *Kokott*, NJW 1996, 1049, 1051 ff.

hingenommen wird.[717] Dieser Ansatz entspringt dem Chancengleichheits-/ „*equal opportunities*“- Konzept.
Ergebnisgleichheit bedeutet, dass als einziger erheblicher Faktor eine Gleichheit im Ergebnis anzustreben sei. Dieser Begriff ist wiederum mit dem materiell-/ substantiellen Ansatz in Verbindung zu bringen.
Die Begriffspaare rechtliche/ faktische Gleichheit und Chancen-/ Ergebnisgleichheit sagen nichts über die angezielte Gruppe aus. Beide Begriffspaare können individualrechtlich oder gruppenrechtlich ausgerichtet sein. Aus den Begriffen ergeben sich partielle inhaltliche Überschneidungen. Ergebnisgleichheit und faktische Gleichheit decken sich hinsichtlich des angestrebten tatsächlichen Zustandes. Chancengleichheit und rechtliche Gleichheit sind dagegen nicht in Einklang zu bringen. Chancengleichheit ist weitergehender als rechtliche Gleichheit. Um einen Zustand der Chancengleichheit zu erreichen, sind reale Faktoren in die Überlegung einzubeziehen. Derartige Überlegungen werden im Rahmen faktischer Gleichheit nicht angestellt. Zusammenfassend ergibt sich folgende Unterteilung:

Unterschieden nach der konzeptionellen Ausrichtung zielen die beiden Begriffspaare auf verschiedene Bereiche ab:

Rechtliche Gleichheit/ faktische Gleichheit	Chancengleichheit/ Ergebnisgleichheit
Gleichheitskonzept	Folge eines Gleichheitskonzeptes

Unterschieden nach der inhaltlichen Ausrichtung lassen sich gemeinsame Abstufungen finden. Hierbei ist zwischen der Beurteilung der Voraussetzungen und der tatsächlichen Umsetzung zu unterscheiden. Rechtliche Gleichheit ist allein an formalen Gesichtspunkten orientiert, tatsächliche Gesichtspunkte sind nicht von Interesse. Soll die Chancengleichheit ermittelt werden, sind reale Faktoren einzubeziehen. Dadurch ergibt sich ein weiteres Differenzierungsfeld. Chancengleichheit setzt hier ausgehend von dem breiten ermittelten Feld lediglich die formalen Rahmenbedingungen fest. Ergebnisgleichheit geht darüber hinaus und regelt die faktische Ausgestaltung der Verhältnisse, regelt die faktische Gleichheit:

-	Beurteilung	Umsetzung
Rechtliche Gleichheit	formal	formal
Chancengleichheit	faktisch	formal
Ergebnisgleichheit/ faktische Gleichheit	faktisch	faktisch

[717] Bonner Kommentar, *Rüfner*, Art. 3 Abs. 1 GG, Rdnr. 58.

Die graphische Darstellung zeigt, dass die in der Verfassungsdogmatik verwendeten Begriffe gemäß ihrer systematischen Einordnung letztlich die grundlegenden allgemeinen Gleichheitskonzepte widerspiegeln. Der oft uneinheitliche Gebrauch der Begriffe im Verfassungskontext täuscht auf den ersten Blick über diese eindeutige Struktur hinweg.

Nach der grundlegenden Einordnung der Begriffe ist die Frage zu stellen, wie sich diese in die deutsche Grundrechts- und insbesondere Gleichheitsdogmatik einfügen.
Auch Autoren, die auf dem Standpunkt einer faktischen Gleichheitsauffassung stehen, nehmen trotz weitgehender Forderungen von Ergebnisgleichheit im deutschen Verfassungszusammenhang Abstand.[718] Allein die (höchstmögliche) Chancengleichheit könne ein für eine freiheitliche Demokratie erstrebenswertes Ziel sein.[719] Aufgrund vieler tatsächlich möglicher Hindernisse wird betont, dass zu ergänzen sei, dass die Chancengleichheit im Rahmen des Art. 3 Abs. 2 S. 2 GG nur in höchstmöglicher Weise postuliert werde.[720]

Im speziellen Zusammenhang von positiven Maßnahmen wird die allgemein im Rahmen des Art. 3 Abs. 2 S. 2 GG geführte Diskussion nochmals verändert. Es wird vertreten, dass es sich bei dem Gegensatz zwischen Chancen- und Ergebnisgleichheit nur um einen scheinbaren Gegensatz handele. Von diesem könne die Diskussion um die Zulässigkeit positiver Diskriminierung nicht abhängig gemacht werden.[721] Das Ziel beider Ansätze sei Gleichheit. Die Parallelen würden die Unterschiede überwiegen.
Die Ansicht ist vor dem Hintergrund der dargestellten allgemeinen Theoriedebatte nicht haltbar. Ergebnisgleichheit ist Ausdruck des materiell-/ substantiellen Ansatzes. Chancengleichheit kann zu einem überwiegenden Teil in Regelungen Ausdruck finden, die dem formell-/ symmetrischen Ansatz nahe stehen. Es ergeben sich unterschiedliche Konsequenzen dahingehend, mit welchen Mitteln das gemeinsame Ziel erreicht werden soll. In der Folge ergeben sich unterschiedliche Auswirkungen auf die Verfassungsmäßigkeit dieser Mittel:
Ansätze, die positive Maßnahmen mit dem Ziel der Ergebnisgleichheit verfolgen, sind nicht mit dem Grundgesetz vereinbar. Ausdruck eines Ansatzes, der

---

718 Bonner Kommentar, *Rüfner*, Art. 3 Abs. 1 GG, Rdnr. 58, statt„*Gleichstellung*" sei „*Gleichberechtigung*" in den Verfassungskontext eingefügt worden.

719 *Maidowsky* 38; *Raasch*, 151; andere Autoren stimmen mit diesen Ansichten zunächst überein: Maunz/ Dürig, *Dürig*, Art. 3 Abs. 2 GG, Rdnr. 61; *Vogel*, Festschrift für Benda, 395, 406.

720 Maunz/ Dürig, *Dürig*, Art. 3 Abs. 2 GG, Rdnr. 61; *Peters*, 147.

721 *Schiek*, ArbuR 1996, 128, 129; Generalanwalt Saggio, EuGH vom 10.06.1999, Slg. I-1875, 1888.

die Ergebnisgleichheit verfolgt, wären (starre) Ergebnisquoten. Anhand dieser Quoten ließen sich Arbeitnehmerprofile erstellen, die so zusammengesetzt wären, wie es der Gesetzgeber im Voraus bestimmt hat. Eine deutliche Ablehnung von ergebnisorientierten Regelungen findet sich z.B. im Abschlussbericht der Gemeinsamen Verfassungskommission.[722]

Schwieriger ist es, den Begriff Chancengleichheit in einen Zusammenhang mit der Verfassung zu bringen. In der allgemeinen theoretischen Debatte ist deutlich geworden, dass einige Autoren den Begriff lediglich als inhaltslose Worthülse ansehen. Diesen Auffassungen ist in gewissem Maße zuzustimmen. In der theoretischen Debatte entbehrt der Begriff Chancengleichheit der notwendigen Konturierung.

Im Rahmen der praktischen Umsetzung theoretischer Ansätze ergibt sich ein anderes Bild. An dieser Stelle ist weniger begriffliche Stringenz als Flexibilität gefragt. Diese Flexibilität, die im theoretischen Bereich eine Schwäche ist, kann eine Stärke des Ansatzes bezüglich der praktischen Umsetzung sein. Um diese Überlegung zu verdeutlichen, ist auf das Beispiel aus der Theoriedebatte zurückzugreifen. Dort ging es um unterschiedliche Maßnahmen, die notwendig wären, um hinsichtlich von Schulabschlüssen, Ausbildungsberufen und Berufsbewerbungen Chancengleichheit zu erreichen. Die theoretische Schwäche des Begriffes wurde dadurch offenbar, dass auf den unterschiedlichen Stufen Maßnahmen aus unterschiedlichen theoretischen Richtungen jeweils unter den Begriff der Chancengleichheit gefasst werden konnten. An dieser Stelle hingegen kann eine Einteilung nach Stufen hingegen einer Maßnahme die notwendige Flexibilität verleihen.

Um mit den grundgesetzlichen Anforderungen vereinbar zu sein, muss eine Regelung neben den speziellen Anforderungen eines betroffenen Grundrechtes verhältnismäßig sein. Verhältnismäßigkeit beinhaltet unter anderem, dass die Maßnahme angemessen ist. Diese Angemessenheit kann nur bejaht werden, wenn die zu überprüfende Regelung ausreichende Flexibilität besitzt. Über den Chancengleichheitsansatz kann dieses Erfordernis erfüllt werden. So können Maßnahmen auf jeder beruflichen Entwicklungsstufe mit dem in dieser Stufe angemessenen Regelungsinstrument versehen werden.

Genannte Argumentation kann auf theoretischer Ebene ergänzt werden, um der Tatsache zu begegnen, dass im Grundgesetz der materielle Ansatz nicht vertreten wird, dieser aber positiver Diskriminierung wesensimmanent ist. Auf Grund der Bedeutung des Sozialstaatsprinzips in Deutschland kann man argumentieren, dass sich der Ansatz rechtlicher Gleichheit in Deutschland „wenigstens" zu einem Chancengleichheitsansatz wandelt. Aus diesem Chancengleichheitsansatz kann in der Folge die Notwendigkeit positiver Diskriminierung theoretisch begründet werden. Weiter kann, um den Kreis zu

[722] BT- Drucksachen 12/6000, 50 f.

schließen, auf die praktischen Vorteile verwiesen werden. Die Maßnahmen besäßen auf diese Weise die von der Verfassung geforderte Flexibilität.
Letztlich zeigt sich auf diesem Wege aber wiederum die inhaltliche Schwäche des Chancengleichheitsansatzes. Der Begriff ist aufzuspalten und auf unterschiedliche Ebenen zu verteilen, um angemessene Ergebnisse zu erzielen. Derartige Argumentationen sind von dogmatischer Klarheit weit entfernt. Problematisch ist ferner, dass im Hinblick auf die Verfassung eine Kollision des so begründeten Ansatzes mit anderen Grundrechten zu erwarten ist.

(3) Verhältnis der Regelungen des Art. 3 GG zueinander

Das Verhältnis der Sätze des Art. 3 Abs. 2 GG zueinander, sowie zu Art. 3 Abs. 3 S. 1 GG ist zu klären. Im Spannungsfeld dieser Normierungen werden entscheidende Wertungen über die Zulässigkeit positiver Diskriminierung getroffen.

(a) Verhältnis von Art. 3 Abs. 2 S. 1 GG und Art. 3 Abs. 2 S. 2 GG

Art. 3 Abs 2 S. 2 GG ist in das GG eingefügt worden, um die Gleichberechtigungsaussage des ersten Satzes zu ergänzen. Anknüpfungspunkt der Ergänzung des Artikels war die vor der Verfassungsänderung ergangene Rechtsprechung des BVerfG, die in der Nachtarbeitsentscheidung/ Rentenentscheidung zum Ausdruck kam.[723] Fraglich ist heute, ob dadurch, dass das Grundgesetz geändert und der zweite Satz angefügt wurde, die vorherige Rechtsprechung des BVerfG bezüglich Art. 3 Abs. 2 S. 1 GG aus dogmatischer Sicht weiterhin Gültigkeit haben kann. Bei dieser Frage geht es nicht um die inhaltlichen Anforderungen des BVerfG, die vor der Grundgesetzänderung zum Ausdruck gekommen sind, sondern es geht um die dogmatische Verankerung dieser inhaltlichen Ansprüche im neuen System des Grundgesetzes.
Durch Art. 3 Abs. 2 S. 2 GG ist der Boden dafür geschaffen worden, die inhaltlichen Aussagen des BVerfG auf eine grundgesetzliche Ebene zu heben. Fraglich ist, inwiefern Art. 3 Abs. 2 S. 1 GG dadurch seine Rolle als Anknüpfungspunkt für diese Aussagen verloren hat. Die Literatur wendet die vormalige Struktur, obgleich so nicht mehr vorhanden, kommentarlos auf die neue Situation an. Auch das BVerfG selbst scheint in der Feuerwehrdienstpflichtentscheidung diesen Punkt übersehen zu haben. Art. 3 Abs. 2 S. 1 GG wird von seiner Wortlautaussage abgekoppelt und als Verstärkung des durch Art. 3 Abs. 2 S. 2 GG ausgedrückten Inhaltes zu einem Rechtfertigungsgrund für Ungleichbehandlungen umgestellt.[724] Problematisch ist hierbei, dass das BVerfG diese Rechtsprechung vorbei an den Wortlautgrenzen des Art. 3 Abs. 2

[723] BVerfGE 84,9; BVerfGE 74, 163.
[724] Vgl.: *Di Fabio*, AöR 1997, 404, 411.

S. 1 GG durchführt und dass auf diese Weise der nach dem Willen der Gemeinsamen Verfassungskommission als Staatsziel formulierte Satz 2 durch einen judikativ erschaffenen Gleichstellungsauftrag aus Satz 1 überholt wird.[725] Ein solcher Gleichstellungsauftrag, der stärker als ein Staatsziel wirkt, hat in den Beratungen zur Verfassungsänderung keine Mehrheit erhalten.[726] Das BVerfG stößt, da es die Rechtsprechung nicht auf veränderte grundgesetzliche Umstände umgestellt hat, auf verfassungsmäßige Grenzen. Das Verhältnis von Art. 3 Abs. 2 S. 1 und 2 GG sollte von der Tatsache geprägt werden, dass sich aus dem neu angefügten Satz 2 die Reaktion des Gesetzgebers auf die vormalige Rechtsprechung des BVerfG ersehen lässt. Der Gesetzgeber gibt der vormaligen Rechtsprechung statt, erlegt ihr aber gleichzeitig auch Grenzen auf. Diese Begrenzung wird von der Rechtsprechung (noch) nicht gesehen.

Welche inhaltlichen Konsequenzen müssten sich aus der systematischen Neuordnung des Verhältnisses von Art. 3 Abs. 2 S. 1 und S. 2 GG ergeben?
Die neue rechtliche Ausgestaltung des Art. 3 Abs. 2 GG hat zur Folge, dass der Staat als Förderer der Gleichberechtigung in allen Bereichen tätig werden kann, in denen entgegen dem geltenden Verfassungsrecht Männer und Frauen nicht gleichberechtigt sind.[727] Die Rechte des Staates zur Förderung der Gleichberechtigung sind bestätigt und bestärkt worden. Fraglich ist, wo die Grenzen dieser Entwicklung zu ziehen sind. Die weit ausgedehnte Rechtsprechung des BVerfG konnte schon vor der Verfassungsänderung dahingehend ausgelegt werden, dass positive Diskriminierung vom Gericht als zulässig angesehen wird. Diese Aussage wird auf Grund des neuen erweiterten Ansatzes des BVerfG noch untermauert. Die Analyse der Rechtsprechung hat aber gezeigt, dass sich aus diesem Ansatz Probleme mit dem Gehalt der Verfassung ergeben.

(b) Verhältnis von Art. 3 Abs. 2 S. 1 GG und Art. 3 Abs. 3 S. 1 GG

In den obigen Ausführungen wurde der Wechsel der Rechtsprechung des BVerfG hinsichtlich des Art. 3 Abs. 2 S. 1 GG dargestellt.[728] Danach, welcher Auffassung man bezüglich der Rolle des Art. 3 Abs. 2 S. 1 GG (als Gleichbehandlungsauftrag oder als mit dem Staatsziel des Art. 3 Abs. 2 S. 2 GG inhaltlich verschmelzendem Auftrag an den Staat) folgt, bestimmt sich die Bedeutung des Art. 3 Abs. 3 GG aus dogmatischer Sicht.
Welches Verhältnis zwischen den beiden Absätzen besteht, mag letztlich auf Grund der folgenden Überlegung dahinstehen: Gleich welche Rolle dem Art. 3 Abs. 2 S. 1 GG im Verhältnis zu Art. 3 Abs. 3 S. 1 GG zugedacht wird, Art. 3

---

[725] Vgl.: *Di Fabio*, AöR 1997, 404, 411.
[726] BT- Drucksachen 12/6000, 50 f.
[727] Sachs, *Osterloh*, Art. 3 GG, Rdnr. 262.
[728] Siehe oben: 141 ff.

Abs. 2 S. 2 GG ist weitreichender als Art. 3 Abs. 2 S. 1 GG. Positive Diskriminierung kann nur über Art. 3 Abs. 2 S. 2 GG als verfassungsgemäß angesehen werden. Daraus ergibt sich das eigentliche Problem. Das Staatsziel des Art. 3 Abs. 2 S. 2 GG, gerichtet auf materielle Förderung, und das Grundrecht des Art. 3 Abs. 3 S. 1 GG, gerichtet auf formelle Rechtsgleichheit, kollidieren. Das Verhältnis dieser Absätze ist zu klären. Hinter dem Verhältnis der beiden genannten Absätze stehen erneut die genannten allgemeinen Gleichheitskonzeptionen.

(c) Verhältnis zwischen Art. 3 Abs 2 S. 2 GG und Art. 3 Abs. 3 GG

Art. 3 Abs. 2 S. 2 GG stellt eine unmittelbare Herausforderung an den Gesetzgeber dar, da in vielen Bereichen des Arbeitslebens Diskriminierungen auftreten. Positive Diskriminierung könnte über Art. 3 Abs. 2 S. 2 GG als Mittel gegen diese Diskriminierungen möglich werden. Art. 3 Abs. 2 S. 2 GG ist begrenzt durch das Diskriminierungsverbot des Art. 3 Abs. 3 S. 1 GG. Was bedeutet diese Begrenzung für positive Diskriminierung?
Der Wertungswiderspruch der kollidierenden Normierungen kann nur gelöst werden, wenn die Diskussion von verfassungspolitischem Wunschdenken bereinigt wird. Es mag verschiedene Auffassungen über den Sinn der heutigen Verfassungsversion geben. Dies darf nicht zu dem Fehler verleiten, diese Kritik in den Vordergrund der rechtlichen Debatte zu stellen.[729] Eine Lösung der Kollisionsproblematik ist auf dogmatischer Ebene im Einklang mit dem System des Grundgesetzes anzustreben.
Das Grundrecht des Art. 3 Abs. 3 S. 1 GG ist kraft des in Art. 1 Abs. 3 GG ergangenen Verfassungsbefehls als unmittelbar geltendes Verfassungsrecht anzusehen. Es bildet gegenüber entgegenstehenden oder einschränkenden Rechten eine Schranke. Diese steht angesichts anderer, gleichwertiger Grundrechte zur Disposition. Sie kann von einem Staatsziel dagegen nicht überwunden werden.[730] Ein Staatsziel als dogmatisches „Weniger" im Vergleich zu einem Grundrecht kann nicht zu dessen Einschränkung direkt herangezogen werden. Auch ein Ausgleich im Sinne „praktischer Konkordanz" ist nicht möglich[731], da sich keine gleichberechtigten Wertnormen gegenüberstehen.[732] Das Staatsziel

[729] *Starck*, Festschrift für Dieterich, 643, 647.
[730] Maunz/ Dürig, *Scholz*, Art. 3 Abs. 2 GG, Rdnr. 62; v. Mangoldt/ Klein/ Starck, *Starck*, Art. 3 Abs 2 GG, Rdnr. 288.
[731] Anderer Auffassung ausgehend von alter Rechtslage: *Schlachter*, 42 ff.; *Slupik*, JR 1990, 317; *Ebsen*, RdA 1993, 11; *Holznagel*/ Schlünder, Jura 1996, 521 mit Zusammenfassung der Rechtsprechung.
[732] v. Mangoldt/ Klein/ Starck, *Starck*, Art. 3 Abs. 2 GG, Rdnr. 288; *Loritz*, EuZW 1995, 764; *Di Fabio*, AöR 1997, 404, 443; anders: *Pfarr*, 208 ff., *Kokott*, NJW 1995, 1049, 1050; *König*, DÖV 1995, 841.

des Art. 3 Abs. 2 S. 2 GG ist am Grundrecht des Art. 3 Abs. 3 GG auszurichten.[733]
Auf dogmatischer Ebene ist das Verhältnis von Art. 3 Abs. 2 S. 2 GG und Art. 3 Abs. 3 GG damit eindeutig zu bestimmen. Die verfassungssystematische Auslegung gibt vor, dass im Falle einer Kollision der beiden Vorschriften dem Grundrecht des Art. 3 Abs. 3 GG der Vortritt vor dem Staatsziel des Art. 3 Abs. 2 S. 2 GG zu gewähren ist. Alle anderen Auslegungsvarianten, seien sie auch politisch wünschenswert, sind nicht mit dem dogmatischen System der Verfassung in Einklang zu bringen.
Dieses Verhältnis von Art. 3 Abs. 2 S. 2 GG und Art. 3 Abs. 3 S. 1 GG ist ein starkes Argument dagegen, dass positive Diskriminierung im Privatrecht mit der Verfassung zu vereinbaren ist. Die dogmatische Rangordnung zwischen Grundrecht und Staatsziel spricht dafür, das Grundrecht höher zu gewichten. Staatsziele könnten das politische Gewicht von bestimmten Belangen verstärken, sie rechtlich präziser fassen, aber nicht bestimmten Dingen rechtlichen Vorrang gegenüber Grundrechten einräumen.[734]

Gegen die genannte Argumentation steht die Rechtsprechung des BVerfG. Diese hat zunächst dazu beigetragen, die Verfassung um Art. 3 Abs. 2 S. 2 GG zu ergänzen. Darauf aufbauend fordert das BVerfG weitergehende Veränderungen, die die Nachteile von Frauen vermindern und dazu auch Benachteiligungen von Männern in Kauf nehmen.[735] Diese Forderung liest sich wie eine Bedienungsanleitung zu positiver Diskriminierung. Viele Stimmen in der Literatur haben sich den Forderungen des BVerfG angeschlossen und sich ebenfalls auf die Seite der verfassungsmäßigen Befürworter von positiver Diskriminierung gestellt.[736] Genaue Grenzen einer möglichen Zulässigkeit von Quoten im privaten Arbeitsrecht finden sich in der BVerfG Rechtsprechung nicht. Aus der Rechtsprechung lässt sich lediglich eine Tendenz in Richtung von Quoten feststellen.

An der Frage, ob positive Diskriminierung im Privatrecht zulässig ist, stoßen die gegenteiligen Interpretationsansätze zu Art. 3 Abs. 2 S. 1 und 2 und zu Art. 3 Abs. 3 S. 1 GG aufeinander. Beide Kollisionen werden mit unterschiedlichen Ergebnissen entschieden. Das theoretische Fundament der jeweiligen Argumentation zeigt, dass an diesen Stellen versucht wird, dem undeutlichen Verfassungswortlaut einen eher formell-/ symmetrischen oder einen eher materiell-/

[733] BVerfGE, 59, 231, 262; in dieser Entscheidung hat das BVerfG auf das Sozialstaatsprinzip bezogen festgestellt, dass Staatsziele Grundrechte nicht überholen, inhaltlich aushöhlen oder verdrängen können.
[734] *Brohm*, JZ 1994, 213, 220.
[735] BVerfGE 92, 91, 109.
[736] Z.B.: *Kokott*, NJW 1995, 1049 ff.; *Suerbaum*, Der Staat 1989, 419; *Weber*, DB 1988, 45 ff.; *Pfarr*, 36 ff., 81ff., 201 ff.; *Fuchsloch*, NJW 1991, 442.

substantiellen Inhalt zu verleihen. Als Kompromiss in Anbetracht des Sozialstaatsprinzips ist ferner die Chancengleichheitsvariante entstanden. Schon die abschließenden Begründungen der Gemeinsamen Verfassungskommission deuteten diese Probleme an.[737] Die Kommission hat sich weder für noch gegen positive Diskriminierung in Deutschland aussprechen können, ist weder dem einen noch dem anderen theoretischen Ansatz gefolgt.

cc) Weitere Probleme der Grundgesetzlichkeit positiver Maßnahmen

(1) Problem der objektiven und subjektiven Grundrechtsebene

Gegen die Dominanz der Anti-Diskriminierungsgesetzgebung wird auf einer weiteren Ebene argumentiert. In der Literatur, die sich für positive Diskriminierung ausspricht, wird auf den zweigleisigen Charakter der Grundrechte verwiesen.[738] Grundrechte besäßen eine objektive und eine subjektive Grundrechtsebene. Dies sei auch bei Art. 3 Abs. 2 GG der Fall. Positive Diskriminierung könne dadurch gerechtfertigt werden, dass die objektive und die subjektive Ebene einander gegenübergestellt würden. Die objektive Schutzebene spreche für positive Diskriminierung. Die subjektive Ebene werde durch diese Maßnahme verletzt. Dies sei dadurch zu rechtfertigen, dass beide Wertungsebenen entsprechend ihrer Gewichtung im Sinne praktischer Konkordanz ausgeglichen würden. Dabei ergebe sich ein Übergewicht zugunsten der objektiven Ebene.
Gegen diese Argumentation kann eingewendet werden, dass sich die angestellten Überlegungen lediglich auf den Fall der Kollision zweier Grundrechte und nicht wie im Fall des Art. 3 Abs. 2 GG auf die Kollision der Schutzebenen eines Grundrechtes beziehen lassen. Die Ansicht liefe auf die Konsequenz hinaus, dass ein Grundrecht zu seiner eigenen Einschränkung wirken kann.

(2) Problem der „*Doppelgesichtigkeit*"

Art. 3 Abs. 2; 3 GG beinhaltet ein mit der geschichtlichen Entwicklung der Norm zusammenhängendes Wortlautproblem. Dieses stellt sich angesichts des Arguments der „*Doppelgesichtigkeit*"[739] dieser Regelung, welches immer wieder Einfluss in die Diskussion findet. Trotz der Entstehungsgeschichte der Norm zum Schutz der Frau, haben Männer und Frauen nach dem Wortlaut des Art. 3 Abs. 2 und 3 GG in gleichem Umfang einen Anspruch auf Gleichberechtigung. Die Schutzwürdigkeit und Schutzbedürftigkeit der Rechte des Mannes bildet nach Auffassung einiger Autoren eine Hürde, die es zu überwinden gelte, sollten Maßnahmen positiver Diskriminierung zugunsten von Frauen verwendet

[737] Bericht *GemVerfKom.*, BT-Drucksachen, 12/ 6000, S. 50 ff.
[738] *Sacksofsky*, 202.
[739] *Schmitt Glaeser*, DÖV 1982, 381, 387.

werden.[740] Bestehende männliche Rechte seien in einem Umfang schutzwürdig, den positive Diskriminierung nicht überwinden könne. Es wird gesagt: „*Es muss maßgeblich darauf abgestellt werden, dass der Grundrechtsschutz, der letztlich auf die in Art. 1 Abs. 1 GG zum obersten Wert erklärte Würde des Menschen zurückführt, keine statistische Angelegenheit ist, sondern dass es um die individuellen Rechte des einzelnen Bürgers geht*".[741] Kompensation und Förderung derjenigen Personen sei zulässig, die selber in ihrem bisherigen Leben Diskriminierungen erlitten hätten (vgl.: „*remedial aims*"[742]). Weitergehende Maßnahmen würden an den entgegenstehenden männlichen Rechten scheitern.
Gegen diese Aussagen wird materiell-/ substantiell argumentiert. Die identische Behandlung von Männer und Frauen werde dem Gleichberechtigungsgebot in der Realität nicht gerecht. Männer und Frauen kämen von unterschiedlichen Ausgangspositionen. Männer würden *de facto* bevorzugt. Wer männliche Rechte schützen wolle, schütze männliche Privilegien. Nur ein Abbau dieser Privilegien könne zu mehr Gleichberechtigung führen. Mittel dafür seien die Regelungen positiver Diskriminierung.[743]

(3) Problem der privatrechtlichen Gleichheitskonzeption

In der deutschen Literatur finden sich Stimmen, nach denen im deutschen Privatrecht eine andere Gleichheitskonzeption maßgeblich sei, als auf der Ebene des Verfassungsrechtes.[744] Diese Argumentation ist mit dem oben genannten Verweis auf die eigenständige theoretische Herangehensweise in Deutschland und dem Einfluss des Sozialstaatsprinzips zu widerlegen. Dennoch weist die genannte Argumentation auf Besonderheiten der deutschen Grundrechtsdogmatik und des deutschen Privatrechts hin. Diese Bereiche sollen im Folgenden kurz skizziert werden.

(a) Kollision mit der Privatautonomie

Positive Diskriminierung steht im Arbeitsrecht der Privatautonomie gegenüber. Diese ist über Art. 2 Abs. 1 GG im Rahmen der allgemeinen Handlungsfreiheit grundgesetzlich geschützt. Ausprägung der Privatautonomie ist die Vertragsfreiheit. Positive Diskriminierung kann die Vertragsfreiheit des Arbeitgebers einschränken und je nach Gestaltungsvariante Vorschriften dahingehend enthalten, mit wem der Arbeitgeber Verträge abzuschließen hat.

---

[740] *Sacksofsky*, 168.
[741] *Sachverständigenanhörung am 21., 22. Januar 1982 in Bonn*, 105.
[742] *Fredman*, (1997) 113 L.Q.R., 575, 576, 577.
[743] *Sacksofsky*, 169.
[744] Bonner Kommentar, *Rüfner*, Art. 3 GG, Rdnr. 747 ff.

(b) Kollision mit Art. 12 Abs. 1 GG als Recht des Arbeitgebers

Positive Diskriminierung kann ferner mit der in Art. 12 Abs. 1 GG geschützten Berufsfreiheit des Arbeitgebers kollidieren. Eine Kollision ist in dem Umfang denkbar, in dem positive Maßnahmen die Entscheidungsfreiheit des Arbeitgebers bezüglich der Einstellung und Beförderung von Arbeitnehmern einschränken.

(c) Kollision mit Art. 12 Abs. 1 GG als Recht anderer Arbeitnehmer

Schließlich greift positive Diskriminierung in die Rechte der durch die Maßnahmen benachteiligten Arbeitnehmer ein. Damit kann die Berufsfreiheit der benachteiligten Arbeitnehmer, geschützt durch Art. 12 Abs. 1 GG, ebenfalls betroffen sein. Die Art der vorgesehenen Maßnahme beeinträchtigt die Schwere des vorgenommenen Eingriffes.

(4) Problematik der Zielsetzung: Kompensation contra Zukunftsausgleich

In der allgemeinen Theoriedebatte hat sich gezeigt, dass positive Förderungsmaßnahmen darauf gerichtet sein können, erlittene Nachteile zu kompensieren oder mit Wirkung für die Zukunft auszugleichen. In Südafrika steht - bewegt durch den abrupten Wandel - der Kompensationsgedanke immer im Vordergrund der politischen Erwägungen.[745] Hierbei ist in Südafrika zunächst unstrittig, dass konkret zu beweisende Nachteile individueller Personen ausgeglichen werden müssen.[746] Darüber hinaus wird die Kompensation auf die gesamte Gruppe der benachteiligten Personen erweitert.[747]
Auch in Deutschland bereitet der Ausgleich individuell erlittener Nachteile keine verfassungsmäßigen Probleme. Die strukturelle Natur der Diskriminierungen hat aber gezeigt, dass an dieser Stelle nicht die Hauptprobleme liegen. Schwieriger und bedeutender ist die Frage, wie mit den Nachteilen der Gruppe der Frauen umzugehen ist. Diese Frage beinhaltet zwei problematische Aspekte: Zum einen steht wiederum gruppenbezogene positive Förderung zur Diskussion. Zum anderen ist fraglich, wie der allgemeine Kompensationsgedanke zu beurteilen ist. Stimmen in der Literatur sehen Kompensation als eines der berechtigten Hauptziele positiver Diskriminierung an.[748] Diese Sichtweise ist zu kritisieren. Es ist zu fragen, wie Kompensation konkret bewirkt werden könnte. Kompensation der benachteiligten Personen aus früheren Generationen ist mit heute angewandter positiver Diskriminierung unmöglich.

---

[745] Vgl.: Chapter I sec. 2 EEA.
[746] *Smith*, (1992) 8 SAJHR, 234, 243.
[747] *Le Roux*, CLL 1999, 31.
[748] *Brohm*, JZ 1994, 213, 220.

Heute profitierende Personen sind nicht diejenigen, die durch Kompensationsmaßnahmen erreicht werden sollen. Daraus ergibt sich die verfassungsmäßige Problematik dieses Ansatzes. Positive Diskriminierung ist - in der Sprache der Verfassungsprüfung - nicht geeignet, das Ziel der Kompensation zu erreichen. In diese Richtung gehende Programme positiver Diskriminierung wären nicht verfassungsgemäß.
Einzig mögliches Ziel bliebe der Abbau von Nachteilen für die Zukunft. Das BVerfG äußert als Zielsetzung des Art. 3 Abs. 2 GG den „*Ausgleich bestehender Nachteile*". Die Formulierung ist in der Hinsicht unglücklich, als dass sie unmittelbar zwischen den beiden Zielsetzungen steht.

dd) Der Einfluss des Europarechts auf das deutsche Verfassungsrecht

Zwischen europäischem und deutschem Verfassungsrecht ergibt sich in Bezug auf positive Diskriminierung ein inhaltliches Spannungsfeld. Beide Rechtsbereiche werden von unterschiedlichen theoretischen Ansätzen beeinflusst.[749] Fraglich ist, wie diese inhaltlichen Differenzen aufzulösen sind. Das europäische Recht ist grundsätzlich als höherrangig anzusehen als nationales Recht.[750] Sekundäres europäisches Recht steht in seiner Geltung ebenfalls über nationalem Recht, gleich welchen Rang dieses innehat. Sekundäres Gemeinschaftsrecht geht damit grundsätzlich auch nationalem Verfassungsrecht vor.[751] Aus dem Rangverhältnis zwischen den Rechtssätzen folgt auf nationaler Ebene der Grundsatz der europarechtskonformen Rechtsauslegung.[752] Es gelten die vom BVerfG gezogenen und in Art. 23 GG ausgedrückten Schranken.[753]

---

[749] In Deutschland ist der materiell/ symmetrische Ansatz, in Europa der „*equal opportunities*"- Ansatz maßgeblich.

[750] Für europäisches Primärrecht ergibt sich dieser Rang unproblematisch aus der Natur des EGV.

[751] Dieser Grundsatz ist in der aktuellen Entscheidung: Kreil, EuZW 2000, 211; oder JuS 2000, 489, bestätigt worden. Das BVerfG erkennt den Vorrang des europäischen Rechts ebenfalls an, solange nicht die gemeinschaftsrechtlichen Regelungen „*die Identität der geltenden Verfassung der Bundesrepublik Deutschland durch Einbruch in die sie konstituierenden Strukturen aufheben würde*"; vgl. BVerfGE 73, 375; 89, 155; *Streinz*, 73, 75; *Ulrich*, 379.

[752] Dieser Grundsatz fließt auch aus Art. 10 EGV, dies geschieht vor dem Hintergrund, dass das mitglied-staatliche Recht vereinheitlicht und europäisiert werden soll; EuGH Slg. 1984, 1891 (*von Colson/ Kamann*).

[753] *Geiger*, 188.

(1) Der konkrete Einfluss von Art. 141 Abs. 4 EGV auf das deutsche Verfassungsrecht

Art. 141 Abs. 4 EGV gewährt den Mitgliedstaaten weitgehende Freiräume, positive Diskriminierung im Arbeitsrecht einzuführen. Zusammengefasst trifft Art. 141 Abs. 4 EGV folgende Regelungen: Er räumt den Mitgliedstaaten die Möglichkeit ein, positive Maßnahmen zur Arbeitnehmergleichberechtigung im Arbeitsrecht zu erlassen. An die Zulässigkeit derartiger Maßnahmen werden in Art. 141 Abs. 4 EGV bestimmte europarechtliche Anforderungen gestellt.
Es ergeben sich folgende Fragen: Welche Spielräume bringt die deutsche Verfassungswirklichkeit der Einführung positiver Maßnahmen im Bereich des privaten Arbeitsrechts entgegen? Wie ist die Spannungslage zwischen den Rechtssystemen, zwischen Art. 3 Abs. 2 und 3 GG und Art. 141 Abs. 4 EGV, zu lösen?

Nach einer Auffassung brauche - auf Grund des Vorranges des Gemeinschaftsrechtes - das nationale Verfassungsrecht nicht erörtert zu werden, sobald das europäische Recht positive Diskriminierung gestatte.[754] Eine Debatte über das Rangverhältnis der Rechtssysteme hätte sich nach dieser Auffassung erübrigt.
Dem Ansatz ist zu widersprechen. Genannte Annahme verkennt den Inhalt des Art. 141 Abs. 4 EGV. Über Art. 141 Abs. 4 EGV nimmt positive Diskriminierung lediglich die Hürde des Europarechts. Über die Verfassungsmäßigkeit der Rechtsmaßnahmen in einem der Mitgliedstaaten der Europäischen Union wird in Art. 141 Abs. 4 EGV keine Aussage getroffen. Entsprechende Untersuchungen richten sich weiterhin nach nationalem Verfassungsrecht.[755] Mögliche Differenzen zwischen dem europäischen und dem deutschen Verfassungsrecht sind aus diesem Grund zu beachten.

Eine weitere Auffassung erkennt Differenzen zwischen beiden Rechtssystemen nicht nur als möglich an. Sie vertritt, dass die deutsche Verfassungswirklichkeit entgegen der europäischen Sichtweise positiver Diskriminierung nicht zulasse.[756] Europarecht und nationales Verfassungsrecht kämen zu grundlegend unterschiedlichen Ergebnissen. Art. 141 Abs. 4 EGV, der lediglich eine Ermächtigung ausspreche, verhindere aber, dass es zu einer Kollision komme. Er gebe den Mitgliedstaaten die Möglichkeit, positive Diskriminierung einzuführen und spreche keine Verpflichtung aus. Auf diesem Wege könnten die inhaltlich voneinander abweichenden Rechtsordnungen nebeneinander existieren.

---

[754] *Hanau*, Gedächtnisschrift für Lüderitz, 254 f.
[755] So auch: Grabitz/ Hilf, *Langenfeld*, Art. 141 EGV, Rdnr. 108.
[756] *Starck*, Festschrift für Dieterich, 643, 645 ff. mwN.

Dieser Ansicht ist hinsichtlich des konkreten Regelungsverhältnisses zwischen Art. 141 Abs. 4 EGV und Grundgesetz zuzustimmen, die inhaltlichen getroffenen Wertungen können in diesem Zusammenhang offen gelassen werden. Der Einfluss des Art. 141 Abs. 4 EGV auf das deutsche Verfassungsrecht beschränkt sich demnach auf eine inhaltliche Indizwirkung. Weitergehende, verpflichtende Auswirkungen sind nicht gegeben.

(2) Der mögliche Einfluss von Art. 141 Abs. 3 EGV
auf das deutsche Verfassungsrecht

Die Problematik der unterschiedlichen inhaltlichen Ausrichtung von europäischem Vertragsrecht und deutschem Verfassungsrecht lässt sich über Art. 141 Abs. 3 EGV zuspitzen. Art. 141 Abs. 3 EGV wird von der europäischen Kommission als ausreichende Ermächtigungsgrundlage angesehen, um Richtlinien zu beschließen, die positive Förderung vorsehen.[757] Diese Auffassung steht in inhaltlichem Widerspruch zu den Stimmen im deutschen Recht, die positive Diskriminierung als nicht verfassungsgemäß ansehen. An dieser Stelle ist eine Kollision denkbar: Eine auf Art. 141 Abs. 3 EGV gestützte und auf positive Diskriminierung gerichtete Richtlinie wäre innerhalb eines gewissen Zeitraumes von der Bundesrepublik Deutschland in nationales Recht umzusetzen. Anderenfalls könnte sich, sofern die Richtlinie konkret genug gefasst wäre, ein Schadensersatzanspruch gegen die Bundesrepublik ergeben.
Folgt man an dieser Stelle der Auffassung, dass positive Diskriminierung nicht mit der deutschen Verfassung zu vereinbaren sei, eröffnen sich folgende Fragestellungen:
1. Kann/ muss die Höherrangigkeit europäischen Rechts uneingeschränkt für nationales Verfassungsrecht gelten?
2. Wieweit geht der Grundsatz der europarechtskonformen Auslegung? (d.h.: Kann eine mögliche Kollision durch den Grundsatz der europarechtskonformen Auslegung beseitigt werden?)
Unterschiedliche Lösungsmöglichkeiten sind denkbar:
Eine erste Meinung stellt die grundsätzliche Rangordnung zwischen europäischem und nationalem Recht in den Vordergrund. Die erste der oben aufgeworfenen Fragen wird von dieser Auffassung positiv beantwortet: Europäisches Recht sei generell als höherrangig anzusehen. Dem europäischen Recht entgegenstehendes, nationales Recht sei außer Acht zu lassen. Die Natur des nationalen Rechts spiele keine Rolle, der genannte Grundsatz gelte ohne Einschränkungen. Das Rechtsinstitut der europarechtskonformen Auslegung werde nicht benötigt.[758]

[757] KOM (2000), 334, 4; ausführliche Behandlung der Streitfrage, siehe oben , S. 76 ff.
[758] Entsprechend der allgemeinen EuGH Rechtsprechung: Costa/ ENEL, EuGH Slg. 1964, 1251; *Geiger*, 186 f.

Im Hinblick auf die vorliegende Problematik kommt diese Auffassung damit zu einer eindeutigen Lösung : Sollte europäisches Richtlinienrecht positive Diskriminierung verpflichtend vorsehen, seien die Rechtsordnungen der Mitgliedstaaten auf Grund der Normenhierarchie mit europäischem Recht an diese Verpflichtung gebunden. Zwar seien inhaltliche Differenzen denkbar, diese spielten aber auf Grund der eindeutigen Rangordnung der Normen keine entscheidende Rolle.

Eine zweite Ansicht erkennt inhaltliche Differenzen zwischen europäischem und nationalem Recht ebenfalls als möglich an. Die unterschiedlichen theoretischen Grundströmungen, die in den Rechtssystemen herrschten, ließen inhaltliche Unterschiede als unausweichlich erscheinen. Der Ansatz der ersten Auffassung wird dabei kritisiert: Es sei zweifelhaft, ob diese Differenzen mit einem einfachen Verweis auf grundsätzliche Rangordnung zwischen europäischem und nationalem Recht aus der Welt zu räumen seien. Immerhin stünden auf nationaler Ebene Verfassungsgrundsätze auf dem Spiel. Auch sei eine Lösung über den Grundsatz der europarechtskonformen Auslegung nicht möglich, da europäisches Recht nicht den Erlass nationaler Grundrechte verlangen könne.[759] Eine Lösung des vorliegenden Problems sei, wolle man eine Kollision der Rechtssysteme vermeiden, lediglich über eine EG-rechtsfreundliche Auslegung möglich.

Einer dritten, grundlegend anderen Auffassung zu Folge könne über 141 Abs. 3 EGV die Problematik auch nicht hypothetisch zugespitzt werden. Schon inhaltliche Differenzen seien nicht möglich. Der Grundsatz der europarechtskonformen Auslegung dominiere von Beginn an die nationale Verfassungsfrage, ein Verweis auf die ebenfalls eindeutige Rangordnung sei nicht notwendig. Angesichts des europäischen Rechts könne in Deutschland nicht vertreten werden, positive Diskriminierung im Arbeitsrecht sei als verfassungswidrig anzusehen. Zwar sei dies im isolierten Rahmen des GG umstritten, auch seien verschiedene Auffassungen auf Grund der Kompromissformulierung des Art. 3 Abs. 2 GG begründbar. Durch den Einfluss des Europarechts ergebe sich aber im deutschen Recht ein Übergewicht derjenigen Auffassung, die positive Diskriminierung für zulässig halte. Die deutsche Verfassung sei daher in Übereinstimmung mit der ohnehin in Deutschland vertretenen Auffassung europarechtskonform dahingehend auszulegen, dass positive Diskriminierung von Art. 3 Abs. 2 GG umfasst werde. Auf diesem Wege ergäben sich keine inhaltlichen Differenzen zwischen europäischem Recht und Europarecht und eine Kollision sei nicht möglich.[760]

---

[759] *Jarass/ Pieroth*, Art. 3 GG, Rdnr. 69.
[760] *Ebsen*, RdA 1993, 11, 15.

3) Stellungnahme und Schlussbetrachtung zum Grundgesetz

Die verschiedenen genannten Auffassungen sind ausgehend von der Situation des Grundgesetzes zu bewerten. Die Besprechung der deutschen Verfassungslage hat gezeigt, dass innerhalb des deutschen Rechts in isolierter Betrachtung schwerwiegende Argumente dafür sprechen, dass positive Diskriminierung im deutschen Arbeitsrecht als nicht mit dem GG vereinbar anzusehen ist. Es ist im Anschluss deutlich geworden, dass das deutsche Recht europäischen Einflüssen ausgesetzt ist, denen sich die deutsche Rechtsentwicklung nicht entziehen kann. Die Wertungen des höherrangigen europäischen Rechts müssen bei der Beantwortung von Rechtsfragen in Deutschland in die Beurteilung einbezogen werden. Angesichts der Bedeutung des europäischen Rechts ist es nicht nur sinnvoll, sondern notwendig, diese Wertungen in die grundgesetzliche Diskussion einfließen zu lassen.
Alle genannten Auffassungen stimmen darin überein, dass die Position des Grundgesetzes im Blick auf positive Diskriminierung nicht eindeutig ist und weitergehender Auslegung bedarf. Hier kommen die Ansichten hinsichtlich der Frage, an welcher Stelle die europäischen Wertungen in die nationale Diskussion einfließen, zu unterschiedlichen Ergebnissen. Einigkeit besteht, dass die europäischen Positionen einen entscheidenden Einfluss ausüben. Als Resultat erscheint allen Auffassungen positive Diskriminierung im Arbeitsrecht über den wachsenden Einfluss des europäischen Rechts verfassungsmäßig möglich. Dieser Sichtweise ist zuzustimmen. Eine Entscheidung zwischen den unterschiedlichen methodischen Vorgehensweisen kann auf dieser Basis dahinstehen.

Auf diesem Wege können die im deutschen Verfassungsrecht offenbaren Streitpunkte mit Hilfe des europäischen Rechts auf konstruktive Weise gelöst werden. Dies darf aber nicht dazu führen, die im deutschen Recht vorhandenen streitigen Punkte zu übergehen. Die isolierte Untersuchung des Grundgesetzes hat die Problematik des neuen Art. 3 Abs. 2 GG mit Blick auf die Gleichbehandlung im Arbeitsrecht verdeutlicht. Zwar enthält Art. 3 Abs. 2 GG gegenüber der alten Fassung des Grundgesetzes einige Weiterentwicklungen, er ist aber im Gegenzug auf Grund des Charakters als Staatsziel zu schwach, um weitgehende Veränderungen zu rechtfertigen. Zudem ist die Formulierung zu undeutlich. Er entlässt denjenigen, der die Verfassung auszulegen sucht, mit einer ungelösten Frage. Das zentrale Wertungsproblem: „Wie ist der faktisch bestehenden Ungleichbehandlung von Frauen und Männern im Arbeitsleben von staatlicher Seite aus zu begegnen?“, welches zur Einführung des Art. 3 Abs. 2 S. 2 GG führte, ist nicht gelöst worden. Das GG wird seiner Aufgabe, die allgemeine Gleichberechtigungsdebatte mit Wertungen zu versehen, nicht gerecht, bietet lediglich einen legislativen Kompromiss an. Nach der Diskussion der verfassungsmäßigen Gleichbehandlungsvorschriften in Deutschland kann/ muss die

Debatte an der gleichen Stelle fortgesetzt werden, an der die allgemeine Gleichstellungsdebatte endet. Vor diesem Hintergrund ist die weitschweifige und oftmals unsachlich geführte politische Debatte nicht verwunderlich. Diese Diskussion ist weiter zu fokussieren. Ziel muss es sein, innerhalb des deutschen Verfassungsrechts zu einer stringenten Lösung und einer eindeutigen Wertung zu gelangen.

2. Kapitel: Untersuchung der arbeitsrechtlichen Regelungen

Nach der jeweiligen Verfassungsbasis der Gleichberechtigungsregelungen ist in einem weiteren Schritt zu untersuchen, wie diese Basis im Bereich der Arbeitnehmergleichberechtigung umgesetzt wird. Die arbeitsrechtlichen Regelungen liegen aus theoretischer Sichtweise auf der dritten Untersuchungsebene. Auf der ersten Ebene wurden allgemeine Aussagen über existierende Gleichheitskonzeptionen getroffen und untersucht. Auf der zweiten Ebene wurden diese allgemeinen Konzepte mit den verfassungsmäßigen Wertungen verbunden. Auf diese Weise konnte festgestellt werden, in welchem Ausmaß Regelungen in den einzelnen Systemen möglich sind. Im folgenden, dritten Schritt sind die konkreten arbeitsrechtlichen Regelungen zu beleuchten. Die aus den Wertungen der ersten beiden Schritte folgenden Konsequenzen sind dabei zu bedenken.

I. Rechtssystem Südafrika: Entwicklung der Gleichberechtigungsvorschriften im Arbeitsrecht

An dieser Stelle ist noch einmal auf das gewaltige Ausmaß des Wandels hinzuweisen, welchen dieses Land in den letzten Jahren erlebt hat. Eine grundlegende Werteverschiebung ging und geht mit großen ökonomischen Unsicherheiten aber auch mit einem ungebrochenen Willen zur Veränderung einher.[761] Es ist ein Strich zu ziehen zwischen der Entwicklung zu Zeiten der Apartheid und der späteren Entwicklung. Dies bedeutet nicht, dass die beiden Entwicklungsphasen ohne Beziehung zueinander stünden. Die spätere Entwicklung ist oft als Umkehrschluss zu vorherigen Maßnahmen verständlich, wenn sie im Rahmen dieser vorherigen Entwicklung betrachtet wird.[762]
Anders als in den gewachsenen europäischen Systemen, übt der Systemwandel einen ständigen Einfluss auf die aktuelle Tagespolitik aus. Die verschiedenen arbeitsrechtlichen Ideologien, die Südafrika in den Jahrzehnten vor dem Wandel geprägt haben, waren fast ausschließlich vom Gesicht der Apartheid gezeichnet. Neuere Gesetze stellen den Gegenpol und die Umkehr dieser Gesetze dar.

1) Labour Relations Act 28 of 1956

Der Labour Relations Act 28 of 1956 war das maßgebliche Instrument des südafrikanischen Individualarbeitsrechts bis 1995, als ein neuer Labour Relations

---

[761] Ausführlich zu den Veränderungen im Bereich des Arbeitsrechts: *Du Toit et al.*, 3 ff.; *Qunta*, 6 ff.; *O' Regan*, EL 1994/ 95, 12; allgemein: *Horrell*, 2 ff.

[762] Explanatory Memorandum to the Employment Equity Bill, 1.12.1997, Government Gazette 18481, Vol. 390; *Jacobs*, EED 1998, 1, 1 ff.; mit gänzlich abweichenden Auffassungen: *Brassey*, ILJ 1999, 1359 ff.

Act in Kraft getreten ist. Gemäß dem Labour Relations Act 28 of 1956 war kein Arbeitgeber daran gehindert, jemanden auf Grund seines Geschlechts, seiner Rasse oder auch der Mitgliedschaft in einer Gewerkschaft zu diskriminieren.[763] Weder Arbeitnehmer noch Stellenbewerber hatten eine gesetzliche Basis, auf der sie gegen einen Arbeitgeber hätten klagen können, obwohl sie Opfer einer unfairen Diskriminierung geworden waren. Die Rechte der Arbeitgeber waren hingegen nahezu unbegrenzt. Einige gesetzliche Vorschriften gingen über dieses Maß noch hinaus und erlaubten und förderten spezielle Diskriminierungen im Bereich des Arbeitsrechts.[764] Einige Beispiele sollen dies verdeutlichen:
Der Wage Act 5 of 1957 erlaubte zwischen Klassen oder Kategorien von Arbeitnehmern zu unterscheiden. Als Gründe konnten unter anderem das Geschlecht oder die Rasse der Arbeitnehmer angeführt werden. Der Wage Act wurde vom neutraler gefassten Wage Amendment Act 48 of 1981 abgelöst.
1956 wurde der Industrial Conciliation Act eingeführt und mit diesem gesetzliche Arbeitsplatzreservierungen. Diese erlaubten dem Arbeitsministerium, alle erdenklichen Arbeitsplätze für Weiße zu reservieren.
Auch indirekt auf das Rassenverhältnis bezogene Arbeitsgesetzgebung wirkte sich diskriminierend für die schwarze Bevölkerung aus. Schwarzen wurde ausdrücklich untersagt den Status eines „employees" einzunehmen. Dies hatte zur Folge, dass Schwarzen der Zutritt zu registrierten Gewerkschaften verschlossen blieb. Daraus resultierend hatten „closed shop agreements" großen Einfluss auf den Ausschluss schwarzer Arbeitnehmer. Derartige Vereinbarungen reservierten Ausbildungsberufe für Gewerkschaftsmitglieder. Schwarze wurden systematisch übergangen.

Das erstgenannte Beispiel verdeutlicht zudem die sich im Laufe der frühen achtziger Jahre abzeichnenden Tendenzen seitens der südafrikanischen Regierung, offene Diskriminierungs-regelungen abzuschaffen.[765] Die materielle Rechtslage wurde durch diese kosmetischen Schritte nicht verändert, es gab keine Gesetzgebung, die sich explizit gegen Rassen- oder Geschlechterdiskriminierung am Arbeitsplatz aussprach.[766]

---

763 *Rycroft/ Jordaan*, 38; *Cameron*, 162.
764 *Du Toit et al.*, 7.
765 *Du Toit et al.*, 8 f.
766 *O'Regan*, Labour Law News and Law Reports, 1 (1991), 2.

2) Die Wiehahn Commission

Mit der Wiehahn Commission öffnet sich ein inhaltlich interessantes, wenn auch in tatsächlicher Hinsicht relativ bedeutungsloses Kapitel[767] des südafrikanischen Arbeitsrechtes zu Zeiten der Apartheid. Die Wiehahn Commission wurde 1977 ins Leben gerufen um die arbeitsrechtliche südafrikanische Gesetzgebung zu untersuchen. Obwohl die Regierung jeglichen Schritten in Richtung Arbeitnehmergleichberechtigung ablehnend gegenüberstand, wurde die Commission eingesetzt, weil ökonomische Zwänge zu diesem Schritt drängten. Mangelnde Kooperationsbereitschaft schwarzer Arbeitnehmer und wachsender Widerstand innerhalb der schwarzen Bevölkerung gegen das System stellten sich zunehmend als Hindernis für die Wirtschaft heraus.

Trotz der für Veränderungen des Rassentrennungssystems widrigen Umstände sprach sich die Commission für die Einleitung weitreichender Reformen in der südafrikanischen Arbeitnehmergleichberechtigungspolitik aus. Die Commission empfahl die Einführung von Gleichstellungsgesetzen für Arbeitnehmer in Südafrika. Sie sagte: „*The Commission can not avoid the conclusion that in due course discrimination in the fields of labour on the ground of race, colour, sex, political opinion, religious belief, national extraction or social origin will have to be outlawed and criminalised in South Africa.*" [768]

Die Mitglieder der Commission waren sich bewusst, dass diese Empfehlung auf großen Widerstand stoßen würde. Offensichtlich aus diesem Grund milderten sie ihre Forderungen in zeitlicher Hinsicht ab und sprachen sich letztlich für eine Verschiebung dieser Gesetzgebung aus, bis eine sorgfältige Abwägung der Reformen mit den zu erwartenden Widerständen stattgefunden habe.[769] In der Zwischenzeit sei ein Industrial Court zu schaffen, der für eine fortschrittliche und faire arbeitsrechtliche Gesetzgebung verantwortlich sein solle.[770]

3) Der Industrial Court

Der Industrial Court wurde 1979 ins Leben gerufen. Die Rechtsprechung dieses Gerichts war Hauptantrieb der Entwicklung arbeitsrechtlicher Grundbegriffe in der Zeit nach seiner Gründung.[771] Ausgangspunkt der Rechtsprechung des Industrial Court war eine Definition von „unfair labour practice", die ebenfalls 1979 eingeführt wurde. Die ursprüngliche Definition stattete das Gericht mit

---

[767] Zumindest aus heutiger Sicht, nach den gravierenden Veränderungen, die der Systemwechsel mit sich brachte.

[768] vgl.: Wiehahn Report (1982) part 5 para 4.127.14, bemerkenswert ist die negative Formulierung.

[769] Wiehahn Report part 5 para 4.127.15.

[770] Wiehahn Report part 5 para 4.127.17.

[771] *Du Toit et al.*, 10.

quasi-legislativen Vollmachten aus und wurde auf Grund vielfacher Kritik im Jahre 1980 etwas verengt. Substanzielle Änderungen konnten aber auch durch die neue Definition nicht verzeichnet werden.[772]
Fraglich ist, wie sich der Industrial Court der Problematik der Arbeitnehmergleichberechtigung näherte. Aus der Sichtweise eines rechtsstaatlich funktionierenden Gerichts wäre die ausufernde Weite der Definition kein Problem gewesen. Auch mit einer derartigen Generalklausel hätte effektive Gleichberechtigungsrechtsprechung stattfinden können. Der Industrial Court zeigte Ansätze, gegen Rassendiskriminierung vorzugehen. Das Gericht entschied, dass die Definition weit genug sei, um unfaire Diskriminierung zu umfassen.[773] Ferner sagte das Gericht: „*There is no doubt, that wage discrimination based on race, or any other differences between the workers concerned other than their skill and experience, is an unfair labour practice.*".[774]
Eine wirklich durchgreifende, weitergehende Rechtsprechung dieser Art hat der Industrial Court aber nicht getroffen.[775] Gründe dafür können auch darin liegen, dass fast keine Streitfragen betreffend Diskriminierung vor das Gericht gebracht wurden.[776] Es ist schwierig, die Haltung des Industrial Court auf eine inhaltliche Linie zu bringen. Trotz der grundsätzlich negativen Beurteilung des Industrial Court darf nicht außer Acht gelassen werden, dass das Gericht einige wichtige Entscheidungen in Richtung Arbeitnehmergleichberechtigung gefällt hat.[777]

Der Industrial Court ist eine gerichtliche Institution, die nach Beendigung der Apartheid fortbestand. Der Wandel in Südafrika brachte auch eine Veränderung der Rechtsprechung des Gerichts. Seit dem in Kraft treten der Interim Constitution 1994 hat sich das Gericht durch die verfassungsmäßigen Gleichstellungs- und Gleichberechtigungsvorschriften als gebunden betrachtet.[778] Das

---

[772] Die ursprüngliche Definition lautet: „*any labour practice which in the opinion of the court is an unfair labour practice*".

[773] *SACWU v. Sentrachem* (1988) ILJ 410 (IC), 429 F.

[774] *SACWU v. Sentrachem* (1988) ILJ 410 (IC), 429 F.

[775] *O'Regan*, 64 ff.

[776] Diese auf den ersten Blick verwunderliche Tatsache wird folgendermaßen zu erklären versucht: Die Angehörigen benachteiligter Gruppen hätten die Situation weitestgehend akzeptiert, Gewerkschaften hätten derartige Klagen nicht unterstützt, diese seien teuer, zeitaufwendig und wenig erfolgversprechend gewesen, *O'Regan*, EL 1994/95, 13, 23.

[777] Das Gericht erklärte die folgenden Vorgehensweisen zu unfairer Arbeitspraxis: Ungleiche Bezahlung bei gleicher Arbeit, *SACWU v. Sentrachem* (1988) ILJ, 410 (IC); die „*separate but equal doctrine*", *Chamber of Mines of SA v. Council of Mining Unions* (1990) 11 ILJ 52,71; die Weigerung für Arbeitnehmer bestimmter Rassen Trainingsmöglichkeiten bereitzuhalten, *Chamber of Mines v. Mineworkers Union* (1989) 10 ILJ, 133.

[778] *George v. Western Cape Education Department and another*, 1995 (16) ILJ 1529 (IC); *Association of Professional Teachers and another v. Minister of education and others* [1995] 9 BLLR 29 (IC), 56.

Gericht hat dies in der folgenden Weise zum Ausdruck gebracht: „*If the Constitution governs the interpretation of [South African law], which we believe it does, then in exercising its unfair labour practice jurisdiction the Industrial Court will also be called upon to infuse the very wide definition of the unfair labour practice definition with meaning in accordance with the provisions of the chapter of the Constitution setting out our Bill of Rights. It would be incumbent to the Court to interprete, give body to and apply the concept of an unfair labour practice within a human rights culture*".[779]
Die Auswirkungen dieses Schrittes zeigten sich in einem der ersten Fälle bezüglich Affirmative Action, mit dem der Industrial Court befasst war.[780] Inhaltlich ging es darum, dass Herr George (ein weißer Mann), einklagte, dass die Wahl eines Affirmative Action Kandidaten an seiner Stelle eine unfaire Arbeitspraxis darstellte. Der Industrial Court stellte eine Unterscheidung auf zwischen „*negative discrimination*" und „*positive discrimination*" und bemerkte, dass letztere Form eine legitime Ausnahme zu dem Recht, nicht unfair diskriminiert zu werden, darstelle.[781]
Diese Äußerung des Industrial Court weist auf zwei Dinge hin. Sie zeigt, dass das Gericht den, in der Verfassung normierten Vorschriften zu folgen gedachte und dass das Gericht daraus folgend Affirmative Action als notwendig ansah, um die Ungerechtigkeiten der Vergangenheit zu überwinden.

4) Codes of good Practice

Trotz der Ungerechtigkeiten des Apartheidsregimes waren ausländische Unternehmen während dieser Zeit in Südafrika vertreten. Auf Grund des Druckes von Bevölkerung und Gewerkschaften in den Heimatländern der jeweiligen Unternehmen sahen sich viele Regierungen veranlasst, sogenannte Codes of good Practice, d.h. Verhaltensmaßstäbe für die Unternehmen in Südafrika, zu entwerfen.[782] Diese Codes of good Practice sollten das Auftreten der Unternehmen auf eine Linie bringen mit dem von den rechtsstaatlichen Verfassungen der Heimatländer geforderten Verhalten oder zumindest sicherstellen, dass die Unternehmen aus den systematischen Ungerechtigkeiten des Apartheidsregimes kein zusätzliches Kapital schlagen würden.[783]

---

779 *Association of Professional Teachers and another v. Minister of education and others* [1995] 9 BLLR 29 (IC), 56.
780 *George v. Liberty Life*, 1996 (BLLR) 985 (IC); (1996) 17 ILJ 571 (IC).
781 *George v. Liberty Life*, (1996) 17 ILJ 571 (IC), 589 f.
782 Z.B.: Code of good Practice for South African Subsidiaries of German Companies; Code of Conduct for British Companies with Interests in South Africa; Statement of Principles for U.S. Firms with Affiliates in the Republic of South Africa; *Sullivan Report*.
783 Code of good Practice for South African Subsidiaries of German Companies, 5.

Die Inhalte der Codes of good Practice stimmen mit den zentralen Forderungen der Anti- Diskriminierungsgesetzgebung überein. Zentrale Aussage der Verhaltensregelungen ist, dass von den Unternehmen erwartet wird, die schwarzen Arbeitnehmer nicht schlechter zu behandeln als weiße. Bei den konkret durchzuführenden Maßnahmen steht im Vordergrund, dass die Rassentrennungsregelungen aufgehoben und schwarze Arbeitnehmer für besser kategorisierte Arbeitsplätze vorbereitet werden sollen.[784] Die Gesetzgebungsstrategie der Apartheidsregierung wird als auf drei Stützen basierend angesehen, gegen die vorgegangen werden müsse. Erste Stütze seien die Apartheidsgesetze, die Schwarze zu Fremden im eigenen Land machten. Zweite Stütze sei die sogenannte Sicherheitsgesetzgebung, mit der willkürlich jedes unerwünschte Verhalten geahndet werden könne. Dritte Stütze sei die arbeitsrechtliche Gesetzgebung selbst. Schwarzen Arbeitnehmern würden fundamentale Arbeitnehmerrechte, z.B. Koalitions- und Streikrechte vorenthalten.[785]
Trotz der positiv zu wertenden Motivation der Codes of good Practice sind diese insgesamt relativ folgenlos geblieben. Dies hängt zum einen mit der beschränkten Durchsetzungskraft dieser Codes zusammen. Die aufgestellten Regeln waren für die Unternehmen nicht verpflichtend. Die einzige Möglichkeit, die Umsetzung zu kontrollieren, bestand darin, anhand eingeforderter regelmäßiger Berichte die Handlungen der Unternehmen zu überwachen und mit der Veröffentlichung negativen Verhaltens zu drohen.[786] Amerikanischen Unternehmen stand eine weitere Möglichkeit offen: Die amerikanischen Codes of good Practice arbeiteten mit einem positiv verstärkenden System. Sich korrekt verhaltenden Unternehmen wurde ein dahingehendes Unbedenklichkeitszertifikat ausgestellt.[787]

5) Der Labour Relations Act 1995[788]

Der LRA wurde am 13.12.1995 als Act no. 66 verabschiedet. Er stellt das erste Gesetzeswerk in Südafrika dar, das sich gegen Arbeitnehmerdiskriminierung richtet.[789] Im Juli 1994 wurde ein ministerielles Gremium mit der Aufgabe betraut, den Entwurf für einen neuen LRA zu erstellen. Dieser sollte auf einer Linie mit der neuen Verfassung in Südafrika liegen und Südafrika darüber

---

[784] Die Regelungen unterscheiden sich im Detail. Erwähnenswert sind Zahlen, die auf Grund der von britischen Unternehmen eingereichten Berichte erstellt wurden. Sie verdeutlichen das Ausmaß der Diskriminierungen. 1983 hatten von 139 berichtenden Unternehmen 43 gemeinsame Toiletten für schwarze und weiße Arbeitnehmer. Code of Conduct for British Companies with Interests in South Africa: Analysis, table 8.
[785] Code of good Practice for South African Subsidiaries of German Companies, 2 ff.; 11 ff.
[786] Code of good Practice for South African Subsidiaries of German Companies, 6 ff.
[787] Statement of Principles for U.S. Firms with Affiliates in the Republic of South Africa, 2 ff.
[788] Im Folgenden: LRA.
[789] *Garbers*, 266; *Grossert/ Venter*, 41 f.

hinaus auf die Höhe verschiedener internationaler Konventionen der ILO[790] bringen.[791]
Die meisten Teile des LRA sind am 11.11. 1996 in Kraft getreten. Die hauptsächliche, hinter dem LRA stehende Intention war es, sec. 27 Interim Constitution in einfaches Recht umzusetzen und die Rechte von Gewerkschaften, das Recht zu Tarifverhandlungen, Streikrechte, d.h. kollektives Arbeitsrecht, in die Realität umzusetzen.[792] Der LRA enthält ferner verschiedene Vorschriften, die sich dem Schutz von Arbeitnehmern und Bewerbern um Arbeitsstellen vor Diskriminierungen widmen[793] und sich auf das individuelle Arbeitsrecht beziehen. Für diese Arbeit ist Teil B Schedule 7 LRA von besonderer Bedeutung. Der Schedule 7 Items 2 (1) (a); 2 (2) und 3 (4) (4) war die gesetzliche Anlaufstelle für Streitfragen zur Arbeitnehmergleichberechtigung.[794] Er ist durch die Verabschiedung des EEA (Chapter 2) am 09.08.1999 gegenstandslos geworden. Zum LRA sind auf Grund der in ihm enthaltenen

---

[790] Entscheidende Konvention: Discrimination (Employment and Occupation) Convention 111 of 1958.

[791] Explanatory Memorandum to the Labour Relations Bill, (1995) ILJ 278, 279, 285; im Zuge der Überlegungen entstand ferner das *Green Paper on employment and occupational equity*; *Cheadle et al.*, 1996, 48 ff.; *Palk*, EED 1996, 3, 1 ff.

[792] LRA 1995, Preamble, dazu: *Du Toit et al.*, 21 ff.

[793] Beispiel für neue Arbeitnehmerschurzrechte: Die Vorschriften (sec. 187 (1) (f) LRA) richteten sich gegen direkte und indirekte Diskriminierungen, die auf einer allerdings nicht abschließend geregelten Liste von Gründen beruhen konnten. Sec. 187 (1) (f) und (e), sec. 187 (1) (f) legen fest, dass eine Kündigung eines Arbeitnehmers automatisch unfair ist, wenn der Grund für die Kündigung in unfairer Diskriminierung eines Arbeitnehmers liegt. Gegen diese Automatik kann lediglich angeführt werden, dass berufsbezogenen Anforderungen Genüge getan werde.

[794] Die entscheidende Stelle lautet: *2. Residual unfair labour practices: (1) For the purposes of this item, an unfair labour practice means any unfair act or omission that arises between an employer and an employee, involving- (a) the unfair discrimination, either directly or indirectly, against an employee on any arbitrary ground, including, but not limited to race, gender, sex, ethnic or social origin, colour, sexual orientation, age, disability, religion, conscience, belief, political opinion, culture, language, marital status or family responsibility; (b) the unfair conduct of the employer relating to the promotion, demotion or training of an employee or relating to the provision of benefits to an employee; (c) the unfair suspension of an employee or any other disciplinary action short of dismissal in respect of an employee; (d) the failure or refusal of an employer to reinstate or re-employ a former employee in terms of any agreement. (2) For the purposes of sub-item (1)(a), (a) „employee" includes an applicant for employment; (b) an employer is not prevented from adopting or implementing employment policies and practices that are designed to achieve the adequate protection and advancement of persons or groups or categories of persons disadvantaged by unfair discrimination, in order to enable their full and equal enjoyment of all rights and freedoms; and any discrimination based on an inherent requirement of the particular does not constitute unfair discrimination.*

Änderungen eine Reihe wichtiger Entscheidungen ergangen.[795] Diese werden im Rahmen der Untersuchung des EEA näher beleuchtet, da sie auch diesem gegenüber relevant geblieben sind.

Aus dem Wortlaut des LRA wird ersichtlich, dass er vor in Kraft treten des EEA eine wichtige Rolle dabei spielte, Arbeitnehmer vor Diskriminierungen zu schützen. Der Absatz (1) bezieht sich auf das umfassende Verbot von Diskriminierungen. Absatz (2) enthält Ausnahmen zum generellen Verbot von Diskriminierung, darunter in (b) eine einfachrechtliche Ermächtigungsgrundlage für Affirmative Action. Er war weitergehend die erste Vorschrift in Südafrika, die auch Bewerber um Arbeitstellen in den Schutzbereich aufnahm.[796] Die genaue Regelungstechnik wird im Rahmen des vergleichbar aufgebauten EEA erläutert.

Abschließend ist auf eine Besonderheit in Südafrika hinzuweisen. Schon vor in Kraft treten des LRA gab es in Südafrika eine faktische Übereinkunft privater Unternehmen, dass Schritte in Richtung Affirmative Action notwendig seien. Diese Tatsache ist bemerkenswert, obwohl gleichzeitig darauf hinzuweisen ist, dass die genannte Übereinkunft weniger aus moralischen Gründen, als aus ökonomischen Notwendigkeiten nach dem Ende der Apartheid heraus getroffen wurde.[797]

II. Rechtssystem Südafrika: Gegenwärtiger Stand der Gleichberechtigungsvorschriften im Arbeitsrecht

In der aktuellen Gesetzeslandschaft Südafrikas konzentrieren sich die Regelungen zur Arbeitnehmergleichberechtigung auf den Employment Equity Act 55 of 1998[798]. Der EEA regelt umfassend das Verhältnis von Arbeitnehmer und Arbeitgeber hinsichtlich von Maßnahmen gegen Diskriminierung. Er ist das zentrale arbeits- und gleichberechtigungsrechtliche Lenkungsinstrument des südafrikanischen Rechts.[799]
Aufgrund des von der südafrikanischen Regierung gesehenen großen Regelungsbedarfes finden sich daneben Vorschriften in anderen Gesetzen, z.B. dem speziellen Promotion of Equality and Prohibition of Unfair Discrimination Act of 2000[800]. Der PEPUDA ist nicht anwendbar bei Personen, auf die der EEA anwendbar ist (sec. 5 (3) PEPUDA). Problematisch ist, inwieweit der PEPUDA

---

[795] Ausführlich: *Cheadle et al.*, 1999, 58 ff.
[796] Schedule 7 Item 2 (2)(a) LRA.
[797] *Rycroft*, ILJ 2001, 1411, 1413.
[798] Im Folgenden: EEA.
[799] *Solomon*, SA Merc LJ 1999, 231 ff.
[800] Im Folgenden: PEPUDA.

vom EEA verdrängt wird und/ oder inwieweit aus dem inhaltlich detaillierter gefassten PEPUDA Rückschlüsse auf den EEA möglich sind. Die Untersuchung der Frage, welchen Einfluss PEPUDA im südafrikanischen Arbeitsrecht insgesamt haben wird, wird durch die Tatsache erschwert, dass es bislang nur unzureichende praktische Anwendungsfälle des PEPUDA gibt.

Zu klären sind der allgemein organisatorische Rahmen in den diese Gesetze eingelassen sind, Aufbau und Anwendungsbereich der Gesetze, gesetzestechnische Begriffe und Regelungstechniken sowie gesetzte Zielvorgaben. Die Ziele der Gleichberechtigungsgesetzgebung sind aus zweifacher Hinsicht von Bedeutung. Zum einen bestimmt sich daraus die generelle Ausrichtung der Maßnahmen und deren dogmatische Herleitung. Zum anderen kann anhand der Ziele der Punkt festgelegt werden, ab dem ein Festhalten an Affirmative Action, einem zentralen südafrikanischen Regelungsbereich, nicht mehr zu rechtfertigen wäre.

1) Der EEA

Der EEA wurde vom südafrikanischen Parlament am 21.08.1998 verabschiedet. Er stellt die Schlüsselmaßnahme der südafrikanischen Regierung dar, die Vorschriften der Constitution hinsichtlich der Arbeitnehmergleichberechtigung wirksam werden zu lassen. Die Regelungen des EEA sind insbesondere darauf gerichtet, die Erblast der ökonomischen und sozialen Ungerechtigkeiten in Südafrika auszugleichen. Die in Chapter I sec. 2 EEA enthaltenen Aussagen machen diese Zielrichtung deutlich: *„The purpose of this Act is to achieve equity in the workplace by*
a. promoting equal opportunity and fair treatment in employment through the elimination of unfair discrimination; and
b. implementing affirmative action measures to redress the disadvantages in employment experienced by designated groups, in order to ensure their equitable representation in all occupational categories and levels in the workforce."

Die Ziele des EEA bieten einen ersten Anhaltspunkt für die fortwährende Bedeutung der geschichtlichen Entwicklung Südafrikas.[801] Der EEA trat vor einem Hintergrund extremer Unterschiede auf dem Arbeitsmarkt in Kraft. Diese sind geschichtlich bedingt. Hauptziel des EEA ist, den Einfluss hergebrachter Erblasten aufzuheben.

---

[801] *Brassey*, EL 1994/ 95, 132 ff., beschreibt gleichzeitig die Schwierigkeit ein „Ziel“ anzugeben.

Die Regelungen des EEA sind zweigeteilt. Die im allgemeinen theoretischen Teil der Arbeit erfolgte Darstellung von Affirmative Action als Kritik an den Schwächen der Anti-Diskriminierungsgesetzgebung wird im EEA besonders deutlich. Chapter II, sec. 5- 11 EEA befasst sich mit unfairer Diskriminierung, ist Anti-Diskriminierungsregelung und Chapter III, sec. 12- 33 EEA befasst sich mit Affirmative Action.

a) Maßnahmen gegen unfaire Diskriminierung

Die für die Untersuchung der gesetzlichen Vorschriften gegen Diskriminierung zentralen Passagen des EEA lauten:

EEA Chapter II – Prohibition of unfair discrimination:

Sec. 5. Elimination of unfair discrimination.
Every employer must take steps to promote equal opportunity in the workplace by eliminating unfair discrimination in any employment policy or practice.

Sec. 6. Prohibition of unfair discrimination.
(1) No person may unfairly discriminate, directly or indirectly, against an employee, in any employment policy or practice, on one or more grounds, including race, gender, sex, pregnancy, marital status, family responsibility, ethnic or social origin, colour, sexual orientation, age, disability, religion, HIV status, conscience, belief, political opinion, culture, language and birth.
(2) It is not unfair discrimination to
a. take affirmative action measures consistent with the purpose of this Act; or
b. distinguish, exclude or prefer any person on the basis of an inherent requirement of a job(...).

aa) Gruppen und Personen im Schutzbereich der Anti- Diskriminierungsvorschriften

Gemäß sec. 6 EEA sind Arbeitnehmer („employees“) gegen unfaire Diskriminierung geschützt.[802] Sec. 9 EEA erweitert den Schutzbereich auf Bewerber für Arbeitnehmerstellen. Hervorzuheben ist das Ausmaß des Schutzes, der den Arbeitnehmern gewährt wird. [803] Sec. 6 EEA sieht vor, dass niemand („*no person*“) die dem Schutzbereich unterfallende Person diskriminieren darf. Diese Formulierung, obwohl begrenzt durch den Verweis auf „Programme oder

---

[802] Die Definition von 'employee' findet sich in sec. 1 des EEA.
[803] *Garbers*, 269.

Praktiken am Arbeitsplatz“[804], bezieht sich umfassend auf alle Personen, mit denen der Arbeitnehmer am Arbeitsplatz Kontakt hat. In der Konsequenz bedeutet dies, dass Diskriminierungen eines Arbeitnehmers gegenüber einem anderen von sec. 6 EEA erfasst sind. Diese Auslegung wird in sec. 60 EEA bestätigt. Sec. 60 EEA unterstellt die gerade genannte Situation dem Regelungsbereich von sec. 6 EEA und sieht eine darüber hinausgehende Regelung vor.[805] Werden demnach Vorwürfe laut, dass innerhalb der Arbeitnehmerschaft gegen den EEA verstoßen worden sei, und erhält der Arbeitgeber davon Kenntnis, hat er Gegenmaßnahmen zu ergreifen, oder er wird stellvertretend für die Handlungen seiner Arbeitnehmer haftbar gemacht. Weitergehend ist bestimmt, dass der Arbeitgeber aktiv dafür zu sorgen hat, dass er Kenntnis erhalten kann. Anderenfalls kann sich er sich nicht auf fehlende Kenntnis berufen.

bb) Unfaire Diskriminierung im Zusammenhang des EEA

Der Begriff *unfaire Diskriminierung* ist im inhaltlichen Zusammenhang mit dem EEA darauf zu untersuchen, ob sich mögliche Unterschiede zu diesem Begriff im konstitutionellen Kontext ergeben.[806]
Der Wortlaut von sec. 6 (1) EEA entspricht weitestgehend dem von sec. 9 (3) Constitution. Eine Unterscheidung ist, dass die aufgelisteten Gründe in sec. 6 (1) EEA umfangreicher sind, HIV Status, Familienstand und politische Meinung sind hinzugefügt. Die ohnehin schon 16 verschiedene Merkmale umfassende Liste der Constitution ist damit nochmals um drei Merkmale erweitert worden. Welche Auswirkungen hat eine so ausführliche Auflistung nicht zu verwendender Merkmale auf die Praxis? Diese Frage kann nur unter Vorgriff auf den folgenden Teil der Arbeit beantwortet werden. Nachstehende Ausführungen verdeutlichen, dass derjenige, der im südafrikanischen Recht eine Klage durchsetzen will, Vorteile hat, wenn er sich auf eines der genannten Merkmale bezieht. Dies gilt zum einen hinsichtlich des grundsätzlichen Problems, Diskriminierung festzustellen, als auch hinsichtlich des praktischen prozessualen Vorgehens. Der große Umfang genannter Merkmale dürfte sich vor diesem Hintergrund als Vorteil für die Personen erweisen, die gegen Diskriminierung vorgehen wollen.

Es kann anhand eines bestimmten Prüfschemas herausgefunden werden, ob ein fragliches Verhalten den Tatbestand von unfairer Diskriminierung erfüllt. Diese

[804] Definition in sec. 1 EEA. Die potentielle Begrenzung wird von der südafrikanischen Literatur allerdings weit ausgelegt, als Beispiel wird gebracht, dass ein unabhängiger Pensionsfond in den Schutzbereich von sec. 6 EEA fallen würde, *Du Toit et al.*, 433 f.
[805] *Redpath*, EED 1998, 7 f.
[806] Siehe: Begriff „*unfair discrimination*“ im Rahmen der Constitution.

Prüfung ähnelt dem Test im Rahmen der Verfassung.[807] Der erste Schritt dient der Feststellung einer differenzierenden Handlung. Auf der nächsten Stufe ist die Handlung als diskriminierend einzuordnen. Generell kann gesagt werden, dass eine Differenzierung, die auf nicht akzeptablen Gründen basiert, als Diskriminierung bezeichnet werden kann. Nicht akzeptable Gründe sind in sec. 6 (1) EEA aufgeführt. Sollte ein Grund nicht geschrieben stehen, aber dennoch unakzeptabel erscheinen, ist ebenso wie im Rahmen der Verfassung der *Harksen v. Lane*-Test anzuwenden.[808]

Als dritter Schritt ist Unfairness darzulegen. An dieser Stelle arbeitet der EEA im Unterschied zur Constitution mit einer generellen Unterstellung. Ist die Diskriminierung einmal bewiesen,[809] wird unterstellt, dass sie unfair gewesen sei. Die Person, die den Vorwurf einer Diskriminierung erhebt, braucht die Unfairness nicht zu beweisen.[810] Die Opfer unfairer Diskriminierung besitzen damit auf der Ebene der gerichtlichen Durchsetzung einen Vorteil im Bereich der Beweislastverteilung.

Es ergibt sich ein weiterer Unterschied zu der Verfassungsprüfung. Im EEA wird nicht deutlich, ob zusätzlich zu der Unfairness der Diskriminierung, die Rechtfertigung der fraglichen Maßnahme zu überprüfen ist. Die Vorschriften des EEA deuten darauf hin, dass die Frage der Unfairness und die Frage der Rechtfertigung im Rahmen des EEA zu einem Prüfungsschritt verschmolzen sind.[811] Diese Schlussfolgerung ergibt sich daraus, dass in sec. 6 EEA im Falle der Einschlägigkeit der vorgesehenen Verteidigungen des Arbeitgebers normiert ist, diese seien dann nicht mehr unfaire Diskriminierung. Ferner spricht eine Stellungnahme des Labour Court gegenüber einer allgemeinen Verteidigung des Arbeitgebers, das Verhalten sei fair gewesen („*general fairness defence*"), für dieses Ergebnis: „*Discrimination is unfair if it is reprehensible in terms of the society's prevailing norms. Whether or not society will tolerate the discrimination depends on what the object is of the discrimination and the means used to achieve it. The object must be legitimate and the means proportional and rational.*"[812]

Betrachtet man die unterschiedliche Vorgehensweise im Sinne einer Stufenfolge, fällt auf, dass die Überprüfung im Rahmen der Constitution vier Schritte gegenüber nur drei Schritten im Rahmen des EEA erfordert. Formell betrachtet kann sich der Arbeitgeber auf der Ebene der Constitution hinsichtlich

[807] *Grogan*, 202 ff..
[808] *Harksen v. Lane*, 1997 (11) BCLR 1489 (CC); dazu: *De Waal/ Currie/ Erasmus*, 202 f.
[809] Sec. 11 EEA, dem Arbeitgeber obliegt zu beweisen, dass seine Handlung nicht unfair war.
[810] Sec. 6 (2) EEA und berufsbezogene Anforderungen beziehen sich auf das Merkmal der Fairness.
[811] *Basson*, SA Merc LJ 1999, 240 ff.; *Du Toit et al.*, 437 f.
[812] *Leonard Dingler Employee Representative Council & Others v. Leonard Dingler (Pty) Ltd & Others* [1997] 11 BLLR 1438 (LC); (1998) 19 ILJ 285 (LC), eigene Hervorhebung.

der Unfairness und hinsichtlich der Rechtfertigung der Maßnahme (sec. 36 (1) Constitution) verteidigen. Die voneinander abweichende formelle Gestaltung wirft die Frage auf, ob die unterschiedliche Herangehensweise rein prozessualer Natur ist oder ob sich materielle Unterschiede ergeben.
Sollten sich materielle Unterschiede ergeben, müssten die Gerichte innerhalb der Prüfung der unterschiedlichen Stufen (insbesondere der dritten und vierten Stufe) zu verschiedenen Ergebnissen kommen können. Aus einer unüberschaubaren Vielzahl von Fällen ist nur ein Fall ersichtlich, in dem auf der vierten Stufe anders entschieden wurde als auf der dritten.[813] Diese Entscheidung wird zudem von der Literatur heftig kritisiert und als fehlerhaft angesehen.[814] Die Untersuchung gerichtlicher Entscheidungen spricht dagegen, materielle Unterschiede als Folge unterschiedlicher Prüfschritte anzunehmen. Der Grund für die generelle Übereinstimmung des Prüfungsergebnisses liegt zudem in der Tatsache, dass schwerlich Situationen vorstellbar sind, in denen eine Handlung, die schon als unfaire Diskriminierung im technischen Sinn charakterisiert worden ist, im Rahmen einer demokratischen Rechtsordnung doch als gerechtfertigt angesehen werden kann. Der vierte, auf konstitutioneller Basis vorgenommene Schritt ist auf Grund der Erwägung zu rechtfertigen, dass auf Verfassungsebene grundsätzliche, das Wesen des Staates betreffende Fragen in stärkerem Ausmaße zu berücksichtigen sind und dies auf der vierten Stufe geschehen kann.[815] Mögliche materielle Unterschiede zwischen der Prüfung in der Constitution und der Prüfung im Rahmen des EEA sind lediglich marginalen Ausmaßes. Aus den unterschiedlichen Prüfungsvorgängen lässt sich kein in dem Sinne materiell erheblicher Unterschied ableiten, dass eine Prüfungsweise der anderen aus diesem Grunde vorzuziehen wäre.

cc) Rechtfertigungsmöglichkeiten von Diskriminierung

Aus Gründen der Übersichtlichkeit soll, der Rechtfertigungsteil, der von den Gerichten mit der Untersuchung der Unfairness verschmolzen wird, isoliert dargestellt werden.

(1) Berufsbezogene Anforderungen (*„Inherent job requirements"*)

Ein Arbeitgeber, der einen Arbeitnehmer diskriminiert haben soll, kann seine Handlungen damit rechtfertigen, dass berufsbezogene Anforderungen der zu vergebenden Stelle ihm die getroffene Auswahl erlaubten. Sollte ein Arbeitgeber

---

[813] *Lotus River, Ottery, Grassy Park Residents Association v. South Peninsula Municipality*, 1999, (2) SA 817 (CC).
[814] *De Waal, Currie and Erasmus*, 206.
[815] *Kentridge*, 14- 43; *President of the Republic of South Africa v. Hugo*, 1997 (4) SA 1 (CC), 77.

sich auf diese Argumentation stützen, so muss er beweisen, dass die von ihm als unentbehrlich angeführten Eigenschaften tatsächlich für den Arbeitsplatz unverzichtbar sind.[816] Ferner sind Art und Ausmaß der Diskriminierung der angestrebten Zielsetzung gegenüberzustellen.[817] Als Beispiele dafür, wie die südafrikanische Gerichtsbarkeit berufsbezogene Anforderungen beurteilt, kann gegeben werden: Das Geschlecht eines Arbeitnehmers kann unter den Gesichtspunkten Authenzität und Unverfälschtheit erheblich sein, es dürfen aber nicht lediglich stereotype Vorstellungen über die Unterschiede zwischen den Geschlechtern bedient werden.[818] Die Vorlieben von Mitarbeitern, des Arbeitgebers oder Kunden können dagegen generell nicht als berufsbezogene Anforderungen angesehen werden.[819]

(2) Affirmative Action als Rechtfertigungsgrund

Alle Affirmative Action Maßnahmen, die in Übereinstimmung mit sec. 6 (2) EEA getroffen werden, stimmen mit dem Gesetz überein und sind nicht als unfair zu betrachten.[820] Im Hinblick auf die Rechtfertigung einer Diskriminierung wird Affirmative Action *„as a shield not as a sword*" eingesetzt.[821] Dies bedeutet, dass sich in diesem Zusammenhang der Arbeitgeber auf Affirmative Action als Verteidigung berufen kann, nicht aber der Arbeitnehmer seine Klage auf Affirmative Action stützen kann.

(3) *„General Fairness Defence*"

Generell ist umstritten, ob die genannten Ausnahmen zum Grundsatz der Gleichbehandlung, berufsbezogene Anforderungen und Affirmative Action, die einzigen möglichen Ausnahmen sind oder ob es noch weitere gibt.[822] Vor Inkrafttreten des EEA wurde gemäß des sogenannten *Dingler*-Tests entschieden, dass die auch im EEA genannten Ausnahmen der berufsbezogenen Anforderungen und Affirmative Action lediglich zwei ausdrückliche Beispiele

---

816 *Naidu*, (1998) 10 SA Merc LJ, 173, 182; mahnt eine enge Auslegung der Ausnahmeklausel an. Die Frage wie südafrikanische Gerichte berufsbezogene Anforderungen interpretieren werden, sei noch weitgehend offen.

817 *Brassey*, EL 1994/ 95, 111; *Du Toit et al.*, 461.

818 *Grogan*, 208 ff.; *Naidu*, (1998) 10 SA Merc LJ, 173, 180 ff.; ferner: *Brassey*, EL 1995/ 96, 3.

819 *Whitehead v. Woolworths (Pty) Ltd* [1999] 8 BLLR 862 (LC), 869, *„indispensable attribute[s]*".

820 *Du Toit*, LLN/ CR 1999, 4 ff., Hinweis darauf, dass Affirmative Action basierend auf Religionszugehörigkeit o.ä. nicht gedeckt wäre.

821 *Abott v. Bargaining Council for the Motor Industry (Western Cape)*, (1999) 20 ILJ 330 (LC), 334.

822 Dafür: *Jacobs*, EED 1997, 4, 1, 4; indirekt dagegen: *Du Toit et al.*, 263.

dafür sind, wann eine Diskriminierung gerechtfertigt ist (eigentlich: wann eine Diskriminierung fair ist, da die Prüfungsebenen zusammenfallen).[823] Diese Argumentation könnte dafür sprechen, dass eine allgemeine Verteidigung existiert.
Die Existenz einer „*General Fairness Defence*" ist problematisch. Es ist zu befürchten, dass ein so dehnbahrer Begriff zu der Verwässerung des gesamten, ansonsten streng aufgebauten Konzeptes der Regelungen gegen Diskriminierung führen würde.

b) Affirmative Action

Auf das Grundkonzept von Affirmative Action ist im Einleitungsteil verwiesen worden. Im Folgenden soll zu einigen Problembereichen ausführlich Stellung genommen werden. Die zentralen Passagen des EEA lauten:

Chapter III, Affirmative Action:

Sec.15. Affirmative action measures.
(1) Affirmative action measures are measures designed to ensure that suitably qualified people from designated groups have equal employment opportunities and are equitably represented in all occupational categories and levels in the workforce of a designated employer.
(2) Affirmative action measures implemented by a designated employer must include
a. measures to identify and eliminate employment barriers, including unfair discrimination, which adversely affect people from designated groups;
b. measures designed to further diversity in the workplace based on equal dignity and respect of all people;
c. making reasonable accommodation for people from designated groups in order to ensure that they enjoy equal opportunities and are equitably represented in the workforce of a designated employer;
d. subject to subsection (3), measures to
i. ensure the equitable representation of suitably qualified people from designated groups
in all occupational categories and levels in the workforce; and
ii. retain and develop people from designated groups and to implement appropriate

[823] *Leonard Dingler Employee Representative Council & Others v. Leonhard Dingler (Pty) Ltd & Others* (1998) 19 ILJ 285(LC), „*Discrimination is fair if it is reprehensible in terms of society's prevailing norms. Whether or not society will tolerate the discrimination depends on what the object is of the discrimination and the means used to achieve it. The objects must be legitimate and the means proportional and rational.*".

training measures, including measures in terms of an Act of Parliament providing for
skills development.
(3) The measures referred to in subsection (2) (d) include preferential treatment and numerical goals, but exclude quotas. (...)

Sec. 20. Employment equity plan.(...) A designated employer must prepare and implement an employment equity plan which will achieve reasonable progress towards employment equity in that employer's workforce.

Im Bereich der Regelungen zu Affirmative Action ist eine inhaltliche Zweiteilung zu erkennen. Gemäß dieser kann zwischen materiellen und prozessualen/ formellen Regelungen unterschieden werden. Der EEA enthält materielle Vorschriften, die sich auf die Beziehung zwischen Arbeitnehmer und Arbeitgeber beziehen und inhaltlich den Rahmen dafür vorgeben, welche Handlungen zukünftig gesetzlich unterbunden sein sollen. Auf der Seite der prozessualen Regelungen ist ein Kapitel über die „*Commission for Employment Equity*" enthalten, dem Überwachungsgremium, das den Weg zur Arbeitnehmergleichberechtigung kontrollierend begleiten soll (Chapter IV EEA). Daneben finden sich weitere administrative Vorschriften hinsichtlich des Employment Equity Plans (sec. 20 ff. EEA), d.h. der Erstellung dieses Planes, der Einreichung des Planes beim Ministerium für Arbeit, der Durchsetzung der angestrebten Veränderungen und der Sanktionen bei Nichtbefolgung der vorgegebenen Regelungen (Chapter V EEA). Die administrativen Bestimmungen werden zunächst betrachtet.

aa) Die administrative Seite des EEA

(1) Die Commission of Employment Equity[824]

Die CEE ist ein gemäß sec. 28 EEA geschaffenes Überwachungsgremium, das den zuständigen Minister bei der Umsetzung der Vorschriften des EEA beraten soll. Konkret sind Analysen in folgenden Bereichen vorgesehen:
Codes of Good Practice, die vom Arbeitsminister gemäß sec. 54 EEA erlassen worden sind, sind Gegenstand der Beratungen;
Verordnungen („*regulations*"), die vom Arbeitsminister gemäß sec. 55 EEA erlassen worden sind, werden auf ihre praktische Wirksamkeit hin überprüft;
die weitere programmatische Ausrichtung des im Wege des EEA eingeschlagenen Kurses soll in Abstimmung mit der CEE getroffen werden.

---

824 Im Folgenden: CEE.

Die gesetzliche Aufgabenzuordnung an die CEE erschöpft sich nicht in den genannten beratenden Funktionen. Das gesetzliche Mandat der CEE erstreckt sich weiterhin darauf:
Einen Wettbewerb auszuloben, in dem derjenige Arbeitgeber belohnt wird, der die hinter dem EEA stehenden Interessen am besten zu unterstützen wusste;
Hintergrundforschung zu betreiben und dem Arbeitsminister in jeder Angelegenheit, die die Belange des EEA berührt, Bericht zu erstatten (Herauszuheben ist in diesem Bereich, dass es der CEE unterfällt, Empfehlungen über die Zielvorgaben auszusprechen, die in den Employment Equity Plan der Unternehmen aufzunehmen sind. Auf diese Weise sollen Werte gefunden werden, die den tatsächlichen Verhältnissen und Möglichkeiten in den unterschiedlichen Bereichen entsprechen);
Öffentliche Anhörungen abzuhalten, auch schriftliche Stellungnahmen der Unternehmen einzuholen und die Auffassungen der Öffentlichkeit zu den im EEA berührten Themen festzustellen;
Jede weitere der CEE vom Arbeitsminister übertragene Funktion zu erfüllen.

Die Aufgabenzuweisungen verdeutlichen die Bedeutung der CEE als Impuls- und Überwachungsgremium des vom EEA angezielten Gesamtprozesses. Die CEE nimmt eine Vermittlerrolle ein. Sie steht zwischen dem mit legislativen Funktionen betrauten Arbeitsministerium und den Unternehmen, an die sich die entworfenen Gesetze richten. Von der Qualität der von der CEE erstellten Empfehlungen ist die Effizienz der in die Realität umgesetzten Programme in großem Maße abhängig. Die CEE ist sowohl Steuerungseinheit als auch Kontrollorgan des gesamten Employment Equity Programms.

(2) Der Employment Equity Plan

Ein weiteres im Rahmen des EEA erschaffenes Regelungsinstrument ist der Employment Equity Plan.[825] Der EEA enthält Regelungen, die Affirmative Action in ganz Südafrika ermöglichen sollen. Der jeweilige Employment Equity Plan ist das entsprechende Gegenstück auf der Unternehmensebene. Ein Employment Equity Plan ist die entscheidende Richtlinie für das von einer bestimmten Firma aufgestellte Employment Equity Programm. Jedes Unternehmen ab einer bestimmten Größe ist dazu verpflichtet, eine Strategie hin zu mehr Arbeitnehmergleichberechtigung im Wege eines solchen Planes zu fixieren. Alle von diesem Unternehmen ab der Erstellung des Planes getroffenen personellen Entscheidungen sind im Folgenden an diesem Plan zu messen.[826] Ein Employment Equity Plan hat für das betreffende Unternehmen den Vorteil, dass Affirmative Action Maßnahmen, die sich auf den entsprechenden Plan

[825] Sec. 20 EEA.
[826] *Grogan*, EL 1999, 4.

berufen, prima facie als zulässig betrachtet werden.[827] In sec. 20 EEA ist festgelegt, dass ein Employment Equity Plan von bestimmten Arbeitgebern aufzustellen und in die Praxis umzusetzen ist. Der Plan ist anhand bestimmter Regelungen vorzubereiten, aufzubauen und umzusetzen. Zudem muss der Plan bestimmte Angaben enthalten.[828]

(a) Beratung: Der handelnde Arbeitgeber hat seine Belegschaft gemäß sec. 16 EEA darüber in Kenntnis zu setzen, dass ein Employment Equity Plan erstellt werden soll. Die Beratungen mit der Belegschaft haben in Zusammenarbeit mit einer repräsentativen Gewerkschaft stattzufinden. Sie sind an der Arbeitsstelle mit den Arbeitnehmern oder einem von ihnen ausgewählten Repräsentanten durchzuführen. Dabei ist es wichtig, dass Arbeitnehmer aus allen Bereichen der Belegschaft an den Beratungen beteiligt werden, d. h. es sollen sowohl Personen beteiligt sein, die wahrscheinlich von den getroffenen Maßnahmen profitieren werden, als auch Personen, die Nachteile zu befürchten haben. Der gesamte Beratungsprozess ist darauf ausgelegt, einen Konsens zwischen Arbeitgeber und den verschiedenen Arbeitnehmergruppen zu erzielen.[829] Die Beratungen sind allgemein und nicht lediglich auf den Employment Equity Plan fixiert durchzuführen.

(b) Beratungsthemen: Die bei den Beratungen anzusprechenden Themen sind in sec. 17 EEA aufgeführt; Der Employment Equity Plan ist vorzubereiten und einzuführen (sec. 17 (a) EEA), die Betriebsstruktur ist in Anbetracht der Gleichberechtigungsproblematik zu analysieren (sec. 17 (b) EEA), und der Plan ist beim Arbeitsministerium einzureichen (sec. 17 (c) EEA).

(c) Analyse: Der Arbeitgeber hat die Analyse gemäß sec. 19 des EEA durchzuführen. Im Wege der Analyse sollen Hindernisse aufgedeckt werden, die den Gruppen, die vom Employment Equity Plan profitieren sollen, möglicherweise im Weg stehen. Erster Schritt der Analyse ist, die im Betrieb vorhandenen Arbeitsplätze nach Beschäftigungszweig („*occupational categories*")[830] und nach Beschäftigungsgrad („*occupational level*")[831] einzuordnen. Aufbauend auf diese Einteilung ist ein Belegschaftsprofil zu erstellen. Im Rahmen dieses Profils steht die Zusammensetzung der Belegschaft unter dem Aspekt von Rasse und Geschlecht im Vordergrund. Auch etwaige Wechsel in der Belegschaft sind zu benennen. Ausgehend von diesen betrieblichen Tatsachen ist in einem letzten Schritt zu fragen, ob sich Ungleichheiten ergeben, ob bestimmte Hindernisse für

[827] *Du Toit et al.*, 459.
[828] Dazu: *Du Toit*, LLN/ CR 2000, Nr. 4, 1 ff.
[829] Detailliert: *Du Toit et al*, 484 ff.
[830] Formular EEA 2 sec. F. 15, z.B.: Verwaltungsangestellte, Techniker, Reinigungskraft usw.
[831] Formular EEA 9, z.B.: Management, Ausbildungsberuf, ungelernte Kraft usw.

benachteiligte Gruppen identifiziert werden können usw. Die Ergebnisse dieses letzten Schrittes bilden eine der Grundlagen für den Employment Equity Plan.

(d) Planerstellung: Der Employment Equity Plan ist anhand der Vorgaben der sec. 20 EEA zu erstellen. Der Plan muss auf seine Einführung im Unternehmen gerichtet sein und „vernünftige" Fortschritte auf dem Weg zur Arbeitnehmergleichberechtigung in der Belegschaft des Arbeitgebers anzielen. Daher hat der Plan unter anderem jährliche Richtwerte zu enthalten (sec. 20 (2) (a) EEA), eine Liste der geplanten Gleichberechtigungsmaßnahmen (sec. 20 (2) (b) EEA), Zielvorgaben hinsichtlich der angestrebten Belegschafts-zusammensetzung (sec. 20 (2) (c) EEA) und einen jährlichen Zeitplan, in dem die zu erreichenden Zielwerte sowohl in organisatorisch-zeitlicher als auch in numerischer Hinsicht aufzuführen sind (sec. 20 (2) (d) EEA). Ferner ist die Gesamtdauer des Planes anzugeben (sec. 20 (2) (e) EEA), die betrieblichen Maßnahmen zur Überwachung des Gleichberechtigungsprozesses (sec. 20 (2) (f) EEA), Streitschlichtungsmaßnahmen (sec. 20 (2) (g) EEA) und eine verantwortliche Person innerhalb des Betriebes (sec. 20 (2) (h) EEA).

(e) Bericht: Der Arbeitgeber hat gemäß sec. 21 EEA in regelmäßigen, von der Größe des Unternehmens abhängigen Abständen einen Bericht des Employment Equity Plans an das Arbeitsministerium zu entsenden.[832] Der Belegschaft ist gemäß sec. 25 (3) EEA eine Kopie des Planes zugänglich zu machen.

(f) Einkommensunterschiede: Gemäss sec 27 EEA ist der Arbeitgeber gehalten, Auskünfte über die Entlohnung der Arbeitnehmer aller Beschäftigungsbereiche an die Employment Conditions Commission[833] weiterzuleiten. Sollten diese Auskünfte Einkommensunterschiede offenbaren, hat der Arbeitgeber Schritte zu unternehmen, um diese Unterschiede auszugleichen.

(g) Umsetzung des Planes: Der Plan ist gemäß sec. 24 EEA vom zuständigen Employment Equity-Manager unter der Aufsicht des Arbeitgebers in die Praxis umzusetzen. Maßstäbe dafür, ob der EEA umgesetzt wird, finden sich in sec. 42 EEA. Danach ist zunächst darauf zu schauen, ob alle gesellschaftlichen Gruppen in der Belegschaft eines Arbeitgebers gleichmäßig repräsentiert sind (sec. 42 (a) EEA).[834] Ferner ist zu beurteilen, welche Fortschritte die jeweiligen Arbeitgeber bei der Umsetzung des Employment Equity Planes gemacht haben (sec. 42 (b) EEA), auch Versuche von Arbeitgebern, Veränderungen zu bewirken, können

---

[832] Arbeitgeber mit weniger als 150 Arbeitnehmern müssen alle zwei Jahre Bericht erstatten, Arbeitgeber mit 150 oder mehr Arbeitnehmern jährlich.

[833] Die Employment Conditions Commission (ECC) wurde auf Grund des Basic Conditions of Employment Act 1997 ins Leben gerufen.

[834] Zu dem Begriff siehe unten: 213 f.

unter Umständen positiv bewertet werden (sec. 42 (c) EEA). Schließlich ist darauf zu achten, ob der Arbeitgeber Barrieren für benachteiligte Gruppen aus dem Weg geräumt hat (sec. 42 (d) EEA).

(h) Überwachung („*monitoring*"): In sec. 34 EEA wird jedem Arbeitnehmer und jeder Gewerkschaft das Recht eingeräumt, mögliche Verstöße gegen den EEA anderen Arbeitnehmern, dem Arbeitgeber, einer Gewerkschaft, dem „*labour inspector*", dem „*Director-General*" oder der EEC mitzuteilen. Von diesen wird erwartet, dass weitere Schritte eingeleitet werden, um das beklagte Vorgehen zu untersuchen.[835]

(3) Durchsetzung

Der letzte administrative Aspekt des EEA, der behandelt werden soll, ist die Frage der Durchsetzung der im EEA vorgesehenen Maßnahmen, respektive der möglichen Sanktionen, sollten die gesetzlichen Anordnungen nicht befolgt werden.[836] Der EEA beinhaltet vier Wege auf denen sichergestellt werden kann, dass Arbeitgeber den Anforderungen des EEA genügen.

(a) Der erste Weg ist die Selbstkontrolle. Danach liegt es in der Hand von Arbeitgeber und Belegschaft, dass den Regelungen des EEA entsprochen wird.

(b) Die zweite Möglichkeit liegt in einer Zuweisung der Angelegenheiten des EEA an die Verwaltung. Ein „*labour inspector*", der hinreichend wahrscheinliche Gründe dafür hat, dass ein Arbeitgeber die Vorschriften des EEA missachtet, kann von dem Arbeitgeber eine schriftliche Zusicherung darüber einfordern, dass der Arbeitgeber sich in Zukunft an die Anforderungen hält. Sollte der Arbeitgeber den in der Zusicherung gemachten Angaben nicht entsprechen, kann ihm weitergehend eine „*compliance order*" erteilt werden (sec. 35- 40 EEA).[837]

(c) Ein dritter Weg besteht darin, auf gerichtlichem Wege gegen den Arbeitgeber vorzugehen, der sich nicht an die Vorschriften des EEA hält. Es liegt im Rahmen der gerichtlichen Zuständigkeiten, sich davon zu überzeugen, dass die Anordnungen des EEA befolgt werden. Gemäß sec. 50 (1) EEA besitzt das Arbeitsgericht bestimmte Vollmachten um den Arbeitgeber zu der Beachtung des EEA zu bewegen. Das Arbeitsgericht kann unter anderem eine „*compliance order*" erlassen oder Strafzahlungen verhängen.

---

[835] *Grogan*, EL 1998/ 99, 3, sagt, dass die Regierung mit der Überwachung überfordert sei.
[836] Dazu: *Grogan* 1998/ 99, 4, 7.
[837] Detailliert: *Moshoana*, De Rebus 1998, 33 f.

(d) Schließlich enthält sec. 53 EEA eine Möglichkeit, Druck auf Arbeitgeber auszuüben. Arbeitgeber, die unter den EEA fallen und die sich um Aufträge der öffentlichen Hand bewerben wollen, haben dazu nur die Gelegenheit, wenn sie sich an die Vorschriften des EEA halten. Eine Kopie des Zertifikates, welches ein Verhalten gemäß des EEA bestätigt, ist der Auftragsbewerbung beizufügen und wird als erste Voraussetzung von der betreffenden Behörde geprüft. Über diese Maßnahmen hinaus kann das nicht EEA entsprechende Verhalten einen außerordentlichen Kündigungsgrund für Verträge zwischen nicht kooperationswilligen Unternehmen und dem Staat darstellen (sec. 53 (4) EEA).[838]

bb) Die materielle Seite des EEA

(1) Affirmative Action Maßnahmen

Affirmative Action Maßnahmen werden in sec. 15 EEA nicht lediglich abstrakt als mögliche rechtliche Gestaltungsmöglichkeiten erwähnt, sondern es werden konkrete Hinweise auf die angestrebte Ausgestaltung von Affirmative Action gegeben.[839] Es werden Maßnahmen erwähnt, die helfen sollen, Barrieren für benachteiligte Personengruppen aufzuheben (sec. 15 (2) (a) EEA). Allgemeine Maßnahmen zur Diversifizierung der Belegschaft sollen getroffen werden (sec. 15 (2) (b) EEA). Ferner sollen die allgemeinen beruflichen Umstände verbessert werden (sec. 15 (2) (c) EEA) und Entwicklung und Training gefördert werden (sec. 15 (2) (d) EEA).[840]
Sec. 15 (3) EEA widmet sich der zahlenmäßigen Ausgestaltung der Maßnahmen. Quoten sind nicht Teil des im EEA vorgesehenen Förderungskonzeptes. Anstatt dessen sind „*goals*“ vorgesehen. Diese können von jedem Arbeitgeber innerhalb der Vorgaben des EEA individuell bestimmt werden.[841] Ziel dieser „*goals*” ist, dass alle Bevölkerungsgruppen in allen Berufsbereichen gleichmäßig verteilt werden. Obwohl es sich bei Fragen gleichmäßiger Repräsentation um zahlenmäßige Verhältnisse handelt, benutzt der EEA kein zwingendes Zielvorgabensystem.
Die im EEA vorgesehenen Affirmative Action Programme sind an der südafrikanischen Constitution zu messen. Affirmative Action Programme müssen „*adequate*“ sein in der Sprache der Constitution 1996.[842] Die *ultima ratio* aller im EEA getroffenen Bestimmungen ist es, einen Zustand der Arbeitnehmergleichberechtigung zu erreichen. Bei allen vorgesehenen Änderungen sollte

---

838 *Du Toit et al.*, 509 f.
839 *Cheadle et al.*, 1998, 54 f.
840 Weitergehende Vorschläge: *Campanella*, EL 1992/ 93, 136.
841 *Palk*, EED 1996, 2, 1, 7.
842 *Grogan*, EL 1996/97, 70. 72; *The Public Servants Association of South Africa & Another v. The Minister of Justice & Another* (1997) 18 ILJ 241 (T); *Gauntlett*, EL 1995/ 96, 51 f.

nicht die in Südafrika herrschende Realität vergessen werden. Veränderungen in Südafrika benötigen zunächst einmal Zeit. Der High Court drückte diesen Gedanken aus, indem er sagte, dass der Begriff *Förderung* so auszulegen sei, dass realistische Fortschritte angezielt und nicht eine Politik des Umbruchs betrieben werden sollte, die an ökonomischen und gesellschaftlichen Realitäten vorbei auf den Zustand der Arbeitnehmergleichberechtigung gerichtet sei.[843]

(2) Benachteiligte/ betroffene Gruppen („*designated groups*")

Im EEA wird der Begriff „*designated groups*" verwendet (sec. 15 (1) EEA). Es ist zu klären, welche Personengruppen unter diesen Begriff fallen. Denjenigen, die als Teil der betroffenen Gruppe angesehen werden können, fällt die höchstmögliche Schutzbedürftigkeit innerhalb der südafrikanischen Bevölkerung zu.[844]
In Sec. 1 EEA werden die Oberbegriffe festgelegt:
„*black people*", darunter werden Afrikaner, Coloureds[845] und Personen indischer Abstammung gefasst;[846]
„*people with disabilities*", darunter sind Personen zu verstehen, die an einer langfristigen psychischen oder physischen Erkrankung leiden, welche die Chancen dieser Personen, in das Berufsleben einzusteigen, substantiell verschlechtert;[847]
und Frauen.

(3) Begünstigte von Affirmative Action

Über den Begriff der benachteiligten Gruppe gelangt man in einem weiteren Schritt an den Punkt, an dem sich feststellen lässt, wer die Begünstigten von Affirmative Action sein sollen. Der EEA enthält eine Liste der Personen, die von Affirmative Action Programmen profitieren sollen. Potentielle Begünstigte müssen zwei Kriterien erfüllen:
Er/ Sie muss zunächst aus einer benachteiligten Gruppe („*designated group*") stammen. Dieser Begriff setzt sich aus den oben genannten unterschiedlichen Alternativen zusammen.
Er/ Sie muss darüber hinaus hinreichend qualifiziert sein („*suitably qualified*").

---

[843] *The Public Servants Association of South Africa & Another v. The Minister of Justice & Another* (1997) 18 ILJ 241 (T); *Jacobs*, EED 1997, 6, 1 ff.; *Truter*, EED 1997, 2, 1 ff.
[844] *Grogan*, EL 1998/ 99, 4 f.
[845] Als Coloureds werden diejenigen Personen bezeichnet, die aus Mischehen weißer und schwarzer Personen abstammen. In Südafrika hat sich diese Personengruppe als kulturell und gesellschaftlich selbständige Einheit etabliert.
[846] *Solomon*, SA Merc LJ 1999, 231.
[847] *Du Toit et al*, 481 f.

In sec. 20 EEA wird auf den Begriff *„suitably qualified*" eingegangen. Vier entscheidende Kriterien werden genannt. Als hinreichend qualifiziert können Personen angesehen werden (*„may*")[848], die für einen Beruf qualifiziert sind, weil sie (1) die notwendige formelle Qualifikation mitbringen (sec. 20 (3) (a) EEA) und/ oder (2) vorherige entsprechend ausgerichtete Studien vorweisen können (sec. 20 (3) (b) EEA) und/ oder (3) entsprechende Erfahrungen haben (sec. 20 (3) (c) EEA) und/ oder (4) Fähigkeiten besitzen, sich kommenden Anforderungen innerhalb eines angemessenen Zeitrahmens zu stellen (sec. 20 (3) (d) EEA).[849] Arbeitgeber, die über die Einstellung von Personen zu entscheiden haben, sind verpflichtet, die genannten Kriterien durchzugehen und daraus folgend einen allgemeinen Qualifikationsquerschnitt jedes Bewerbers zu erstellen (sec. 20 (4) EEA).[850] Stärken in einigen der genannten Bereiche können Schwächen in anderen Bereichen ausgleichen. Absolute Kriterien gibt es nicht.[851] Die Erweiterung des Qualifikationsbegriffes ist darauf gerichtet, Personen, die unter dem vorherigen System keine Chance hatten, die formellen Qualifikationen zu erwerben/ entsprechende Erfahrungen zu sammeln, nicht den Weg in anspruchsvollere Positionen zu verbauen.[852] Eine Schlüsselrolle kommt in dieser Hinsicht dem vierten Kriterium zu (sec. 20 (3) (d) EEA). Es wurde bei den Beratungen zur endgültigen Fassung des Gesetzes in letzter Minute eingeschoben und stieß auf Widerstand der Arbeitgeber-Organisationen.[853] Die Befürchtung war/ist, dass über dieses Ausgleichskriterium Personen einzustellen seien, die (noch) nicht in der Lage seien, die geforderten Leistungen zu erbringen. Diese Befürchtungen wurden ohnehin gegen Affirmative Action in Südafrika erhoben.[854] Eine Reihe ungeklärter Auslegungsfragen ergebe sich: Bis zu welchem Rahmen ist der Zeitraum, sich die geforderten Kenntnisse anzueignen, angemessen? Wie kann für die Zukunft bestimmt werden, ob eine Person dazu in der Lage sein wird, einen bestimmten Arbeitsplatz einzunehmen? Wo sind die minimalen Standards anzusetzen, die von einem Arbeitgeber verlangt werden dürfen?[855] Gerichtsentscheidungen zu diesen Fragen liegen noch nicht vor. In einer Streitschlichtungsentscheidung wurde generell darauf abgestellt, dass die fragliche Person das Potential besitzen müsse, die Aufgaben zu erledigen.[856] Ein formell schlechter qualifizierter schwarzer Arbeitnehmer

---

[848] *Jacobs*, EED 1998, 3, 1, 3, mit der Betonung, dass keine Arbeitsplatzgarantie gegeben wird.

[849] Wortlaut: *„capacity to acquire, within a reasonable time, the ability to do the job*".

[850] *Jacobs*, EED 1998, 3, 1, 5.

[851] *Du Toit et al.*, 479 f.

[852] *Tinarelli*, 37 f.

[853] *Du Toit*, LLN/ CR, 1999, 1, 3.

[854] *Collins*, SA Labour Bulletin 1994, 40, 41 f.

[855] *Jacobs*, EED 1998, 3, 1, 4.

[856] *Durban City Council Pysical Environment Service Unit and Durban Municipal Employee's Society*, (1995) 4 ARB 6.9.14.

wurde in einem Fall einem formell besser qualifizierten weißen Arbeitnehmer vorgezogen, weil ihm nach Auffassung des Arbeitgebers das notwendige Potential zuzuerkennen sei.
Auch das in sec. 20 (3) (c) EEA genannte Kriterium bedarf weitergehender Erläuterungen. Ergänzend zu sec. 20 (3) EEA ist in sec. 20 (5) EEA angeordnet, ein Arbeitgeber „ *[may not] unfairly discriminate against a person solely on the grounds of that person's lack of relevant experience*". Sec. 20 (5) EEA zielt auf die Tatsache ab, dass schwarze Personen vormals keine Chance hatten, Berufserfahrung zu sammeln, da sie von bestimmten Bereichen ausgeschlossen waren. Nach Auffassung der Literatur kann die Vorschrift nur dann angewendet werden, wenn der Mangel an Erfahrung das einzige Entscheidungskriterium des Arbeitgebers ist.[857] Dieses könne zugleich dafür sprechen, dass, vergleichbar mit den in sec. 6 (1) EEA genannten Gründen, unfaire Diskriminierung stattgefunden habe.
Der Begriff „*suitably qualified*" hängt direkt mit der im Rahmen der allgemeinen Gleichberechtigungsdebatte geführten Diskussion um den Begriff „*merit*" zusammen. Im Rahmen des EEA und der dort vorgenommenen Modifizierung des Qualifikationsbegriffes wird deutlich, in welchem Maße der Begriff biegsam ist.[858] Die Entstehungsgeschichte von sec. 20 EEA unterstreicht dieses. Auf Grund der Tatsache, dass der Qualifikationsbegriff der inhaltlichen Ausfüllung bedarf, gab es bei der Einführung große Meinungsverschiedenheiten über die entsprechenden gesetzlichen Voraussetzungen.[859]

Im EEA werden innerhalb der Gruppe der begünstigten Personen weiter differenziert. Der EEA unterscheidet zunächst zwischen Gruppen und Kategorien von Personen. Der Grund für diese Unterscheidung wird aus dem Gesetzeszusammenhang nicht deutlich. In der Literatur werden beide Begriffe als identisch angesehen.[860]
Auf Grund einer weiteren Differenzierung werden Personen und Gruppen unterschieden. Diese Unterscheidung ist problematisch. Es ist fraglich, wie ein Affirmative Action Programm (technisch: der Plan eines Unternehmens) erstellt werden kann, das sich dem Schutz und der Förderung einer einzelnen Person widmet. Darüber hinaus ist es aus praktischen Gesichtspunkten kompliziert, eine Person zu finden, die diskriminiert wurde, aber keiner Gruppe angehört, die in derselben Art und Weise behandelt wurde. Die Trennung zwischen Gruppen und Personen scheint vor dem Hintergrund theoretischer Erwägungen in den EEA eingeflossen zu sein. Die Trennung suggeriert, dass auch individualbezogene

857 *Du Toit et al.*, 480.
858 *Palk*, EED 1996, 1, 1 ff., zu weiteren Aspekten des Begriffes, die sich potentiell diskriminierend auswirken können, z.B. Referenzen.
859 Zu der „*merit*" Diskussion: *Van Wyk*, SAJLR 1993, 7 ff.
860 *Smith*, 1995 SAJHR, 84, 89 f.

Maßnahmen möglich sein sollen. Dies widerspricht der Gestaltung von Affirmative Action im EEA.

Fraglich ist, ob Personen, die gefördert werden wollen, konkrete Benachteiligungen nachweisen können müssen.[861] Der Industrial Court entschied 1996, dass ein Beweis konkret erlittener Benachteiligungen erforderlich ist.[862] Dieses Urteil ist auf Bedenken in rechtlicher und tatsächlicher Hinsicht gestoßen. Wie soll der Beweis von weit zurückliegenden Diskriminierungen zu bewerkstelligen sein? Wie ist die Beweislast zu verteilen? Ist es wertungskonsistent, Personen, die behaupten in der jüngeren Vergangenheit diskriminiert worden zu sein, Beweiserleichterungen zukommen zu lassen und Personen, die unter dem vorherigen politischen System diskriminiert wurden, nicht in den Genuss dieser Erleichterungen kommen zu lassen?[863]
Aus den genannten Erwägungen sieht es die Mehrzahl der Stimmen in der Literatur nicht als notwendig an, konkrete Benachteiligungen in der Vergangenheit zu beweisen.[864] Potentielle Begünstigte von Affirmative Action müssten in der Lage sein darzulegen, dass sie Mitglied einer Gruppe seien, die in der Vergangenheit Adressat von Benachteiligungen gewesen sei.[865] Als Konsequenz dieser rechtlichen Lage sei es ebenfalls nicht notwendig, konkret aufzuzeigen, wer die Benachteiligungen unter dem vorherigen politischen System zu verantworten gehabt habe. Diese Erleichterungen dienten dazu, Probleme und Unstimmigkeiten zu vermeiden. Viele Personen und Gruppen (in allen wirtschaftlichen Bereichen) seien der festen Überzeugung, die Mitglieder der heute als besonders förderungswürdig eingestuften Gruppen nicht persönlich diskriminiert zu haben. Kleinster gemeinsamer Nenner sei im Hinblick auf diese Auffassung das Zugeständnis, es habe gesamtgesellschaftliche Diskriminierungen gegeben.[866] Wenn der EEA auf die Bereitschaft, zumindest dieses Eingeständnis zu machen, Rücksicht nehme, so nehme diese Maßnahme dem Konflikt ein wenig an Schärfe.[867]

---

[861] *Smith*, 1995 SAJHR, 84, 90.

[862] *George v. Liberty Life Association of Africa Ltd* (1996) 17 ILJ 571 (IC), die Entscheidung erging vor dem EEA, dazu: *Grogan*, EL 1996/97, 6, 7; *Jacobs*, EED 1996, 5, 1 ff.

[863] Dazu: *Du Toit et al.*, 458.

[864] *Sheppard*, 24, sie sagt: „*to impose such a prerequisite would undermine voluntary equity initiatives since employers, educational institutions, and governments may be reluctant to admit past discrimination to the extent that such an admission would leave them open to legal claims for redress*"; *Le Roux*, CLL 1999, 31; un-entschieden: *Smith*, (1992) 8 SAJHR, 234, 243.

[865] *Grogan*, 187; *Du Toit et al.*, 458.

[866] Kein typisch südafrikanisches Problem.

[867] *City of Richmond v. J T Croson Co*, 448 US 469 (1989); in dem amerikanischen Fall wurde ein Affirmative Action Programm verhindert, weil die Initiatoren des Programms nicht beweisen konnten, dass die Diskriminierungen, gegen die vorgegangen werden sollte,

Fraglich ist ferner, ob innerhalb der Gruppe der begünstigten Personen eine Abstufung gemacht werden kann/ muss, nach der bestimmte Gruppen anderen vorzuziehen sind. Diese Problematik ergibt sich z.B. im Falle der Konkurrenz einer weißen Frau und eines schwarzen Mannes um denselben Arbeitsplatz. Geht man hypothetisch von gleicher anderweitiger Qualifikation aus, so ist fraglich, ob ein Affirmative Action Kriterium als „bevorzugungswürdiger" herangezogen werden darf. Nach einer Auffassung impliziert es die Förderungs-struktur von Affirmative Action, bestimmte Kriterien zu verwenden.[868] Die Benachteiligung von Frauen unter dem Apartheidssystem sei in keiner Weise mit der Benachteiligung von Schwarzen zu vergleichen. Schwarze Kandidaten hätten aus diesem Grund ein weiteres Vorzugsrecht gegenüber weißen Frauen. Gegen diese Argumentation lässt sich einwenden, dass der gesetzliche Wortlaut lediglich von den Mitgliedern der benachteiligten Gruppen spreche und keine weiteren Unterteilungen vornehme. Es sei dem Gesetzgeber bewusst gewesen, dass unterschiedlich starke Benachteiligungen existierten. Dennoch sei keine dahingehende Unterscheidung in den Gesetzeswortlaut aufgenommen worden.[869]

(4) Begriff: „*equitably represented*"

Sec. 2 (b) EEA bestimmt, dass es das Ziel von Affirmative Action ist, eine gleichmäßige Repräsentation aller gesellschaftlicher Gruppen in allen Beschäftigungskategorien zu erreichen.[870] Dieses Ziel wird in sec. 42 EEA unter dem Begriff „*equitably represented*" weiter umschrieben: Eine gleichmäßige Verteilung aller gesellschaftlicher Gruppen hat sich nach dem demographischen Profil national und regional relevanter Bevölkerungsgruppen zu richten (sec. 42 (a) (i) EEA). Es müssen Untersuchungen der verschiedenen Gruppen stattfinden, die nach Qualifikation und Landesregion unterscheiden. Dabei ist festzustellen, wie viele Personen welcher gesellschaftlichen Gruppe von den verschiedenen Arbeitgebern vernünftigerweise eingestellt oder befördert werden können (sec. 42 (a) (ii) EEA). Weiter sind ökonomische und finanzielle Faktoren aus den unterschiedlichen Sektoren in Betracht zu ziehen, in denen die Arbeitgeber tätig sind. Die finanzielle Situation des jeweils betroffenen Arbeitgebers spielt in dieser Hinsicht eine entscheidende Rolle (sec. 42 (a) (iii); (iv) EEA). Schließlich ist die personelle Situation der Arbeitgeber zu beachten. Zu fragen ist, welches Stellenangebot sich in den jeweiligen Branchenbereichen ergibt (sec. 42 (a) (v) EEA).

---

zu den Nachteilen geführt hatten, die letztlich durch die Maßnahmen beseitigt werden sollten.

[868] So: *Correctional Department v. Van Vuuren* (1993) 8 LAC 1.

[869] *Du Toit et al.*, 482.

[870] *Jacobs*, EED 1996, 4, 6 ff., zu vorherigen Entwürfen.

Die Zielsetzungen des EEA sind zahlenmäßig nicht eindeutig definiert. Anhand der gegebenen Kontrollkriterien lässt sich aber ein relativ detailliertes und individuelles Begriffsbild entwerfen. Der Grad der Bestimmtheit hängt dabei davon ab, in welchem Ausmaß die einzelnen Faktoren einfließen. Dies kann an einem Beispiel verdeutlicht werden: Sec. 42 (a) (i) EEA bestimmt, dass die prozentualen Bevölkerungsanteile ausschlaggebend sein sollen für die Verteilung der Arbeitsplätze.[871] Der Wortlaut stellt sowohl auf nationale als auch auf regionale Zahlen ab. Auf diese Weise sind unterschiedliche Richtwerte in demselben Bereich möglich. Das Ziel kann lediglich auf dem Wege der Auslegung ermittelt werden.[872]

(5) Benachteiligte von Affirmative Action

Die Tatsache, dass es Begünstigte von Affirmative Action gibt, impliziert, dass auf der anderen Seite Personen existieren, die von Affirmative Action benachteiligt werden. Sec. 15 (4) EEA hält einen Mindeststandard an Schutz für vormals bevorzugte Personen bereit. Die Section stellt klar, dass ein Arbeitgeber nicht gezwungen werden kann, Pläne oder Praktiken einzuführen, wonach Personen, die nicht aus benachteiligten Gruppen stammen, aus laufenden Arbeitsverträgen zu kündigen sind oder wonach solchen Personen eine gesicherte Perspektive auf bestimmte Arbeitsverträge genommen werden kann. Aus Affirmative Action motivierte Kündigungen sind automatisch unfair im Sinne der Kündigungsschutzregelungen der sec. 186 ff. LRA .[873] Über diesen Gesichtspunkt hinaus stellt sich weitergehend die Frage, ob bei betriebsbedingten Kündigungen Affirmative Action als Kriterium der Sozialauswahl verwendet werden kann.[874]

(6) Betroffene Arbeitgeber („*designated employer*“)

Parallel zu dem Bergriff der „*designated groups*“ existiert auch der Begriff „*designated employer*“.[875] Dieser Begriff ist im Blick auf Affirmative Action konzipiert. Die Teile des EEA, die sich gegen Diskriminierungen wenden, sind auf alle Arbeitgeber anwendbar. Die Teile des EEA die sich auf Affirmative Action beziehen, gelten nur für bestimmte („*designated*“) Arbeitgeber. Darunter fallen Arbeitgeber, die 50 oder mehr Arbeitnehmer beschäftigen; Arbeitgeber, die weniger als 50 Arbeitnehmer beschäftigen, deren Umsatz in jedem beliebig ausgewählten Jahr jedoch eine bestimmte Summe übersteigt, Gemeinden,

871 *Du Toit et al.*, 483.
872 *Schönteich*, EED 1998, 6, 1 ff.
873 *Grogan*, EL 2000, 11 ff.; *Du Toit*, LLN/ CR 2000, 3.
874 *Truter*, EED 1997, 1, 1 ff.
875 Definition: Section 1 EEA.

Verwaltungsorgane des Staates, Arbeitgeber, die im Rahmen von Tarifverträgen als „*designated employer*" eingestuft worden sind.[876]
Arbeitgeber, die nicht unter eine der vorgegebenen Kategorien fallen, werden durch die Vorschriften des EEA über Affirmative Action nicht verpflichtet.[877] Ihnen bleibt die Möglichkeit offen, sich freiwillig entsprechend zu verhalten. Ferner können sie unter den Umständen der sec. 50 (2) (d) EEA gerichtlich dazu gezwungen werden, die Vorschriften zu befolgen. Im Zusammenhang mit der Durchsetzung der Affirmative Action Bestimmungen erhält die freiwillige Kooperation eine besondere Bedeutung. Unternehmen, die sich um Aufträge seitens des Staates bemühen wollen, müssen zeigen können, dass sie ausreichende Affirmative Action Maßnahmen vornehmen (gemäß sec. 42 EEA). Diese Erweiterung trifft faktisch vor allem Arbeitgeber, die nicht in den formellen Anwendungsbereich des EEA fallen.

2) PEPUDA

Der PEPUDA ist eine auf den EEA folgende, gesetzliche Maßnahme der südafrikanischen Regierung.[878] Die Reichweite des Gesetzes wird durch eine ausdrückliche Subsidiarität gegenüber dem EEA begrenzt (sec. 5 (3) PEPUDA).[879] Das Gesetz deckt eine weite Bandbreite von Tätigkeiten und Arbeitsbereichen ab, darunter Ausbildung, Gesundheitsvorsorgesysteme, Wohnungsmarktpolitik, den Versicherungsmarkt, Pensionsregelungen und eine Reihe weiterer Regelungen (sec. 1 ff. PEPUDA). Außerhalb der Bereiche, die unter den EEA fallen, bindet PEPUDA alle Personen und den Staat und ist vorrangig vor anderen Regelungen, ausgenommen der Verfassung, anwendbar.
Angesichts der Eingrenzung des Anwendungsbereiches vom PEPUDA durch den EEA ist fraglich, was den PEPUDA für die Arbeitnehmergleichberechtigung interessant macht. Die Hauptproblematik im Zusammenhang mit diesem Gesetz liegt darin, dass eine Reihe von Regelungen anders oder deutlicher gefasst sind als entsprechende Regelungen des EEA. Fraglich ist, ob diese verwendet werden können, um den EEA auszulegen. PEPUDA enthält eine Regelung, die Diskriminierung verbietet.[880] Diese setzt sich auf Grund von sec. 1 PEPUDA von der des EEA und der Constitution ab. Sec. 1 PEPUDA enthält eine Definition von Diskriminierung als: „*any act or omission which directly or indirectly imposes burdens, obligation or disadvantage on or withholds benefits,*

876 *Truter*, EED 1998, 5, 1, 2.
877 Sec. 14 EEA, aber ein Arbeitgeber kann sich freiwillig den Regelungen des EEA unterwerfen.
878 PEPUDA ist im Jahre 2000 veröffentlicht worden.
879 *Barker*, CLL 2000, 25; *Cooper/ Lagrange*, ILJ 2001, 1532, 1533; *Cheadle et al*, 2000, 20.
880 Sec. 6 PEPUDA: „*neither the state nor any person may unfairly discriminate against any person*".

opportunities or advantages from any person on one or more of the prohibited grounds". Neben diesem Bereich finden sich ausdrückliche Regelungen außerdem zur Frage wann eine Diskriminierung „*unfair*" ist[881], und zu Fragen der Beweislast[882].
Die Bedeutung der genannten Regelungen relativiert sich aber im Zusammenhang mit der Rechtsprechung, die zum EEA ergangen ist. Ein Vergleich der Normierungen des PEPUDA mit Äußerungen des Constitutional Courts zeigt, dass die ausdrücklichen Normierungen die Inhalte wiedergeben, die das Gericht im Rahmen des EEA als Maßstäbe entwickelt hat. Aus diesem Grunde braucht nicht auf den PEPUDA zurückgegriffen zu werden, um streitige Aspekte des EEA aufzuklären. Der PEPUDA kann als gesetzgeberische Bestätigung der zum EEA ergangenen Rechtsprechung angesehen werden. Seine Bedeutung als Auslegungsinstrument des EEA ist im Vergleich zu der ergangenen gerichtlichen Klärung als sekundär einzustufen.[883]

3) Entscheidungen zu Diskriminierung/Affirmative Action

Nach der Untersuchung des Inhalts und der Tragweite des EEA ist die zu diesem Bereich ergangene Rechtsprechung zu untersuchen. Diese hat durch ihre fortwährende Entwicklung bewirkt, dass Definitionen weiter geklärt und über den Wortlaut des Gesetzes hinausgehende Prüfungsmaßstäbe gefunden wurden.
In der jüngeren Vergangenheit sind in Südafrika eine Reihe von Urteilen zu der Problematik der Diskriminierung von Arbeitnehmern und/ oder zu Affirmative Action ergangen.[884] Alle Fälle behandeln beide Aspekte. Sie zeigen, dass beide Fragen unterschiedliche Ausprägungen desselben Problems sind.

Die erste erwähnenswerte Entscheidung ist *Auf der Heyde v. University of Cape Town* oder *University of Cape Town v. Auf der Heyde*[885] (Berufungsinstanz).
Der Kläger des Falles, Herr Auf der Heyde bewarb sich auf Grund einer Zeitungsannonce um die Position eines Dozenten im Fach Chemie an der University of Cape Town. In der Annonce war die voraussichtliche Dauer der Tätigkeit mit „*zunächst für drei Jahre, mit einer möglichen Verlängerung auf fünf Jahre*" angegeben. Herr Auf der Heyde wurde auf Grund seiner Bewerbung unter den Bedingungen eines Zeitvertrages auf drei Jahre angestellt. Der Vertrag enthielt die Klausel, dass der Vertrag auf die angegebene Zeit begrenzt abgeschlossen würde und sich aus dem Vertrag keinerlei Verpflichtungen zu einer

[881] Sec. 14 PEPUDA.
[882] Sec. 13 PEPUDA.
[883] *Cooper/ Lagrange*, ILJ 2000, 1532, 1536 ff.
[884] Dazu ausführlich: *Cheadle et al.*, 2000, 28 ff.; *Cheadle et al.*, 1999, 58 ff.
[885] *Auf der Heyde v. University of Cape Town* (2000) ILJ 1758 (LC); *University of Cape Town v. Auf der Heyde* no. 11/00; 28 September 2001 (unreported); *Le Roux*, CLL 2000, 20.

dauerhaften Anstellung ergäben. Neben Herrn Auf der Heyde wurden zwei weitere Dozenten, beide mit schwarzer Hautfarbe, zu vergleichbaren Bedingungen eingestellt. Drei Jahre später schrieb die University of Cape Town in einer weiteren Zeitungsannonce die Position eines Dozenten in Festanstellung im Bereich Chemie aus. Alle drei genannten Dozenten bewarben sich um diesen Posten. Herr Auf der Heyde, der weiße Kandidat, wurde nicht eingestellt, die beiden schwarzen Bewerber erhielten jeweils einen Dozentenposten in Festanstellung. Herr Auf der Heyde legte hiergegen Beschwerde ein.
Hinsichtlich der Frage, ob Herr Auf der Heyde unfair diskriminiert worden war, befand das Gericht der ersten Instanz, dass keiner der schwarzen Mitbewerber angestellt worden wäre, wenn er nicht als ausreichend qualifiziert angesehen worden wäre. Herr Auf der Heyde hingegen brachte nach Auffassung des Gerichts nicht die notwendigen Qualifikationen mit. Daher ergäben sich keine Anhaltspunkte dafür, dass die University of Cape Town zum Schaden von Herrn Auf der Heyde von ihrer Affirmative Action Strategie abgewichen sei.[886]

Das Berufungsgericht stellte hinsichtlich der vorgebrachten unfairen Diskriminierung fest, dass es keine in diese Richtung gehenden Handlungen feststellen könne. Das Gericht führte eine dreistufige Untersuchung durch.[887] Diese Untersuchung kann als verallgemeinerungsfähiger Prüfungsschritt dafür gesehen werden, ob Affirmative Action Maßnahmen zulässig sind oder nicht. Zunächst richtete sich das Augenmerk des Gerichts auf die Handlung, die stattgefunden hatte (Untersuchung der faktischen Vorgehensweise des Arbeitgebers). In einem zweiten Schritt untersuchte das Gericht die Affirmative Action Strategie der University of Cape Town (Untersuchung der theoretischen Vorgehensweise des Arbeitgebers). Es sei entscheidend, dass faire Maßstäbe für Affirmative Action eingeführt worden seien und dass die vorgenommenen Handlungen sich an den in der Strategie entwickelten Richtlinien messen ließen (Untersuchung der Übereinstimmung von faktischer und theoretischer Handlungsebene).
In diesem Fall sprach sich das Gericht dafür aus, dass die vorgenommenen Handlungen der University of Cape Town schon nicht als Affirmative Action zu betrachten seien. Die Affirmative Action Strategie der University of Cape Town wurde vom Gericht nicht untersucht, da Herr Auf der Heyde sich nicht dagegen gewandt habe, dass die Strategie selbst unfair sei. Die Maßnahmen der University of Cape Town wurden mangels diskriminierender Handlungen nicht als unfaire Diskriminierung eingestuft.[888]

---

886 *Auf der Heyde v. University of Cape Town* (2000) ILJ 1758 (LC), 878 f.

887 In Teilen der südafrikanischen Literatur wird die Auffassung vertreten, es handele sich um eine zweischrittige Untersuchung. Aus dem Gesichtspunkt der Eindeutigkeit bietet sich aber eine dreischrittige Untersuchung an.

888 *University of Cape Town v. Auf der Heyde* no. 11/00; 28 September 2001, 7, (unreported).

Der Fall „*Auf der Heyde*" war der erste „große" Fall in Südafrika, der zu einer – wenn auch nur begrenzten – Überprüfung des Konzeptes von Affirmative Action führte. Aus rechtswissenschaftlicher Sicht ist es unglücklich, dass die Affirmative Action Strategie der Universität nicht selbst überprüft wurde.

Ein weiterer erwähnenswerter Fall ist *IMAWU v. Greater Louis Trichardt Transitional Local Council.*[889] In der Entscheidung ging es um die Anforderungen, die Affirmative Action Programme erfüllen müssen, um bei einer gerichtlichen Überprüfung bestehen zu können.
In dem Fall bot ein lokales Verwaltungsgremium die Stelle eines städtischen Schatzmeisters an. Im ersten Bewerbungsgang konnte kein passender Kandidat gefunden werden, darum wurde die Stelle neu ausgeschrieben. Infolge eines darauf erfolgten internen Tests wurde dem Entscheidungskomitee eine Liste mit drei Kandidaten übergeben, die für den Posten geeignet schienen. Alle Kandidaten waren männlich, zwei waren weiß und einer schwarz. Das Entscheidungskomitee sprach sich in einer Mehrheitsentscheidung dafür aus, Affirmative Action anzuwenden und den Posten dem schwarzen Kandidaten anzubieten. Die Independent Municipal & Allied Workers Union (IMAWU) legte gegen diesen Beschluss Beschwerde vor dem Arbeitsgericht ein.[890]
Die Entscheidung erging zu der Gesetzeslage vor in Kraft treten des EEA. Das Gericht befasste sich mit Item 2 (1) (a) und 2 (2) (b) des Schedule 7, LRA 1995 und mit den einschlägigen vorherigen Entscheidungen in diesem Gebiet. Das Gericht schloss, dass: „*for affirmative action to survive juridical scrutiny there must be a policy or programme through which affirmative action is to be effected and the policy or programme must be designed to achieve the adequate advancement or protection of certain categories of persons or groups of persons disadvantaged by unfair discrimination*".[891]
Das Gericht benutzte die Worte der Constitution „*designed to*" um deutlich zu machen, dass sowohl Mittel als auch Ziele von Affirmative Action Programmen unter juristischer Kontrolle stehen. Ferner wurde das Wort „*adequate*" angefügt als Ausdruck einer notwendigen Verbindung zwischen möglichen Programmen und bestehenden gesellschaftlichen Realitäten in Südafrika. Es müsse sichergestellt sein, dass alle Schritte in Richtung Affirmative Action von einer vernünftigen Basis aus beschritten würden.[892] Zudem müsse ein detailliertes und auf den Einzelfall zugeschnittenes Affirmative Action Programm aufgestellt

[889] *Independent Municipal & Allied Workers Union v. Greater Louis Trichardt Transitional Local Council* (2000) ILJ 1119 (LC).
[890] *Independent Municipal & Allied Workers Union v. Greater Louis Trichardt Transitional Local Council* (2000) ILJ 1119 (LC), 1119 f.
[891] *Independent Municipal & Allied Workers Union v. Greater Louis Trichardt Transitional Local Council* (2000) ILJ 1119 (LC), 1120.
[892] Das Gericht zeigt sich bemüht, Grenzen für Affirmative Action zu finden.

werden. Dieses Programm müsse in den Zusammenhang der bestehenden Strategien des Arbeitgebers eingegliedert und so in die Zukunftsplanung des Betriebes eingefügt werden. Es müsse eine überwachende Kontrolle der geplanten Maßnahmen stattfinden, um Diskriminierungen bei der Umsetzung vorzubeugen. Das Gericht schloss, dass das lokale Verwaltungsgremium zwar Beschlüsse in Richtung Affirmative Action gefasst hätte, dass diese jedoch noch nicht in die Zukunftsstrategie des Arbeitgebers implementiert worden seien. Daher hätte das Gremium bei seiner Entscheidung Schritte in Richtung Affirmative Action nicht berücksichtigen dürfen, da noch keine allgemeine Richtlinie dafür aufgestellt gewesen sei.
Das Gericht beschäftigte sich darüber hinaus mit der Frage, ob die Entscheidung auf andere Weise gerechtfertigt werden könne. Im Zuge dieser Untersuchung stellte es fest: *„it would be prudent in affirmative action appointments to consider the qualifications and potential to develop as crucial and therefore successful candidates from previously disadvantaged groups should be the best from these groups*".[893] Die Aussage verdeutlicht, dass auch weitergehende Gesichtspunkte vom Gericht nicht als ausreichend betrachtet wurden.
Der Fall kann als beispielhaft dafür angesehen werden, wie Affirmativ Action Programme von gerichtlicher Seite aus beschränkt werden können. Sowohl der „materielle" Inhalt von derartigen Programmen, als auch bestimmte prozessuale Voraussetzungen wurden intensiv überprüft.

Ein dritter Fall, *McInnes v. Technicon Natal* [894], betraf eine Arbeitnehmerin, die beim Technicon Natal als Marketing Manager und später für ein Jahr als „*Locum*" beschäftigt war. Diese befristete Stelle wurde von Zeit zu Zeit verlängert. Später wurde der von ihr gehaltene Posten als unbefristete Stelle ausgeschrieben, und sie und zwei weitere Kandidaten wurden für ein Vorstellungsgespräch eingeladen. Die Mehrheit des Entscheidungskomitees bevorzugte Frau McInnes. Das Affirmative Action Programm des Technicon wurde einbezogen. Nachdem der Einfluss des Affirmative Action Programms deutlich geworden war, änderte das Entscheidungskomitee seine Auffassung und sprach sich für einen anderen Kandidaten aus. Zu diesem Zeitpunkt war hinsichtlich der fachlichen Qualifikation Frau McInnes weiterhin erste Wahl in den Augen des Komitees.
Als der Vertrag von Frau McInnes endete, wurde ein anderer Kandidat eingestellt. Dieser erhielt zusätzlich zu der Stelle eine größere Geldsumme, mit der er zu der Annahme des Postens bewegt werden sollte. Frau McInnes behauptete

---

[893] *Independent Municipal & Allied Workers Union v. Greater Louis Trichardt Transitional Local Council* (2000) ILJ 1119 (LC), 1121.
[894] *McInnes v. Technicon Natal* [2000] 21 ILJ 1138 (LC) ; dazu : *Du Toit*, LLN/ CR 2000, 1 f.

ungerechtfertigt gekündigt und Opfer unfairer Diskriminierung geworden zu sein.[895]
Das Gericht betrachtete zunächst die Hintergründe ihrer Kündigung und urteilte, dass unter Bezugnahme auf sec. 187 und 188 zusammen mit Item 2 (1) (a) und 2 (2) (b) aus Schedule 7, LRA „*affirmative action discrimination*" keine faire Basis für eine Kündigung eines Arbeitnehmers vorlag, demgegenüber ein neuer Arbeitnehmer eingestellt wird.[896]
Zentral ist, dass das Gericht das Affirmative Action Programm des Technicon untersuchte. Nach der Auffassung des Gerichts ergab sich folgendes Bild: „*the policy does not constitute the race as the sole criteria where two persons are appointable. [...] There is also no policy that the candidates from targeted groups be paid more than other applicants or that they be offered more than the advertised salary*".[897] Das Gericht befand, dass der andere Kandidat nicht in Übereinstimmung mit dem Affirmative Action Programm des Arbeitgebers angestellt worden sei. Frau McInnes sei unfair diskriminiert worden. Der Fall beschreibt das Mindestausmaß des Schutzes für Arbeitnehmer gegen Kündigungen, die auf Affirmative Action Erwägungen basieren. Die gerichtlichen Überlegungen sind in den EEA eingeflossen und in sec. 15 (4) EEA gesetzlich festgeschrieben worden. Aus der Sicht der Prüfungssystematik verdeutlicht die Entscheidung, dass auch bereits aufgestellte und implementierte Programme weiterhin gerichtlich untersucht werden.

Die genannten Fälle machen deutlich, dass die südafrikanischen Gerichte Affirmative Action kritisch gegenüberstehen und an vielen Stellen den Gesetzeswortlaut einschränkend auslegen. Diese allgemeine Haltung der Gerichte hat zu Besorgnis in der Literatur geführt. Es wird betont, dass neben der Regierung die Gerichte eine entscheidende Rolle im Entwicklungsprozess von Affirmative Action spielten. Würden gerichtliche Entscheidungen entsprechenden Programmen stets negativ gegenüberstehen, so komme die Frage auf, ob sich daraus ableiten lasse, dass die Gerichte Partei nehmen würden.[898] Eine entsprechende Kritik ist schwierig zu verifizieren. Genannte Fälle deuten aber trotz restriktiver Haltung auf gerichtliche Neutralität hin, da sich Rechtsbrüche nicht erkennen lassen.

---

[895] *McInnes v. Technicon Natal* [2000] 21 ILJ 1138 (LC), 1138.
[896] *McInnes v. Technicon Natal* [2000] 21 ILJ 1138 (LC), 1139.
[897] *McInnes v. Technicon Natal* [2000] 21 ILJ 1138 (LC), 1150.
[898] *Rycroft*, ILJ 2001, 1411, 1415.

4) Rechtfertigung von Affirmative Action im südafrikanischen Kontext

Die Frage, wie Affirmative Action zu rechtfertigen sei, wird mit der Aussage beantwortet, Affirmative Action sei die Antwort auf: „*systematic patterns of group inequality*"[899]. Auch in der Präambel des EEA finden sich Angaben, die Hinweise auf die dogmatische Herleitung geben können. Demnach ist Affirmative Action in erster Linier als Kompensationsmaßnahme für die Diskriminierungen der Vergangenheit zu verstehen. Ausgehend von diesen Aussagen sind zwei konkrete Problemkreise zu beantworten: Ist Affirmative Action auf Grund dieser Aussagen auf genereller Ebene zu rechtfertigen? Fallen die konkret in Südafrika vorgesehenen Maßnahmen unter diese Rechtfertigung?[900]
Der Weg, auf dem Affirmative Action in Südafrika gerechtfertigt werden soll, leitet sich aus dem allgemeinen, materiell-/ substantiellen Gleichheitskonzept ab. Der südafrikanische Ansatz setzt dabei eigene Schwerpunkte. Zentral ist, dass die positiven Maßnahmen über einen vergangenheitsbezogenen Ansatz gerechtfertigt werden sollen.[901] Auf diesem Wege rückt nicht nur der problematische, gruppenbezogene Ansatz in den gedanklichen Mittelpunkt, es stellt sich zudem die Frage nach der grundsätzlichen Eignung der Programme. Die faktischen Verhältnisse in Südafrika weichen von den Anforderungen des EEA in drastischer Weise ab. Die überwiegende Mehrheit der Personen, die gemäß eines dementsprechenden Ansatzes zu bevorzugen wären, ist weit davon entfernt, die notwendigen Voraussetzungen (Qualifikationen) zu besitzen. Die vergangenheitsbezogene Betrachtung positiver Förderung in Südafrika steht einer schlüssigen theoretischen Begründung hinsichtlich dieser Aspekte entgegen.
Diese Problematik wird in der Literatur gesehen. Darum wird vorgeschlagen, zwischen dem theoretischen Gerüst der Verfassung und dem des EEA zu unterscheiden.[902] Die Verfassung beziehe sich nicht lediglich auf die Vergangenheit, sondern auch auf die Zukunft. Im Rahmen der Verfassung würden die Unterschiede in der Bevölkerung berücksichtigt. Die Verfassungsgeber seien sich bewusst gewesen, dass ein Ausgleich nur im Hinblick auf die Zukunft möglich sei.
Folgt man dieser Differenzierung, bleibt zumindest das theoretische Gerüst des EEA zweifelhaft. Ferner ergibt sich die Frage, ob der EEA als verfassungsgemäß umgesetzt angesehen werden kann, da er von den verfassungsgemäßen Vorgaben abweicht. Im übrigen lassen sich, der differenzierenden Auffassung folgend, weitgehende Übereinstimmungen der Verfassung mit dem materiell-/ substantiellen Ansatz feststellen. Auf diese Weise gelangt die Rechtfertigungs-

[899] *Smith*, (1992) 8 SAJHR, 234, 243.
[900] *Smith*, (1992) 8 SAJHR, 234, 241.
[901] Preamble EEA: „*redress the disadvantages [of the past]*".
[902] *Rycroft*, IJL 2001, 1411, 1413.

debatte in Südafrika auf die grundsätzliche theoretische Ebene. Ob dem in Südafrika eingeschlagenen Weg auf dieser Basis zugestimmt werden kann, ist, wie dargestellt, eine Wertungsfrage, die an dieser Stelle nicht beantwortet werden kann.

Die allgemeinen theoretischen Erwägungen sind auf die ergriffenen Maßnahmen auszudehnen. Es wurde versucht, einen möglichst hohen Grad an Flexibilität in die konkreten Maßnahmen einfließen zu lassen. Employment Equity Pläne können als Beispiel des Wunsches nach differenzierter Gestaltung herausgegriffen werden, auch die planerisch lenkende Funktion des CEE ist zu nennen. Ferner wird deutlich, dass die Sorge bestand, die Anordnungen könnten ignoriert werden. Dementsprechend sind eine Reihe von Durchsetzungsmaßnahmen vorgesehen.

Inhaltlich werden im EEA viele Probleme direkt angesprochen, z.B. die Frage der Qualifikation, die Frage der gleichmäßigen Repräsentation und die Frage nach dem konkreten Gesicht möglicher Maßnahmen. Obige Ausführungen zeigen aber, dass dennoch Auslegungsprobleme vorhanden sind. Einerseits wird z.B. den persönlichen Leistungen der Bewerber entscheidende Bedeutung zugeordnet, andererseits wird aber der Leistungsbegriff um nahezu unbestimmbare Kriterien erweitert. Es werden Maßstäbe für eine gleichmäßige Repräsentation der Bevölkerungsgruppen vorgegeben, ohne die konkreten Bezugsgrößen zu nennen usw.. Genannte Kritikpunkte beziehen sich auf Detailfragen. Gerichtliche Entscheidungen zeigen, dass von Seiten der Justiz versucht wird, eventuellem Missbrauch der gesetzlichen Anordnungen wachsam gegenüberzustehen.

Im Überblick ergibt das Zusammenspiel der Regelungen, dass versucht wurde, die Forderungen des materiell-/ substantiellen Ansatzes umzusetzen. Die Schwächen des materiell-/ substantiellen Ansatzes bleiben bestehen. Die gesellschaftlichen Besonderheiten in Südafrika mahnen zudem fortwährende Vorsicht an. Die Rassenproblematik mit auf die Rasse bezogenen Kriterien lösen zu wollen, bleibt äußerst schwierig. Ein von einigen Unternehmern benutztes Argument unterstreicht dies. Sie sagen, dass sie sich unter dem Apartheidssystem geweigert hätten, Anordnungen zu befolgen, die auf die Rasse bezogene Unterscheidungen forderten und dass sie dasselbe auch gegenüber den Regelungen des EEA unternehmen würden.[903]

Auch der tatsächliche Rahmen der Programme ist problematisch. Die Zielgruppe derjenigen Personen, die von Affirmative Action profitieren sollen, ist sehr groß. Die südafrikanische Regierung betrachtet Affirmative Action als Lösungsmöglichkeit für eine große Reihe sozialer Probleme in Südafrika. Das gesamte Konzept von Affirmative Action wird als Katalysator für soziale Veränderungen und Herzstück eines neuen, gerechten Südafrika gesehen. Ob Affirmative Action eine Rolle diesen Ausmaßes wird ausfüllen können, bleibt abzuwarten.

---

[903] *Jacobs*, EED 1998, 4, 1 ff.

III. Entwicklung des europäischen Sekundärrechts zur Arbeitnehmergleichberechtigung

Im Folgenden soll die Entwicklung des europäischen Sekundärrechts im Bereich der Arbeitnehmergleichberechtigung näher dargestellt werden.[904] Wichtiger Regelungsgegenstand sind die von der Europäischen Gemeinschaft erlassenen Richtlinien. Ferner ist die Rechtsprechung des EuGH zu untersuchen. Der EuGH hat sowohl Primärrecht als auch Sekundärrecht ausgelegt, richterlich gedeutet und weiterentwickelt.

1) Richtlinien

Zentrales gesetzgeberisches Mittel zur Förderung der Gleichberechtigung von Arbeitnehmern und Arbeitnehmerinnen auf der Ebene der Europäischen Gemeinschaft sind die gemäß Art. 249 EGV ergangenen Richtlinien.[905] Sie sind ein wichtiges Element, um die europäische Rechtslandschaft zu vereinheitlichen.[906] Im Bereich der Arbeitnehmergleichberechtigung finden sich sekundärrechtliche europäische Regeln ausschließlich in dieser Form. Dies ist mit der von Richtlinien ausgehenden Flexibilität zu erklären. Richtlinien sind für die Mitgliedstaaten hinsichtlich des genannten Ziels verbindlich und innerhalb einer bestimmten Zeit von diesen in nationales Recht umzusetzen.[907] Aus diesem Grund erreichen sie das wichtige Ziel der Rechtsvereinheitlichung. Wird dieses Ziel erreicht, bleibt den Mitgliedstaaten die Wahl der Form und der Mittel überlassen.[908] Einzige Begrenzung dieser Umsetzungsfreiheit ist, dass das nationale Recht in einer normativen Weise angepasst werden muss. Diese Begrenzung ist notwendig, damit nach der Umsetzung innerhalb eines bestimmten Grenzrahmens europaweit Rechtseinheit herrscht.[909]
Welche Wirkung geht von Richtlinien aus? Wichtig ist, zwischen der europäischen Primärrechts- und Sekundärrechtsebene zu unterscheiden. Auf der europäischen Primärrechtsebene steht die horizontale Wirkung bestimmter gewährleisteter Rechte inzwischen außer Frage.[910] Fraglich ist, ob genannte Aussage auch für europäisches Sekundärrecht, d.h. für Richtlinien getroffen werden kann. Käme dem europäischen Sekundärrecht ebenfalls unmittelbare Wirkung gegenüber dem Bürger zu, würde der Anwendungsbereich des europäischen

---

[904] dazu ausführlich: *Dungs*, 21 ff.; Übersicht über die Umsetzung des Richtlinienrechts in nationales Recht: *Landau*, 45 ff.; *Schiek*, 23 ff.

[905] Die zentrale Richtlinie 76/207/EWG ist gem. Art. 177 EGV in der Fassung von Maastricht erlassen worden.

[906] Schwarze, *Rebhahn*, Art. 136 EGV, Rdnr. 25.

[907] *Fischer*, 101.

[908] *Streinz*, 150; *Schweizer*, 112; sog.: „*gestufte Verbindlichkeit*".

[909] *Schweizer*, 113.

[910] Insbesondere auch Art. 141 EGV, *Fischer*, 97 f., mit Übersicht.

Rechts erheblich erweitert. Der EuGH und die europarechtliche Literatur treffen aus diesem Grund hinsichtlich des Geltungsbereiches des europäischen Sekundärrechts eine Unterscheidung. Grundsätzlich wird die Auffassung vertreten, dass sekundäres Recht/ Richtlinienrecht keine unmittelbare Geltung in den Mitgliedstaaten besitze.[911] Wesen und Zielrichtung einer Richtlinie zeichneten diese als an die Mitgliedstaaten gerichtetes Rechtsinstitut aus.[912] Erfülle ein Mitgliedstaat alle in der Richtlinie vorgesehenen Auflagen, könne sich keine weitergehende Wirkung der Richtlinie gegenüber den Bürgern ergeben. Komme ein Mitgliedstaat seinen Verpflichtungen aus einer Richtlinie lediglich mangelhaft oder verspätet nach, könne der Bürger allerdings nicht Leittragender dieses Umsetzungsproblems sein.[913] In bestimmten Fällen könne sich aus diesem Grund aus einer mangelhaft oder nicht umgesetzten Richtlinie ein direkter Anspruch des Bürgers gegen den Staat und damit die unmittelbare Wirkung der Richtlinie gegenüber dem Bürger ergeben.[914] Dazu müsse (1) die in der Richtlinie genannte Frist zur Umsetzung des Zieles abgelaufen sein, (2) die Richtlinie dem einzelnen gegenüber dem Staat konkrete Rechte einräumen und (3) die Richtlinie so konkretisiert sein, dass sich aus ihr unmittelbare Rechte ableiten ließen und ferner müssten Rechtsgutverletzung und mangelnde Umsetzung der Richtlinie kausal seien.[915] Eine über diese indirekten Ansprüche hinausgehende horizontale Wirkung wird Richtlinien von der herrschenden Meinung nicht zugeordnet.[916]

Auf eine weitere Auswirkung von Richtlinien ist hinzuweisen. Wird eine Richtlinie erlassen, sind die Mitgliedstaaten zusätzlich dazu verpflichtet, die nationalen Gesetze richtlinienkonform auszulegen. Dieses Erfordernis fällt unter den allgemeinen Grundsatz der europarechtskonformen Auslegung[917] und blickt auf eine gefestigte Rechtsprechung des EuGH zurück.[918]

---

[911] Grabitz/ Hilf, *Langenfeld*, Art. 141 EGV, Rdnr. 110; *Streinz*, 158; *Schweizer*, 113, *Fischer*, 101.

[912] *Streinz*, 157; Callies/ Ruffert, *Ruffert*, Art. 249 EGV, Rdnr. 69.

[913] Callies/ Ruffert, *Ruffert*, Art. 249 EGV, Rdnr. 78; *Streinz*, 158.

[914] *Schweizer*, 113; *Fischer*, 101 ff.

[915] *Fischer*, 102 f.; *Schweizer*, 113.

[916] Callies/ Ruffert, *Ruffert*, Art. 249 EGV, Rdnr. 78; EuGH Rs. C-91/92 (*Faccini Dori*); obwohl die *„nützliche Wirkung"* dafür sprechen würde, da die Streitsache letztlich von einem Gericht entschieden werden müsste und der Staat so indirekt zur Umsetzung einer Richtlinie gezwungen wäre, *Streinz*, 157; *Krämer*, 21 ff.; *Oetker/ Preis*, 62 f.

[917] Dazu ausführlich: *Wöhlermann*, 102 ff.

[918] *Streinz*, 163; Callies/ Ruffert, *Ruffert*, Art 249 EGV, Rdnr. 106; EuGH Slg. 1984, 1891 (*von Colson und Kamann/ Land Nordrhein Westfalen*); EuGH Slg. 1984, 1921 (*Harz/ Deutsche Tradax*); EuGH Slg. 1996, 4705 (*Luciano Arcaro*); Kasseler Handbuch zum Arbeitsrecht, *Weber*, 2246.

Bezüglich arbeitsrechtlicher Richtlinien geht aus den Überlegungen hervor, dass diese im Verhältnis zwischen Arbeitgeber und Arbeitnehmer grundsätzlich nicht unmittelbar anwendbar sein können. Deutlich wird ferner, dass Richtlinien Einfluss haben können auf die Auslegung nationaler Vorschriften, obwohl diese nicht unmittelbar im Einflussbereich der Richtlinie liegen. Gegenüber dem Staat als Arbeitgeber können sich ausnahmsweise unmittelbare Auswirkungen ergeben, da dieser als im Vertikalverhältnis zum Bürger stehend angesehen wird. Es ist zu beachten, dass sich ein direkter Anspruch gegen den Staat auch ergeben kann, wenn dieser als privater Arbeitgeber auftritt, d.h. die staatliche Formwahl des Arbeitsverhältnisses ist nicht entscheidend.[919] In dieser Hinsicht wird die Rechtsprechung des EuGH von der Literatur kritisiert. Die Unterscheidung zwischen der Wirkung im öffentlichen Recht und der Wirkung im Privatrecht führe zu gekünstelten Differenzierungen.[920]

Ausgangspunkt für die Entwicklung europäischen Sekundärrechts, das auf Gleichberechtigung im Arbeits- und Berufsleben gerichtet ist, war die Entgeltgleichheitsrichtlinie 75/117/EWG des Rates zur „Angleichung der Rechtsvorschriften der Mitgliedstaaten über die Anwendung des Grundsatzes des gleichen Entgelts für Männer und Frauen" vom 10.02.1975.[921] Entgeltgleichheit wurde zu diesem Zeitpunkt vorwiegend auf wirtschaftliche Gesichtspunkte gestützt. Frankreich wollte sie auf europäischer Ebene verankern, um Wettbewerbsnachteilen zu entgehen, die es befürchtete, weil die Entgeltgleichheit in Frankreich schon vor der europäischen Regelung gesetzlich bestimmt war.[922] Die Entgeltrichtlinie weicht in dieser Beziehung von späteren Richtlinien ab. Auch die zur Entgeltrichtlinie ergangene Rechtsprechung wendete sich von dem wirtschaftlich motivierten Hintergrund ab und gab der Richtlinie den heutigen sozialrechtlichen Anstrich.[923]
Kurze Zeit später, am 09.02.1976, erließ der Rat die Richtlinie 76/207/EWG zur „Verwirklichung des Grundsatzes der Gleichbehandlung von Männern und Frauen hinsichtlich des Zugangs zur Beschäftigung, zur Berufsbildung und zum beruflichen Aufstieg sowie in Bezug auf die Arbeitsbedingungen.".[924] Als Rechtsgrundlage der Richtlinie 76/207/EWG diente Art. 308 EGV (Art. 235

[919] *Geiger*, 565; Grabitz/ Hilf, *Langenfeld*, Art. 141 EGV, Rdnr. 110.
[920] Fuchs, 3. Auflage, *Steinmeyer*, Art. 141 EGV, Rdnr. 11.
[921] Dazu: *Sechting*, 113.
[922] *Sechting*, 114.
[923] EuGH Slg. 1978, 1365 (*Defrenne III*); EuGH Slg. 1989, 3199 (*Danfoss*); im Zusammenhang mit der Entwicklung von Vorschriften zur Entgeltgleichheit steht Art. 119 EGV a.F. als zentrale primärrechtliche Gleichberechtigungsnorm, Grabitz/ Hilf, *Langenfeld*, Art. 141 EGV, Rdnr. 82 ff.
[924] ABl. EG L 39, 40 vom 14.02.1976, im Folgenden: Richtlinie oder Gleichberechtigungsrichtlinie, d.h. alle anderen Richtlinien werden mit ausdrücklichen Angaben versehen.

EGV a.F.).[925] Die Regierungen der Mitgliedstaaten sahen sich zu diesem Schritt veranlasst, da man den Weg der Entgeltgleichheitsrichtlinie 75/117/EWG in sozialer Hinsicht weiter beschreiten wollte und die Richtlinie 75/117/EWG nur einen schmalen Ausschnitt des gesamten Gleichberechtigungsproblems regelte.[926] Die Gleichberechtigungsrichtlinie 76/207/EWG verpflichtet die Mitgliedstaaten, auf über die Entgeltgleichheit hinausgehenden Gebieten dafür zu sorgen, dass der Gleichberechtigungsgrundsatz in das Arbeitsleben umgesetzt wird.[927] Die Richtlinie 76/207/EWG spielt im Bereich der Geschlechtergleichberechtigung im Arbeitsrecht noch immer eine zentrale Rolle. Sie steht dabei an der Seite der Vorschriften des EGV über die Arbeitnehmergleichberechtigung.[928] Nach der Richtlinie 76/207/EWG sind eine Vielzahl weiterer Richtlinien in angrenzenden Bereichen erlassen worden.[929] Die Richtlinie selbst ist am 19.04.2002 in überarbeiteter Form vom europäischen Vermittlungsausschuss gebilligt worden und ist nunmehr als Richtlinie 2002/73/EG maßgeblich.[930] Die neue Richtlinienfassung zeichnet sich dadurch aus, dass der umstrittene Art. 2 Abs. 4 der Richtlinie 76/207/EWG gestrichen und die gesamte Problematik positiver Diskriminierung auf das Primärrecht verlagert worden ist.[931] Im Rahmen der nachfolgenden Erwägungen steht daher die Vorgängerfassung der Richtlinie weiterhin im Vordergrund, da sich aus dieser die problematischen Fragen des vorliegenden Themenbereichs ergeben.

2) Rechtsprechung des EuGH

Die Rechtsprechung des EuGH ist zum zentralen Maßstab der Beurteilung des europäischen Rechts bezüglich der Arbeitnehmergleichberechtigung geworden. Die Rechtsprechung hat hinsichtlich grundsätzlicher Ansichten zur Gleichberechtigung in den letzten Jahrzehnten einen Wandel erfahren.[932] In einem Urteil des EuGH im Jahre 1984 vertritt das Gericht noch traditionelle Stand-

---

925 Grabitz/ Hilf, *Langenfeld*, Art. 141 EGV, Rdnr. 87; *Sechting*, 116.

926 Schwarze, *Rebhahn*, Art. 141 EGV, Rdnr. 2.

927 Schwarze, *Rebhahn*, Art. 141 EGV, Rdnr. 2.

928 Callies/ Ruffert, *Krebber*, Art. 141 EGV, Rdnr. 11.

929 Übersicht über ergangene Richtlinien und die wichtigsten Urteile dazu bei: *Geiger*, 563 ff.; *Krimphove*, 288 ff.; Callies/ Ruffert, *Krebber*, Art. 141 EGV, Rdnr. 9 ff.

930 Richtlinie des Europäischen Parlaments und des Rates vom 23.9.2003 zur Änderung der Richtlinie 76/207/EWG des Rates zur Verwirklichung des Grundsatzes der Gleichbehandlung von Männern und Frauen hinsichtlich des Zugangs zur Beschäftigung, zur Berufsbildung und zum beruflichen Aufstieg sowie in Bezug auf die Arbeitsbedingungen, ABlEG Nr. L. 269 v. 5.10.2002, S. 15.

931 So ausdrücklich Art. 14 der Begründungserwägungen des Rates und des Europäischen Parlaments zur Richtlinie 2002/73/EG, ABlEG Nr. L 269 v. 5.10.2002, S. 15 f.; NZA 2003, 474 , 475.

932 Umfassende Rechtsprechungsübersicht bis 1995: *Macedo van Overbeek*, 11 ff.

punkte.[933] In Bezug auf Fragen, die den Erziehungsurlaub betreffen, wurde entschieden, dass dieser nur Müttern zuzubilligen sei, da diese für die Erziehung der Kinder aufzukommen hätten. Rollentypische Auffassungen dieser Art sind in der Rechtsprechung des EuGH heute nicht mehr denkbar. Um die heutige Rolle des EuGH zu verstehen, werden an späterer Stelle einige wegweisende Entscheidungen des EuGH herausgegriffen.
Zuvor soll auf den besonderen Charakter der Entscheidungen des EuGH verwiesen werden. Die weitreichende Rechtsprechung des EuGH kommt unter besonderen Umständen zustande. Dies hängt mit der Rolle des EuGH als für die Auslegung von Gemeinschaftsrecht zuständigem Gericht zusammen. Um dieser Funktion gerecht werden zu können, sind den Parteien, die den EuGH anrufen wollen, im EGV mehrere Verfahrensmöglichkeiten eingeräumt worden. Eines dieser Verfahren, das Vorabentscheidungsverfahren nach Art. 234 EGV[934], hat im Bereich der Arbeitnehmergleichberechtigung die größte Relevanz entfaltet. In diesem Verfahren hat der EuGH reine Rechtsauslegungsfragen zu entscheiden, die ihm von nationalen Gerichten vorgelegt worden sind.[935] Die Fälle durchlaufen oft einen langen nationalen Instanzenzug, ehe sie vor den EuGH gelangen. Die tatsächlichen Untersuchungen zu den Sachverhalten, die den Rechtsfragen zu Grunde liegen, obliegt den Gerichten in den Mitgliedstaaten. Die Erörterungen des EuGH finden entfernt von den tatsächlichen Problemen, mit denen sich die Personen im Fall auseinander zu setzen hatten, statt.[936] Dies birgt Vor- und Nachteile. Die Rechtsprechung des EuGH, als Rechtskontrollinstrument auf europäischer Ebene, kann nur abstrakt erfolgen. In dieser Hinsicht ist Abstraktion essentielles Wesenselement der Rechtsprechung des EuGH.[937] Vorlagefragen beziehen sich allerdings nicht auf abstrakte, sondern auf konkrete Probleme. Werden diese verallgemeinert, besteht die Gefahr, dass bestimmte Nuancen des Falles in den Hintergrund geraten. Im Spannungsfeld zwischen diesen beiden Anforderungen bewegen sich die Entscheidungen des EuGH.[938] Der EuGH muss im Zusammenhang mit inhaltlich eng begrenzten Vorlagefragen abstrakte Fallentscheidungen treffen, die sich auf die wesentlichen Grundlagen des Falles beziehen.[939]

Fraglich ist, welche Bindungswirkung einer Vorabentscheidung des EuGH beizumessen ist. Die Wirkung von Urteilen des EuGH in dieser Verfahrensart ist

[933] EuGH, Slg. 1984, 3047; NJW 1984, 2754.
[934] Art. 177 EGV a.F., alle Entscheidungen zum EGV in der Fassung von Maastricht sind in diesem Verfahren ergangen, Übersicht: Groeben/ Thiesing/ Ehlermann, *Krück*, Art. 177 EGV a.F., Rdnr. 18 ff.
[935] Callies/ Ruffert, *Wegener*, Art. 234 EGV, Rdnr. 2.
[936] Callies/ Ruffert, *Wegener*, Art. 234 EGV, Rdnr. 17 ff.
[937] Lenz, *Borchard*, 2. Auflage, Art. 234 EGV, Rdnr. 1.
[938] Lenz, *Borchard*, 2. Auflage, Art. 234 EGV, Rdnr. 3.
[939] *Junker*, NJW 1994, 2527.

nicht ausdrücklich geregelt.[940] Aus Gründen der Verfahrenskonsequenz bindet das Urteil des EuGH das vorlegende Gericht und alle weiteren Gerichte, die in dem vorgelegten Rechtsstreit zu entscheiden haben.[941] Das Vorabentscheidungsverfahren besitzt im Gange des die konkrete Entscheidung herbeiführenden Verfahrens den Charakter eines Zwischenverfahrens.[942] Eine über die Bindungswirkung in dem konkreten Verfahren hinausgehende Bindungswirkung hängt vom Urteil des EuGH ab.[943] Erklärt der EuGH Gemeinschaftsrecht für ungültig, ergibt sich aus dieser Entscheidung eine faktische, umfassende Bindungswirkung.[944] Erklärt er Gemeinschaftsrecht für gültig, lässt sich die Wirkung des Urteils nicht eindeutig festlegen.[945] Stellt sich in einem anderen Rechtsstreit dieselbe Frage erneut, so ist das Gericht vor die Entscheidung gestellt, der vorherigen Entscheidung des EuGH zu folgen oder bei abweichender Auffassung eine erneute Vorlagefrage zu formulieren.[946]

Die Rechtsprechung des EuGH zu Fragen der Arbeitnehmergleichberechtigung hat ein bedeutendes Ausmaß erreicht. Der EuGH hat sich – vor allem in der jüngeren Entwicklung – dem Thema der Arbeitnehmergleichberechtigung mit großer Sorgfalt gewidmet. Allein zu dem Thema der Entgeltgleichheit sind eine Fülle von Entscheidungen ergangen.[947] Zu der vom EuGH aus dem amerikanischen Rechtskreis in den europäischen Rechtskreis überführten Rechtsfigur der mittelbaren Diskriminierung ist der Umfang der Urteile noch größer.[948] Die Entscheidungen des EuGH, die sich auf positive Diskriminierung beziehen, werden im Rahmen der inhaltlichen Untersuchung näher ausgeführt.

IV. Gegenwärtiger Stand des europäischen Sekundärrechts zur Arbeitnehmergleichberechtigung

Das europäische Sekundärrecht zur Arbeitnehmergleichberechtigung mit der Zielrichtung positiver Diskriminierung wird geprägt von der Richtlinie

---

[940] *Streinz*, 223.

[941] *Geiger*, 769.

[942] Lenz, *Borchard*, 2. Auflage, Art. 234 EV, Rdnr. 49, dies werde auch durch die Urteilsformel „*hat für Recht erkannt*“ ausgedrückt.

[943] Callies/ Ruffert, *Wegener*, Art. 234 EGV, Rdnr. 33; *Pape*, ArbuR 1998, 14.

[944] *Streinz*, 223, bezeichnet als „*erga omnes Wirkung*“; *Pieper*, 29; dies sei mit Rechtssicherheitserwägungen zu begründen.

[945] Lenz, *Borchard*, Art. 234 EGV, Rdnr. 54, der EuGH habe das Gemeinschaftsrecht lediglich unter den in Rede stehenden Punkten überprüft, daher sei nicht auszuschließen, dass in einem späteren Verfahren Unwirksamkeitsgesichtspunkte gefunden werden.

[946] *Streinz*, 223, bezeichnet als „*faktische erga omnes Wirkung*“.

[947] Übersicht: *Krimphove*, 180 ff.

[948] Übersicht: *Krimphove*, 210 ff.; Vergleich zu Deutschland: *Claasen*, JZ 1996, 921 ff.

76/207/EWG und den diesbezüglichen Entscheidungen des EuGH. Weiter ist auf einen Vorschlag der Kommission zur Änderung der Richtlinie 76/207/EWG einzugehen. Richtlinie 2002/73/EG wird lediglich am Rande betrachtet, da diese sich vornehmlich auf mittelbare und unmittelbare Diskriminierung konzentriert und den Bereich positiver Diskriminierung in das europäische Primärrecht verlagert.[949]

1) Richtlinie 76/207/EWG

a) Aussagen der Richtlinie 76/207/EWG[950]

Die Richtlinie 76/207/EWG enthält eine sekundärrechtliche Verpflichtung der Mitgliedsstaaten der Europäischen Gemeinschaft, den Grundsatz der Gleichberechtigung von Männern und Frauen im Arbeitsleben zu verwirklichen. Vom Grundsatz der Gleichbehandlung im Sinne der Gleichbehandlungsrichtlinie wird sowohl staatliches als auch nicht-staatliches Recht erfasst.[951] Art. 1 der Gleichbehandlungsrichtlinie spiegelt die Zielsetzung der Richtlinie wider: „*Diese Richtlinie hat zum Ziel, dass in den Mitgliedstaaten der Grundsatz der Gleichberechtigung von Männern und Frauen hinsichtlich des Zugangs zur Beschäftigung, einschließlich des Aufstiegs und des Zugangs zur Berufsbildung sowie in Bezug auf die Arbeitsbedingungen und in Bezug auf die soziale Sicherheit unter den in Abs. 2 vorgesehenen Bedingungen verwirklicht wird.*"
Die in der Richtlinie enthaltenen Maßnahmen, die dazu dienen sollen, die genannte Zielsetzung zu verwirklichen, lassen sich - der allgemeinen Einteilung der Arbeit folgend - in Anti-Diskriminierungsregelungen und weitergehende Anordnungen unterteilen.

aa) Anti-Diskriminierungsregelungen

Zentraler Ausgangspunkt der Anti-Diskriminierungsregelungen ist Art. 2 Abs. 1 der Richtlinie 76/207/EWG; 2002/73/EG. Er bestimmt: „*Der Grundsatz der Gleichberechtigung im Sinne der nachstehenden Bestimmungen beinhaltet, dass keine mittelbare oder unmittelbare Diskriminierung aufgrund des Geschlechts – insbesondere unter Bezugnahme auf den Ehe- oder Familienstand – erfolgen darf.*" Der genannte Absatz ist Ausdruck des allgemeinen Gleichbehandlungsgrundsatzes und des ungeschriebenen Grundsatzes der Gleichbehandlung der Geschlechter auf sekundärrechtlicher europäischer Ebene. Die Begriffe der mittelbaren und der unmittelbaren Diskriminierung werden im Rahmen der Nachfolgerichtlinie 2002/73/EG definiert. Zur präzisen inhaltlichen Ausdeutung

---

[949] Zu Richtlinie 2002/73/EG: *Hadeler*, NZA 2003, 77 ff.; *Rust*, NZA 2003, 72 ff.
[950] Oder: Gleichberechtigungsrichtlinie.
[951] Grabitz/ Hilf, *Langenfeld*, Art. 141 EGV, Rdnr. 87 f.

des Grundsatzes ist auf die Antidiskriminierungsregelungen der Mitgliedstaaten zu blicken. In Art. 2 Abs. 1 Richtlinie 76/207/EWG; 2002/73/EG wird lediglich das Prinzip in der Richtlinie verankert. Allgemein ist bemerkenswert, dass Art. 2 Abs. 1 der Gleichbehandlungsrichtlinie das ausdrückliche Verbot mittelbarer und unmittelbarer Diskriminierung enthält. In dieser Hinsicht geht Art. 2 Abs. 1 Richtlinie 76/207/EWG; 2002/73/EG über das geschriebene Recht einiger Mitgliedstaaten, unter anderem über deutsches Recht, hinaus.[952]

Von diesem zentralen Grundsatz ausgehend, hebt sich die Neufassung der Richtlinie von der Ursprungsfassung ab und verlagert die Problematik in das Primärrecht. In Art. 2 Abs. 2 – 4 der Richtlinie 76/207/EWG werden in begrenztem Umfang Ausnahmen vom Grundsatz der Gleichberechtigung von Männern und Frauen zugelassen.[953] Im Zusammenhang dieser Ausnahmen liegt der Kern des europäischen Sekundärrechts zu positiven Maßnahmen der Arbeitnehmergleichberechtigung.

Art. 2 Abs. 2 Richtlinie 76/207/EWG betrifft Ausnahmebereiche, in denen das Geschlecht auf Grund der Art oder der Bedingungen der Ausübung des Berufes eine unabdingbare Voraussetzung darstellt. Auf der Basis des Art. 2 Abs. 2 Richtlinie 76/207/EWG wurde im deutschen Recht die Ausnahmeregelung des § 611 a Abs. 1 S. 2 BGB aufgenommen.[954] In den Bereich dieser Ausnahmeregelung fielen z.B. die Streitigkeiten über die Frage der Gleichbehandlung von Frauen und Männern bei der Beschäftigung innerhalb der nationalen Streitkräfte.[955]

Art. 2 Abs. 3 Richtlinie 76/207/EWG betrifft besondere Regelungen hinsichtlich der Schwangerschaft und Regelungen des Mutterschutzes.

Art. 2 Abs. 4 Richtlinie 76/207/EWG bezieht sich auf positive Förderungsmaßnahmen und wird im folgenden Abschnitt besprochen.

bb) Regelungen positiver Diskriminierung

Art. 2 Abs. 4der Richtlinie 76/207/EWG lautet: *„Diese Richtlinie steht nicht den Maßnahmen zur Förderung der Chancengleichheit für Männer und Frauen, insbesondere durch Beseitigung der tatsächlich bestehenden Ungleichheiten, die die Chancen der Frauen in den in Artikel 1 Absatz 1 genannten Bereichen beeinträchtigen, entgegen.“* Welche Auswirkungen hat der Wortlaut der Vorschrift auf die Möglichkeit positiver Diskriminierung? Nach dem Wortlaut sollen bestehende Hindernisse für Frauen beseitigt, nicht aber Hindernisse für Männer aufgebaut werden. Zentraler Begriff ist die Chancengleichheit.

---

[952] *Schiek*, ArbuR 1996, 128, 130.

[953] Dazu: *Krimphove*, 238 ff.

[954] *Krimphove*, 244 f., die Mitgliedstaaten besäßen einen weiten Beurteilungsspielraum.

[955] *Sirdar*, EuGH Slg. 1999, I- 7403; *Kreil*, EuGH Slg. 2000, I- 69.

Art. 2 Abs. 4 Richtlinie 76/207/EWG ist dem in Art. 2 Abs. 1 der Gleichbehandlungsrichtlinie verankerten Grundsatz als Ausnahme angegliedert worden. In Rechtsprechung und Literatur ist umstritten, ob diese Gliederung Ausdruck des inhaltlichen Verhältnisses der beiden Absätze ist, oder ob positive Maßnahmen vielmehr als weiterer Schritt auf dem Weg zur Gleichberechtigung angesehen werden müssen.[956] Alleine aus Wortlaut und Systematik des Art. 2 Abs. 4 Richtlinie 76/207/EWG lassen sich die Grenzen positiver Förderung im europäischen Recht nicht bestimmen. Die Aussagen der Richtlinie entfalten sich in Anbetracht der Auslegung und Bestimmung durch den EuGH. Nachfolgend werden die genannten Probleme aus der Sichtweise des EuGH und aus der Sichtweise der Literatur beleuchtet.

b) Probleme des Art. 2 Abs. 4 Richtlinie 76/207/EWG im Blick des EuGH

Art. 2 Abs. 4 Richtlinie 76/207/EWG ist durch eine Vielzahl von Entscheidungen des EuGH ausgelegt worden. Die unterschiedlichen Varianten geben je nach Sichtweise des Betrachters ein unterschiedliches Maß rechtsprecherischer Konsistenz wieder.

Ältere Entscheidungen des EuGH zu Art. 2 Abs. 4 Richtlinie 76/207/EWG werden zunächst dargestellt. Auf die aktuelle Rechtsprechung des EuGH wird daran anschließend eingegangen. Sie wird in einen inhaltlichen Zusammenhang mit der älteren Rechtsprechung gebracht. Aus der Vielzahl der in der Literatur zu findenden Kritik an den Urteilen des EuGH wird an den entsprechenden Stellen diejenige berücksichtigt, die im Rahmen der fortgeschrittenen Rechtsprechung des EuGH heute als relevant angesehen werden kann.

Da die Entscheidungen des EuGH traditionell knapp ausfallen, findet sich das theoretische Fundament der Position im europäischen Recht in den Plädoyers der Generalanwälte. Die Marschall-Entscheidung, in der der EuGH von der Auffassung des Generalanwaltes abwich, nimmt in dieser Hinsicht eine Ausnahmestellung ein. Die Übereinstimmungen im Konzept werden durch diese Abweichung nicht berührt. Auf die allgemeine theoretische Diskussion bezogen lässt sich einleitend sagen, dass Generalanwälte und EuGH dem *„equal opportunities“*- Ansatz unter anfänglich starker und im Laufe der Entwicklung schwächerer Berücksichtigung von dessen formell-/ symmetrischer Seite folgen.

In den Entscheidungen des EuGH wird, sobald konkrete Maßnahmen zu überprüfen sind, auch die Verhältnismäßigkeit der Quotenregelungen geprüft. Darunter fällt, dass Quoten geeignet, erforderlich und angemessen sein müssen. Eine Maßnahme ist geeignet, wenn mit ihr das angestrebte Ziel erreicht werden kann. Die grundsätzliche Geeignetheit von Quoten wird vom EuGH vorausgesetzt. Eine Maßnahme ist erforderlich, wenn das gleiche Ziel nicht durch ein

---

956 Mit entgegengesetzten Auffassungen: *Sachs*, RdA 1998, 129, 130 f., 134; *Fuchsloch*, FuR 1996, 87, 90.

milderes, gleich effektives Mittel erreicht werden kann. Allgemeine Anti-Diskriminierungsregelungen könnten als milderes Mittel angesehen werden. Mit diesem Argument wird aber die gesamte allgemeine theoretische Debatte in diesen Prüfungspunkt verlagert. Es kann an dieser Stelle auf das Ergebnis der allgemeinen Debatte verwiesen werden, dass der Unterschied zwischen den unterschiedlichen Gleichberechtigungstheorien letztlich auf der Wertungsebene zu lösen ist. Vor diesem Hintergrund kann auf europäischer Ebene auf die Wertung des EuGH zurückgegriffen werden. Dieser betrachtet die Chancengleichheit als zentralen Begriff im Rahmen der Gleichberechtigungsdebatte. Um Chancengleichheit zu verwirklichen, sieht es der EuGH als erforderlich an, auf positive Maßnahmen im Rahmen der von ihm gesetzten Grenzen zurückzugreifen. Diese sind in einem nächsten Schritt auf die Ebene der Angemessenheit zu ziehen. Angemessenheit bestimmt sich danach, dass die vorgesehenen Maßnahmen nicht über ihr Ziel hinausgehen und damit unzumutbar werden. Hier hat der EuGH ein Wertungssystem basierend auf den Entscheidungen des europäischen Gesetzgebers entwickelt. Die Angemessenheit vorgesehener Regelungen ist anhand dieser Kriterien im Einzelfall zu überprüfen.

aa) Ältere Entscheidungen des EuGH

(1) Entscheidung Kommission/ Frankreich[957]

Die Entscheidung Kommission/ Frankreich markiert den Beginn der aktiven Rechtsprechung des EuGH zur Förderung der Gleichberechtigung der Frauen. In der Entscheidung nahm der EuGH von vorher geäußerten Rollenvorstellungen Abschied und legte erste Grundlagen für die Auslegung der Richtlinie 76/207/EWG. Die genaueren Umstände der Entscheidung bedürfen keiner Darstellung. Entscheidend ist, dass der EuGH feststellte, Art. 2 Abs. 4 der Gleichberechtigungsrichtlinie diene *„[...] einem bestimmten und begrenzten Zweck"*, indem er Maßnahmen zulasse, *„[...] die nach ihrem äußeren Erscheinungsbild diskriminierend sind, tatsächlich aber in der sozialen Wirklichkeit bestehende Ungleichheiten beseitigen oder verringern sollen"*.[958]
Erst in den folgenden Entscheidungen des EuGH ging es direkt um die Zulässigkeit nicht nur von Maßnahmen zum Schutz der Frau, sondern auch um die Zulässigkeit von Maßnahmen zur positiven Förderung der Frau.

---

[957] EuGH v. 25.10.1988, - 312/86, Slg. 6315.
[958] EuGH v. 25.10.1988, - 312/86, Slg. 6315, Rdnr. 15.

(2) Die Kalanke-Entscheidung[959]

Die Kalanke-Entscheidung des EuGH hat in der europäischen und deutschen Literatur für viel Aufsehen gesorgt.[960] Die Entscheidung hat darüber hinaus auch zu einer breiten öffentlichen Diskussion über die Arbeitnehmergleichberechtigung geführt.[961] Aus der unüberschaubaren Menge von Beiträgen zu dieser Diskussion ist die Reaktion der europäischen Kommission hervorzuheben. EG- Kommissar Flynn sagte, er habe geglaubt, „*[...] dass Art. 2 Abs. 4 der Richtlinie aufgenommen wurde, um den Mitgliedstaaten ein weites Betätigungsfeld in bezug auf die von ihnen gewählten Aktionen zu geben; dass der Artikel über die strikte rechtliche Gleichbehandlung hinausgeht, um wirkliche Gleichberechtigung in der Praxis zu erreichen.*“[962]. Mit dieser Aussage stellte er sich als Sprecher der Kommission dem Urteil sehr kritisch gegenüber. Viele in diese Richtung gehende Stellungnahmen sind nach der Entscheidung abgegeben worden.[963] Menge und Schärfe der Bemerkungen trugen dazu bei, die Diskussion von der sachlichen Ebene zu entfernen.

Die Entscheidung ist nach dem Kläger des Falles, Herrn Kalanke benannt. Dieser hatte sich für eine Beförderung in der Verwaltung der Stadt Bremen beworben. Zeitgleich mit seiner Bewerbung ging auch die Bewerbung von Frau Glißmann bei der Behörde ein. Beide Bewerber waren schon vorher für längere Zeit bei der Stadt Bremen beschäftigt. Entscheidungen über Beförderungen in der deutschen Verwaltung richten sich zunächst nach Art. 33 Abs. 2 GG. Demnach ist die Person mit den besten Qualifikationen, der meisten Erfahrung usw. zu befördern. Herr Kalanke und Frau Glißmann waren ungefähr gleich qualifiziert. Auf die Anweisungen des GG konnte nicht in entscheidender Weise zurückgegriffen werden. Die Frage nach der Beförderung musste anhand von Hilfskriterien entschieden werden. Als solche flossen das Alter der Bewerber und Aspekte aus ihrem sozialen Umfeld in die Entscheidung mit ein. Die Hilfskriterien sprachen beide für Herrn Kalanke.
Vor diesem Hintergrund kam § 4 II Bremisches Landesgleichstellungsgesetz zur Anwendung. Gemäß § 4 II Bremisches Landesgleichstellungsgesetz war im Falle eines Bewerberstreites zweier gleich qualifizierter Bewerber, eine sich bewerbende Frau einem entsprechenden Mann vorzuziehen. Auf Grund dieser Rechtslage wurde Frau Glißmann befördert. Herr Kalanke fühlte sich diskriminiert und verklagte die Stadt Bremen. Das BAG hatte schließlich über die

[959] EuGRZ 1995, 546 ff.; FuR 1996, 154.
[960] *Holznagel/ Schlünder*, Jura 1996, 519, 524; *Fuchsloch*, FuR 1996, 87 f.
[961] *Fuchsloch*, FuR 1996, 87 f., mit einer Übersicht über die Reaktionen von Presse, Literatur und Politik.
[962] European Commission press release: IP/95/1139, *Schiek*, 200 ff.
[963] Beispielhaft: *Fuchsloch*, FuR 1996, 87 ff.

Frage zu entscheiden, ob § 4 II Bremisches Landesgleichstellungsgesetz im Einklang mit höherrangigem Recht steht. Es legte diese Frage dem EuGH im Wege des Vorabentscheidungsverfahrens vor, um eine generelle Einschätzung der Sachlage auf europäischer Ebene zu erhalten. Der EuGH entschied, dass die umstrittene Klausel im Lichte der Gleichberechtigungsrichtlinie nicht aufrecht erhalten werden könne. Inhaltlich widmete sich der EuGH in der sehr kurzen Entscheidung der Auslegung der Gleichbehandlungsrichtlinie, insbesondere deren Art. 2 Abs. 2 und 4.

Die Aussagen der Kalanke-Entscheidung sind oftmals diskutiert worden. Es lassen sich aus der Vielzahl der Aspekte drei Argumente des EuGH herausgreifen: Als erste Begründung gab der EuGH an, dass jede gesetzliche Regelung, die die *„absolute und unbedingte“* oder *„automatische“* Bevorzugung von Frauen anordne, nicht mit dem EGV vereinbar sei. Diese Entscheidung hat der EuGH vor dem Hintergrund getroffen, dass im Fall die gleiche Qualifikation vorher festgestellt worden war, d.h. Maßnahmen ohne vorherige Qualifikationsfeststellung scheiden erst recht aus. Zweitens sollten nach der Auffassung des EuGH in der Entscheidung die verwendeten Mittel lediglich dazu dienen, die Chancengleichheit zwischen den Geschlechtern herzustellen, und nicht dazu, Ergebnisgleichheit zu erzielen. Im Rahmen der Erwägungen des EuGH findet sich dazu eine Abgrenzung von Chancen- und Ergebnisgleichheit.[964] Ergebnisgleichheit sei das abstrakte Fernziel auf dem Weg zur Arbeitnehmergleichberechtigung, Chancengleichheit das Ziel aller konkreten Maßnahmen, die im Einzelfall umgesetzt werden müssten. Drittens setzte sich der EuGH mit dem Blickwinkel auseinander, der bei der Entscheidung der vorliegenden Frage einzunehmen sei. Der EuGH entschied, dass Frauenförderung von einem individualrechtlichen Blickwinkel her, und nicht von einem gruppenrechtlichen Blickwinkel zu beurteilen sei.[965]

Der EuGH machte in der Kalanke-Entscheidung ferner deutlich, dass er die in dem Urteil Kommission/Frankreich festgelegten Grundsätze beibehalten wolle.[966] Nachdem der EuGH die Vorabentscheidungsfragen beantwortet hatte, musste sich das BAG erneut mit dem Ausgangsverfahren beschäftigen. Das BAG entschied am 05.03.1996.[967] Herr Kalanke erhielt insoweit Recht, als das Urteil anordnete, dass über seine Bewerbung erneut zu entscheiden sei, diesmal ohne die europarechtswidrige Regelung des § 4 II Bremisches Landesgleichstellungsgesetz zur Entscheidung heranzuziehen.

Angesichts der Kalanke-Entscheidung des EuGH hat sich die Kommission 1996 für eine Änderung des Art. 2 Abs. 4 ausgesprochen. Der Formulierungs-

---

[964] EuGRZ 1995, 553, 554, Rdnr. 23.
[965] Zusammenfassung bei: *Hofmann*, NVwZ 1996, 424, 425.
[966] EuGRZ 1995, 553, 554, Rdnr. 18.
[967] Pressemitteilung des BAG vom 05.03.1996, Nr. 11/96.

vorschlag lautete: „*Diese Richtlinie steht nicht Maßnahmen entgegen, die die Chancengleichheit von Frauen und Männern fördern, indem sie insbesondere bestehende Ungleichheiten beseitigen, die die Chancen des unterrepräsentierten Geschlechts in den unter Artikel 1 Abs. 1 genannten Bereichen beeinträchtigen. Derartige Maßnahmen können auch Vorzugsregeln bezüglich des Zugangs zur Beschäftigung oder zum beruflichen Aufstieg zugunsten eines Mitglieds des unterrepräsentierten Geschlechts beinhalten, soweit sie die Bewertung der besonderen Umstände eines Einzelfalles nicht ausschließen.*"[968]
Dieser Änderungsvorschlag versuchte, die Auswirkungen der Kalanke-Entscheidung durch neues Richtlinienrecht zu begrenzen. Ihm begegnete schnell Kritik aus unterschiedlichen Bereichen.[969] Entgegen der umstrittenen Basis positiver Diskriminierungen im bisherigen Art. 2 Abs. 4 der Gleichbehandlungsrichtlinie wäre positive Arbeitnehmerförderung durch den Änderungsvorschlag auf europäischer Ebene eindeutig gestaltet worden. Die große, in diesem Vorschlag vorgesehene Neuerung war, dass Maßnahmen positiver Diskriminierung ausdrücklich gestattet wurden („*Vorzugsregeln*"), d.h. dass es nach dem Änderungsvorschlag den Mitgliedstaaten explizit freigestanden hätte, positive Diskriminierung einzuführen. Dies hätte keine rechtliche, aber eine große faktische Bindungswirkung beinhaltet und Druck auf die Mitgliedstaaten erzeugt. Der Änderungsvorschlag ist nicht in Kraft getreten. Die Auswirkungen auf das deutsche Recht, die sich aus der Änderung ergeben hätten, sind schwer abschätzbar. Die neue Rechtslage im europäischen Primärrecht macht eine Untersuchung nicht umgesetzter Vorschläge gegenstandslos. Dennoch kann der alte Änderungsvorschlag als Interpretationshilfe in die Untersuchung neuen Rechts und aktueller Änderungsbestrebungen einfließen. Insbesondere markiert er die ambitionierte Haltung der Kommission.

(3) Die Marschall-Entscheidung[970]

Die Marschall-Entscheidung ist benannt nach dem Kläger, Hellmut Marschall, der sich in einem Rechtstreit mit dem Land Nordrhein-Westfalen um die Besetzung einer Beförderungsstelle an der Gesamtschule Schwerte auseinander setzte. Der Streit lief auf die Auslegung von § 25 Abs. 5 S. 2 Beamtengesetz für das Land Nordrhein-Westfalen in der Form der Bekanntmachung vom 01.05.1981[971] geändert durch Art. 1 Siebtes Gesetz zur Änderung dienstrecht-

[968] Vorschlag der Kommission zur Änderung der Richtlinie 76/207/EWG, KOM 96 (93) endg., ABl 1996, Nr. C 179, 8.
[969] Zum Beispiel die kritische Stellungnahme des Wirtschafts- und Sozialausschusses vom 25.09.1996, ABl 1997 C 30, S. 57.; *Hasselbach*, NZA 1996, 1308 ff.
[970] EuGH, Urt. V. 11.11.1997 – Rs. C-409/95; NJW 1997, 3429; EuGRZ 1997, 564; EuZW 1997, 757.
[971] NW GVBl, 234.

licher Vorschriften vom 07.02.1995[972] hinaus. Die Vorschrift lautete: „*Soweit im Bereich der für die Beförderung zuständigen Behörde im jeweiligen Beförderungsamt der Laufbahn weniger Frauen als Männer sind, sind Frauen bei gleicher Eignung, Befähigung und fachlicher Leistung bevorzugt zu befördern, sofern nicht in der Person des Mitbewerbers liegende Gründe überwiegen [...].*" Das Land Nordrhein-Westfalen berief sich darauf, dass durch die Vorrangklausel ein zusätzliches Beförderungskriterium - die Eigenschaft Frau – eingeführt werde, das ausschließlich dazu diene, die Ungleichheit zu neutralisieren, in der sich gleich qualifizierte Frauen gegenüber den von klassischen Beförderungskriterien[973] bevorzugten Männern befänden. Das mit der Frage befasste VG Gelsenkirchen legte dem EuGH die streitbelegte Vorschrift im Rahmen eines Vorabentscheidungsverfahrens vor (gemäß Art. 249 EGV, im Vorlagezeitpunkt: Art. 177 EGV). Der EuGH entschied unter Verweis auf die Politik des Rates[974] und seine vorherige Rechtsprechung[975], dass Art. 2 Abs. 1 und 4 der Richtlinie einer nationalen Regelung nicht entgegenstehe, wie sie in § 25 Abs. 5 S. 2 Beamtengesetz für das Land Nordrhein-Westfalen getroffen wurde. Die Öffnungsklausel der Regelung garantiere den männlichen Bewerbern, dass bei gleicher Qualifikation die Bewerbungen beider Geschlechter „*in jedem Einzelfall [...] objektiv*" berücksichtigt würden. Dabei entfalle der den weiblichen Bewerbern eingeräumte Vorrang, wenn unter allen für die jeweiligen Personen sprechenden Kriterien eines oder mehrere für den männlichen Bewerber sprächen und die Verwendung der anderen Kriterien keine diskriminierende Wirkung gegenüber weiblichen Bewerbern habe.[976]

Bemerkenswert ist an der Entscheidung, dass der EuGH von der Empfehlung des Generalanwalts Jacobs vom 15.05.1997 abwich.[977] Jacobs hatte dafür votiert, dass der betroffenen Art. 2 Abs. 1 und 4 der Richtlinie der vorgelegten nationalen Regelung entgegenstünde. Dies ließ sich seiner Meinung nach aus dem Kalanke-Urteil ableiten, wonach „*[...] jede Regelung, die über die Förderung der Chancengleichheit hinausgehe und statt dessen die Durchsetzung des gewünschten Ergebnisses zahlenmäßiger Gleichheit anstrebt, gleichermaßen über Art. 2 Abs. 4 der Richtlinie hinausgehe, damit gegen den in Art. 2 Abs. 1 der Richtlinie verankerten Grundsatz der Gleichbehandlung verstoße und beim gegenwärtigen Stand des Gemeinschaftsrechts rechtswidrig sei.*"[978]

---

[972] NW GVBl, 102.

[973] Unter anderem: Dienstalter, Lebensalter, Stellung als Unterhaltspflichtiger usw.

[974] NJW 1997, 3429, 3430, Begründungserwägung des Rates zur Empfehlung 84/365/EWG.

[975] NJW 1997, 3429, 3430, Unterschied: „*Öffnungsklausel*".

[976] NJW 1997, 3429.

[977] ArbuR 1997, 372, in den allermeisten Fällen hält sich der EuGH an die von den Generalstaatsanwälten ausgesprochene Empfehlung.

[978] EuGHZ 1997, I - 6365, Begründungserwägung, *Jacobs*, Rdnr. 32.

Der EuGH betonte im Gegensatz zu der Stellungnahme des Generalanwalts die sachverhaltsbezogenen Unterschiede hinsichtlich der Öfnungsklausel.

bb) Aktuelle Rechtsprechung des EuGH

(1) Die Badek-Entscheidung[979]

Im Badek-Urteil des EuGH wurde das hessische Gesetz über die Gleichberechtigung von Männern und Frauen und zum Abbau von Diskriminierungen von Frauen in der öffentlichen Verwaltung[980] überprüft. Dieses sieht folgende Regelungen zur Förderung von Frauen vor:

§ 3. Grundsätze. (1) Die Dienststellen sind verpflichtet, durch Frauenförderpläne (§§ 4 bis 6) und sonstige Maßnahmen der Förderung (§§ 7 bis 14) auf die Gleichstellung von Männern und Frauen im öffentlichen Dienst [...] hinzuwirken [...].

(2) Frauen sind unterrepräsentiert, wenn innerhalb des Geltungsbereichs eines Frauenförderplans in einer Lohngruppe, Vergütungsgruppe oder Besoldungsgruppe einer Laufbahn weniger Frauen als Männer beschäftigt sind. In den Eingangsämtern gelten Frauen als unterrepräsentiert, wenn in der gesamten Laufbahn weniger Frauen als Männer beschäftigt sind.[...]

§ 5. Inhalt des Frauenförderplanes [...] (3) Der Frauenförderplan enthält für jeweils zwei Jahre verbindliche Zielvorgaben bezogen auf den Anteil der Frauen bei Einstellungen und Beförderungen zur Erhöhung des Frauenanteils in Bereichen, in denen Frauen unterrepräsentiert sind. [...]

(4) In jedem Frauenförderplan sind jeweils mehr als die Hälfte der zu besetzenden Personalstellen eines Bereichs, in dem Frauen unterrepräsentiert sind, zur Besetzung durch Frauen vorzusehen. Dies gilt nicht, wenn ein bestimmtes Geschlecht unverzichtbare Vorraussetzung für eine bestimmte Tätigkeit ist.

§ 10. Auswahlentscheidungen. (1) Um die Gleichberechtigung [...] zu gewährleisten, sind Eignung, Befähigung und fachliche Leistung (Qualifikation) entsprechend den Anforderungen der zu vergebenden Stelle oder des zu vergebenden Amtes zu beurteilen. Bei der Qualifikationsbeurteilung sind Fähigkeiten und Erfahrungen, die durch die Betreuung von Pflegebedürftigen im häuslichen Bereich (Familienarbeit) erworben wurden, zu berücksichtigen, soweit ihnen für die Eignung, Leistung und Befähigung der Bewerberinnen Be-

[979] NJW 2000, 1550; JA 2001, 104.
[980] HGIG, GVBl 1993 I, 729.

deutung zukommt. Dies gilt auch, wenn Familienarbeit neben der Erwerbstätigkeit geleistet wurde.

Im betreffenden Gesetz finden sich weitere vergleichbare Regelungen in den §§ 7 und 9. Diese beziehen sich nicht auf die Vergabe von Arbeitsplätzen, sondern auf Ausbildungsplätze und Vorstellungsgespräche. Ferner enthält § 10 (3) die Regelung, dass Familienstand und Einkommen des Partners nicht berücksichtigt werden dürfen. § 10 (5) besagt, dass ohne Frauenförderplan in Bereichen, in denen Frauen unterrepräsentiert sind, keine Einstellungen/ Beförderungen vorgenommen werden dürfen.[981]

Eine Gruppe hessischer Landtagsabgeordneter, unter ihnen Herr Badek, hat im Wege der Normenkontrolle den Staatsgerichtshof des Landes Hessen angerufen. Ihrer Auffassung nach ist das Gesetz als verfassungswidrig einzuordnen und verstößt weiter gegen Art. 2 Abs. 2 und 4 der Richtlinie 76/207/EWG. Der HessSTGH hat dem EuGH die Frage zur Entscheidung vorgelegt, ob die angegriffenen Normen mit der Richtlinie 76/207/EWG zu vereinbaren seien.
Der EuGH beurteilte die Gesamtheit der umstrittenen Regelungen als richtlinien- und europarechtskonform. Er begründete diese Entscheidung mit Ausführungen in materiellrechtlicher und dogmatischer Hinsicht. Auf der dogmatischen Ebene stellte der EuGH eine Prüfungsrangfolge zwischen dem Art. 141 Abs. 4 EGV und der Richtlinie 76/207/EWG auf. Art. 141 Abs. 4 EGV sei nur zu prüfen, wenn die Prüfung des Art. 2 Richtlinie 76/207/EWG ergebe, dass eine nationale Regelung mit der Richtlinie nicht vereinbar sei.[982] Auf materiellrechtlicher Ebene bezog sich der EuGH zunächst auf Randziffer 16 des Urteils Kalanke.[983] Dort hatte der EuGH festgestellt, dass eine Regelung, bei der Frauen automatisch der Vorrang vor Männern eingeräumt werde, nicht mit Art. 2 Abs. 4 Richtlinie 76/207/EWG zu vereinbaren sei. Das Marschall-Urteil bezog der EuGH ebenfalls in seine Begründung mit ein.[984] Im Lichte dieser Entscheidungen führte der EuGH aus, dass eine nationale Regelung, die eine Öffnungsklausel enthalte, die Grenzen der in Art. 2 Abs. 4 Richtlinie 76/207/ EWG vorgesehenen Ausnahme nicht überschreite, wenn sie den männlichen Bewerbern, die die gleiche Qualifikation wie die weiblichen Bewerber besäßen, in jedem Einzelfall garantiere, dass die Bewerbungen Gegenstand einer objektiven Beurteilung seien. Es müssten alle die Person der Bewerber betreffenden Kriterien berücksichtigt werden und der den weiblichen Bewerbern

[981] *Sachs,* RdA 1998, 129, weist darauf hin, dass im Gesetzeswortlaut ferner eine „*Vorbildfunktion*" für das Privatrecht angestrebt werde, womit der Landesgesetzgeber seine Kompetenzen überschreite.

[982] EuGH NJW 2000, 1549, 1550, Ziffer 14.

[983] EuGH NJW 2000, 1549, 1550, Ziffer 17.

[984] EuGH NJW 2000, 1549, 1551, Ziffer 19.

eingeräumte Vorrang müsse entfallen, wenn eines oder mehrere dieser Kriterien zugunsten des männlichen Bewerbers entgegenstehe.[985] Schließlich ging der EuGH auf die Empfehlung 84/645/EWG ein.[986]
Der EuGH äußerte sich zudem in Bezug auf verwendbare Hilfskriterien. Er sagte, dass solche Kriterien Verwendung finden könnten, die zwar geschlechtsneutral formuliert seien, die aber in der Regel Frauen begünstigten.[987]
Die Stellungnahme des Generalanwaltes hat vor der Entscheidung die Äußerungen des EuGH theoretisch eingeordnet. Der Generalanwalt weist darauf hin, dass der EuGH in den bisherigen Entscheidungen Art. 2 Abs. 4 Richtlinie 76/207/EWG als Ausnahme zu Art. 2 Abs. 1 dieser Richtlinie und damit eng ausgelegt hat. Nach Auffassung des Generalanwaltes ist dies nicht zwingend.[988] Ausgehend vom Begriff der Chancengleichheit könne auch argumentiert werden, dass sich die Grundsätze der materiellen und der formellen Gleichheit nicht so vollständig widersprechen würden, wie dies in Teilen der Lehre dargestellt werde. Beide Konzepte hätten „*faktisch das gleiche Ziel*".[989] Daher könne bezweifelt werden, dass Art. 2 Abs. 4 Richtlinie 76/207/EWG Ausnahmecharakter zukomme.

Einige Gesichtspunkte der Entscheidung sind näher zu erläutern. Aus dem Grund der Prüfungsrangfolge Sekundärrecht vor Primärrecht gelangte der EuGH in der Entscheidung nicht zu einer Prüfung des EGV. In dem Urteil werden keine Aussagen über den materiellen Gehalt des Art. 141 Abs. 4 EGV getroffen. Lediglich die Stellung des EGV im Rahmen der Prüfung einer nationalen Regelung lässt sich aus der Entscheidung entnehmen. Materiellrechtlich zeigt die Anknüpfung des EuGH an Passagen aus dem Kalanke-Urteil, dass der EuGH bemüht ist, eine einheitliche Linie zu entwickeln. In dieser Hinsicht ergeben sich Hindernisse. Das Urteil des EuGH betrifft zum ersten Mal eine Ergebnisquote, da verbindliche Zielvorgaben aufgestellt werden. Die Ergebnisquote ist soweit flexibel gestaltet, als dass von Bereich zu Bereich unterschiedliche Zielvorgaben erstellt werden können. Die Quote wird vom EuGH dadurch gerechtfertigt, dass keine automatische Bevorzugung stattfinde, da die Entscheidung in Pattsituationen grundsätzlich nicht zwingend vorgegeben werde. Dies spiegelt ein enges Verständnis des Begriffes der automatischen Bevorzugung wieder. Hinsichtlich dieses Verständnisses lässt sich eine Abweichung zu der entsprechenden Herangehensweise in der Kalanke-Entscheidung feststellen. Dies mag mit den theoretischen Neuorientierungen des Generalanwaltes zusammenhängen. Dieser versucht zum einen, den Unterschied zwischen formeller und materieller

[985] EuGH NJW 2000, 1549, 1551, Ziffer 22.
[986] EuGH NJW 2000, 1549, 1551, Ziffer 20.
[987] EuGH NJW 2000, 1549, 1551, Ziffer 32.
[988] EuGH vom 10.06.1999, Slg. I- 1877, 1884.
[989] EuGH vom 10.06.1999, Slg. I- 1877, 1888.

Gleichheit unter Hinweis auf deren vergleichbare Zielrichtung aufzuheben. Ferner steht er aus diesem Grunde auf dem Standpunkt, dass Art. 2 Abs. 4 Richtlinie 76/207/EWG keine Ausnahme zum Diskriminierungsgrundsatz darstelle. Die Argumentation des Generalanwaltes erscheint zweifelhaft. Unstreitig stimmen materielle und faktische Gleichheit in der Zielrichtung, Gleichheit, überein. Beide Begriffe markieren aber - dies zeigt die allgemeine theoretische Grundsatzdebatte - diametral verschiedene Ausgangspunkte. Formelle Gleichheit geht von der notwendigen Dominanz rechtlicher Prinzipien aus, materielle Gleichheit betont die Bedeutung der tatsächlichen Gegebenheiten. Angesichts der Tatsache, dass keine Gesellschaft vorstellbar ist, in der faktische Gleichheit in letzter Konsequenz besteht, müssen beide Auffassungen zwangläufig zu unterschiedlichen Ergebnissen führen. Die Schlussfolgerung des Generalanwaltes hinsichtlich Art. 2 Abs. 4 Richtlinie 76/207/EWG ist aus diesem Grund in Zweifel zu ziehen. Ferner fällt im Rahmen der Erwägungen des Generalanwaltes die terminologische Ungenauigkeit ins Auge. Steht er zunächst auf dem Standpunkt, dass positive Maßnahmen keine Ausnahme zum Anti-Diskriminierungsgrundsatz darstellen würden, schreibt er daran anschließend, dass eine Öffnungsklausel die „*diskriminierende Wirkung*" von Maßnahmen im Rahmen des Art. 2 Abs. 4 Richtlinie 76/207/EWG abschwächen würde.

(2) Die Abrahamsson-Entscheidung[990]

Die Abrahamsson-Entscheidung des EuGH geht auf eine Vorlagefrage eines schwedischen Beschwerdeausschusses in Hochschulangelegenheiten zurück. Das Urteil bezog sich auf Auseinandersetzungen, die wegen der Besetzung einer Professur für Hydrosphärologie an der Universität Göteborg geführt wurden. Zwei Kläger, Herr Anderson und Frau Abrahamsson, wandten sich gegen die Ernennung von Frau Fogelquist zur Professorin.
Vorausgegangen war die Ausschreibung der Professur von der Universität Göteborg. In der Ausschreibung wurde ausdrücklich darauf Bezug genommen, dass die Besetzung der Stelle zur Förderung der Gleichheit der Geschlechter im Arbeitsleben beitragen solle. Weiter wurde verlautbart, dass positive Diskriminierung gemäß der Verordnung 1995: 936 in Betracht komme. Die relevanten §§ der Verordnung 1995: 936 lauten:

§ 1. Die Verordnung betrifft Stellen für Professoren und Forschungsassistenten, die mit gesondert zugewiesenen Mitteln im Haushaltsjahr 1995/96 an bestimmten staatlichen Universitäten und Hochschulen im Rahmen von Bestrebungen zur Förderung der Gleichstellung im Arbeitsleben einzurichten und zu besetzen sind.

[990] EuGH NJW 2000, 2653.

§ 2. Die Universitäten und Hochschulen, die Mittel für Stellen erhalten, sollen diese gemäß den Bestimmungen der Verordnung 1993:100 mit den in den §§ 3-5 genannten Abweichungen besetzen.[...]

§ 3. (1) Für die Besetzung gilt an Stelle von § 15 a Kapitel 4 (Verordnung 1993:100) Folgendes:
(2) Ein Bewerber des unterrepräsentierten Geschlechts mit hinreichenden Qualifikationen der in § 15 a Kapitel 4 (Verordnung 1993:100) genannten Art hat Vorrang vor einem anderen Bewerber des anderen Geschlechts, der sonst ausgewählt worden wäre (positive Diskriminierung), sofern dies erforderlich ist, damit ein Bewerber des unterrepräsentierten Geschlechts ausgewählt wird.
(3) Eine positive Diskriminierung ist jedoch nicht vorzunehmen, wenn der Unterschied zwischen den Qualifikationen der Bewerber so groß ist, dass sich daraus ein Verstoß gegen das Erfordernis der Sachgerechtigkeit bei der Einstellung ergeben würde.

Die Verordnung 1993:100, auf die Bezug genommen wird, führte in § 15 a des Kapitels 4 ebenfalls positive Diskriminierung ein. Danach kann ein Bewerber des unterrepräsentierten Geschlechts, der hinreichend qualifiziert ist, einem besser qualifizierten Bewerber des anderen Geschlechts, der sonst ausgewählt worden wäre, vorgezogen werden. Einschränkend ist dies nur möglich, sofern der Unterschied zwischen den jeweiligen Qualifikationen nicht so groß ist, dass die positive Diskriminierung gegen das Erfordernis der Sachgerechtigkeit bei der Einstellung verstößt. Aus den in den Verordnungen getroffenen Regelungen geht hervor, dass es sich um eine Quote bei Vorliegen einer Mindestqualifikation handelt. Ferner stellt § 1 der Verordnung 1995: 936 einen Haushaltsvorbehalt dar.

Auf die Stellenausschreibung hin bewarben sich mehrere Personen um die Professur. Ein zweistufiges Auswahlverfahren wurde durchgeführt. Auf der ersten Stufe wurden ausschließlich die fachlichen Leistungen der Bewerber bewertet. Bei dieser Entscheidung entfielen auf Herrn Anderson die meisten Stimmen. Auf der zweiten Stufe wurden die fachlichen Qualifikationen und die Verordnung 1995:936 berücksichtigt. In diesem Durchgang gewann eine Bewerberin, die nicht mit dem Verfahren in Berührung kam, da sie ihre Bewerbung nachträglich zurückgezogen hatte. Das Gremium verwies ausdrücklich darauf, dass die Reihenfolge nicht gegen das Kriterium der Sachgerechtigkeit verstoße. Frau Fogelquist landete auf dem dritten Platz. Da die Bewerbung der Siegerin zurückgezogen worden war, wurde eine neue Entscheidung notwendig. Fraglich war, ob Frau Fogelquist Herrn Anderson vorgezogen werden dürfe. Das Gremium entschied zugunsten von Frau Fogelquist mit der Begründung, dass nicht gegen die Sachgerechtigkeit verstoßen werde.

Gegen diese Entscheidung legten Herr Anderson und Frau Abrahamsson Beschwerde beim Hochschulausschuss ein. Herr Anderson berief sich darauf, dass sowohl gegen die einschlägigen Verordnungen als auch gegen das Kalanke-Urteil des EuGH verstoßen worden sei. Frau Abrahamsson zweifelte die Richtigkeit der Qualifikationsfeststellung an. Folgende Frage trat bei den Beratungen in den Mittelpunkt: Stehen Art. 2 Abs. 1 und 4 der Richtlinie 76/207/EWG und Art. 141 Abs. 4 EGV der nationalen Regelung aus § 3 der Verordnung 1995:936 entgegen?

Der EuGH stellte die Unvereinbarkeit der zu prüfenden Regelungen mit dem europäischen Recht fest. Im Rahmen der Urteilsbegründung nahm der EuGH zu einer Reihe von Fragen Stellung die im Zusammenhang mit der Problematik stehen. Dabei legt er das Fundament der vorausgegangenen Urteile ausdrücklich seiner Entscheidung zu Grunde.[991] Zunächst äußerte sich der EuGH zu dogmatischen Fragen. Er stellte fest, dass umstrittene Regelungen zunächst auf ihre Vereinbarkeit mit dem europäischen Sekundärrecht hin überprüft werden müssten. Konkret bezieht sich diese Feststellung auf Art. 2 Abs. 1 und 4 der Richtlinie 76/207/EWG. Sollte sich eine Unvereinbarkeit der fraglichen Regelung mit der Richtlinie ergeben, sei in einem zweiten Schritt auf Art. 141 Abs. 4 EGV einzugehen.[992] Der EuGH äußerte sich durch die Aufstellung dieser Reihenfolge inzident auch zu den Kriterien, die im Rahmen des Art. 141 Abs. 4 EGV gelten sollen, da er bei seiner Prüfung die im Laufe der Urteile zu Art. 2 Abs. 4 Richtlinie 76/207/EWG entwickelten Kriterien verwendete.

Aus diesen dogmatischen Erwägungen erwächst die Frage nach den inhaltlichen Prüfungsmaßstäben. Diesbezüglich stellte der EuGH fest, dass:

Die zur Unterscheidung verwendeten Kriterien „*in transparenter und nachprüfbarer Art angewandt werden müssen, um jede willkürliche Beurteilung der Qualifikation der Bewerber auszuschließen.*“[993];

Eine Maßnahme, die schlechter qualifizierten Bewerbern den Vorzug gebe, diesen „*automatisch Vorrang*“ einräume[994] und daher nicht mit den Vorgaben von Art. 2 Abs. 4 der Richtlinie 76/207/EWG in Einklang stehe;

Der nach der Richtlinie zu prüfende Art. 141 Abs. 4 EGV den Mitgliedstaaten gestatte, zur Verhinderung oder zum Ausgleich von Benachteiligungen in der beruflichen Laufbahn spezifische Vergünstigungen beizubehalten oder zu beschließen, um die volle Gleichstellung von Männern und Frauen im Arbeitsleben zu gewährleisten. Daraus könne nicht geschlossen werden, dass die

---

[991] EuGH vom 06.07.2000, Slg. I-5565 ff.

[992] EuGH NJW 2000, 2653, 2655, Ziffer 39 ff., 54; übereinstimmend mit der Badek-Entscheidung.

[993] EuGH NJW 2000, 2653, 2655, Ziffer 49.

[994] EuGH NJW 2000, 2653, 2655, Ziffer 52.

Bestimmung eine Auswahlmethode der im Ausgangsverfahren in Rede stehenden Art zulasse, die zu dem verfolgten Ziel in keinem Verhältnis stehe.[995]
Die Erwägungen des EuGH werden von den Überlegungen des Generalanwaltes Saggio gestützt. Dieser verweist im Rahmen seiner Ausführungen zunächst auf die von ihm zu der Badek-Entscheidung abgegebene Stellungnahme.[996] Er sagt, dass die betroffene Regelung die Qualifikation eines Bewerbers hinsichtlich dessen Geschlecht in den Hintergrund treten lasse und dass keine Möglichkeit bestehe, besondere persönliche Umstände der Bewerber zu berücksichtigen.[997] Auf diesem Wege werde ein System absoluter geschlechtlicher Bevorzugung geschaffen, welches auf Grund der im Kalanke-Urteil niedergelegten Grundsätze europarechtswidrig sei.

Wie ist die Position des EuGH in einer zusammenfassenden Bewertung zu beurteilen? Die wichtigste Vorlagefrage bezog sich auf die Überprüfung der Verordnung. Diese erlaubte im Gegensatz zu den vorher vom EuGH entschiedenen Fällen Kalanke, Marschall und Badek, dass schlechter qualifizierte Bewerber gegenüber besser qualifizierten wegen ihrer Geschlechtszugehörigkeit bevorzugt werden. Es handelte sich gemäß der in der Arbeit vorgenommenen Einordnung um eine Quote bei Vorliegen einer Mindestqualifikation. Quoten dieser Art sind nach dem Urteil des EuGH europarechtswidrig und damit in den Mitgliedstaaten unzulässig. Für zulässig befunden wurden hingegen Quoten, die den Bewerber eines unterrepräsentierten Geschlechts vorziehen, sofern die Bewerbungen Gegenstand einer objektiven Beurteilung sind. Der EuGH nahm in diesem Fall wieder auf die Formulierung aus der Marschall-Entscheidung Bezug. Im Hinblick auf das Erfordernis gleichwertiger oder fast gleichwertiger Qualifikation wird der Standpunkt des EuGH nicht ausreichend deutlich. Entscheidend scheint bei der Beurteilung von Bewerbern, dass eine (möglichst) objektive Qualifikationsbeurteilung gefordert wird, die nicht vom Kriterium des Geschlechts verdrängt werden darf.
Mangels eindeutiger inhaltlicher Leitlinien bleibt fraglich, ob der EuGH die Maßnahme für europarechtsgemäß gehalten hätte, wenn er der Auffassung gewesen wäre, dass die getroffenen Maßnahmen die Gesichtspunkte der Sachgerechtigkeit nicht zu sehr in den Hintergrund rücken würden.

[995] EuGH NJW 2000, 2653, 2655, Ziffer 55.
[996] EuGH vom 06.07.2000, Slg. I-5539, 5555.
[997] EuGH vom 06.07.2000, Slg. I-5539, 5555.

c) Probleme des Art. 2 Abs. 4 Richtlinie 76/207/EWG im Blick der europäischen Literatur

aa) Meinungsstand der Literatur bis zur Marschall-Entscheidung

Trotz der verschiedenen Literaturäußerungen finden sich grundlegende Gedanken des EuGH in allen zu diesem Zeitpunkt geäußerten Auffassungen wieder.[998] Regelungen, nach denen Frauen automatisch bevorzugt würden, werden europarechtlich als nicht zulässig erachtet.[999] Dogmatischer Hintergrund einer jeden Förderungsmaßnahme müsse sein, dass sie die Chancengleichheit fördere.[1000] Bewerbungen müssten immer Gegenstand einer objektiven Beurteilung sein und im Einzelfall überprüft werden.[1001] Schließlich sei wichtig, dass bei jeder Förderungsmaßnahme ein individualrechtlicher Bezug feststellbar bleibe.[1002]

Streitigkeiten innerhalb der Literatur ergeben sich auf der Basis dieser Aussagen bezüglich ihrer Reichweite und genauen inhaltlichen Bestimmung. Dabei werden die ersten Entscheidungen des EuGH aus den Positionen beurteilt, die aus der allgemeinen theoretischen Grundsatzdebatte bekannt sind. In dieser Hinsicht gleichen sich Herangehensweise und Argumentation. Einige besondere Gesichtspunkte sind herauszugreifen:

Bezüglich der Kalanke-Entscheidung wird die dortige Trennung zwischen Ergebnis- und Chancengleichheit kritisiert. Der EuGH sei schematisch vorgegangen und habe die Realität verkannt.[1003] Problematisch sei, dass die wohlklingenden Begriffe des EuGH nicht mit konkreten Maßnahmen verbunden werden könnten.

Ferner wird kritisiert, dass der EuGH es versäumt habe, sich mit dem Qualifikationsbegriff auseinanderzusetzen. Zwar werde der Begriff *Verdienst* gebraucht, dieser werde aber nicht definiert. Der EuGH mache nicht deutlich, dass Herr Kalanke kein sogenannter "*innocent male victim*" gewesen sei. Er sei nicht trotz der Tatsache nicht gewählt worden, dass die Qualifikation für ihn gesprochen habe.[1004] Vielmehr hätten Hilfskriterien den Ausschlag gegeben. Diese bezögen sich auf den Qualifikationsbegriff, dessen Bestimmung die Aufgabe des EuGH gewesen sei. Hinsichtlich der Hilfskriterien habe sich der EuGH lediglich dahingehend geäußert, dass diese selbst nicht diskriminierend

---

[998] Z.B.: *Schlachter*, JA 1994, 76 f.; *Holznagel*, Jura 1996, 523; *Fuchsloch*, FuR 1996, 87, 90; *Vachek*, JuS 1997, 410 ff.

[999] *Lenz*, NJW 1998, 1619, 1620.

[1000] *Sachs*, RdA 1998, 129, 137; *Blomeyer*, SAE 1997, 11, 13.

[1001] *Suhr*, EuGRZ 1998, 121, 126 f.

[1002] *Hofmann*, NVwZ 1996, 424, 425; Grabitz/ Hilf, *Langenfeld*, Art. 141 EGV, Rdnr. 100.

[1003] *Fredman*, LQR 1999, 575, 577 f.

[1004] *Fredman*, LQR 1999, 575, 577 f.

sein dürften. Weitere Anhaltspunkte seien nicht vorhanden. So sei beispielsweise ungeklärt, auf welcher Ebene das Hilfskriterium Geschlecht in die Beurteilung einfließe. Es könne als primäres, gleichberechtigtes oder nachrangiges Hilfskriterium gewertet werden.[1005] Die richtige Bezugsgröße positiver Maßnahmen sei darüber hinaus ein wichtiger Punkt, den der EuGH nicht behandelt habe. Gehe es um die allgemeine proportionale Verteilung von Arbeitsplätzen, oder seien kleinere Größenordnungen zu wählen? Sollte dies der Fall sein, müsse eine weitergehende gerichtliche Bestimmung erfolgen. Anhand der Bezugsgröße sei letztlich bestimmbar, wann positive Maßnahmen ihre Berechtigung verlören.[1006]
Die Frage, ob Art. 2 Abs. 4 Richtlinie 76/207/EWG eine Ausnahme zu oder die Erweiterung der Diskriminierungsvorschriften darstellt, ist in der Literatur zu den früheren Entscheidungen umstritten. Zum einen wird auf den tatsächlichen Charakter einer Maßnahme positiver Diskriminierung sowie auf die systematische Stellung des Art. 2 Abs. 4 Richtlinie 76/207/EWG verwiesen. Beides spräche eindeutig für einen Ausnahmecharakter.[1007] Es stelle sich die Frage, ob positive Diskriminierung durch Art. 2 Abs. 4 Richtlinie 76/207/EWG gerechtfertigt werden könne.[1008] Die entgegengesetzte Auffassung verweist darauf, dass Art. 2 Abs. 4 Richtlinie 76/207/EWG helfe, tatsächliche Ungleichbehandlungen zu beseitigen. Es könne nicht davon gesprochen werden, dass derartige Maßnahmen eine Ausnahme zur Geschlechtergleichberechtigung darstellten.[1009]
Schließlich werden die Urteile des EuGH unterschiedlich eingeordnet. Einige Autoren stützen sich auf die unterschiedlichen Ergebnisse der Urteile und sehen einen Rechtsprechungswandel des EuGH.[1010] Andere betonen, dass unterschiedliche Sachverhalte zu unterschiedlichen Ergebnissen geführt hätten, die Urteile dagegen inhaltlich auf einer Linie lägen.[1011]

bb) Aktueller Meinungsstand der Literatur

Die Anzahl der Entscheidungen des EuGH zur Problematik positiver Diskriminierung haben zu einer differenzierten Rechtsprechung geführt. Die Literatur ist von diesem Bild beeinflusst worden. Allgemein kann auf europäischer Ebene festgestellt werden, dass die in der Literatur vertretenen Theorien eng an die Rechtsprechung des EuGH angelehnt sind. Das Hauptaugenmerk der

---

[1005] *Suhr*, EuGRZ 1998, 121, 127, Gleichrangigkeit sei zu bevorzugen.
[1006] *Pape*, ArbuR 1998, 14 ff.
[1007] *Sachs*, RdA 1998, 129, 130 f., 134; *Krimphove*, 245 ff.; *Sechting*, 138 f.
[1008] *Krimphove*, 246 f.
[1009] *Fuchsloch*, FuR 1996, 87, 90.
[1010] *Pape*, ArbuR 1998, 14 ff.; *Fuchsloch*, FuR 1996, 87 ff.
[1011] *Lenz*, NJW 1998, 1619 f.; *Schiek*, ArbuR 1996, 128, 132.

Autoren gilt der Beurteilung der Entscheidungen des EuGH.[1012] Der Umgang der Literatur mit der Rechtsprechung ist sachlicher geworden. Ansichten, die vergleichbar mit einigen Beiträgen nach der Kalanke-Entscheidung dem EuGH schlicht die Fachkompetenz absprechen, sind nicht mehr zu finden.

Die Literatur hat sich in zwei grobe Meinungsstränge unterteilt. Eine Meinungsgruppe sieht in den Entscheidungen des EuGH eine Reihe nicht zusammenhängender Einzelentscheidungen,[1013] die andere Meinungsgruppe ist bestrebt, die inhaltliche Konsistenz der Entscheidungen aufzudecken.[1014]

Nach der Ansicht derjenigen, die keine einheitliche Rechtsprechungsentwicklung des EuGH sehen, hat der EuGH zunächst in der Entscheidung Kommission/ Frankreich eine grundsätzlich positive Linie gegenüber positiver Diskriminierung eingeschlagen und den Mitgliedstaaten Freiräume zugebilligt.[1015] Diese Linie sei in den folgenden Urteilen nicht mehr eingehalten worden. Die Kalanke-Entscheidung habe in Bezug auf eine relativ gemäßigte Quote den Grundsatz aufgestellt, dass positive Diskriminierung nicht auf absoluter und unbedingter Weise geschehen dürfe. Dadurch sei der Spielraum der Mitgliedstaaten beschnitten worden. Die Marschall-Entscheidung habe den Anforderungskatalog im Vergleich zur Kalanke-Entscheidung erheblich gemindert. Das Badek-Urteil widerspreche wiederum dem Marschall-Urteil, indem es die dort geforderten Charakterisierungen einer Öffnungsklausel erneut erleichtert habe.[1016]

Nach der gegenteiligen Auffassung stehen nicht die unterschiedlichen Ergebnisse der Entscheidungen des EuGH im Vordergrund, sondern es wird die Verschiedenheit der Sachverhalte betont. Die Kalanke- und die Marschall-Entscheidung seien unterschiedlich ausgefallen, da sich die Sachverhalte hinsichtlich eines wesentlichen Punktes, nämlich der Öffnungsklausel, unterschieden hätten. Auch in den folgenden Entscheidungen habe sich nicht der Blickwinkel des EuGH geändert, sondern die Tatsachengrundlage. Ein weiteres Argument für eine konstante Entwicklung der Urteile des EuGH sei, dass sich die primärrechtliche Lage zwischen den Entscheidungen des EuGH geändert, dieser bei neueren Entscheidungen aber dennoch auf Aussagen älterer Urteile verwiesen habe.[1017]

Weitergehend wird das Prüfungsverhältnis zwischen Art. 141 Abs. 4 EGV und Art. 2 Abs. 4 der Richtlinie 76/207/EWG eingeordnet. Hinsichtlich der formellen Prüfungsreihenfolge decken sich die Aussagen von Literatur und EuGH. Demnach handele es sich bei Art. 141 Abs. 4 EGV um die ranghöhere Norm,

---

[1012] Z.B.: *Sachs*, RDA 1998, 129, 130 ff.; *Sechting*, 125.
[1013] Fuchs *Bieback*, Art. 141 EGV Rdnr. 145 ff.
[1014] *Suhr*, EuGRZ 1998, 121; Grabitz/ Hilf, *Langenfeld*, Art. 141 EGV, Rdnr. 100 f.
[1015] Fuchs *Bieback*, Art. 141 EGV Rdnr. 145 ff.
[1016] Grabitz/ Hilf, *Langenfeld*, Art. 141 EGV, Rdnr. 101.
[1017] Grabitz/ Hilf, *Langenfeld*, Art. 141 EGV, Rdnr. 101.

hinsichtlich der Prüfungsreihenfolge gehe Art. 2 Abs. 4 der Richtlinie 76/207/ EWG dem EGV hingegen vor.[1018] Streitig ist, ob die zu Art. 2 Abs. 4 der Gleichbehandlungsrichtlinie entwickelten Grundsätze im Rahmen des Art. 141 Abs. 4 EGV die Geltung behalten.[1019] Eine Auffassung vertritt, dass die hergebrachten Grundsätze mit der Neufassung des Art. 141 Abs. 4 EGV obsolet seien.[1020] Die Gegenauffassung verweist darauf, dass der EuGH sich bemüht habe, die Auslegung des Art. 2 Abs. 4 der Richtlinie 76/207/EWG schon vor in Kraft treten des Art. 141 Abs. 4 EGV mit diesem zu harmonisieren. So sei der EuGH der Gefahr entgangen, in den Widerspruch zum EGV zu geraten.[1021] Ferner habe sich so ein einheitlicher materieller Prüfungsmaßstab zu positiver Diskriminierung entwickelt. Dies lasse sich an der Tatsache ablesen, dass der Entwurf zur Änderung der Richtlinie 76/207/EWG die Streichung des Art. 2 Abs. 4 der alten Richtlinie vorsehe, da die von dieser Norm getroffenen inhaltlichen Aussagen nunmehr in Art. 141 Abs. 4 EGV enthalten seien.[1022]

Das Beurteilungskriterium „Qualifikation" wird ebenfalls untersucht. Es sei notwendig, sich diesem Kriterium in tatsächlich- bewertender Weise zu nähern. Allein der Tatbestand, dass ein Mann und eine Frau gleich qualifiziert seien, bedeute im Arbeitsleben nicht, dass beide gleiche Chancen hätten. Positive Diskriminierung könne als Korrektiv der ungleichen tatsächlichen Wertung gesehen werden.[1023] Der EuGH sehe positive Diskriminierung in diesem Licht. Die Eigenschaft „Frau" wirke nicht primär auf die Entscheidung zwischen den Bewerbern, sondern sie verdränge lediglich traditionelle Hilfskriterien, wie z.B. das Dienstalter des Bewerbers, setze also nach der Qualifikationsebene an.[1024]

cc) Bewertung der Problempunkte des Art. 2 Abs. 4 Richtlinie 76/207/EWG

Die Betrachtung von EuGH-Rechtsprechung und Literatur zu Art. 2 Abs. 4 Richtlinie 76/207/EWG hat gezeigt, dass sich eine Reihe von Reibungspunkten aber auch viele Übereinstimmungen feststellen lassen. Aus der Rechtsprechung des EuGH lässt sich trotz entgegenstehender Argumente ein einheitliches Bild und insgesamt eine stringente Entwicklung herauslesen. Einem großen Teil der Literaturmeinungen kann hinsichtlich der Bewertung der Urteile des EuGH lediglich eine begrenzte Eignung beigemessen werden. Stellungnahmen einzelner Autoren, die unmittelbar nach den Entscheidungen veröffentlicht wurden,

---

[1018] Grabitz/ Hilf, *Langenfeld*, Art. 141 EGV, Rdnr. 107.
[1019] Schwarze, *Rebhahn*, Art. 141 EGV, Rdnr. 54.
[1020] Dazu: Schwarze, *Rebhahn*, Art. 141 EGV, Rdnr. 54.
[1021] Grabitz/ Hilf, *Langenfeld*, Art. 141 EGV, Rdnr. 107.
[1022] Grabitz/ Hilf, *Langenfeld*, Art. 141 EGV, Rdnr. 107.
[1023] Schwarze, *Rebhahn*, Art. 141 EGV, Rdnr. 52.
[1024] Schwarze, *Rebhahn*, Art. 141 EGV, Rdnr. 52.

neigen dazu, die Aussage des Urteils zu überspitzen. Zudem wurden/ werden viele Stellungnahmen vor dem Hintergrund rechtspolitischer Forderungen verfasst.
Eine entscheidende Auswirkung auf die Urteile des EuGH geht von der Verfahrensart aus, die der Urteilsfindung zu Grunde lag. Es ist zu berücksichtigen, dass alle Entscheidungen des EuGH zum Thema Gleichberechtigung im Vorabentscheidungsverfahren ergangen sind. Diese Verfahrensart bringt den Nachteil mit sich, dass abstrakte Entscheidungen des EuGH ergehen, sich diese aber lediglich auf den eingegrenzten Bereich der jeweiligen Vorlagefragen beziehen. Fasst man die zentralen Aussagen der Urteile zusammen und berücksichtigt die Begründungen, so wird eine insgesamt stringente Entwicklung der Rechtsprechung des EuGH deutlich. Zu bedenken ist dabei, dass sich im Laufe der Entscheidungen des EuGH die europäische Rechtslage änderte. Der EGV in der Fassung von Amsterdam trat zwischenzeitlich in Kraft. Mit diesem wurden die Neuerungen des Art. 141 EGV in die europäische Rechtsordnung eingeführt. Der EuGH behandelte diese Änderungen pragmatisch. In den nach der EGV-Änderung ergangenen Entscheidungen Badek und Abrahamsson machte er deutlich, dass die im Laufe der Zeit materiellrechtlich entwickelten Grundsätze weiterhin Anwendung finden würden. Lediglich der formelle Schwerpunkt der Prüfung hat sich vom sekundären Recht ins Primärrecht verlagert.

Theoretische Positionen aus der allgemeinen theoretischen Debatte finden sich sowohl in den Entscheidungen des EuGH als auch in den Stellungnahmen der Literatur wieder. Zentraler dogmatischer Ausgangspunkt aller Entscheidungen des EuGH ist der aus dieser Debatte bekannte „*equal opportunities*"-Ansatz. Ungeachtet der Tatsache, dass in einigen Einzelbereichen Abweichungen vorliegen, ist die Rechtsprechung des EuGH Ausdruck des Versuches, ein „*equal opportunities*"-Konzept zu entwickeln. In der allgemeinen Grundsatzdebatte ist gezeigt worden, dass der Begriff „*equal opportunity*" bis zur Inhaltslosigkeit verbogen werden kann und letztlich eine Mischung der beiden anderen Grundkonzepte, des symmetrisch-/ formalen und des substantiell-/ materiellen Ansatzes, darstellt. Schon die dortigen allgemeinen Ausführungen haben gezeigt, dass es problematisch ist, den theoretischen Ansatz in ein stringentes Grundkonzept umzuwandeln.
Der EuGH sah und sieht sich vergleichbaren Problemen ausgesetzt. In der theoretischen Literatur wird die Dehnbarkeit des „*equal opportunities*"-Ansatzes als dogmatische Schwäche ausgelegt. Eine andere Herangehensweise ist möglich. Der "equal opportunities"-Ansatz ist der flexibelste der theoretischen Ansätze. Dies kann hinsichtlich der praktischen Umsetzung der theoretischen Forderungen vorteilhaft sein. In den zentralen Aussagen der bisherigen Entscheidungen des EuGH findet sich ein differenziertes Bild der Zulässigkeit von Förderungsmaßnahmen, das so unter einem anderen dogmatischen Blickwinkel

nicht möglich wäre. Werden die theoretische Ebene und die der praktischen Umsetzung getrennt betrachtet, kann die Schwäche des „*equal opportunities*"-Ansatzes überwunden werden.

Der EuGH hat in den Entscheidungen Badek und Abrahamsson zu dem formellen Verhältnis von Art. 141 Abs. 4 EGV zu Art. 2 Abs. 4 Richtlinie 76/207/EWG (inzident) Stellung genommen. Er geht davon aus, dass vorrangig Art. 2 Abs. 4 der Richtlinie 76/207/EWG zu überprüfen sei. Sollten Maßnahmen nicht schon anhand der Richtlinie zu rechtfertigen sein, käme eine weitergehende Prüfung anhand Art. 141 Abs. 4 EGV in Betracht. Der EuGH hat mit dieser Systematik deutlich gemacht, dass bei der Prüfung der neuen primärrechtlichen Norm die hergebrachten Gesichtspunkte weiterentwickelt werden sollten.
Im Rahmen der veränderten sekundärrechtlichen Lage gelten diese Grundsätze weiter. Anstatt der Richtlinie 2002/73/EG ist Art. 141 Abs. 4 EGV zu prüfen, die zur Richtlinie 76/207/EWG getroffenen Entscheidungen fließen dabei ein.
Welche inhaltlichen Auswirkungen hat Art. 141 Abs. 4 EGV auf die vom EuGH zur Richtlinie 76/207/EWG entwickelten Grundsätze? Das formale Vorgehen spricht dafür, dass der EuGH davon ausgeht, dass der EGV weitergehende Regelungen ermögliche als die Richtlinie zur Gleichbehandlung. Aus diesem Grunde sind nach teilweiser Auffassung die Inhalte der Entscheidungen Marschall und Kalanke durch die Neuregelung des EGV hinfällig geworden.[1025]
Diese Ansicht ist abzulehnen. Die Urteile des EuGH sind jeweils zu Spezialfragen ergangen und besitzen eine im Grundsatz aufeinander aufbauende Wertungsstruktur. Die vergleichende Betrachtung der Urteile des EuGH hat die über die Änderung des EGV hinausreichende inhaltliche Konsistenz des EuGH aufgezeigt. Dies spricht dafür, dass die primärrechtlichen Änderungen keinen Schnitt in der Rechtsprechung des EuGH herbeiführen werden. Diese Auffassung wird durch die Begründungserwägung zur Richtlinie 2002/73/EG gestützt.[1026] In dieser wird deutlich, dass sich die zu der Richtlinie 76/207/EWG gefundenen Grundsätze nunmehr in Art. 141 Abs. 4 EGV wiederfinden.

Große inhaltliche Abweichungen im Rahmen der Rechtsprechung des EuGH sind bezüglich der Härtefallklauseln zu finden. Die Entscheidungen des EuGH werfen die Frage auf, wie derartige Klauseln auszugestalten sind. War noch in der Kalanke-Entscheidung das Vorliegen solcher Klauseln gefordert worden, und klang dies nach weitgehenden Begrenzungen von der engen Ausnahmesituation einer Quote, so hat sich dieser weite Spielraum immer mehr verengt. In der Badek-Entscheidung ist nur noch ein Rest der Härtefallklausel übrig geblieben. Auf dieser Ebene weist die EuGH Rechtsprechung Klärungsbedarf

---

[1025] Callies/ Ruffert, *Krebber*, Art. 141 EGV, Rdnr. 82.

[1026] Siehe: Art. 14 der Begründungserwägungen des Rates und des Europäischen Parlaments zur Richtlinie 2002/73/EG, ABlEG Nr. L 269 v. 5.10.2002, S. 15 f.; NZA 2003, 474 , 475.

auf. Ferner scheint der EuGH den zwingenden Charakter von Zielvorgaben zu unterschätzen. Auf andere Weise ist nicht zu erklären, dass eine ergebnisbezogene Regelung (vgl. Badek-Entscheidung) als mit dem Grundsatz der Chancengleichheit vereinbar angesehen wird.

2) Vorschlag der Kommission zur Änderung der Richtlinie 76/207/EWG[1027]

Am 07.06.2000 wurde der „*Vorschlag der Kommission für eine Richtlinie des Europäischen Parlaments und des Rates zur Änderung der Richtlinie 76/207/ EWG zur Verwirklichung des Grundsatzes der Gleichbehandlung von Männern und Frauen hinsichtlich des Zugangs zur Beschäftigung, zur Berufsbildung und zum beruflichen Aufstieg sowie in Bezug auf die Arbeitsbedingungen*" vorgestellt.[1028] Dieser Vorschlag setzt die geänderten primärrechtlichen Regelungen des neuen Art. 141 Abs. 4 EGV um. Er gliedert sich in eine Änderungsbegründung, Hintergrundüberlegungen, Erläuterungen der einzelnen Artikel und den Änderungsvorschlag. Angefügt ist ein Folgenabschätzungsbogen. Vor der Besprechung des Änderungsvorschlages ist festzuhalten, dass die Richtlinie 76/207/EWG als Richtlinie 2002/73/EG eine überarbeitete Form gefunden hat[1029], der Änderungsvorschlag mithin nicht umgesetzt wurde. Er bleibt dennoch, auf Grund des ambitionierten Vorgehens der Europäischen Kommission eine mögliche Variante des zukünftigen europäischen Richtlinienrechts im Bereich der Arbeitnehmergleichberechtigung.

a) Änderungsbegründung

Der Vorschlag zur Änderung der Richtlinie 76/207/EWG wird auf zwei Erwägungen gestützt. Zum einen ist der Änderungsvorschlag als Reaktion auf die Einführung von Art. 141 Abs. 4 EGV gedacht.[1030] Der in den EGV eingefügte Art. 141 Abs. 4 EGV intensiviere die Verpflichtung der Mitgliedstaaten, sich der Verwirklichung des Prinzips der Gleichberechtigung im Arbeitsrecht zu widmen. Zum anderen sei die über 20 jährige Rechtsprechungsentwicklung des EuGH auf dem Gebiet der Arbeitnehmergleichberechtigung in europäisches Sekundärrecht umzusetzen.[1031]

[1027] KOM (2000), 334, vom 07.06.2000.

[1028] KOM (2000), 334; dazu: *Hanau/ Steinmeyer/ Wank*, Wank, § 16, Rdnr. 271 f.

[1029] Auch in angrenzenden Bereichen haben sich Änderungen ergeben. Die neuen Richtlinien 43/2000/EG und 78/2000/EG gelten umfassend für alle Bereiche der Arbeitnehmergleichberechtigung außerhalb der Geschlechterproblematik. Dazu: *Fredman*, 22 ILJ 2001, 1467, 1468; *Nickel*, NJW 2001, 2668 ff. zu Richtlinie 2000/43/EG; *Bauer*, NJW 2001, 2672 ff. zu Richtlinie 2000/78/EG.

[1030] KOM (2000), 334, 2.

[1031] KOM (2000), 334, 2.

b) Hintergrundüberlegungen

In den Hintergrundüberlegungen wird auf die erweiterte primärrechtliche Verankerung für Maßnahmen zur Förderung der Chancengleichheit Bezug genommen. Das Anliegen der Gleichberechtigung finde sich bereits in den allgemeinen Zielen (Art. 2 und 3 Abs 2 EGV) des Vertrages von Amsterdam wieder. Der Art. 141 Abs. 3 und 4 EGV sei lediglich die spezielle Ausprägung der Regelungen des Art. 13 EGV, der sich ebenfalls auf die Gleichberechtigung beziehe.[1032] Mit dieser breiteren Ermächtigungsgrundlage gehe auch eine moralische Pflicht einher, die Ziele der Gleichberechtigung zu erreichen.
Aus der Rechtsprechung des EuGH (Kommission/Frankreich, Kalanke, Marschall, Badek werden erwähnt) werden verschiedene Schlussfolgerungen betreffs positiver Maßnahmen dargelegt. Diese leiten sich aus Art. 2 Abs. 4 Richtlinie 76/207/EWG ab und lauten: „

- *Die Möglichkeit, positive Maßnahmen zu beschließen, ist als Ausnahme vom Gleichbehandlungsgrundsatz anzusehen.*
- *Die Ausnahme hat den bestimmten und begrenzten Zweck, Maßnahmen zuzulassen, die zwar dem Anschein nach diskriminierend sind, tatsächlich aber in der sozialen Wirklichkeit bestehende faktische Ungleichheiten beseitigen oder verringern sollen.*
- *Ein automatischer Vorrang für Frauen [...] ist nicht zulässig.*
- *Als gerechtfertigt angesehen wird eine solche Bevorzugung allerdings, wenn sie nicht automatisch erfolgt und die betreffende nationale Maßnahme Bewerbern mit gleicher Qualifikation garantiert, dass ihre Bewerbung Gegenstand einer objektive Beurteilung sein wird [...].*

Im Anschluss daran wird die Aussage getroffen, dass Art. 2 Abs. 4 Richtlinie 76/207/EWG durch Art. 141 Abs. 4 EGV ersetzt worden sei. (Im Rahmen der Besprechung der Rechtsprechungsentwicklung des EuGH sind Argumente vorgestellt worden, die zeigen, dass sich daraus keine inhaltlichen Veränderungen ergeben.) Als Ermächtigungsgrundlage des Richtlinienvorschlages wird auf Art. 141 Abs. 3 EGV verwiesen.

c) Einzelne Artikel und deren Begründung

Der Vorschlag enthält unterschiedliche Änderungen im Zusammenhang mit Arbeitnehmergleichberechtigung. Darunter findet sich folgende, für den Bereich der Arbeit relevante Neuerung:
Der Vorschlag greift Art. 141 Abs. 4 EGV auf, nach dem die Mitgliedstaaten berechtigt sind, positive Maßnahmen zur Förderung der Gleichstellung von Männern und Frauen zu beschließen. Er sieht die Verpflichtung für die

---

[1032] KOM (2000), 334, 3.

Kommission vor, regelmäßig über die von den Mitgliedsstaaten durchgeführten positiven Maßnahmen Bericht zu erheben. Der neugefasste Art. 2 Abs. 4 soll lauten: „*Anhand der von den Mitgliedstaaten gemäß Art. 9 beigebrachten Informationen nimmt die Kommission alle drei Jahre einen Bericht an, in dem sie die von den Mitgliedstaaten in Anwendung des Artikels 141 Absatz 4 des Vertrages eingeführten positiven Maßnahmen einer vergleichenden Bewertung unterzieht; der Bericht wird anschließend veröffentlicht.*“
Die Kommission ist der Auffassung, dass das Recht der Mitgliedstaaten hinsichtlich positiver Maßnahmen in Art. 141 Abs 4 EGV abschließend verankert, der bisherige Art. 2 Abs. 4 Richtlinie 76/207/EWG dadurch überflüssig geworden sei.[1033] Auf sekundärrechtlicher Ebene sei somit lediglich sicherzustellen, dass die Maßnahmen der einzelnen Mitgliedstaaten auf europäischer Grundlage zusammengetragen und vergleichend zusammengestellt würden.[1034] Mit dieser Pflicht der Kommission würde eine Mitteilungspflicht der Mitgliedstaaten über von ihnen ergriffene Maßnahmen korrespondieren.
Der neue Art. 2 Abs. 4 ermöglicht in der vorgesehenen Form nicht nur positive Diskriminierung, sondern er geht einen Schritt weiter. Er trifft die Regelung, dass von den Mitgliedstaaten bereits durchgeführte Maßnahmen positiver Diskriminierung auf europäischer Ebene miteinander verglichen werden sollen. Die Möglichkeit, positive Maßnahmen zu ergreifen, ist im Änderungsvorschlag vorausgesetzt und an Art. 141 Abs 4 EGV festgemacht. Weiter ist vorausgesetzt, dass die Mitgliedstaaten Maßnahmen dieser Art bereits durchgeführt haben, da nur in diesem Falle vergleichende Maßnahmen sinnvoll sein können.

d) Folgenabschätzung (Folgenabschätzungsbogen)

Fraglich ist, in welchem Ausmaß positive Diskriminierung möglich würde. Der Art. 2 Abs. 4 des Änderungsvorschlages verweist auf Art. 141 Abs. 4 EGV. Über den möglichen Umfang positiver Diskriminierung finden sich daher weder im primären noch im sekundären Recht eindeutige Angaben. Auch der Folgenabschätzungsbogen gibt kaum Auskünfte: Das vom EuGH erlaubte Maß positiver Diskriminierung könne als Grenze möglicher Förderungsmaßnahmen in den Mitgliedstaaten angesehen werden. Der EuGH habe sich in seinen Entscheidungen jedoch bislang ausschließlich mit Beschäftigten im öffentlichen Dienst befasst. Welche Auswirkungen diese Rechtsprechung auf den privaten Sektor hätte, bliebe zu klären.

[1033] KOM (2000), 334, 16.
[1034] KOM (2000), 334, 16, 19.

V. Deutschland: Normen zur Arbeitnehmergleichberechtigung

1) Entwicklung des Rechts zur Arbeitnehmergleichberechtigung in Deutschland

In den obigen Ausführungen wurde deutlich, dass sich in den letzten 50 Jahren in Deutschland die Gleichberechtigungsdogmatik fließend weiterentwickelt hat. Im Bereich der Gesetzgebung zur Arbeitnehmergleichberechtigung äußert sich diese Entwicklung dahingehend, dass es heute kein einheitliches deutsches, diese Problematik regelndes Gesetzeswerk gibt.[1035] Die deutschen Regelungen setzen sich aus einer Vielzahl von unterschiedlichen Gesetzen zusammen.

a) Überblick: Entwicklung arbeitsrechtlicher Gleichberechtigungsgesetze

Der deutsche Gesetzgeber vertrat bis 1980 den Standpunkt, ausdrückliche, sich auf die Gleichberechtigung von Männern und Frauen im Arbeitsrecht beziehende Regelungen seien nicht in größerem Umfang als bis dahin vorhanden erforderlich.[1036] Die bestehenden, einander ergänzenden Regelungen im Bereich der Arbeitnehmergleichberechtigung trügen den grundgesetzlichen und europäischen Anforderungen in ausreichender Weise Rechnung.

Im Jahre 1980 war gesetzlich anerkannt, dass es dem Arbeitgeber verboten ist, seine Arbeitnehmer wegen ihres Geschlechts zu diskriminieren. Dieses Verbot wurde aus § 51 BetrVG a.F. abgeleitet.[1037] § 51 BetrVG a.F. verpflichtete sowohl den Arbeitgeber als auch den Betriebsrat dazu, die Grundsätze von Recht und Billigkeit im Betrieb zu wahren. Diese Regelung findet sich heute in § 75 BetrVG. Die Verpflichtung, Recht und Billigkeit im Betrieb zu wahren, konnte auf die Frage der Geschlechtergleichberechtigung vor dem Hintergrund der Wertungen des Art. 3 Abs. 2 und 3 GG ausgedehnt werden. Weitergehend wurde schon seit 1950 der Anspruch der Frauen auf gleichen Lohn aus dem Grundgesetz abgeleitet.[1038] Diese Auffassung wurde auch vom BAG vertreten.[1039]

Die bestehenden Regelungen erwiesen sich vor allem vor dem europäischen Hintergrund zunehmend als nicht ausreichend. Der von der europäischen Gleichberechtigungsrichtlinie 76/207/EWG auf die Bundesregierung ausgehende Druck führte zum „Arbeitsrechtlichen EG-Anpassungsgesetz“ vom

---

[1035] Anders: Südafrika, dort sind die Vorschriften zur Arbeitnehmergleichberechtigung zentral im EEA zusammengefasst.
[1036] *Kappes*, Der Arbeitgeber 1979, 1394.
[1037] BGBl I 681, Regelung vom 11.10. 1952.
[1038] *Nipperdey*, RdA 1950, 121 ff.
[1039] BAGE 1, 258.

13.08.1980.[1040] Die EG-Kommission hatte zuvor ein Vertragsverletzungsverfahren in Gang gebracht. Dieses ließ eine gesetzliche Neuregelung der Materie unvermeidbar erscheinen. Der Gesetzgeber hat durch die Wahl des Titels „Arbeitsrechtliches EG-Anpassungsgesetz" deutlich gemacht, dass die Rechtsänderung auf einer von außen auferlegten Verpflichtung beruhte.[1041] Die Gesetzesänderung brachte dem Gesetzgeber deutliche Kritik ein. Eine Seite kritisierte die fehlende Notwendigkeit der Regelungen[1042], die andere Seite sah das Gesetz als unzureichend an.[1043] Das „Arbeitsrechtliche EG-Anpassungsgesetz" spiegelte inhaltlich diese rechtlichen und politischen Streitigkeiten wider. Es war von Anfang an als Kompromiss ausgestaltet.[1044]

b) Entstehung der §§ 611 a ff. BGB

Die §§ 611 a ff. BGB traten am 21.08.1980 im Rahmen des „Arbeitsrechtlichen EG-Anpassungsgesetzes" in Kraft.[1045] Die Entwicklung der §§ 611 a BGB spiegelt die zögerliche Entwicklung des deutschen Rechts in Fragen der Arbeitnehmergleichberechtigung wieder. Der Weg, der zu der heutigen Version der §§ 611 a ff. BGB führte, kann als beispielhaft für die deutsche Herangehensweise an die Problematik der Arbeitnehmergleichberechtigung angesehen werden. Die Entwicklung dieser Rechtsnormen soll stellvertretend für die Entwicklung einfachen Rechts zur Arbeitnehmergleichberechtigung in Deutschland dargestellt werden. Im Rahmen der Entstehung des § 611 a BGB zeigt sich, dass in Deutschland schon auf der Ebene der Anti-Diskriminierungsregelungen grundsätzliche Probleme liegen.

Die ursprüngliche Version der §§ 611 a ff. BGB erwies sich hinsichtlich der europäischen Anforderungen an Arbeitnehmergleichberechtigung als nicht genügend.[1046] Es entstand eine Diskussion darüber, ob eine Änderung der Rechtslage notwendig sei. Zunächst wurden in der Entscheidung von Colson und Kamann die im § 611 a BGB enthaltenen Anordnungen kritisiert, mit denen die

---

[1040] BGBl. I, 1308, Art. I Nr. 1 des Gesetzes über die Gleichbehandlung von Männern und Frauen am Arbeitsplatz und über die Erhaltung von Ansprüchen bei Betriebsübergang; die Gleichbehandlungsrichtlinie 76/207 EG hatte eine Frist bis zum 14.08.1978 gesetzt.

[1041] Staudinger, *Richardi/ Annuß*, § 611 a BGB Rdnr. 2; Schlachter, 145; Erman, *Hanau*, § 611 a BGB Rdnr. 1; BAG, DB 1989, 2279: *„[...] der bisher unveränderte Wille des nationalen Gesetzgebers [ist] nicht zu übersehen, geschlechtsspezifische Diskriminierungen nur insoweit zu sanktionieren, als dies nach EG-Recht unbedingt erforderlich ist.*".

[1042] Staudinger, *Richardi/ Annuß*, § 611 a BGB, Rdnr. 2 f., mit Überblick.

[1043] *Bertelsmann/ Pfarr*, DB 1984, 1297 f.

[1044] *Schlachter*, 145.

[1045] Dazu: *Hanau/ Steinmeyer/ Wank*, Wank, § 16, Rdnr. 243.

[1046] *Hanau*, Festschrift für Gnade, 351 ff. mit umfangreicher Kritik an der Erstfassung.

Anti-Diskriminierungsvorschriften durchgesetzt werden sollten.[1047] Der EuGH sagte, dass statt symbolischer Regeln eine effektive Sanktionsregelung getroffen werden müsse. Die Entscheidung Harz/ Deutsche Tradax unterstrich die im obigen Fall gewonnenen Erkenntnisse.[1048] Die Beschlüsse verdeutlichten das Spannungsfeld zwischen europäischen Richtlinien und deren mangelhafter Umsetzung in nationales Recht.

Das BAG hatte im Hinblick auf die Kritik des EuGH einen erweiterten Schadensersatzanspruch abgelehnter Bewerber in Hinblick auf eine Verletzung des § 823 I BGB i.V.m. einer Verletzung des Persönlichkeitsrechts der Bewerber zuerkannt.[1049] Diese Rechtsfortbildung des BAG wurde nicht als ausreichend angesehen. Der Gesetzgeber änderte als Reaktion auf die Entscheidungen des EuGH im Wege des 2. Gleichberechtigungsgesetzes vom 24.06.1994[1050] den § 611 a BGB und fügte § 61 b ArbGG in das Gesetz ein. Nach der Änderung des § 611 a BGB im Jahre 1994 hat das BAG die Konstruktion eines Schadensersatzanspruches über § 823 I BGB i.V.m. einer Persönlichkeitsrechtsverletzung des abgelehnten Bewerbers wieder fallengelassen. Dies wird als problematisch angesehen. Der vom BAG zuvor hergeleitete Schadensersatzanspruch könne lediglich grundsätzlich gegeben oder nicht gegeben sein.[1051]

[1047] EuGH, Slg. 1984, 1891, (Rs. 14/83, *Sabine von Colson und Elisabeth Kamann/ Land Nordrhein Westfalen*); Zusammenfassung bei *Schiek*, 204 ff.; nach der früheren, zum britischen Recht ergangenen *Marshall*- Entscheidung des EuGH[1047] ist es nicht zulässig, den einer Person zustehenden Schadenersatz im voraus durch eine festgelegte Obergrenze zu begrenzen. In der Entscheidung ging es um die Auslegung von Art. 6 der Richtlinie 76/207. Mit der *Marshall*-Entscheidung wurden grundlegende Gesichtspunkte zu diesem Themenkreis beleuchtet und eine grundsätzliche Rechtsprechungsrichtung vorgegeben. Diese wurde in weiteren Entscheidungen immer weiter konkretisiert; Zusammenfassung und Deutung bei *Sechting*, 120.

[1048] EuGH, Slg. 1984, 1921, (Rs. 79/83, *Dorit Harz/ Deutsche Tradax GmbH*), die Entscheidung stimmt inhaltlich mit vorherigen Entscheidungen überein.

[1049] BAG, NJW 1990, 65; BAG, NJW 1990, 67, bei der Diskriminierung eines Stellenbewerbers sei regelmäßig eine billige Entschädigung in Höhe eines Monatsverdienstes begründet, die Höhe des Schadensersatzes im Einzelfall richte sich nach dem Grad des Verschuldens des diskriminierenden Arbeitgebers.

[1050] BGBl. I 1994, 1406, in Art. 7 des 2. Gleichberechtigungsgesetzes ist die Neufassung des § 611 a BGB geregelt, in Art. 8 die Einfügung des § 61 b in das ArbGG, daneben u.a. in Art. 1 das Frauenfördergesetz und in Art. 10 spezielle Schutzmaßnahmen für Frauen; *Pfarr*, RdA 1995, 204 ff.; *König*, DÖV 1995, 837, 842 m.w.N.

[1051] Nach einer Auffassung stellte § 611 a BGB von Anfang an ein *lex specialis* in seinem Bereich dar. Andere Anspruchsgrundlage seien daneben nicht möglich. Der Ansatz des BAG sei grundsätzlich fehlerhaft gewesen; *Zwanziger*, DB 1998, 1330; nach gegenteiliger Auffassung ist ein Anspruch aus § 823 Abs. 2 BGB i. V. m. § 611 a BGB als Schutzgesetz möglich. Auf Ebene der Anspruchskonkurrenz erscheine zweifelhaft, dass § 611 a BGB deliktische Ansprüche ausschließen wolle. Folgt man dieser Auffassung, stellt sich die Frage, ob § 823 Abs. 1 und 2 BGB verletzt sein können und es materiell zu einer Anspruchs-

Neben den genannten Änderungen wurden eine Reihe weiterer Anordnungen in verschiedenen Gesetzen eingefügt, die sich ebenfalls auf die Gleichberechtigungsproblematik beziehen.[1052] Alleine im Rahmen des BetrVG wurden die §§ 16, 45, 63, 80, 92, 93 und 96 BetrVG geändert. Den Änderungen ist gemein, dass sie versuchen, das Anliegen der Gleichberechtigung auf allen Ebenen des Arbeitsrechts zu verankern.[1053] Das 2. Gleichberechtigungsgesetz war im Laufe der Entstehung sehr umstritten. Unterschiedliche Regelungsentwürfe standen zur Disposition.[1054] Der Bundesrat kritisierte den Entwurf der Bundesregierung, verzichtete aber darauf, den Vermittlungsausschuss anzurufen.[1055] Die Opposition brachte einen eigenen Gesetzesentwurf ein, der sich nicht durchsetzen konnte.[1056]

Die Sanktionen, die vorgesehen waren, um die Anti-Diskriminierungsanordnungen wirksam durchzusetzen, gerieten wiederum in den Blickpunkt. Gemäß § 611 a BGB in der Version von 1994 konnte ein diskriminierter Stellenbewerber eine angemessene Entschädigung in Geld in Höhe von bis zu drei Monatsverdiensten erhalten. Der Anspruch gegen den Arbeitgeber war verschuldensabhängig ausgestaltet. Ein Einstellungsanspruch war gemäß § 611 a Abs. 3 BGB ausdrücklich ausgeschlossen. Als Erweiterungsregelung zu § 611 a BGB enthielt § 61 b ArbGG das sogenannte Summenbegrenzungsverfahren. Danach konnte die vom Arbeitgeber im Falle eines Verstoßes gegen § 611 a BGB zu zahlende Summe auf sechs bzw. zwölf Monatsgehälter begrenzt werden, wenn der Arbeitgeber bei der Besetzung eines oder mehrerer Arbeitsplätze in einem einheitlichen Verfahren mehrere Personen gemäß § 611 a BGB benachteiligt hatte.[1057]

Die gesetzliche Neuregelung von 1994 stand zum Zeitpunkt ihres Inkrafttretens in einem Spannungsverhältnis zu der damals vorliegenden Rechtsprechung des EuGH[1058] und war der Kritik der Literatur ausgesetzt.[1059] Im Jahre 1997 erfolgte

konkurrenz kommen kann.; *Worzalla*, NJW 1997, 1809; 1331; *Hohmeister*, BB 1998, 1790 f.; *Herrmann*, ZfA 1996, 41 ff.: Untersuchung der Persönlichkeitsrechtsverletzung.

1052 Zu den verschiedenen Änderungsgesetzen des 2. Gleichberechtigungsgesetzes 1994, *Pfarr*, RdA 1995, 204 ff.

1053 *Richardi*, Einleitung, Rdnr. 31.

1054 *Worzalla*, NJW 1997, 1809.

1055 BT- Drucksachen, 12/ 5468, Anlage 2; BT- Drucksachen 325/ 94.

1056 Gleichstellungsgesetz, Entwurf v. 22.09.1993, BT- Drucksachen 12/ 5717; RdA 1994, 34 ff., *Pfarr*, RdA 1995, 204 mwN.

1057 *Freis*, NJW 1998, 2779, 2780; Staudinger, *Richardi/ Annuß*, § 611 a BGB, Rdnr. 73; Grabitz/ Hilf, *Langenfeld*, Art. 141 EGV, Rdnr. 112 ff.

1058 Marshall II, Slg. 1993, 4367 ff.

in der Sache Draehmpaehl/ Urania Immobilienservice OHG die ausdrückliche Feststellung des EuGH, dass die vom deutschen Gesetzgeber gewählten Formulierungen europarechtswidrig seien.[1060] Die Entscheidung[1061] ging auf eine Vorlagefrage des ArbG Hamburg zurück. Nils Draehmpaehl, der Kläger, hatte sich um eine Stelle bei der Firma Urania Immobilienservice OHG beworben. Er fühlte sich auf Grund der fehlenden Reaktion der Firma wegen seines Geschlechts diskriminiert. Er sei der bestqualifizierteste Bewerber gewesen und habe keine Chance erhalten, da die von ihm beantwortete Anzeige von Anfang an nur auf Frauen abgezielt habe. Er forderte deshalb vor dem ArbG Hamburg Schadensersatz in Höhe von dreieinhalb Monatsgehältern. Das ArbG zweifelte die Vereinbarkeit der deutschen Regelungen aus § 611 a BGB und § 61 b ArbGG mit europäischem Recht an und wandte sich mit einer Vorlagefrage an den EuGH.
Der EuGH hatte im Hinblick auf die Richtlinie 76/207 über folgende Aspekte zu entscheiden:

- Ist es richtlinienkonform, das Vorliegen einer Geschlechterdiskriminierung daran zu knüpfen, dass dem Arbeitgeber bei der Einstellung Verschulden vorzuwerfen ist?
- Darf eine gesetzliche Regelung den Schadensersatz gegenüber minderqualifizierten und auch dem bestqualifizierten Bewerber auf die Höhe von drei Monatsgehältern beschränken?
- Ist eine gesetzliche Regelung richtlinienkonform, die bei mehreren Klägern die insgesamt vom Arbeitgeber zu zahlende Summe auf eine kollektive Höchstgrenze beschränkt?

Der EuGH verneinte alle drei Fragen. Er beanstandete das in § 61 b ArbGG vorgesehene Summenbegrenzungsverfahren, bei § 611 a BGB die verschuldensabhängige Ausgestaltung des Anspruchs gegen den Arbeitgeber und die zu wenig flexible Regelung der Schadenersatzansprüche.[1062] Diese Entscheidung kam auf Grund der vorhergegangenen Urteile des EuGH nicht überraschend. Schon im Marshall-Urteil war ein ähnlicher Tenor angeklungen.[1063]

Als Reaktion auf die Draehmpaehl-Entscheidung des EuGH änderte der Gesetzgeber die §§ 611 a BGB und 61 b ArbGG ein zweites Mal.[1064] Das Gesetz zur

---

1059 *Pfarr*, RdA 1995, 204, 207 ff.; *Pfarr*, ZRP 1994, 309, 313, mit sehr weitreichenden Änderungsvorschlägen; anders: *Freis*, NJW 1998, 2781, 2782, er verweist auf die personelle Identität des Prozessbevollmächtigten der die Entscheidung bewusst vorangetrieben habe.

1060 EuGH Slg. 1997, 2195, 2219 ff. (Draehmpaehl); NJW 1997, 1839.

1061 Ausführlich dazu: *Zwanziger*, DB 1998, 1330; *Worzalla*, NJW 1997, 1809, 1810 ff.

1062 EuGH Slg. 1997, 2195, 2219 ff. (Draehmpaehl).

1063 Der EuGH verwies ausdrücklich auf die Marshall- Entscheidung, NZW 1997, 1839.

1064 Grabitz/ Hilf, *Langenfeld*, Art. 141 EGV, Rdnr. 116; Schwarze, *Rebhahn*, Art. 141 EGV, Rdnr. 49; *Worzalla*, NJW 1997, 1809, 1810 ff.; *Treber*, NZA 1998, 856, 857; im Vorfeld: *Abele*, NZA 1997, 641 ff.

Änderung des Bürgerlichen Gesetzbuches und des Arbeitsgerichtsgesetzes vom 29.6.1998[1065] nahm die in der Entscheidung des EuGH entwickelten Mindestanforderungen auf.[1066]

Die Fristen des § 611 a BGB wurden neu geregelt, sie wurden an die für Schadensersatz geltenden Ausschlussfristen angelehnt. Auf das Erfordernis des Arbeitgeberverschuldens wurde verzichtet. Das Summenbegrenzungsverfahren wurde abgeschafft.[1067] Die Entschädigungsregelungen wurden entsprechend der Qualifikation der Bewerber unterschiedlich ausgestaltet.

Die beschlossenen Regelungen waren in einem von der damaligen Bundesregierung vorgelegten Gesetzesentwurf enthalten.[1068] Dieser Entwurf ist dem Bundesrat am 13.02.1998 zur Stellungnahme zugeleitet worden. Dort stieß der Regierungsentwurf auf Ablehnung.[1069] Der Bundesrat forderte für den bestqualifizierten Bewerber ein Wahlrecht zwischen Einstellung und einem der Höhe nach unbegrenzten Schadensersatzanspruch einzufügen. Ferner stand der Bundesrat auf dem Standpunkt, die Beweislastregelung stehe nicht im Einklang mit Art. 4 Abs. 2 der Richtlinie des Rates 97/80/EG über die Beweislast bei Diskriminierung auf Grund des Geschlechts vom 15.12.1997.[1070] Die Opposition legte einen eigenen Gesetzentwurf vor.[1071] Die Forderungen des Bundesrates und die Oppositionsentwürfe konnten sich nicht durchsetzen. Sie sind auf Grund der Weite der Forderungen bemerkenswert. Das Gesetz wurde gemäß des Entwurfes der Bundesregierung ausgefertigt und verkündet.[1072]

c) Ursprünge der Debatte um positive Diskriminierung[1073]

Die Diskussion um positive Diskriminierung begann in Deutschland 1974 auf dem 50. Deutschen Juristentag. Bei dieser Gelegenheit wurden ein Gutachten von Löwisch[1074] und ein Referat von Säcker[1075] gehört. Mit den Diskussionen um die Umsetzung der Richtlinie 76/207/EWG und weitergehenden Fragen hinsichtlich der Einführung eines Anti-Diskriminierungsgesetzes gelangte die Dis-

---

[1065] BGBl. I 1694 ff.

[1066] Dazu: *Hohmeister*, BB 1998, 1790 ff.; *Schiek*, BB 1998, 586 f.

[1067] *Freis*, NJW 1998, 2779, 2781; *Hohmeister*, BB 1998, 1790.

[1068] Abdruck in: ArbuR 1997, 435 ff.

[1069] BR- Drucksachen 116/ 98.

[1070] Abl. EG L 14 v. 21 .01. 1998, 6 ff.

[1071] BT- Drucksachen 13/ 7896, SPD Entwurf; BT- Drucksachen 13/ 9525, Entwurf von Bündnis 90/ Die Grünen.

[1072] *Freis*, NJW 1998, 2779, 2781 f.; *Pfarr*, ZRP 1994, 313, mit sehr weitreichenden Reformvorschlägen.

[1073] *Maidowsky*, 28 ff., allgemein mit einem Überblick über die Entwicklung der Frauenrechte in Deutschland nach 1945.

[1074] *Löwisch*, D11- D104.

[1075] *Säcker*, L9- L49.

kussion um 1980 auf einem ersten Höhepunkt an.[1076] Die Einführung von Frauenfördergesetzen im öffentlichen Recht, die diesbezüglichen Entscheidungen des EuGH sowie die notwendigen Änderungen des § 611 a BGB in Deutschland gaben der Debatte in den frühen 90er Jahren neuen Auftrieb. Heute hat sich der politische Wirbel um diese Fragen zu einem großen Teil aufgelöst, die rechtlichen Fragen im Hintergrund sind weiterhin ungeklärt.

d) Öffentlich-rechtliche Gleichberechtigungsfördergesetze

Die im öffentlichen Bereich ergangenen Gleichberechtigungsfördergesetze betreffen die privatrechtlichen Fragen der Arbeitnehmergleichberechtigung nicht direkt. Es handelt sich vor dem deutschen Hintergrund um rein öffentlichrechtliche Normen. Zwei Gesichtspunkte machen den Blick auf das deutsche öffentliche Recht im Rahmen dieses Vergleichs erforderlich. Zum einen wird auf europäischer Ebene hinsichtlich der Arbeitnehmergleichberechtigung nicht zwischen öffentlichen und privaten Arbeitsverhältnissen unterschieden. Zum anderen kann in Deutschland die Entwicklung des öffentlichen Bereichs Ausstrahlungswirkung auf das Privatrecht haben. Die Maßstäbe, die zum öffentlichen Recht entwickelt wurden, geben Hinweise für subsequente Möglichkeiten im deutschen Privatrecht.
Die besondere Problematik von positiver Diskriminierung/Affirmative Action erklärt, warum der Bereich der öffentlich-rechtlichen Dienstverhältnisse so bedeutend geworden ist. Positive Diskriminierung hat sich im Bereich des öffentlichen Rechts weiter durchgesetzt als im Privatrecht, weil durch positive Diskriminierung in eine dreiseitige Rechtsbeziehung eingegriffen wird. Gegenüber dem staatlichen Arbeitgeber ist es eher möglich, einheitliche Anforderungen an positive Diskriminierung aufzustellen, als dies gegenüber einem privatrechtlichen Arbeitgeber der Fall wäre. In staatliche Einstellungsbedingungen usw. kann von staatlicher Seite aus direkt und damit leichter eingegriffen werden als in private.
Die Entwicklung der gesamten Bandbreite öffentlich-rechtlicher Regelungen lässt sich nicht darstellen.[1077] Die in den Förderungsgesetzen angeordneten

---

[1076] *Raasch*, 15 ff.

[1077] Überblick über die Frauenförderungsgesetzgebung der Länder: Baden Württemberg: *Gesetz zur Durchsetzung der tatsächlichen Gleichberechtigung von Frauen und Männern*, vom 21.12.1995, GBl. Ba.- Wü. 1995, 890; Bayern: *Bayerisches Gesetz zur Gleichstellung von Frauen und Männern*, vom 24.05.1996, BayGVBl. 1996, 186; Berlin: *Gleichstellungsgesetz*, vom 13.04.1993, GVBl. Berlin 1993, 184, in der Version vom 29.06.1995, GVBl. Berlin 1995, 400; Brandenburg: *Gesetz zur Gleichstellung von Mann und Frau im öffentlichen Dienst*, vom 04.07.1994, GVBl. Bra. 1994, 254; Bremen: *Gesetz zur Gleichstellung von Frau und Mann im öffentlichen Dienst des Landes Bremen*, vom 20.11.1990, GBl. Bremen 1990, 443, in der Version vom 03.02.1998, GBl. Bremen 1998, 25; Hamburg: *Gesetz zur Gleichstellung von Frauen und Männern im hamburgischen öffentlichen Dienst*,

Förderungsmittel sollen kurz eingeordnet und einige Besonderheiten herausgegriffen werden. Alle Fördergesetze enthalten Bestimmungen hinsichtlich allgemeiner Förderungsmaßnahmen. In den meisten Gleichstellungsgesetzen sind darüber hinaus leistungsbezogene Quoten zu finden. Diese fallen unter die Kategorie der Entscheidungsquoten. Bei dieser Form der Quotierung kann ein Bewerber (zumindest theoretisch) im Wege besserer Leistungen dem Quotendruck entgehen. Die einzelnen Landesgesetze unterscheiden sich in der Ausgestaltung der Quoten. Manche der Regelungen enthielten von Anfang an eine Härteklausel zum Schutz der benachteiligten Personen[1078], andere sahen ursprünglich eine solche nicht vor.[1079] Diese unterschiedliche Ausgestaltung spielte bei den Entscheidungen des EuGH zu leistungsbezogenen Quoten eine entscheidende Rolle.

Eine weitere Ausprägung von positiver Diskriminierung findet sich auf Bundesebene im 2. Gleichberechtigungsgesetz. Das 2. Gleichberechtigungsgesetz von 1994 enthielt in Art. 1 das Frauenfördergesetz[1080]. § 4 Abs. 1 FFG regelt die Verpflichtung aller Dienststellen Frauenförderpläne aufzustellen. Die Pläne

---

vom 19.03.1991, HambGVBl. 1991, 75; Hessen: *Gesetz über die Gleichberechtigung von Frauen und Männern und zum Abbau von Diskriminierungen von Frauen in der öffentlichen Verwaltung*, vom 21.12.1993, GVBl. Hessen 1993, 729; Mecklenburg-Vorpommern: *Gesetz zur Gleichstellung von Frau und Mann im öffentlichen Dienst des Landes Mecklenburg-Vorpommern*, vom 18.02.1994, GVBl. M.-V. 1994, 343; Niedersachsen: *Gleichberechtigungsgesetz*, vom 14.06.1994, NdsGVBl.. 1994, 246, in der Version vom 21.11.1997, NdsGVBl. 1997, 418; Nordrhein- Westfalen: *Landesbeamtengesetz*, in der Version des *Gesetzes zur Förderung der beruflichen Chancen für Frauen im öffentlichen Dienst*, vom 31.10.1989, GVBl. NRW 1989, 567, zusätzlich: *Runderlaß* vom 9.11.1993, Ministeralblatt für das Land NRW 1993, 1857; Rheinland- Pfalz: *Landesgleichstellungsgesetz* vom 11.07.1995, GVBl. Rh- Pf. 1995, 209; Saarland: *Beamtengesetz* in der Version des *Gesetz Nr. 1245 zur Förderung von Frauen und zur Änderung sonstiger dienstrechtlicher Vorschriften*, 10.05.1989, Abl. Saar 1989, 977; Sachsen: *Gesetz zur Förderung von Frauen und der Vereinbarkeit von Familie und Beruf im öffentlichen Dienst im Freistaat Sachsen*, 31.03.1994, SächsGVBl. 1994, 684; Sachsen-Anhalt: *Gesetz zur beruflichen Förderung von Frauen im öffentlichen Dienst des Landes Sachsen-Anhalt*, 07.12.1993, in der Version vom 27.05.1997, GVBl. S.-A. 1997, 516; Schleswig-Holstein: *Gesetz zur Gleichstellung der Frauen im öffentlichen Dienst* vom 13.12.1994, GVBl. SLH 1994, 562.

[1078] Z.B. Nordrhein- Westfalen: *Landesbeamtengesetz*, in der Version des *Gesetzes zur Förderung der beruflichen Chancen für Frauen im öffentlichen Dienst*, vom 31.10.1989, GVBl. NRW 1989, 567.

[1079] Z.B. das *Gesetz zur Gleichstellung von Mann und Frau im öffentlichen Dienst des Landes Bremen*, GBL. Bremen 1990, 443; ausführlich auch: *Herrmann*, SAE 1995, 229 ff.; *Battis/ Eisenhardt*, ZRP 1994, 18.

[1080] *Gesetz zur Förderung der Frauen und der Vereinbarkeit von Familie und Beruf in der Bundesverwaltung und den Gerichten des Bundes*, vom 24.06.1994, BGBl. 1994 I, 1406., im Folgenden: FFG; Das FFG gilt für Beschäftigte der Verwaltungen des Bundes, der bundesunmittelbaren juristischen Personen und der Gerichte des Bundes.

müssen zeitliche Stufenpläne und Zielvorgaben enthalten. Diese fallen unter die Kategorie der Ergebnisquoten. Die Quoten sind so gestaltet, dass Situationen denkbar sind, in denen ein Bewerber dem Quotendruck nicht durch persönliche Leistungen ausweichen kann. Nur wenige Landesgesetze (unter anderem das Gleichberechtigungsgesetz des Landes Hessen[1081], das vom EuGH beurteilt wurde) stellen auf Zielvorgaben ab. Das Frauenfördergesetz enthält keine Anordnungen über mögliche Sanktionen im Falle des Verstoßes gegen die genannten Förderpläne. Die Wirkung des Frauenfördergesetzes erschöpft sich in einem Appell an die beteiligten Parteien.

2) Gegenwärtiger Stand der arbeitsrechtlichen Normen zur Gleichberechtigung

Die Entwicklung des deutschen Rechts hat gezeigt, in welchem Maße europäisches Recht bei der Entstehung oder Änderung deutscher Vorschriften eine Rolle gespielt hat.[1082] Dieser Prozess hat sich fortgesetzt, durch den Vertrag von Amsterdam ist er noch beschleunigt worden. Auch in Zukunft werden aus der Umsetzung von Richtlinien Neuerungen in das deutsche Recht einfließen.[1083]

Fraglich ist, welche Gleichberechtigungsregelungen existieren, und wie/ ob sich die tatsächliche Gleichberechtigung von Arbeitnehmern anhand positiver Maßnahmen im deutschen Privatrecht durchsetzen lässt. Im Arbeitsrecht treffen Wertungs-Einflüsse des Grundgesetzes und des europäischen Primär- und Sekundärrechts aufeinander. Die vorangegangene Untersuchung hat das Spannungsfeld auf dieser Ebene gezeigt, das auf die einfachrechtlichen deutschen Vorschriften übertragen wird.
Das deutsche Privatrecht/ private Arbeitsrecht wird von allgemeinen Prinzipien durchzogen.[1084] Ein zentrales Prinzip ist die Vertrags- oder Abschlussfreiheit.[1085] Dieses Prinzip fließt als grundlegende Wertung in die Beurteilung jeder arbeitsrechtlichen Problemstellung ein.[1086] Es wird durch Sonderregelungen in bestimmten Bereichen begrenzt. Die Vertragsfreiheit wird im Arbeitsrecht stärker als in anderen Bereichen des Privatrechts eingeschränkt. Dies ist neben anderen Ursachen[1087] auch auf die weitgehenden arbeitsrechtlichen Gleichbehandlungspflichten zurückzuführen.[1088] Aus den Einschränkungen ergeben sich eine Reihe

---

1081 *Hessisches Gleichberechtigungsgesetz* v. 21. 12. 1993.
1082 *Lieb*, 17.
1083 EU- Richtlinien 43/2000 und 78/2000 und der Änderungsvorschlag der Kommission hinsichtlich der Richtlinie 76/207/EWG.
1084 *Junker*, 10, Privatautonomie.
1085 *Lieb*, 37; *Söllner*, 248; *Buchner*, NZA 1991, 577, 579, allgemein: "*Abschlussfreiheit des Arbeitgebers als Grundlage des Arbeitsvertragsrechts*".
1086 *Schaub*, § 31, Rdnr. 2.
1087 Arbeitsschutzgesetze, kollektivrechtliche Vereinbarungen, *Lieb*, 37.
1088 *Schaub*, § 32, Rdnr. 21 f.

von Problemen. Die speziellen arbeitsrechtlichen Normen, die das Verhältnis zwischen den Geschlechtern regeln, sind auch vor dem Hintergrund dieses Spannungsfeldes zu untersuchen.

a) Anti-Diskriminierungsregelungen

aa) Arbeitsrechtlicher Gleichbehandlungsgrundsatz

Im Arbeitsrecht hat sich ein allgemeiner Grundsatz der Gleichbehandlung der Arbeitnehmer als eigenes Rechtsprinzip verselbständigt.[1089] Die Terminologie in der Literatur ist uneinheitlich. Einige Autoren sehen einen alle Bereiche umfassenden, allgemeinen Gleichbehandlungsgrundsatz.[1090] Dieser Gleichbehandlungsgrundsatz gehe auf spezielle, in verschiedenen arbeitsrechtlichen Regelungsbereichen vorgesehene Gleichbehandlungspflichten zurück.[1091] Diese seien aus besonderen arbeitsrechtlichen Rechtsgedanken (Fürsorgepflicht, Recht und Billigkeit nach § 75 BetrVG, konkrete Ordnung des Betriebes, Betrieb als Gemeinschaft)[1092] sowie dem strukturellen Ungleichgewicht zwischen Arbeitnehmer und Arbeitgeber zu entnehmen.[1093] Diese Wertungen des Gesetzgebers hätten im Wege richterlicher Rechtsfortbildung zum allgemeinen arbeitsrechtlichen Gleichbehandlungsgrundsatz in seiner heutigen Form geführt.[1094] Dieser besitze gewohnheitsrechtliche Geltungskraft im Rang des einfachen Rechts.[1095]
Andere Autoren unterscheiden zwischen Gleichbehandlungsgrundsatz und Gleichstellungspflichten.[1096] Im Bereich der Gleichbehandlung der Geschlechter im Arbeitsrecht seien letztere einschlägig. Die unterschiedlichen ungeschriebenen Gebote dürften nicht verwechselt werden.[1097] Gleichstellungspflichten

---

[1089] *Bauschke*, RdA 1985, S. 72 ff.; Bonner Kommentar, *Rüfner* Art. 3 I GG, Rdnr. 517; Kasseler Handbuch zum Arbeitsrecht, *Leinemann*, 13, Rdnr. 37 f.; *Schlachter*, 85 ff.

[1090] Handbuch des Fachanwalts, *Wagner/ Worzalla*, 134.

[1091] *Schaub*, 1137, Rdnr. 10; Münchener Handbuch zum Arbeitsrecht, *Richardi*, § 14, Rdnr. 7 mit weiteren Begründungsansätzen; *Lieb*, 34: der allgemeine Gleichbehandlungsgrundsatz heute in § 2 Abs. 1 BeschFG 1985 positivrechtlich anerkannt.

[1092] *Schaub*, 1137, Rdnr. 10; *Maute*, 9, 10 ff.; *Widmaier*, ZTR 1990, 359.

[1093] *Hromadka/Maschmann*, 253 ff.

[1094] *Pieroth/ Schlink*, Art. 3 GG, Rdnr. 32.

[1095] *Blomeyer*, Festschrift für Müller, 52 ff.; *Starck*, Festschrift für Dieterich, 643, 654 f.; zum Verhältnis zu Art. 3 GG: Bonner Kommentar, *Rüfner* Art. 3 I GG, Rdnr. 517; BAG AP Nr. 149 zu § 242 BGB, Gleichbehandlung; BAG NZA 1993, 215, 216; so auch: Kasseler Handbuch zum Arbeitsrecht, *Leinemann*, 13, Rdnr. 37; unklar: Kasseler Handbuch zum Arbeitsrecht, *Künzl*, 415, Rdnr. 837; *Lieb*, 34; Münchener Handbuch zum Arbeitsrecht, *Richardi*, § 14, Rdnr. 6; *Fastrich*, RdA 2000, 65, 70.

[1096] *Hromadka/ Maschmann*, 252 ff. unterscheiden Gleichbehandlungsgrundsatz und Gleichstellungsgebot, sehen vorliegend Gleichstellungsgebot als einschlägig an, 259 f.

[1097] Umfassend: *Fastrich*, RdA 2000, 65, 66.

seien nicht aus arbeitsrechtlichen Wertungen abgeleitet, sondern aus Art. 3 GG. Es handele sich um grundverschiedene Rechtsinstitute. Für die zweitgenannte Auffassung sprechen gute Gründe. Es steht den Wertungen der Gleichberechtigungsdogmatik näher, einen ungeschriebenen Grundsatz aus den Vorgaben der Verfassung abzuleiten.

Vor dem Hintergrund der Arbeit kann die vorgenommene dogmatische Unterscheidung dahinstehen. Alle Autoren stimmen bezüglich der Auswirkungen des ungeschriebenen Rechts überein. Es existiere ein ungeschriebener Gleichbehandlungs-/ Gleichstellungsgrundsatz als Ausformung der Anti-Diskriminierungsgesetzgebung im deutschen Recht.[1098] Dieser ungeschriebene Grundsatz finde hinsichtlich der Gleichbehandlung der Geschlechter eine gesetzliche Verankerung in den §§ 611 a, 611 b, 612 Abs. 3 BGB.[1099] Bevor diese einfachgesetzlichen Regelungen in das BGB eingefügt worden seien, sei die Forderung nach Gleichbehandlung der Geschlechter im Arbeitsrecht direkt am ungeschriebenen Grundsatz festgemacht worden. Seit Inkrafttreten der §§ 611 a ff. BGB seien diese im Bereich der Gleichberechtigung der Geschlechter lex specialis.

Der rechtsdogmatische Hintergrund, der zum ungeschriebenen Recht geführt hat, bleibt relevant. Die europäische Gleichberechtigungsrichtlinie 76/207/EWG wird von Stimmen in der Literatur unter anderem auf das ungeschriebene Recht zurückgeführt.[1100]

bb) § 611 a BGB

(1) Inhalt und Zweck

Die Regelung des § 611 a BGB in der Form vom 26. 9. 1998[1101] ist zentrale Anti-Diskriminierungsnorm im Bereich der Arbeitnehmergleichberechtigung im deutschen Recht.[1102] Der Gesetzestext spricht von Arbeitgeber und Arbeitnehmer als Adressaten der Norm. Aus § 611 a BGB ergibt sich kein allgemein gültiger Gleichbehandlungssatz.[1103] Die Regelung des § 611 a BGB stellt ein gesetzliches Verbot im Sinne des § 134 BGB dar. Dies hat zur Folge, dass gegen das Diskriminierungsverbot verstoßende Vereinbarungen nichtig sind und die in

---

1098 *Fastrich*, RdA 2000, 65, 70, m.w.N.; Kasseler Handbuch zum Arbeitsrecht, *Künzl*, 416, Rdnr. 841.

1099 *Hromadka/ Maschmann*, 260.

1100 Kasseler Handbuch zum Arbeitsrecht, *Leinemann*, 14, Rdnr. 38.

1101 BGBl 1694.

1102 Kasseler Handbuch zum Arbeitsrecht, *Weber*, 2251, grundrechtlich beeinflusst durch Art. 3 Abs. 2 und 3 GG.

1103 Münchener Handbuch zum Arbeitsrecht, *Richardi*, § 11, Rdnr. 12, § 611 a BGB kann nicht auf arbeitnehmerähnliche Personen angewendet werden.

§ 611 a Abs. 2 bis 4 BGB getroffenen Regelungen eingreifen.[1104] Die Norm besitzt zwingenden Charakter.[1105]

§ 611 a Abs. 1 S. 1 BGB[1106] verbietet Arbeitgebern jede Benachteiligung von Arbeitnehmern wegen des Geschlechts. Das Verbot gilt während der Dauer des Arbeitsverhältnisses und bei seiner Begründung.[1107] Diese umfassende Geltung ermöglicht es, Personen, die sich um einen Arbeitsplatz bewerben, in den Schutzbereich einzubeziehen.[1108] Der Diskriminierungsschutz wird auf diese Weise umfassend ab dem geplanten Eintritt in das Berufsleben gewährt. Die Norm bezieht sich auf Vereinbarungen des Arbeitnehmers mit dem Arbeitgeber sowie auf einseitige Handlungen des Arbeitgebers.[1109] Nicht nur offene, sondern auch verdeckte un-mittelbare Diskriminierungen werden erfasst. Weitergehend erstreckt sich der Grundsatz nach herrschender Meinung auf mittelbare Diskriminierungen.[1110] Der Wortlaut des § 611 a BGB treffe diesbezüglich keine eindeutige Regelung. Die Auslegung des § 611 a BGB vor dem Hintergrund des Art. 2 Abs. 1 der Richtlinie 76/207/EWG bringe dieses Ergebnis zu Tage.[1111]

§ 611 a Abs. 1 S. 2 BGB[1112] normiert einen Ausnahmetatbestand für Fälle, in denen eine unterschiedliche Behandlung wegen des Geschlechts ausnahmsweise zulässig sein kann. Die Ausnahmeregelung ist auf Art. 2 Abs. 2 der Richtlinie 76/707 EWG zurückzuführen. Dort wird den Mitgliedstaaten die Möglichkeit eingeräumt, Ausnahmetatbestände zu normieren.[1113] Ein Ausnahmetatbestand ist dann gegeben, wenn das Geschlecht unverzichtbare Voraussetzung für eine Tätigkeit ist. Der Begriff der unverzichtbaren Voraussetzung ist - insbesondere im Hinblick auf positive Diskriminierung - genauer zu klären. Aus den älteren

---

[1104] Staudinger, *Richardi/ Annuß*, § 611 a BGB, Rdnr. 7.

[1105] Münchener Kommentar, *Müller- Glöge*, § 611 a BGB, Rdnr. 5; Staudinger, *Richardi/ Annuß*, § 611 a BGB, Rdnr. 8.

[1106] § 611 a Abs. 1 S. 1 BGB: *Der Arbeitgeber darf einen Arbeitnehmer bei einer Vereinbarung oder einer Maßnahme, insbesondere bei der Begründung des Arbeitsverhältnisses, beim beruflichen Aufstieg, bei einer Weisung oder einer Kündigung, nicht wegen seines Geschlechts benachteiligen.*

[1107] Münchener Kommentar, *Müller- Glöge*, § 611 a BGB, Rdnr. 5; Münchener Handbuch zum Arbeitsrecht, *Richardi*, § 11, Rdnr. 11.

[1108] Münchener Handbuch zum Arbeitsrecht, *Richardi*, § 11, Rdnr. 11; *Lieb*, 29.

[1109] Kasseler Handbuch zum Arbeitsrecht, *Weber*, 2251, „*jede Diskriminierung*".

[1110] Staudinger, *Richardi/ Annuß*, § 611 a BGB. Rdnr. 29 ff.; Jauernig, *Schlechtriem*, § 611 a BGB, Rdnr. 5.

[1111] M.w.N.: Münchener Handbuch zum Arbeitsrecht, *Richardi*, § 11, Rdnr. 16.

[1112] § 611 a Abs. 1 S. 2 BGB: *Eine unterschiedliche Behandlung wegen des Geschlechts ist jedoch zulässig, soweit eine Vereinbarung oder eine Maßnahme die Art der vom Arbeitnehmer auszuübenden Tätigkeit zum Gegenstand hat und ein bestimmtes Geschlecht unverzichtbare Voraussetzung für diese Tätigkeit ist.*

[1113] Erman, *Hanau*, § 611 a BGB, Rdnr. 11.

Formulierungen des § 611 a BGB wurde vom BAG gefolgert, dass Unverzichtbarkeit mit dem Vorliegen eines sachlichen Differenzierungsgrundes gleichzusetzen sei.[1114] Von dieser Auslegung hat sich das BAG in einer neueren Entscheidung ausdrücklich entfernt.[1115] Es hat klargestellt, dass die Ausnahme erheblich enger auszulegen sei. Das Geschlecht sei lediglich dann unverzichtbar, wenn ein Angehöriger des jeweils anderen Geschlechts die Leistung nicht erbringen könne. Dieses Unvermögen müsse zudem auf Gründe zurückzuführen sein, die den gesetzlichen Wertentscheidungen der Gleichheit beider Geschlechter genügten. Der Verweis auf die gesetzlichen Wertentscheidungen bedeute in diesem Zusammenhang, dass das Geschlecht nicht zu einem zentralen Unterscheidungskriterium gemacht werden dürfe. Die Gesetzesmaterialien zu § 611 a Abs. 1 S. 2 BGB gehen in eine vergleichbare Richtung.[1116] Der Begriff der unverzichtbaren Voraussetzung wird anhand von Beispielsfällen erläutert. Genannt wird die Chorsängerstelle eines Tenors/ Bassisten, die einem Mann vorbehalten bleiben könne. Klassisches Literaturbeispiel sind Theaterdarsteller oder Modelle für die Vorführung von Damen-/ Herrenmode.[1117] Übereinstimmend wird gesagt, dass die Feststellung der Unverzichtbarkeit anhand objektiver Kriterien zu erfolgen habe. Subjektive Vorstellungen des jeweiligen Arbeitgebers seien unerheblich.[1118] Hinsichtlich dieser Gesichtspunkte gleichen sich die Ausnahmetatbestände in Deutschland und in Südafrika. In beiden Systemen wird die Notwendigkeit der engen Auslegung betont, kann die Ausnahmevorschrift nur in Sonderfällen eingreifen.

Ein Unterschied ergibt sich im Bezug auf positive Diskriminierung/Affirmative Action. Positive Diskriminierung wird im § 611 a Abs. 1 S. 2 BGB nicht explizit als Ausnahmetatbestand erwähnt. Die Möglichkeit, sich auf eine gesetzliche Regelung zu berufen, die bei positiver Diskriminierung als „*shield*" wirkt, bleibt deutschen Arbeitgebern verwehrt. Fraglich ist, ob sich daraus auf die generelle Unzulässigkeit von positiver Diskriminierung im Rahmen des § 611 a BGB schließen lässt. Steht man auf dem Standpunkt, dass positive Diskriminierung eine Ausnahme zu der generellen und absoluten Anti-Diskriminierungsanordnung des § 611 a Abs. 1 S.1 BGB darstellt, drängt sich dieser Schluss auf.[1119] Möglicherweise lässt sich positive Diskriminierung aber als nicht auf die konkrete Tätigkeit bezogene, allgemein unverzichtbare Voraussetzung ansehen.[1120] Motiv einer derartigen Vorgehensweise wäre, dass bisherige Be-

---

[1114] BAG, 21.02.1991, NJW 1991, 2723, 2726.

[1115] BAG 12.11.1998, AP. Nr. 16 zu § 611 a BGB.

[1116] Begründung des RegEntw, BT-Drucks. 8/3317, 9.

[1117] Erfurter Kommentar, *Schlachter*, § 611 a BGB, Rdnr. 20.

[1118] Indirekt: Kasseler Handbuch zum Arbeitsrecht, *Weber*, 2251 f.; Erfurter Kommentar, *Schlachter*, § 611 a BGB, Rdnr. 20.

[1119] So: *Fritsch*, BB 1992, 701, 706.

[1120] *Hanau*, Gedächtnisschrift für Lüderitz, 241, 247 f.

mühungen, den Frauenanteil in bestimmten Berufen zu erhöhen, erfolglos geblieben seien und diese Tatsache geändert werden müsse. Über diese Begründung fiele positive Diskriminierung implizit in den Rahmen des § 611 a BGB.
Das BAG hat derartigen Auslegungsversuchen in der genannten Entscheidung ausdrücklich eine Absage erteilt.[1121] Unverzichtbarkeit könne nicht unabhängig von der konkreten Arbeitnehmerstelle bestimmt werden, sondern müsse sich *„an der auszuübenden Tätigkeit"* orientieren.[1122] Auch in der Literatur werden Versuche, positive Diskriminierung implizit einfließen zu lassen, abgelehnt.[1123]
Ein dritter Ansatz geht dahin, positive Diskriminierung aus dem Bereich des § 611 a BGB auszugrenzen.[1124] Demnach trifft § 611 a BGB keine Anordnungen hinsichtlich positiver Diskriminierung und hinterlässt stattdessen eine Lücke. Diese sei durch die Wertungen des GG und durch europäische Wertungen auszufüllen. Dieser Ansatz zielt darauf ab, dass allgemein, d.h. ohne Bezug zu arbeitsrechtlichen Normen, zu der Zulässigkeit von positiver Diskriminierung im deutschen Recht Stellung zu beziehen sei. Diese Überlegungen sind im Rahmen der Ausführungen zu positiver Diskriminierung nochmals aufzugreifen. An dieser Stelle bleibt zu schließen, dass sich aus § 611 a Abs. 1 S. 2 BGB diesbezüglich keine direkten Schlüsse ziehen lassen.

In § 611 a Abs. 1 S. 3 BGB[1125] ist die Beweislast geregelt. Die Beweislastbestimmung wirkt sich zu Gunsten des Arbeitnehmers aus. Gesetzlich wird mit dieser Anordnung der Tatsache Rechnung getragen, dass die Diskriminierungen in der Sphäre des Arbeitgebers stattfinden. Der Arbeitnehmer ist nicht in der Lage, Einblick in diese Sphäre zu nehmen oder sie zu beeinflussen.[1126] Umstritten ist, ob der § 611 a Abs. 1 S. 3 BGB in der Fassung von 1998 mit der europäischen Beweislastrichtlinie 97/80/EG[1127] konform geht. Gemäss Art. 4 Abs. 1 der Beweislastrichtlinie müssen Personen, die eine Verletzung des Gleichbehandlungsgrundsatzes behaupten, Tatsachen glaubhaft machen, die auf Diskriminierung hindeuten. Daraufhin hat der Arbeitgeber zu beweisen, dass

[1121] BAG 12.11.1998, AP. Nr. 16 zu § 611 a BGB.
[1122] BAG 12.11.1998, AP. Nr. 16 zu § 611 a BGB.
[1123] Palandt, *Putzo*, § 611 a BGB, Rdnr. 7; Münchener Kommentar, *Müller-Glöge*, § 611 a Rdnr. 26.
[1124] *Hanau*, Gedächtnisschrift für Lüderitz, 241, 248.
[1125] § 611 a Abs. 1 S. 3 BGB: *Wenn im Streitfall der Arbeitnehmer Tatsachen glaubhaft macht, die eine Benachteiligung wegen des Geschlechts vermuten lassen, trägt der Arbeitgeber die Beweislast dafür, dass nicht auf das Geschlecht bezogene, sachliche Gründe eine unterschiedliche Behandlung rechtfertigen oder das Geschlecht unverzichtbare Voraussetzung für die auszuübende Tätigkeit ist.*
[1126] *Lieb*, 30; Münchener Handbuch zum Arbeitsrecht, *Richardi*, § 11, Rdnr. 48.
[1127] Richtlinie 97/80/EG des Rates vom 15.12.1997 über die Beweislast bei Diskriminierung auf Grund des Geschlechts, Abl. EG L vom 20. 1. 1998, Nr. 14/6, (Beweislastrichtlinie).

keine Verletzung des Gleichbehandlungsgrundsatzes vorliegt. In der Literatur wird betont, dass in der Richtlinie hinsichtlich des gesamten Diskriminierungsvorganges eine Beweiserleichterung geschaffen werde.[1128] Diese umfassende Erleichterung sei in § 611 a BGB nicht gegeben. § 611 a Abs. 1 S. 3 BGB schaffe dem Bewerber erst hinsichtlich der Frage Erleichterung, ob die erwiesene Benachteiligung zusätzlich diskriminierend sei. Den Tatbestand der Benachteiligung habe der Bewerber zu beweisen. § 611 a BGB habe gemäß Art. 2 Abs. 2 der Beweislastrichtlinie so gefasst werden müssen, dass schon die Benachteiligung einer Person wegen des Geschlechts Bestandteil des Diskriminierungsbegriffs würde. Folge des Fehlens einer solchen Regelung sei, dass die Beweislastrichtlinie durch Ablauf der Umsetzungsfrist in Deutschland von den Gerichten direkt anwendbar geworden sei.[1129]
Dieser Ansatz wird von anderer Seite kritisiert.[1130] § 611 a Abs. 1 S. 3 BGB spreche davon, dass der Bewerber eine Verletzung des Gleichbehandlungsgrundsatzes glaubhaft zu machen habe. Eine Glaubhaftmachung setze einen gegenüber Beweisen abgemilderten Nachweisstandard voraus. Von der Notwendigkeit, die Benachteiligung zu beweisen, könne im deutschen Recht nicht gesprochen werden.[1131] Vielmehr seien die Formulierungen der Richtlinie 97/80/EG und des § 611 a Abs. 1 S. 3 BGB weitgehend übereinstimmend. Die Beweislastregelung des § 611 a BGB setze die Anforderungen der Beweislastregelung der Richtlinie 97/80/EG ausreichend in deutsches Recht um.
Eine Entscheidung zwischen den unterschiedlichen Auffassungen kann vorliegend dahinstehen, da beide über die gegebenenfalls subsidiäre Anwendung der Richtlinie 97/80/EG inhaltlich zu gleichen Ergebnissen kommen.

§ 611 a Abs. 2 BGB[1132] bestimmt, dass dem auf Grund einer Diskriminierung abgewiesenen Bewerber eine „*angemessene Entschädigung*" zu zahlen ist. Die Angemessenheit ist vor dem Hintergrund der Draehmpaehl-Entscheidung des EuGH zu verstehen. Eine nur symbolische Entschädigung wurde als unzureichend betrachtet. Die Sanktion müsse abschreckend wirken und in einem angemessenen Verhältnis zum Schaden stehen.[1133] Hinsichtlich der alten Fassung des § 611 a Abs. 2 BGB ist der EuGH davon ausgegangen, dass es nicht aus-

---

[1128] *Zwanziger*, DB 1998, 1330, 1333.
[1129] *Zwanziger*, DB 1998, 1330, 1333, Art. 7 S. 1 der Richtlinie 91/80/EG ordnet die Umsetzung der Richtlinie zum 1.1.2001 an.
[1130] Münchener Handbuch zum Arbeitsrecht, *Richardi*, § 11, Rdnr. 50.
[1131] *Hohmeister*, BB 1998, 1790, 1792.
[1132] § 611 a Abs. 2 BGB: *Verstößt der Arbeitgeber gegen das in Absatz 1 geregelte Benachteiligungsverbot bei der Begründung eines Arbeitsverhältnisses, so kann der hierdurch benachteiligte Bewerber eine angemessene Entschädigung in Geld verlangen; ein Anspruch auf Begründung eines Arbeitsverhältnisses besteht nicht.*
[1133] Draehmpaehl, EuGH Slg. 1997, 2195, 2219 ff.

reichend sei die Entschädigung pauschal auf 3 Monatsgehälter festzulegen.[1134] Der neue § 611 a BGB sucht hinsichtlich der Angemessenheit der Entschädigung einen Ausgleich zwischen den Interessen von Arbeitnehmer und Arbeitgeber. Er sieht eine differenzierende Regelung vor. Diese Regelung findet sich in § 611 a Abs. 2 und Abs. 3 BGB.
§ 611 a Abs. 2 BGB behandelt den sogenannten „bestqualifizierten“ Bewerber. Da dieser eingestellt worden wäre, wenn er nicht Opfer der Diskriminierung geworden wäre, ist eine pauschale Entschädigungsbegrenzung ihm gegenüber nicht ausreichend.[1135] Hinsichtlich des bestqualifizierten Bewerbers kann auf diese Weise ein hoher Entschädigungsrahmen gesteckt werden. Begrenzt wird dieser Rahmen durch die Tatsache, dass ausschließlich Entschädigungen möglich sind. In § 611 a Abs. 2, 2. HS BGB wird ein Anspruch eines abgewiesenen Bewerbers auf Einstellung ausdrücklich ausgeschlossen. In den Debatten zur Einführung des § 611 a BGB wurde diskutiert, dem im Bewerbungsverfahren bestqualifizierten Bewerber einen Anspruch auf Einstellung einzuräumen[1136], obwohl die zur Gesetzesänderung führende Draehmpaehl-Entscheidung des EuGH keinen Einstellungsanspruch gefordert hatte.[1137]
Ein Einstellungsanspruch kann als die ultimative Durchsetzung des Diskriminierungsverbotes angesehen werden. Er führt aber zu praktischen Schwierigkeiten.[1138] Der Arbeitgeber müsste die durch einen anderen Arbeitnehmer besetzte Stelle freimachen, um dem vorher abgewiesenen Arbeitnehmer die Einstellung zu ermöglichen. Es würde direkt in die Rechte des vormals eingestellten Arbeitnehmers eingegriffen, denn dieser müsste nötigenfalls gekündigt werden. Die Einstellungsentscheidung des Arbeitgebers würde zudem gesetzlich gesteuert.[1139]
In § 611 a Abs. 3 BGB[1140] findet sich der zweite Teil der abgestuften Entschädigungsregelung. Die Entschädigung der Bewerber, die auch ohne Diskriminierung nicht eingestellt worden wären, wird geregelt. Angesichts der schwächeren Beeinträchtigung der Rechte dieser Personen wird eine pauschale Entschädigungsbegrenzung in der Höhe von drei Monatsverdiensten vorgenommen.[1141] Die Entschädigung gemäß § 611 a Abs. 2 und 3 BGB ist nicht

---

[1134] Draehmpaehl, EuGH Slg. 1997, 2195, 2219 ff.
[1135] *Hohmeister*, BB 1998, 1790, 1791.
[1136] Abl. EG L 14 v. 21 .01. 1998, 6 ff.
[1137] Draehmpaehl, Slg. 1997, 2195, 2219 ff.
[1138] *Freis*, NJW 1998, 2779, 2782.
[1139] *Freis*, NJW 1998, 2779, 2782.
[1140] § 611 a Abs. 3 BGB: *Wäre der Bewerber auch bei benachteiligungsfreier Auswahl nicht eingestellt worden, so hat der Arbeitgeber eine angemessene Entschädigung in Höhe von höchstens drei Monatsverdiensten zu leisten. Als Monatsverdienst gilt, was dem Bewerber bei regelmäßiger Arbeitszeit in dem Monat, in dem das Arbeitsverhältnis hätte begründet werden sollen, an Geld- und Sachbezügen zugestanden hätte.*
[1141] *Hohmeister*, BB 1998, 1790 1791.

nur auf vertraglicher Basis zu zahlen. Bei Verstößen des Arbeitgebers auf vorvertraglicher Basis wird ebenfalls eine Entschädigung fällig.

§ 611 a Abs. 4 BGB[1142] regelt die Fristen, in denen ein möglicher Anspruch geltend zu machen ist. Ein sich aus § 611 a Abs. 2 oder 3 BGB ergebender Anspruch ist an die für die Geltendmachung von Schadensersatzansprüchen im Arbeitsverhältnis geltende Frist angekoppelt. Innerhalb dieser Frist ist ein möglicher Anspruch schriftlich geltend zu machen. Die minimale Fristdauer beträgt zwei Monate. Sollte eine Geltendmachungsfrist für Schadensersatz im Arbeitsverhältnis nicht existieren, beträgt die Frist sechs Monate.[1143] Zweck dieser 1998 neu vorgenommenen Fristenregelung ist es, individuelle Fristlängen zu ermöglichen und damit den nationalen Charakter der Fristregelungen zu unterstreichen.[1144] Beginn der Frist ist der Zugang der Ablehnungserklärung beim Bewerber. Dies wird in der Literatur als europarechtswidrig kritisiert.[1145] Sei eine Stelle entgegen § 611 b BGB nicht geschlechtsneutral ausgeschrieben, oder gebe es sonst eindeutige Hinweise auf Diskriminierung, könne die Frist mit dem Zugang der Ablehnung beginnen. Seien die Hinweise nicht so eindeutig, müsse entscheidend sein, wann der Bewerber von den Vorgängen Kenntnis erlangt habe. Eine Erkundigungspflicht bestehe in dieser Hinsicht nicht.[1146] Nach wiederum anderer Auffassung führe die Problematik nicht dazu, dass § 611 a Abs. 4 BGB mit europarechtlichen Vorgaben kollidiere.[1147] Der Wortlaut der Vorschrift sei weitgehend genug, um den europäischen Vorgaben zu genügen.

§ 611 a Abs. 5 BGB erweitert den Anwendungsbereich des § 611 a BGB dahingehend, dass Beförderungen explizit in den Umfang der Regelung aufgenommen werden.[1148]

[1142] § 611 a Abs. 4 BGB: *Ein Anspruch nach den Absätzen 2 und 3 muss innerhalb einer Frist, die mit Zugang der Ablehnung der Bewerbung an den Bewerber beginnt, schriftlich geltend gemacht werden. Die Länge der Frist bemißt sich nach einer für die Geltendmachung von Schadensersatzansprüchen im angestrebten Arbeitsverhältnis vorgesehenen Ausschlussfrist; sie beträgt mindestens zwei Monate. Ist eine solche Frist für das angestrebte Arbeitsverhältnis nicht bestimmt, so beträgt die Frist sechs Monate.*

[1143] Die daran anschließende Klagefrist von drei Monaten nach der schriftlichen Geltendmachung des Anspruches gemäß § 61 b Abs. 1 ArbGG bleibt davon unberührt.

[1144] *Hohmeister*, BB 1998, 1790, 1792.

[1145] *Tetzel*, NZA 1998, 856, 859 f.; *Hohmeister*, BB 1998, 1790, 1792.

[1146] *Zwanziger*, DB 1998, 1330, 1332.

[1147] *Treber*, NZA 1998, 856, 859 f.

[1148] § 611 a Abs. 5 BGB: *Die Absätze 2 bis 4 gelten beim beruflichen Aufstieg entsprechend, wenn auf den Aufstieg kein Anspruch besteht.*

(2) Stellung des § 611 a BGB in der deutschen Gesetzessystematik

Der § 611 a BGB fügt sich nicht ohne weiteres in die deutsche Zivilrechtssystematik ein. Manche Autoren sprechen von einer *„systemsprengenden Wirkung“* des § 611 a BGB.[1149] Diese Tatsache ist bemerkenswert, da es sich bei § 611 a BGB aus Sicht der Gleich-berechtigungsdogmatik „nur” um eine Anti-Diskriminierungsnorm handelt.

Zunächst stellt sich die Frage der Auswirkungen von § 611 a BGB auf die Abschlussfreiheit des Arbeitgebers.[1150] § 611 a BGB verbietet, bestimmte Auswahlkriterien bei der Einstellung und Beförderung von Personen zu verwenden. § 611 a Abs. 1 S. 1 BGB untersagt Differenzierungen wegen des Geschlechts. § 611 a Abs. 1 S. 1/ 2 BGB lässt neben dem Verbot anhand des Geschlechts zu differenzieren, Raum für alle weiteren Kriterien, seien sie sachlicher oder unsachlicher Natur. Isoliert betrachtet spricht sich § 611 a Abs. 1 S. 1/ 2 BGB gegen ein Differenzierungskriterium aus und überlässt andere Kriterien dem Belieben des Arbeitgebers. § 611 a Abs. 1 S. 3 BGB sagt dagegen aus, dass eine unterschiedliche Behandlung durch den Arbeitgeber nur gerechtfertigt ist, wenn *„[...] nicht auf das Geschlecht bezogene sachliche Gründe [...]“* dahinterstehen. Diese Aussage ist im Satzzusammenhang auf Beweisaspekte bezogen. Sie entfaltet aber nach einer Auffassung in der Literatur darüber hinausgehende Wirkung. Zu diesem Zweck müsse die Aussage in den Gesamtkontext des Entscheidungsprozesses des Arbeitgebers gestellt werden. Folgende Schlussfolgerung ergebe sich: Gemäß des Wortlauts der Vorschrift könne eine Ungleichbehandlung von Männern und Frauen dann gerechtfertigt werden, wenn nicht auf das Geschlecht bezogene sachliche Gründe vorlägen. Diese Aussage bedeute für den Entscheidungsprozess des Arbeitgebers, dass dieser zwischen Frauen und Männern grundsätzlich nur nach sachlichen Gründen unterscheiden dürfe, da er sonst in die Gefahr gerate, eine nicht zu rechtfertigende Ungleichbehandlung zu begehen. Durch diese Vorschrift werde die Entscheidungsfreiheit des Arbeitgebers erheblich verengt; andere Kriterien, z. B. das subjektive Dafürhalten, seien ausgeschlossen. Die Stellung des § 611 a Abs. 1 S. 3 BGB untermauere diese Argumentation. Er sei nicht lediglich auf die zuvor in Satz 2 genannten unverzichtbaren Voraussetzungen bezogen; Satz 2 und Satz 3 stünden alternativ zueinander.[1151] In § 611 a Abs. 1 S. 3 BGB werde eine für die Bewerberauswahl allgemeingültige Aussage getroffen, die das Erfordernis des Satz 1, nicht wegen des Geschlechts zu diskriminieren, dahin-

---

[1149] *Adomeit*, DB 1980, 2388 f.; *Eich*, NJW 1980, 2329, 2331 ff.; Zitat: *Herrmann*, ZfA 96, 19, 20 ff.

[1150] *Buchner*, NZA 1991, 577, 579, stellt allgemein fest: "*Abschlussfreiheit des Arbeitgebers als Grundlage des Arbeitsvertragsrechts*“.

[1151] *Herrmann*, ZfA 1996, 19, 26 ff.

gehend erweitere, dass Arbeitgeber bei der Bewerberauswahl lediglich sachliche Gesichtspunkte einfließen lassen dürften.
Diese Auffassung stößt auf verbreitete Kritik. Viele Autoren behandeln das Kriterium der Sachgründe ausschließlich im Zusammenhang mit der Beweislastregel des § 611 a Abs. 1 S. 3 BGB. Die möglicherweise umfassende Bedeutung dieses Kriteriums wird durch diese Herangehensweise implizit verneint oder nicht erkannt.[1152] Andere Autoren vertreten hinsichtlich der Sachgründe eine einschränkende Auffassung. Sie nehmen an, dass nicht geschlechtsbezogene Auswahlkriterien beliebiger Art zulässig seien.[1153] Das Kriterium der sachlichen Gründe sei nicht umfassend, sondern auf den Gesichtspunkt der Geschlechtsbezogenheit gerichtet zu verstehen.[1154] § 611 a Abs. 1 S. 3 BGB beseitige nicht die Vertragsfreiheit des Arbeitgebers. Dem Arbeitgeber seien bei der Auswahl eines Arbeitnehmers vielfältige Bindungen auferlegt, die sich zum Beispiel aus dem allgemeinen arbeitsrechtlichen Gleichbehandlungsgrundsatz ergäben, § 611 a Abs. 1 S. 3 schränke dies nicht weiter ein.[1155] Die in § 611 a Abs. 1 S. 3 BGB genannten sachlichen Gründe seien darauf bezogen, den Tatbestand der mittelbaren Diskriminierung auszuschließen. Ferner seien sie auf die Möglichkeit des Arbeitgebers gerichtet, beliebige, nicht geschlechtsbezogene Gründe darzulegen, die eine nicht geschlechtlich diskriminierende Auswahl belegten.[1156] § 611 a Abs. 1 S. 3 BGB könne keine Regelungswirkung beigemessen werden, die über den auf Beweislastfragen bezogenen Wortlaut hinausgehe.

Die geschilderte Problematik weitet sich aus, wenn man die unterschiedliche Argumentationsweise der vertretenen Auffassungen betrachtet. Eine Auffassung nähert sich der Problematik ausschließlich aus dogmatischer Sichtweise. Sie fragt, ob das Prinzip der Abschlussfreiheit in dogmatischen Kategorien weiterhin bestehe oder ob es sich durch vielfältige Modellierungen selbst zur Ausnahme verkehrt habe.[1157] § 611 a Abs. 1 S. 3 BGB verschärft in dieser Blickrichtung angesichts seiner systematischen Stellung und seines Wortlautes die grundsätzlich mögliche Kollision zwischen § 611 a BGB und dem Prinzip der Abschlussfreiheit.

[1152] Staudinger, *Richardi/ Annuß*, § 611 a BGB, Rdnr. 19; Erman, *Hanau*, § 611 a BGB, Rdnr. 13.

[1153] *Wisskirchen*, 156; Münchener Kommentar, *Müller- Glöge*, § 611 a BGB, Rdnr. 13.

[1154] *Wisskirchen*, 156; Münchener Kommentar, *Müller- Glöge*, § 611 a BGB, Rdnr. 13.

[1155] Münchener Kommentar, *Müller- Glöge*, § 611 a BGB, Rdnr. 13.

[1156] Münchener Kommentar, *Müller- Glöge*, § 611 a BGB, Rdnr. 13.

[1157] *Herrmann*, ZfA 1996, 19, 20 ff., Einschränkungen der Abschlussfreiheit fänden sich auch im Kartellrecht in § 19 UWG, im Energie- und Versorgungswesen nach § 826 BGB, im Arbeitsrecht zum Schutze von Jugendlichen, §§ 5, 7 JArbSchG und Schwangeren, §§ 3, 4, 6 MuSchG.

Nach anderer Ansicht ist lediglich das zu regelnde Einzelproblem erheblich: die Bekämpfung der Geschlechterdiskriminierung. Dogmatische Hintergrunderwägungen bleiben ausgeklammert.[1158] § 611 a BGB geht den Vertretern dieser Auffassung nicht weit genug. Ein mögliches Problem zwischen § 611 a BGB und grundlegenden Prinzipien des Privatrechts wird ignoriert oder übersehen, um eine effektive Auslegung des § 611 a BGB zu ermöglichen. Auf das vor dem Hintergrund dieser allgemeinen Problematik entstehende Sonderproblem des § 611 a Abs. 1 S. 3 BGB wird aus diesen Gründen nicht eingegangen.
Die beiden genannten Ansätze sind auf Positionen zu reduzieren, die in der allgemeinen theoretischen Grundsatzdebatte aufgetaucht sind. Die dogmatische Betrachtungsweise entspringt dem formell-/ symmetrischen Ansatz, und die pragmatische Auffassung steht dem materiell-/ substantiellen Konzept nahe. Eine Streitentscheidung zu der Einzelproblematik des § 611 a Abs. 1 S. 3 BGB kommt einer grundsätzlichen Entscheidung zwischen den unterschiedlichen dogmatischen Ansätzen gleich.
Der Wortlaut des § 611 a BGB richtet sich explizit weder dagegen, unsachliche Kriterien zu benutzen, noch erlaubt er es. § 611 a BGB insgesamt bezieht sich direkt nur auf das Kriterium des Geschlechts. Der Zusammenhang der Sätze 2 und 3 des § 611 a Abs. 1 BGB ist zweideutig. Die Sätze können in einem Alternativverhältnis zueinander stehen oder sich gegenseitig abgrenzen. Der systematische Zusammenhang des § 611 a BGB als gegen Diskriminierung gerichtete Norm spricht dafür, dass die Entscheidungsfreiheit des Arbeitgebers weitgehend eingeschränkt wird. Der Charakter der Norm als Ausnahmevorschrift spricht aber gegen eine weite Auslegung. Die Entstehungsgeschichte der Norm deutet darauf hin, dass ausschließlich Anordnungen dazu gegeben werden sollten, wie geschlechtsbezogene Kriterien zu verwenden seien. Der Referentenentwurf bringt einen Ansatz ein, wonach das Messinstrument zur Einstufung der Bewerber ausschließlich deren Qualität sei.[1159] Danach hätten nur sachbezogene Kriterien verwendet werden dürfen, der Entwurf ist aber abgelehnt worden. Die Kette der Argumente lässt sich beliebig erweitern.
Das Problem liegt in der Konzeption der Norm des § 611 a BGB selbst. Beide Auffassungen sind argumentativ begründbar. Die weitergehende, grundsätzliche Frage, ob die Entscheidungsfreiheit des Arbeitgebers auf sachliche Gesichtspunkte beschränkt werden darf, bleibt ungeklärt.

Im Rahmen der weiteren Erörterung sind die zur Durchsetzung der Gleichberechtigung vorgesehenen Sanktionsregelungen in das rechtsdogmatische System des deutschen Privatrechts einzufügen. Dogmatisch stehen die Sanktions-

---

[1158] Erman, *Hanau*, § 611 a BGB, Rdnr. 13; Münchener Kommentar, *Müller- Glöge*, § 611 a BGB, Rdnr. 13.
[1159] *Schiek*, BB 1998, 586, 587.

regelungen Schadensersatzansprüchen nahe.[1160] § 611 a Abs. 2 und 3 BGB ordnen als Rechtsfolge eines Verstoßes gegen das Diskriminierungsverbot die Zahlung einer Entschädigung an. Diese ist vom Arbeitgeber unabhängig von seinem Verschulden zu zahlen.[1161] Wie bereits gezeigt, unterscheiden sich die Regelungen.

§ 611 a Abs. 3 BGB legt den Ersatzanspruch nach Art und Umfang fest. Eine Entschädigung kann höchstens 3 Monatsverdienste umfassen. In § 611 a Abs. 2 BGB wird eine „*angemessene Entschädigung*" zugesprochen. Der systematische Zusammenhang zu Absatz 3 grenzt diese Aussage dahin ein, dass für bestqualifizierte Bewerber ein Anspruch über 3 Monatsverdienste hinaus möglich ist. § 611 a Abs. 2, 2 HS BGB schließt einen Anspruch auf Vertragsabschluss generell aus.

Nach allgemeinen Grundsätzen des Schadensersatzrechts wäre gemäß § 249 S. 1 BGB der Bewerber grundsätzlich so zu stellen, wie er ohne die Pflichtverletzung gestanden hätte. Schadensersatz wäre auf den Ausgleich erlittener Nachteile gerichtet.[1162] Auf Grund der unterschiedlichen Intensität der Rechtsverletzung gegenüber best- und minderqualifiziertem Bewerber ist vorliegend zu differenzieren. Gemäss § 249 S. 1 BGB wäre hinsichtlich des bestqualifizierten Bewerbers Herstellung in Natur geschuldet. Diese Herstellung in Natur, d.h. der Vertragsabschluss, wird durch § 611 a Abs. 2, 2 HS BGB ausgeschlossen. § 251 Abs. 1 BGB sieht für den Fall, dass Herstellung in Natur unmöglich ist, die Zahlung des Interesses in Geld vor. § 611 a Abs. 2 BGB geht dahin, das positive Interesse zu ersetzen. Hinsichtlich des bestqualifizierten Bewerbers stimmen § 611 a BGB und die allgemeinen schadensersatzrechtlichen Grundsätze weitgehend überein. Ein Widerspruch zwischen § 611 a Abs. 2 BGB und den allgemeinen Grundsätzen des Schadensrechts verbirgt sich im Detail. Die in § 611 a Abs. 2 BGB gewährten Ansprüche lassen sich gemäß obiger Ausführungen unter § 251 Abs. 1 BGB einordnen. Unstimmig ist in dieser Hinsicht, dass § 251 Abs. 1 BGB nur Schadensersatz in Geld gewährt, § 611 a Abs. 3 BGB dagegen auf Monatsverdienste abstellt, worunter sich Geld- und Sachbezüge verbergen können.

Minderqualifizierte Bewerber, die auch ohne die Diskriminierung des Arbeitgebers nicht eingestellt worden wären, enthalten nach § 611 a Abs. 3 BGB ebenfalls eine Entschädigung in Geld. Es ist schwierig, diesen Anspruch in das allgemeine Schadensersatzsystem einzuordnen. Die Diskriminierung ist nicht kausal für den Schaden gewesen. Nach § 249 BGB ist aber grundlegend für eine Schadensersatzpflicht, dass der Schädiger den Schaden verursacht hat.[1163] In

---

[1160] Parallele: *Reichold*, 104 ff.

[1161] Zu dieser Problematik: *Worzalla*, NJW 1997, 1809, 1812; *Treber*, NZA 1998, 856, 857 f.

[1162] Münchener Kommentar, Band 2, *Oetker*, § 249 BGB, Rdnr. 8 f.

[1163] Palandt, *Heinrichs*, Vorbem. V. § 249 BGB, Rdnr. 54 ff.; Münchener Kommentar, Band 2, *Oetker*, § 249 BGB, Rdnr. 97.

dem fehlenden Erfordernis der Kausalität ergibt sich ein Reibungspunkt. § 611 a Abs. 3 BGB widerspricht ferner dem Kompensationsgedanken des Schadensrechts, weil Schadensersatz zugesprochen wird, obwohl der Bewerber aus anderen Gründen nicht eingestellt worden wäre.
Gegenüber dem minderqualifizierten Bewerber ergibt sich ein weiteres Problem. Gemäß allgemeiner Grundsätze ließe sich ein Anspruch auf Ersatz der von Anfang an nutzlosen Bewerbungskosten als frustrierte Aufwendungen vertreten. § 611 a BGB in der Fassung von 1980 sah die Erstattung der Bewerbungskosten, des negativen Interesses, ausdrücklich vor. Diese Regelung wurde als nicht europarechtskonform reformiert. Bewerbungskosten werden in der neuen Version des § 611 a BGB nicht mehr aufgeführt. Eine Erstattung scheidet aus. Die genannten Problemfelder zeigen, dass die Entschädigungsrichtung des § 611 a Abs. 3 BGB in weiten Teilen nicht mit den allgemeinen Schadensersatzgrundsätzen übereinstimmt.

Fraglich ist auch, welche Schäden unter § 611 a BGB fallen.[1164] Die Ausrichtung des Schadensersatzes auf Monatsverdienste zielt auf materielle Schäden ab. Regelungszweck und Sanktionsgrund des § 611 a BGB ist hingegen der Verstoß gegen einen ideellen Wert, gegen die Gleichberechtigung zwischen Mann und Frau.[1165] Ist diese verletzt, ist dieser Schaden nach allgemeinen Regelungen als immaterieller Schaden zu qualifizieren. Dieser Schaden wäre grundsätzlich nicht ersetzbar. § 611 a Abs. 3 BGB stellt in dieser Hinsicht eine Ausnahmeregelung gemäß § 253 BGB dar.
Problematisch ist, dass, obwohl materieller Schadensersatz gewährt werden soll, die Frage, ob materieller Schaden entstanden ist, für die Bemessung des Ersatzanspruchs außer Acht gelassen wird. § 611 a Abs. 3 BGB weist damit eine Verwandtschaft zum Schmerzensgeld auf. Auf Grund dieser Verwandtschaft müssten dem Schmerzensgeld entlehnte Bemessungsfaktoren entscheidendes Gewicht bei der Beurteilung eines Ersatzanspruches bekommen. Das Ausmaß der Benachteiligung des Arbeitnehmers und der Grad des Verschuldens des Arbeitgebers erscheinen vor diesem Hintergrund geeignet einen Ersatzanspruch zu bestimmen. Verschulden ist als Maßstab innerhalb des § 611 a BGB auf Grund der Draehmpaehl-Entscheidung des EuGH aber nicht mit den europarechtlichen Vorgaben der Richtlinie 76/207/EWG zu vereinbaren. Diese europarechtliche Anforderung führt zum größten Systembruch zwischen § 611 a BGB und dem deutschen Zivilrechtssystem. Die Vorschrift erhält einen dem Zivilrecht unbekannten pönalen Charakter und wird zu einer Regelung des Strafschadenersatzes.[1166] § 611 a Abs. 3 BGB lehnt sich an das US-ameri-

[1164] Dazu: *Wollenschläger*, 45 m.w.N.
[1165] So: Jauernig, *Schlechtriem*, §§ 611 a, 611 b, Rdnr. 1; Palandt, *Putzo*, § 611 a BGB, Rdnr. 1.
[1166] Staudinger, *Richardi/ Annuß*, § 611 a BGB, Rdnr. 19 ff.

kanische Modell der „punitive damages" an. Neben dem Ersatz der zivilrechtlich bewertbaren Schäden werden Strafzwecke und allgemein präventive Zwecke verfolgt.
Der BGH hat in einer Entscheidung auf anderem Gebiet zu „punitive damages" im deutschen Rechtssystem Stellung genommen.[1167] Danach könne ein US-amerikanisches Urteil, welches auf Strafschadensersatz laute, in Deutschland nicht als vollstreckbar angesehen werden. Strafschadensersatz verstoße gegen den *ordre public* (vgl. Art. 6 EGBGB, §§ 723, 328 Abs. 1 Nr. 4 ZPO). Nach deutscher Rechtsauffassung läge das Bestrafungsmonopol beim Staat, private Strafverfolgung sei unvereinbar mit den rechtsstaatlichen Grundsätzen. Ferner sei der Grundsatz „*ne bis in idem*" gefährdet. Personen könnten auf Grund desselben Verhaltens einmal privat durch den Strafschadensersatz zur Rechenschaft gezogen und zum anderen strafrechtlich belangt werden. Zivilrechtliche Geldzahlungen die nicht dem Schadensausgleich sondern dem Interesse der Allgemeinheit dienten, seien „*untragbar*" und „*unerträglich*".[1168] In der Literatur finden sich vergleichbare Positionen.[1169] Es wird als Rückschritt betrachtet, dass die in langer rechtsgeschichtlicher Entwicklung aufgebaute Trennung zwischen Schadensausgleich und Strafe aufgehoben werde.

cc) Sonstige arbeitsrechtliche Normen in Deutschland

Neben der Hauptanlaufstelle des § 611 a BGB gibt es im deutschen Recht weitere Anti-Diskriminierungsregelungen

(1) § 611 b BGB

Die heutige Version des § 611 b BGB[1170] ist durch Art. 7 Nr. 2 des 2. Gleichberechtigungsgesetzes von 1994 geändert worden. Die Norm fällt ebenfalls aus der allgemeinen arbeits- und privatrechtlichen Systematik heraus. § 611 b BGB ist auf Grund seiner allgemeinen Form nach Auffassung einiger Autoren sogar als Norm des öffentlichen Rechts zu qualifizieren.[1171] Statt des in der ursprünglichen Version enthaltenen „*soll*" lautet die neue Version auf „*darf*", d.h. sie ist zwingend ausgestaltet. § 611 b BGB soll erreichen, dass Diskriminierungen bereits im Vorfeld der Begründung von Arbeitsplätzen ausgeschlossen werden. § 611 b BGB entfaltet seinen Charakter als Hilfsnorm des

[1167] BGH, NJW 1992, 3096 ff.
[1168] BGH, NJW 1992, 3096 ff.
[1169] *Treber*, NZA 1998, 856, 859.
[1170] § 611 b BGB: *Der Arbeitgeber darf einen Arbeitsplatz weder öffentlich noch innerhalb des Betriebs nur für Männer oder nur für Frauen ausschreiben, es sei denn, dass ein Fall des § 611 a Abs. 1 S. 2 vorliegt.*
[1171] Palandt, *Putzo*, § 611 b BGB, Rdnr. 2.

§ 611 a BGB.[1172] Verstöße gegen § 611 b BGB stellen ein schwerwiegendes Indiz zur Feststellung einer Diskriminierung nach § 611 a BGB dar. Rechtsfolgen eines Verstoßes gegen § 611 b BGB werden erst im Zusammenhang mit § 611 a BGB erheblich. Verstößt eine Maßnahme gegen § 611 b BGB, ist im Wege einer wertenden Betrachtung unter Berücksichtigung der Maßstäbe des § 611 a BGB zu ermitteln, wie weit die Anordnung des § 611 b BGB greifen muss.

(2) § 61 b ArbGG

§ 61 b ArbGG ist nach der Draehmpaehl-Entscheidung des EuGH geändert worden. Aus der Änderung haben sich Neuerungen für die Berechnung der Entschädigungssummen im Rahmen des § 611 a Abs. 2 und 3 BGB ergeben, da das vormals vorgesehene Summenbegrenzungsverfahren aus dem Gesetzestext gestrichen wurde.[1173] § 61 b ArbGG[1174] stellt die prozessuale Folgenorm der §§ 611 a , 611 b und 612 Abs. 3 BGB dar. Materiellrechtlich sind in § 61 b ArbGG keine eigenständigen Regelungen enthalten.[1175]

(3) BetrVG

Das BetrVG bezieht sich in einer Reihe von Normen auf den Grundsatz der Gleichberechtigung der Geschlechter und dessen Durchsetzung.[1176] Zweck der Regelungen des BetrVG ist, die Problematik der Gleichberechtigung auf einer breiteren Ebene normativ zu verankern. Das BetrVG regelt nicht die Beziehung zwischen Arbeitgeber und Arbeitnehmer, sondern die Beziehung zwischen Arbeitgeber und Betriebsrat.[1177] Dies hat zur Folge, dass der Arbeitgeberbegriff abweichend von z.B. § 611 a BGB sich nicht auf die Rolle des Arbeitgebers als Vertragspartner des Arbeitnehmers, sondern als Inhaber der betrieblichen Gewalt zugeschnitten ist. In dieser Regelungsbreite fällt das BetrVG aus dem Rahmen der individualrechtlichen Regelungen und ist dem kollektiven Arbeitsrecht zuzuordnen. „*Magna Charta*“ des BetrVG ist § 75 BetrVG.[1178] Er verpflichtet Arbeitgeber und Betriebsrat, die Grundsätze von Recht und Billigkeit einzuhalten.[1179] Unter diese Grundsätze fällt das Verbot der Diskriminierung

[1172] *Hanau*, Gedächtnisschrift für Lüderitz, 241, 244.
[1173] Dazu: *Grunsky*, § 61 b ArbGG, Rdnr. 6 ff.
[1174] *Grunsky*, § 61 ArbGG, Rdnr. 2.
[1175] Detailliert: *Hohmeister*, BB 1998, 1790, 1793.
[1176] Im BetrVG „*Gleichstellung*“ genannt, unter anderem beziehen sich die §§ 16, 45, 63, 75, 80, 92, 93 und 96 BetrVG auf die Problematik der Gleichberechtigung der Geschlechter im Arbeitsrecht.
[1177] *Richardi*, Einleitung, Rdnr. 119.
[1178] Richardi, § 75 BetrVG, Rdnr. 1.
[1179] *Fitting/ Kaiser/ Heither/ Engels*, § 75 BetrVG, Rdnr. 2; *Richardi*, § 75 BetrVG, Rdnr. 1.

wegen des Geschlechts.[1180] § 75 Abs. 1 S. 1 BetrVG[1181] wirkt im Sinne einer klassischen Regelung gegen Diskriminierung und kann als einfachgesetzliche Umsetzung des Art. 3 Abs. 3 GG angesehen werden.[1182] Ferner wird die Nähe des § 75 Abs. 1 S. 1 BetrVG zum allgemeinen arbeitsrechtlichen Gleichbehandlungsgrundsatz betont.[1183] Aus der kollektivrechtlichen Einordnung folgern Stimmen in der Literatur, dass sich aus der Verletzung von § 75 Abs. 1 S. 1 BetrVG direkt keine individualrechtlichen Rechtsfolgen ableiten lassen.[1184] Andere betonen die Ausnahmestellung des Paragraphen im System des BetrVG. Er entfalte neben der grundsätzlichen Wirkung der Normen des BetrVG eine direkte Drittwirkung gegenüber den Arbeitnehmern.[1185] Unabhängig von diesen Meinungsunterschieden folgt aus der kollektivrechtlichen Einordnung, dass sich der Schutzbereich von § 75 Abs. 1 S. 1 BetrVG von dem des § 611 a BGB unterscheidet. Im direkten Schutzbereich des § 75 Abs. 1 S. 1 BetrVG liegen ausschließlich aktuell im Betrieb beschäftigte Arbeitnehmer, da nur diese vom Betriebsrat vertreten werden. Der Zweck der Norm und die vergleichende Auslegung mit § 611 a BGB ergibt sich eine indirekte Erweiterung diese Schutzumfanges.[1186] Hinsichtlich aktiver Fördermaßnahmen trifft § 75 Abs. 1 S. 1 BetrVG keine Anordnungen.

Inhaltlich weitergehender als § 75 BetrVG ist § 80 BetrVG.[1187] Er bezieht sich nicht lediglich darauf, gegen Diskriminierung vorzugehen, sondern setzt sich für die tatsächliche Durchsetzung der Gleichstellung ein. § 80 BetrVG entfaltet keine Wirkung gegenüber dem einzelnen Arbeitnehmer. Zweck der Regelung ist, die im Verhältnis Arbeitgeber und Arbeitnehmer in § 611 a BGB aufgestellten Grundsätze zur Bekämpfung von Diskriminierung und zur Durchsetzung der Gleichberechtigung auf das Verhältnis von Arbeitgeber und

---

[1180] Däubler, *Berg*, § 75 BetrVG, Rdnr. 18 ff.

[1181] § 75 Abs. 1 S. 1 BetrVG: *Arbeitgeber und Betriebsrat haben darüber zu wachen, daß alle im Betrieb tätigen Personen nach den Grundsätzen von Recht und Billigkeit behandelt werden, insbesondere, daß jede unterschiedliche Behandlung von Personen [...] wegen ihres Geschlechts unterbleibt.*

[1182] *Richardi*, § 75 BetrVG, Rdnr. 23; Oetker/ Wiese/ Kreutz/ Raab/ Weber, *Kreutz*, § 75 Rdnr. 62, weisen darauf hin, dass § 75 hinter der Reichweite von Art. 3 Abs. 2 S. 2 GG zurückbleibe, sobald dieser weit ausgelegt werde..

[1183] *Fritsch*, BB 1992, 701.

[1184] *Fritsch*, BB 1992, 701, 707, Ansprüche könnten sich aus parallelen Verletzungen der Pflichten aus dem Arbeitsverhältnis ergeben, z.B. Treuepflicht des Arbeitgebers.

[1185] *Richardi*, § 75 BetrVG, Rdnr. 1 ff.; *Fitting/ Kaiser/ Heither/ Engels*, § 75 BetrVG, Rdnr. 2 ff.

[1186] *Fritsch*, BB 1992, 701, 706.

[1187] § 80 Abs. 1 BetrVG: *Der Betriebsrat hat folgende allgemeine Aufgaben: [...] Nr. 2 a. die Durchsetzung der tatsächlichen Gleichberechtigung von Frauen und Männern, insbesondere bei der Einstellung, Beschäftigung, Aus-, Fort- und Weiterbildung und dem beruflichen Aufstieg zu fördern.*

Betriebsrat zu übertragen.[1188] Inhaltlich enthält § 80 BetrVG keine Neuerungen gegenüber § 611 a BGB.
§ 95 Abs. 2 BetrVG enthält eine Anordnung über gewerkschaftlich erzwingbare Einstellungsrichtlinien für Großbetriebe mit über 1000 Arbeitnehmern.[1189] In der Literatur wird die Vorschrift als mögliche Einzugsstelle von positiver Diskriminierung in die Privatwirtschaft angesehen.[1190] Über die Einstellungsrichtlinien sei es möglich, dass positive Diskriminierung in die Einstellungspolitik derartiger Unternehmen einfließe. Die Vorschrift sei trotz des begrenzten Anwendungsbereiches Ausdruck der grundsätzlichen Möglichkeit positiver Diskriminierung im deutschen Recht. Nach anderer Auffassung ist zwischen § 95 Abs. 1 und 2 BetrVG zu unterscheiden.[1191] § 95 Abs. 1 BetrVG spreche von: „*Richtlinien über die personelle Auswahl [...]*" § 95 Abs. 2 BetrVG erwähne dagegen lediglich: „*[...] zu beachtenden fachlichen und persönlichen Voraussetzungen*". Der Wortlaut des Absatzes 1 sei umfassend und könne sich auch auf positive Diskriminierung erstrecken. Absatz 1 regele aber lediglich die Zustimmungsbefugnis des Betriebsrates. Der Wortlaut des Absatz 2 erstrecke sich lediglich auf fachliche und persönliche Voraussetzungen der Kandidaten und nicht auf die Wahl der Mittel der Richtlinien. Dies verdeutliche, dass Regelungen positiver Diskriminierung nicht an § 95 Abs. 2 BetrVG anknüpfen könnten.

(4) § 8 Abs. 1; 2 SGB III

§ 8 Abs. 1 und 2 SGB III[1192] widmen sich ebenfalls der Frauenförderung. Abs. 1 entstammt inhaltlich dem § 2 Nr. 5 AFG. § 8 Abs. 2 SGB III wurde wortgleich aus dem vormaligen Gesetz überschrieben.[1193] § 8 SGB III enthält an die staatlichen Stellen zur Arbeitsvermittlung gerichtete Leitlinien.[1194] Die Förderung

---

[1188] *Fitting/ Kaiser/ Heither/ Engels*, § 80 BetrVG, Rdnr. 21 ff.
[1189] § 95 Abs. 2 BetrVG: *In Betrieben mit mehr als 1000 Arbeitnehmern kann der Betriebsrat die Aufstellung von Richtlinien über die bei Maßnahmen des Absatzes 1 Satz 1 zu beachtenden persönlichen und fachlichen Voraussetzungen und sozialen Gesichtspunkte verlangen. [...].*
[1190] HzA, *Weber*, 346.
[1191] Däubler, *Klebe*, § 95 BetrVG, Rdnr. 17.
[1192] § 8 SGB III lautet: (1) *Die Leistungen der aktiven Arbeitsförderung sollen die tatsächliche Durchsetzung der Gleichberechtigung von Frauen und Männern am Arbeitsmarkt fördern. Zur Verbesserung der beruflichen Situation von Frauen ist durch sie auf die Beseitigung bestehender Nachteile sowie auf die Überwindung des geschlechtsspezifischen Ausbildungs- und Arbeitsmarktes hinzuwirken.*
(2) Frauen sollen entsprechend ihrem Anteil am Arbeitsleben gefördert werden.
[1193] Herleitung und Geschichte: Weiss/ Gagel, *Kruse*, § 6 A.
[1194] Niesel, *Niesel*, § 8 SGB III, Rdnr. 1.

von Frauen ist als Querschnittsaufgabe in Abs. 1 besonders hervorgehoben.[1195] In der Literatur werden die Parallelen zwischen § 8 Abs. 1 SGB III und Art. 3 Abs. 2 S. 2 GG betont. § 8 Abs. 1 SGB III sei einfachrechtliche Ausformung der im GG formulierten Gedanken.[1196] Der in der Verfassungsliteratur zu findende Disput über das mögliche Ausmaß der Frauenförderung findet sich in § 8 Abs. 1 SGB III wieder. Inhaltlich werden dieser Debatte keine neuen Gesichtspunkte angefügt.

Über den deutschen Gesetzesrahmen hinaus finden sich in § 8 Abs. 1 SGB III Parallelen zum europäischen Recht. Die Gedanken des Art. 141 Abs. 4 EGV werden aufgegriffen.[1197] Bezogen auf die Systematik des Arbeitsrechts erweitert § 8 Abs. 1 SGB III den Anwendungsbereich der Regelungen zur Arbeitnehmergleichberechtigung. Die Ausrichtung der Vorschrift auf die aktive Arbeitsförderung soll es dabei ermöglichen, an den Wurzeln des geschlechtsspezifisch aufgeteilten Arbeitsmarktes einzugreifen. Verschiedene Arbeitsförderungsmaßnahmen, angefangen von Berufsberatung, die dazu dient, neue, von traditionellen Rollenbildern unabhängige Berufsvorstellungen zu entwickeln, bis hin zu zielgruppenorientierten Förderinstrumenten und freier Förderung sind denkbar.

§ 8 Abs. 2 SGB III enthält eine Quotenregelung. Eine Mindestquote soll die paritätische Beteiligung von Frauen an Arbeitsförderungsmaßnahmen sicherstellen. Die Regelung ist an die im Einleitungsteil vorgestellten Quoten von Arbeitgeberseite lediglich angelehnt und richtet sich an staatliche Stellen. Dennoch stellen sich vergleichbare Probleme. Fraglich ist, wie eine paritätische Beteiligung zu bemessen ist. Als Bemessungsgrundlage kommen verschiedene Größenordnungen in Betracht (Bundes-, Landes-, Amtsbezirks- oder Zielgruppenebene). Die jeweilige Ausrichtung bringt erhebliche Unterschiede mit sich, da die Paritäten stark variieren. Der Gesetzeswortlaut enthält keine klärenden Hinweise.[1198]

§ 8 SGB III widmet sich der Vereinbarkeit von Arbeit und Familie. Die Kombination von Abs. 1 und 2 und von Abs. 3 wird kritisiert. An einen Paragraphen zur Frauenförderung sei ein Familienkapitel angehängt. Die Kombination ermögliche, dass bestehende Rollenverständnisse weiter perpetuiert würden.[1199]

[1195] Gagel, *Fuchsloch*, § 12 SGB III, Rdnr. 5.

[1196] Niesel, *Niesel*, § 8 SGB III, Rdnr. 2; Gagel, *Fuchsloch*, § 12 SGB III, Rdnr. 10 ff., 48.

[1197] Fuchs, 3. Auflage, *Steinmeyer*, Art. 141 EGV, Rdnr. 151.

[1198] Überblick: Gagel, *Fuchsloch*, § 12 SGB III, Rdnr. 56 f.

[1199] Gagel, *Fuchsloch*, § 12 SGB III, Rdnr. 62 f.

b) Anti-Diskriminierungsregelungen im Rechtsvergleich

aa) Deutsche Anti-Diskriminierungsregelungen im Vergleich zu sekundärrechtlicher europäischer Anti-Diskriminierungsgesetzgebung

Der Vergleich der arbeitsrechtlichen Anti-Diskriminierungsregelungen weist eine Parallele zum Vergleich der Anti-Diskriminierungsvorschriften auf Verfassungsebene auf. Im Vordergrund aller Regelungen steht das möglichst umfassende und weitgehende Verbot von Diskriminierungen auf Grund des Geschlechts. Die primäre Intention des § 611 a BGB ist, Diskriminierungen auf Grund des Geschlechts im deutschen Arbeitsrecht zu verbieten. § 611 a Abs. 1 S. 1 BGB drückt diese Kernaussage aus. Er ist auf dieser Ebene deckungsgleich mit der Vorlage des Art. 2 Abs. 1 Richtlinie 76/207/EWG, 2002/73/EG. Auf der Anti-Diskriminierungsebene ergeben sich keine darüber hinausgehenden, konzeptionellen Unterschiede. [1200] Die zwingenden Anti-Diskriminierungsvorgaben des Europarechts sind im deutschen Recht umgesetzt worden. Die weitergehenden Regelungen anderer Gesetze, auf die Bezug genommen wurde, betreffen Detailfragen und erweitern den Anwendungsbereich. Genannte Regelungen setzen im Kern die grundlegenden Gedanken des Europarechts in verschiedenen Bereichen um. Aus diesem Grund ergeben sich hinsichtlich dieser Regelungen keine Reibungspunkte. Unterschiede sind erst im Bezug auf weitergehende Schritte zu erblicken.

Erst in einem zweiten Schritt, den Anordnungen in § 611 a Abs. 1 S. 2 ff. BGB, ergeben sich Unterschiede. Genannte Regelungen gestalten das Diskriminierungsverbot des § 611 a Abs. 1 S. 1 BGB aus. Im Rahmen dieser weitergehenden Regelungen weicht § 611 a BGB in einem entscheidenden Punkt von der Richtlinienvorlage ab. Die Möglichkeit des Art. 2 Abs. 4 Richtlinie 76/207/EWG, in bestimmtem Umfang positive Diskriminierung einzuführen, hat der deutsche Gesetzgeber ungenutzt gelassen. Auch wenn Art. 2 Abs. 4 Richtlinie 76/207/EWG sich nicht eindeutig, sondern nur indirekt in Richtung positiver Förderung äußert, in § 611 a BGB findet sich keine Entsprechung.

Fraglich ist, ob neben § 611 a BGB weitere Normen aus dem deutschen Recht heranzuziehen sind. Ein Widerspruch zu § 611 a BGB und ein möglicher Anknüpfungspunkt für weitergehende Maßnahmen könnte sich aus § 95 Abs. 2 BetrVG ergeben.

Die Eignung des § 95 Abs. 2 BetrVG erscheint zweifelhaft. Der Anwendungsbereich der Norm ist beschränkt auf Betriebe mit über 1000 Arbeitnehmern. Die Rechtsfolge ist umstritten, gute Argumente sprechen dafür, dass sich der Regelungsgehalt der Norm nicht auf positive Maßnahmen erstreckt.[1201] Dieser

[1200] Frühe Darstellung: *Sudhof*, JZ 1991, 751 ff.

[1201] Siehe oben: S. 274 f.

Argumentation folgend und angesichts des systematischen Zusammenhangs, in dem sich § 95 Abs. 2 BetrVG befindet, erscheint die Norm als Basis für eine grundlegende Diskussion ungeeignet. Die mögliche Indizwirkung des § 95 Abs. 2 BetrVG ist zu gering, um ihr entscheidende Bedeutung im Rahmen der weitergehenden Diskussion beizumessen.
§ 8 Abs. 1, 2 SGB III scheidet auf Grund seiner Zielrichtung aus, um positiver Diskriminierung im privaten Arbeitsrecht den Weg zu weisen. Er richtet sich an den Staat und nicht an private Arbeitgeber.

Als Ergebnis der vergleichenden Untersuchung der Anti-Diskriminierungsregelungen im deutschen und europäischen Recht kann festgestellt werden, dass das deutsche Recht den Vorgaben des europäischen Rechts nicht folgt. Im europäischen Recht werden schon an dieser Stelle Wege in Richtung positiver Diskriminierung eröffnet, im deutschen Recht bleibt es bei reinen Anti-Diskriminierungsinhalten. Vor dem Hintergrund der Untersuchung der Verfassungsebene lassen sich diese Unterschiede erklären. Die in den jeweiligen Systemen bestimmenden allgemeinen Gleichberechtigungstheorien sind für die inhaltlichen Unterschiede verantwortlich. Beschränkt sich der von formell-/symmetrischen Gedanken bestimmte deutsche Ansatz auf Anti-Diskriminierungsvorschriften, so ist im europäischen Recht auf Grund des *„equal opportunities“*-Ansatzes Raum für positive Maßnahmen vorhanden.

bb) Deutsche Anti-Diskriminierungsregelungen im Vergleich zu südafrikanischer Anti- Diskriminierungsgesetzgebung

Sowohl in Deutschland/ Europa als auch in Südafrika bilden die Vorschriften gegen Diskriminierung die Basis für die wirksame Durchsetzung der Arbeitnehmergleichberechtigung. Ausgehend von diesem Punkt, im Blick auf positive Maßnahmen, ergeben sich weitgehende Unterschiede. Die Unterschiede der den Systemen zugrundeliegenden theoretischen Ansätze werden deutlich:

(1) Vergleich: Stellung der Anti-Diskriminierungsvorschriften

Ein erster gewichtiger Unterschied zwischen Südafrika und Deutschland ergibt sich hinsichtlich der Stellung der Anti-Diskriminierungsregelungen innerhalb der Gesamtrechtsordnung. Einige Autoren in Deutschland betrachten den in den Anti-Diskriminierungsvorschriften eingeschlagenen Weg kritisch. Entsprechende Normierungen griffen in die Vertragsfreiheit der Parteien und damit in eine Grundfeste der Privatrechtsordnung ein. § 611 a BGB könne als Beispiel einer Tendenz zur immer stärkeren Verrechtlichung des täglichen Lebens gesehen werden. Der Staat lasse den sich selbst regulierenden, freien Kräften der Parteien keinen Raum. Statt dessen würden rechtliche Regelungen getroffen, die

die Freiräume eingrenzten.[1202] Gesetzliche Schritte dieser Art führten zu einer Zerstörung der Rechtsquellenhierarchie. Das öffentliche Recht gewinne immer mehr Einfluss in eigentlich dem Privatrecht vorbehaltenen Bereichen. Diese Tendenz zeichne sich seit der Debatte über die unmittelbare Drittwirkung der Grundrechte ab.[1203]

Diese Kritik baut auf Gedanken des formell-/symmetrischen Ansatzes. Die abstrakte Privatrechtsordnung wird als selbständiger, schützenswerter Einfluss in den Mittelpunkt gestellt. Die Basis der Argumentation liegt auf grundgesetzlicher Ebene: Ausgangspunkt ist, dass die Anti-Diskriminierungsvorschriften der Privatautonomie Schranken setzen. Dies geschieht, um verfassungsrechtliche Vorgaben für die Gestaltung des Arbeitslebens abzusichern. Bei der Privatautonomie handelt es sich im Gegenzug ebenfalls um Grundrechtsausübung. Diese wird durch Art. 2 Abs. 1 GG geschützt. Aus dieser Kollision folgend hat eine Abwägung zwischen den unterschiedlichen verfassungsrechtlichen Schutzgütern stattzufinden. Die im Rahmen der Privatautonomie geschützte Vertragsfreiheit stellt kein absolutes Rechtsgut dar. Einschränkungen auf Grund der in Art. 3 Abs. 2 und 3 GG enthaltenen Rechtsgedanken sind grundsätzlich möglich. Ausgehend von der Rechtsprechung des BVerfG zu Art. 3 Abs. 2 GG muss die Kollision der Grundrechtspositionen im Wege praktischer Konkordanz gelöst werden.[1204] Das darauffolgende Problem, die gegensätzlichen Interessen richtig auszutarieren, obliegt der gesetzgeberischen Wertung.

In Südafrika ergibt sich ein gegensätzliches Bild. Vor dem südafrikanischen Hintergrund betrachtet, erfährt die Vertragsfreiheit in Deutschland einen erheblich stärkeren Schutz als vergleichbare Prinzipien dort. Die Forderungen nach Arbeitnehmergleichberechtigung werden in Südafrika fast allen anderen Grundsätzen, die damit in Berührung kommen, übergeordnet, die Lösung der Gleichberechtigungsfragen besitzt Priorität. Die im Vergleich zu Deutschland unterschiedliche Gewichtung könnte mit dem unterschiedlichen Ausmaß der Probleme zu erklären sein, in Südafrika ist Gleichberechtigung für das gesamte Staatssystem von existentieller Bedeutung. Ferner spielt in Südafrika die Tatsache eine Rolle, dass es dort einen wirklichen Systemwechsel gegeben hat, die heutige Rechtslage folglich nicht Produkt einer langsam fließenden Entwicklung ist.

Aus der vergleichenden Perspektive ist erkennbar, wie deutlich sich der momentan in Deutschland vertretene Standpunkt vom südafrikanischen Ansatz abhebt.

[1202] *Herrmann*, ZfA 1996, 19, 49 f.

[1203] *Herrmann*, ZfA 1996, 19, 65 ff.

[1204] BVerfGE 92, 91, 109.

Bemerkenswert ist, dass sich die genannten Differenzen in Deutschland nicht erst im Rahmen potentiell einschneidender aktiver Fördermaßnahmen zeigen, sondern dass sie sich schon auf der Anti-Diskriminierungsebene auswirken.

(2) Vergleich: Unterschiede in der Umsetzung der Anti-Diskriminierungsregeln

Sowohl in Südafrika als auch in Deutschland sind die Gleichberechtigungswertungen der Verfassung auf die Ebene des Arbeitsrechts umgesetzt worden. In diesem Bereich entspricht sich die Basis der südafrikanischen und der deutschen Anti-Diskriminierungsgesetzgebung zunächst bezüglich des zentralen Gleichbehandlungsgrundsatzes. Ausgehend von diesem Grundsatz ergeben sich einige Unterschiede.

In lediglich einer Hinsicht (§ 611 b BGB) ist die deutsche Rechtsordnung explizit weitgehender als die Vorschriften in Südafrika. Eine explizite Regelung, mit der die Neutralität von Stellenausschreibungen geregelt wird, gibt es in Südafrika nicht. Auf Grund des allgemeinen Ausmaßes der Vorschriften gegen Diskriminierung ist aber davon auszugehen, dass in Südafrika ein dahingehendes ungeschriebenes Verbot existiert.

Auf anderen Gebieten ist die Reichweite der Anti-Diskriminierungsnormen in Südafrika größer. Diskriminierung wird schon auf Verfassungsebene als gesellschaftliches Problem angesehen. Die Vorschriften gegen Diskriminierung richten sich an alle Personen (sec. 9 (4) Constitution). Im EEA findet sich eine Entsprechung (sec. 6 (1) EEA). § 611 a BGB richtet das Verbot der Diskriminierung ausschließlich an den Arbeitgeber. Erweiterungen finden sich lediglich über kollektivrechtliche Vorschriften. Insgesamt dominiert in Deutschland die arbeitsrechtliche über die gesamt-gesellschaftliche Perspektive.

Auch hinsichtlich der Frage, welche Kriterien verwendet werden dürfen, um die Qualifikation von Bewerbern zu bestimmen, werden in Südafrika weitergehende Regelungen getroffen. § 611 a Abs. 3 BGB enthält nach Auffassung einiger Autoren eine Anordnung dahingehend, dass Arbeitgeber bei ihren Einstellungsentscheidungen lediglich auf sachliche Gründe zurückgreifen dürfen. Vertreter dieser Auffassung stellen eine Minderheit dar, obwohl der Gesetzeswortlaut eine derartige Auslegung ermöglichen würde. Selbst wenn in Deutschland Arbeitnehmerentscheidungen auf sachliche Gründe beschränkt wären, läge Deutschland lediglich näher an der südafrikanischen Gesetzeslage. In Südafrika ist die Verwendung nicht sachbezogener Kriterien nicht einmal Gegenstand der Diskussion. Die Angst, dass über subjektive Vorlieben Rassekriterien versteckt in die Beurteilung einfließen könnten, überwiegt. Kritikpunkte, die aus diesem Grund im deutschen Recht gegen die Anti-Diskriminierungsvorschriften erhoben werden, sind in Südafrika gesetzlich festgelegt.

In Südafrika ist in Bezug auf die Beurteilung von Personen ein anderer Ansatz gewählt worden. Die dortigen Regelungen bauen auf zwei Grundpfeilern auf.

Der Prozess der Personenauswahl wird objektiviert und überwacht (sec. 20 EEA). Objektivierung bedeutet, dass lediglich Sachkriterien in die Beurteilung einfließen dürfen. Überwachung bedeutet, dass die Arbeitgeberentscheidungen transparent sein sollen und Gegenstand gerichtlicher Prüfung sind. Auf diesem Wege soll verhindert werden, dass die in der deutschen Literatur genannten Probleme auftreten.
Der EuGH fordert bei der Bewerberauswahl ebenfalls die Verwendung von Kriterien „*transparenter und nachprüfbarer Art*".[1205] Er stellt sich damit gegen die Forderungen deutscher Autoren, dass nicht lediglich Sachkriterien verwendet werden sollten, sondern dass es wegen der Privatautonomie möglich sein müsse, subjektive Kriterien zu verwenden. Die Aussagen des EuGH sind allerdings bislang ohne direkte Auswirkungen auf das deutsche Arbeitsrecht geblieben. Allerdings sind auch in Deutschland entsprechende Ansätze zu finden. Der Referentenentwurf zum § 611 a BGB in der Fassung von 1998 sah vor, dass bei der Personalauswahl lediglich die objektive Qualifikation einer Person maßgeblich sein solle. Qualifikation sei zwar ein schwer fassbarer Begriff, er erlaube aber einen Bewerbervergleich auf einer relativ objektivierten Ebene. Dieser Ansatz konnte sich nicht durchsetzen. Aus der Sicht der Anti-Diskriminierungsvorschriften ist er als problematisch anzusehen. Der Entwurf führe bei mehreren, tatsächlich gleichqualifizierten Bewerberinnen und Bewerbern in eine Sackgasse. Ein Arbeitgeber, der eine Entscheidung zwischen diesen Bewerbern zu treffen habe, besitze keine neutralen Kriterien mehr, anhand derer die Entscheidung getroffen werden könne.[1206]

Genannte Diskussion wirft die Frage auf, ob über Qualifikation eine objektive Vergleichsebene erreicht werden kann und ob sachliche Gesichtspunkte zum Vergleich geeignet sind. Dies wird in der deutschen Literatur bezweifelt. Eine objektive Vergleichbarkeit existiere nicht. Die als Einstellungs- oder Beförderungskriterien benutzten Begriffe *Eignung, Befähigung, fachliche Leistung* usw. seien nur scheinbar mit objektivem Inhalt zu füllen. In Wirklichkeit handele es sich um Kriterien, die in langer Tradition von Männern mit männerfreundlichem Inhalt[1207] ausgefüllt und daher von diesen leichter zu erfüllen seien.[1208] Demnach sei festzustellen, dass Frauen trotz ihrer Unterrepräsentation in vielen Bereichen als „*geeigneter*" angesehen werden müssten.[1209]
Diese Aussagen werden scharf kritisiert. Es könne zwar, sobald es um die Beurteilung eines Menschen durch einen anderen gehe, nicht von objektiven

---

1205 EuGH NJW 2000, 1549, 1551.
1206 *Schiek*, BB 1998, 586, 587.
1207 *Sacksofsky*, 183; *Raasch*, 332 ff.; *Pfarr*, 93.
1208 *Sacksofsky*, 183 f.
1209 *Raasch*, 332 ff.; sich darauf beziehend und die Ansicht im Ergebnis teilend, *Sacksofsky*, 183 f.

Kriterien gesprochen werden. Aus der fehlenden Existenz objektiver Kriterien direkt auf eine von geschlechtsspezifischen Überlegungen getriebene Entscheidung zu schließen, gehe aber zu weit.[1210] In einem marktwirtschaftlich ausgerichteten System könne davon ausgegangen werden, dass Kriterien zur Evaluierung eines Bewerbers ausgewählt würden, die ein Maß für dessen wirtschaftliche Effizienz darstellten.
Vermittelnd ist zu fragen, inwiefern ein indirekter Prozess dazu geführt hat, dass in bestimmten Situationen Kriterien verwendet werden, die Männer bevorzugen. Dabei geht es sowohl um die in der Literatur kritisierten Begriffe *Eignung und Leistung*, die auf der Primärebene Eingang finden, als auch um die Hilfskriterien *Dienstalter, Zahl unterhalts-berechtigter Kinder usw*. Verwendet und vermischt man diese Kriterien in einer Gesellschaft, in der eine traditionelle Rollenverteilung dominiert, so benachteiligen die Kriterien potentiell Frauen. Männer, die sich nach der Ausbildung ohne familiäre Hindernisse ihrem Beruf widmen konnten, können die Hilfskriterien leichter erfüllen als Frauen. Dies wirkt sich zwangsläufig indirekt auf die Qualifikationsebene aus.
Aus diesen Überlegungen kann geschlossen werden, dass sachliche Gesichtspunkte trotz einiger Schwächen aus der Perspektive der Gleichberechtigung als die geeignetesten Vergleichsmaßstäbe angesehen werden können, da sie subjektive Vorstellungen am weitgehensten verdrängen.. Dem südafrikanischen Ansatz käme vor diesem Hintergrund Vorbildcharakter für das deutsche Recht zu.

Hinsichtlich der Beurteilung des praktischen Wertes von Anti-Diskriminierungsregelungen ergeben sich weitere Unterschiede. In Deutschland werden die praktischen Möglichkeiten, die sich aus § 611 a BGB ergeben, in Frage gestellt. Für einen abgewiesenen Bewerber sei es schwierig darzulegen, er wäre ohne Diskriminierung eingestellt worden.[1211] Entscheidende Beweise einer Diskriminierung seien die Kriterien, mit denen ein Bewerber ausgewählt worden sei. Diese dürften dem Abgewiesenen nicht bekannt sein.[1212] Teile der Arbeitgeber die Auswahlkriterien im Nachhinein mit, sei möglich, dass diese auf den ausgewählten Bewerber zugeschnitten würden.[1213] Der Nachweis einer Diskriminierung werde auf diese Weise unmöglich. Seien subjektive Vorlieben der Arbeitgeber dafür verantwortlich, dass Frauen benachteiligt eingestellt würden, könne dies durch gesetzgeberische Eingriffe nicht gelöst werden. Gesetzgeberische Eingriffe schafften durch die damit einhergehende öffentliche

---

[1210] *Huster*, AöR 1993, 109, 122, spricht von „vernichtender Kritik" denen diese Aussagen ausgesetzt seien müssten.
[1211] *Schiek*, BB 1998, 586.
[1212] Erman, *Hanau*, § 611 a BGB, Rdnr. 14, geht von einem Auskunftsanspruch gegen den Arbeitgeber *de lege ferenda* aus.
[1213] *Schiek*, BB 1998, 586.

Diskussion ein höheres Problembewusstsein. Arbeitgeber, die nicht gewillt seien, ihre Einstellungspraktiken zu ändern, würden in der Folge ihre wahren Beweggründe nicht mehr nennen und durch unverdächtige Sachgründe ersetzen.[1214] Jede gesetzgeberische Maßnahme, die gegen diese Methoden gerichtet sei, werde nur auf neue Umgehungsmechanismen treffen. Die Wirkung der Maßnahmen werde durch fehlendes gesellschaftliches Bewusstsein blockiert. Das Ziel hinter diesem Blick auf die Praxis sei, die Grenzen der Justiziabilität zu zeigen. Gute Öffentlichkeitsarbeit, die einen Bewusstseinswandel in der Bevölkerung herbeiführe, könne mehr bewegen als strenge Gesetze.[1215]
Südafrika wird dieser Bewusstseinswandel in der Bevölkerung gerade als eine der wichtigsten Folgeerscheinungen von Anti-Diskriminierungsregelungen angesehen. Dies erklärt sich aus der Geschichte des Landes. Die Anti-Diskriminierungsregelungen sprechen zum ersten Mal auf gesetzlicher Ebene aus, dass zwischen Schwarzen und Weißen keine Unterschiede gemacht werden dürfen. Die Problematik, dass Arbeitgeber versuchen könnten, die Regelungen zu umgehen, wird daneben nicht in entsprechendem Maße gewertet.

(3) Vergleich: Rechtfertigungsgründe

Die unterschiedlichen Anforderungen an die Rechtfertigung von Ungleichbehandlungen sind dargestellt worden. Während sich die Ausnahmeregelungen im Kern entsprechen, stellt Affirmative Action in Südafrika einen zusätzlichen, ausdrücklichen Rechtfertigungsgrund dar. An dieser Stelle ergibt sich ein entscheidender Unterschied. Südafrikanische Arbeitgeber können sich auf Affirmative Action als Verteidigung berufen, um sich gegen eine Diskriminierungsklage zu wehren. Eine entsprechende Vorgehensweise ist in Deutschland nicht möglich.

c) Möglichkeit positiver Diskriminierung im deutschen Arbeitsrecht

Die Zulässigkeit positiver Diskriminierung im Arbeitsrecht wird im folgenden Teil unter Beachtung der Besonderheiten der deutschen Dogmatik sowie unter einem rechtsvergleichenden Blickwinkel beurteilt. Am Rande der deutschen arbeitsrechtlichen Regelungen finden sich - wie gezeigt - vereinzelte Vorschriften, die Verwandtschaft mit positiver Diskriminierung im Verhältnis zwischen Arbeitgeber und Arbeitnehmer aufweisen, oder aus denen sich mögliche Rückschlüsse ziehen lassen. Die Reichweite der Vorschriften hinsichtlich positiver Förderung ist umstritten, die weitergehende Bedeutung begrenzt. Die Debatte um die Möglichkeit positiver Diskriminierung ist an dieser

---

[1214] *Schlachter*, 35.
[1215] *Schlachter*, 35 f.

Stelle unabhängig von den in diesen Vorschriften getroffenen Wertungen, mit Blick auf den zentralen § 611 a BGB als potentiellem Aufhänger zu beginnen. Dazu sind auch Wertungen aus anderen Bereichen heranzuziehen.

aa) Vorgängerregelungen: Landesrechtliche Gleichstellungsgesetze für den öffentlichen Dienst

Während mit positiver Diskriminierung im privaten Arbeitsrecht Neuland beschritten wird, ist die Diskussion über entsprechende Maßnahmen im Bereich des öffentlichen Rechts begründet worden und weiter fortgeschritten. In landesrechtlichen Frauenförderungsgesetzen wurden erstmalig in Deutschland konkrete, über das Verbot von Diskriminierung hinausgehende Maßnahmen gesetzlich festgeschrieben. Ein Überblick über die getroffenen Regelungen findet sich in obigen Ausführungen.[1216] Trotz wiederholter höchstrichterlicher Entscheidungen des EuGH zu diesem Thema ist die Frage der verfassungsrechtlichen Zulässigkeit der getroffenen Maßnahmen noch nicht vollständig geklärt. Gerichtliche Entscheidungen in Deutschland haben zu bestimmten Ausprägungen von Quoten Stellung genommen. Einige der darin festgelegten Maßstäbe sind auch für den arbeitsrechtlichen Bereich von Interesse. Die Entscheidungen beziehen sich auf leistungsbezogene Entscheidungsquoten. Das BAG hat sich lediglich grundsätzlich zu der Ausgestaltung von Quoten geäußert. Es hat darauf abgestellt, dass die: *„[...] Wahrung der Einzelfallgerechtigkeit*" von entscheidender Bedeutung sei.[1217] In der verwaltungsgerichtlichen Rechtsprechung wird detaillierter geprüft. Dabei stehen seit der Kalanke-Entscheidung des EuGH die Härteklauseln im Vordergrund. Die Urteile laufen auf einen zentralen Tenor hinaus. Entscheidend sei, dass die Klauseln ausreichend Flexibilität gewährleisteten.[1218] Die Rechtsprechung der Verwaltungsgerichte relativiert sich im Hinblick auf die weiteren Entscheidungen des EuGH. Die dort gegebenen Richtlinien können auch für die Förderungsgesetze im deutschen öffentlichen Recht als verbindlich angesehen werden. Auf diesem Wege relativiert sich auch die Bedeutung der verwaltungsgerichtlichen Rechtsprechung für mögliche positive Förderung im Arbeitsrecht.
Die Prüfung der Härteklauseln macht auf ein Folgeproblem aufmerksam. Fraglich ist, welche Hilfskriterien an dieser Stelle, vor dem Hintergrund positiver

[1216] Siehe oben: 258 f.
[1217] BAG AP Nr. 41 zu Art. 33 Abs. 2 GG.
[1218] OVG Schleswig Holstein 06.03.1998, NVwZ-RR 1999, 261, es dürfe sich keine unzumutbare Härte für männliche Bewerber ergeben; OVG Saarland 11.01.1998, EuroAS 1998, 33, Beförderungsdienstalter, allgemeines Dienstalter und Lebensalter dürften nicht zu Gunsten von Männern berücksichtigt werden; OVG Rheinland-Pfalz 29.06.1999, DVBl 1999, 1445.

Diskriminierung in Einstellungs-/ Beförderungsentscheidungen einfließen dürfen und wie diese mit den Härteklauseln verbunden sind.[1219]
Um die Problematik zu verdeutlichen, ist es hilfreich, die Struktur einer Einstellungsentscheidung aufzugliedern. Die gerichtlichen Entscheidungen haben gezeigt, dass die Frage nach der Qualifikation von Bewerbern, die anhand ausgewählter Kriterien zu bestimmen ist und die erst dazu führt, dass Bewerber miteinander zu vergleichen sind, mit der Frage der Hilfskriterien verwandt ist. Die Frage nach den Hilfskriterien stellt sich auf einer späteren Ebene, wenn der Qualifikationsvergleich ergebnislos geblieben ist. Der Unterschied zwischen den beiden Ebenen besteht darin, dass auf der Qualifikationsebene Umstandsmerkmale, z.B. Geschlecht, nicht einfließen sollen, während die Ebene der Hilfskriterien darauf angelegt ist, dass derartige Kriterien berücksichtigt werden. Dies bedeutet, dass die Frage nach der Qualifikation von Bewerbern von Anti-Diskriminierungsregelungen dominiert wird, während auf der Ebene der Hilfskriterien die Wertungen positiver Diskriminierung einzubringen sind. Die Reichweite und Gewichtung der so beeinflussten Hilfskriterien ist, damit schließt sich der Kreis, nur im Rahmen der Grenzen zulässig, die diesen vom EuGH über die Härteklauseln auferlegt wurden.

bb) Theoretische Herleitung positiver Diskriminierung im Arbeitsrecht

Fraglich ist, auf welchem Weg in Deutschland die Zulässigkeit von positiver Diskriminierung zu begründen wäre.
Die Verfassungsdebatte hat gezeigt, dass sich die dort getroffenen Wertungen in starkem Maße im Arbeitsrecht niederschlagen. Die Zulässigkeit positiver Maßnahmen im Arbeitsrecht lässt sich aber, unabhängig von der grundgesetzlichen Position, nicht direkt aus dem Grundgesetz ableiten, da das Grundgesetz im Arbeitsrecht nicht unmittelbar gilt. Einige arbeitsrechtliche Normen sind daher als einfachrechtliche Ausprägungen von verfassungsrechtlichen Wertungen gestaltet. So finden sich die Rechtsgedanken des Art. 3 Abs. 2 und 3 GG im § 611 a BGB wieder,[1220] an dem die Diskussion über die Möglichkeit von positiver Diskriminierung festzumachen ist.
§ 611 a BGB ist zudem, wie gezeigt, nicht nur Ausdruck der Gedanken von Art. 3 Abs. 2 und 3 GG, sondern geht in seiner Entstehungsgeschichte ebenfalls auf die EG-Richtlinie 76/207/EWG zurück. Dieses Spannungsfeld ist im Folgenden zu berücksichtigen.

[1219] Die Frage stellt sich im öffentlichen Recht und im Arbeitsrecht. Im Arbeitsrecht sind andere Voraussetzungen gegeben, da dort das Gebot des Art. 33 Abs. 2 GG nicht zu berücksichtigen ist. Im Arbeitsrecht stellt sich die Problematik der Kollision der Beschränkung der Einstellungskriterien mit der Vertragsfreiheit.

[1220] Staudinger, *Richardi/ Annuß*, § 611 a BGB, Rdnr. 11; *Zimmer*, NJW 1994, 1203, 1204, detailliert.

Verschiedene Argumentationen hinsichtlich der grundsätzlichen Zulässigkeit von Quoten bieten sich an:

(1) Wortlautauslegung

§ 611 a BGB ist Gegenstand unterschiedlicher Interpretationsansätze. Eine erste Meinungsverschiedenheit ergibt sich darüber, was aus der Tatsache zu schließen ist, dass positive Förderung nicht direkt in § 611 a BGB Erwähnung findet. Nach einer Ansicht habe der Gesetzgeber die Möglichkeit gehabt, Quotenregelungen in § 611 a BGB auszuschließen. Dies sei unterblieben. Der Wortlaut des § 611 a BGB spreche sich daher implizit für Quoten aus.[1221] Die Gegenansicht weist auf den Charakter von § 611 a BGB als Anti-Diskriminierungsnorm hin. Dieser Charakter im Zusammenhang mit dem Wortlaut der Norm stünden der Einführung von Quoten entgegen. Frauenförderung anhand von Quoten bedeute zwangsläufig Männerdiskriminierung. Diese Wirkung lasse sich mit dem Anti-Diskriminierungscharakter des § 611 a BGB nicht vereinbaren. Das Ausmaß des Eingriffs in die Rechte benachteiligter Männer sei zwar je nach Ausgestaltung der Maßnahme unterschiedlich, dies ändere nichts an der prinzipiellen Wirkweise von positiver Diskriminierung.[1222] Regelungen die aktiv in die Verteilung von Möglichkeiten auf dem Arbeitsmarkt eingriffen, müssten bestehende Besitzstände verändern. Es sei nicht damit zu rechnen, dass die zusätzliche Beschäftigung von Frauen auf neue Arbeitsplätze verteilt werden könne. Solle positive Diskriminierung im Arbeitsrecht möglich sein, so müsse die Problematik aktiv geregelt werden.
Die zweitgenannte Auffassung findet indirekt Unterstützung in der südafrikanischen Rechtslage. Im EEA ist Affirmative Action getrennt von den Anti-Diskriminierungsvorschriften geregelt. Ein gesamtes Kapitel beschäftigt sich mit der Problematik (Chapter III EEA). Ferner ist Affirmative Action als Rechtfertigungsgrund des Arbeitgebers genannt, mit dem sich dieser gegen die erhobene Anschuldigung unfairer Diskriminierung zur Wehr setzen kann.
Aus dem Wortlaut des § 611 a BGB lassen sich weitere Argumente dagegen finden, positive Diskriminierung als zulässig anzusehen. Die Tatsache, dass positive Diskriminierung in § 611 a BGB keine Erwähnung findet, wirkt sich dahingehend aus, dass, sollten entsprechende Maßnahmen für zulässig gehalten werden, diese auf keine gesetzliche Konkretisierung zurückblicken könnten. Elementare Faktoren zur konkreten Umsetzung von positiver Diskriminierung wären nicht im deutschen Recht zu finden. So ist an keiner Stelle gesetzlich normiert, dass Maßnahmen zeitlich zu begrenzen sind; Umfang und Verpflichtungsgrad sind nicht geregelt. Die fehlende gesetzliche Bestimmtheit steht

---

[1221] *Schlachter*, JA 1994, 72, 77.

[1222] *Sachs*, Jura 1989, 465, 468; *ders.*, NJW 1989, 553; *Frohn*, DöD 1991, 105 ff.; Erman, *Hanau*, § 611 a BGB, Rdnr. 15.

den mit positiver Diskriminierung verbundenen, einschneidenden Maßnahmen entgegen.
Es ergibt sich eine weitere Problematik. Die Sanktionsregelung des § 611 a Abs. 2 und 3 BGB kann aus unterschiedlichen Blickwinkeln betrachtet werden. Zum einen stellt sie ein Zwangsmittel gegenüber denjenigen „unbelehrbaren" Arbeitgebern dar, die sich nicht davon abbringen lassen, Personen nach dem Geschlecht zu diskriminieren. Zum anderen ergibt sich aus § 611 a Abs. 2 und 3 BGB ein Sanktionsmittel gegen unzulässige positive Diskriminierungen. Dies bedeutet, dass der Wortlaut des § 611 a Abs. 2 und 3 BGB sich nicht lediglich nicht für positive Diskriminierung ausspricht, sondern im Wortlaut sind potentielle Sanktionen für den Fall enthalten, dass ein Arbeitnehmer mit positiver Diskriminierung die *ultima ratio* der Geschlechtergleichberechtigung durchbrechen sollte. Die sich an diese Problematik anschließende Frage ist, bei welchen positiven Maßnahmen die Sanktionen greifen würden. Dazu ist auf den unteren Teil zu verweisen, indem die möglichen Maßnahmen im Detail untersucht werden. Alle Maßnahmen, die nicht als mit dem deutschen Recht vereinbar angesehen werden können, fallen potentiell unter den von § 611 a Abs. 2 und 3 BGB sanktionierten Bereich.

(2) Europarechtskonforme Auslegung

Hinausgehend über den Wortlaut des § 611 a BGB stellt sich die Frage, wie dieser inhaltlich der Thematik gegenübersteht. § 611 a BGB ist Ausdruck einer weitgehend formell-/ symmetrischen Gleichheitskonzeption. Dieser Charakter zeigt sich in der Entstehungsgeschichte der Norm und wiederum in deren Wortlaut. Dieser ist darauf angelegt, lediglich in geringem Ausmaß Ausnahmen zum Anti-Diskriminierungsgrundsatz zuzulassen. Isoliert betrachtet bietet § 611 a BGB keine Anhaltspunkte, einen Aufhänger für positive Diskriminierung darstellen zu können. Eine dementsprechende Ausrichtung könnte sich lediglich aus dem Zusammenhang ergeben.
Im Rahmen des Grundgesetzes ist darauf verwiesen worden, dass positive Diskriminierung dann als verfassungsrechtlich zulässig angesehen werden könnte, wenn die diesbezüglichen Grundgesetzabschnitte unter dem Einfluss des europäischen Rechts ausgelegt werden. Mögliche Beschränkungen und Grenzen sind aufgezeigt worden. Grundgesetz und § 611 a BGB allein stehen positiver Diskriminierung neutral bis negativ gegenüber. Eine entscheidende, diese Haltung möglicherweise verändernde Rolle kommt dem Europarecht auch auf der Ebene des Arbeitsrechts zu.
Zwischen der europäischen Rechtslage und dem deutschen Recht finden sich auf der Ebene der Regelungen zur aktiven Förderung der Arbeitnehmergleichberechtigung entscheidende Unterschiede. Art. 2 Abs. 4 Richtlinie 76/207/EWG und Art. 141 Abs. 4 EGV umfassen grundsätzlich die Möglichkeit positiver

Diskriminierung. Auf der Grundlage dieser Regelungen und der Rechtsprechung des EuGH hat sich auf europäischer Ebene ein differenziertes Bild hinsichtlich der Zulässigkeit von positiver Arbeitnehmerförderung entwickelt. Die Tatsache, dass der europäische Arbeitnehmerbegriff von dem deutschen abweicht, gestaltet die Rechtslage kompliziert.[1223] Die Aussagen der Richtlinie 76/207/EWG und des EGV beziehen sich auf das Privatrecht. Die Entscheidungen des EuGH sind in Deutschland dagegen dem öffentlichen Recht zuzuordnen, d.h. es ergeben sich keine direkten Auswirkungen auf § 611 a BGB. Die Entscheidungen des EuGH haben entscheidend dazu beigetragen, ein Bild der Zulässigkeit bestimmter positiver Förderungsmaßnahmen auf europäischer Ebene zu entwickeln. Auf Grund dieser Rechtslage sind die indirekten Auswirkungen des europäischen Rechts entscheidend für positive Diskriminierung im deutschen Arbeitsrecht. Ferner können Schlüsse aus der genannten Diskussion im öffentlichen Recht gezogen werden.
Mögliche zukünftige Strategien des europäischen Rechts auf dem Gebiet der Arbeitnehmergleichberechtigung manifestieren sich ferner im Änderungsvorschlag zur Richtlinie 76/207/EWG.[1224] Dieser bezieht sich auch auf private Arbeitgeber. In dem Vorschlag wird die Möglichkeit, positive Diskriminierung durchzuführen, ausdrücklich eingeräumt. Es besteht keine Pflicht zur Einführung solcher Maßnahmen, doch geht ein faktischer Druck von der Regelung aus.

Die aus dem europäischen Recht fließenden Erwägungen, die im Grundgesetz dazu führen könnten, positive Diskriminierung zu gestatten, müssten auch im Rahmen des § 611 a BGB angestellt werden.[1225] Der einschränkende Wortlaut des § 611 a BGB müsste europarechtskonform dahingehend ausgelegt werden, dass er sich auch auf die Einführung von positiver Diskriminierung bezieht.[1226] Im Rahmen des eindeutigen Anti-Diskriminierungs-Wortlautes des § 611 a BGB ist allerdings fraglich, ob eine derartige Konstruktion sich nicht über die Grenzen des Wortlautes hinwegsetzen würde.

(3) Rückgriff auf europäische Wertungen

Eine weitere Möglichkeit, positive Diskriminierung zu rechtfertigen, ergäbe sich, wenn man die Tatsache, dass in § 611 a BGB Angaben zu positiver Diskriminierung fehlen, dahingehend interpretiert, dass § 611 a BGB eine ausfüllungs-

---

1223 Siehe oben: S. 35 ff.

1224 Auch hinsichtlich der Richtlinien 2000/43/EG und 2000/78/EG, die nur am Rande berührt wurden, ergeben sich mögliche Probleme.

1225 *Krämer*, 58, mit Nachweisen aus der Literatur.

1226 Dazu: *Schlachter*, JA 1994, 76 ff.; allgemein zum Einfluss der europarechtskonformen Auslegung: *Beyer/Möllers*, JZ 1991, 24 ff.

bedürftige Lücke hinterlässt, die anhand übergeordneter Wertungen auszufüllen wäre. Das europäische Recht würde sich als Wertungsmaßstab anbieten. Positive Diskriminierung wäre parallel zu dem im europäischen Recht gestatteten Umfang im Arbeitsrecht möglich. Problematisch ist an diesem Vorschlag wiederum, dass der konkrete Rahmen positiver Maßnahmen nicht genau zu bestimmen wäre. Zwar kann das Konzept positiver Diskriminierung auf europäischer Ebene auf eine gesetzliche Verankerung blicken, und auch die Rechtsprechung ist relativ fortgeschritten. Die Konkretisierungen sind aber in vielen Bereichen noch unzureichend.

(4) Existierende Regelungen positiver Diskriminierung

Ein letzter Ansatz versucht, positive Diskriminierung im Arbeitsrecht über Regelungen positiver Diskriminierung in anderen Bereichen zu rechtfertigen. Abgesehen von der Problematik der Gleichberechtigung der Geschlechter im Arbeitsrecht finden sich Regelungen positiver Diskriminierung auch in anderen Bereichen. Vorschriften zur Bewältigung der Kriegsfolgen und des nationalsozialistischen Unrechts sind in diesem Zusammenhang zu nennen, z. B. Heimkehrergesetz, Bundesentschädigungsgesetz und andere.[1227] Darüber hinaus existiert eine zweite Gruppe von Gesetzen, die sich mit der Entschädigung derjenigen, die für die Allgemeinheit Dienste leisten (d.h. Wehrpflichtige, Zivildienstleistende[1228]), befasst. In den Gesetzen werden Maßnahmen getroffen, die die Eingliederung der Betroffenen in das Arbeitsleben betreffen. Die Regelungen entsprechen vom prinzipiellen Ansatz vielmals den zur Frauenförderung gemachten Vorschlägen, d.h. das Wettbewerbsverhältnis zwischen privilegierten und benachteiligten Gruppen wird modifiziert.[1229] Es gibt Wiedereinstellungspflichten gegenüber Personen, deren Arbeitsverhältnis auf Grund kriegs- oder wehrdienstbedingter Abwesenheit unterbrochen war. Diese Pflichten sind verbindlich und ohne Ermessensrahmen ausgestaltet. Die Reichweite der Vorschriften hängt von den in ihnen vorgesehenen Quotierungen ab. Die Privilegierung von Wehr- und Zivildienstleistenden ist als flexible Quote ausgestaltet. Die Zahl der vorzuhaltenden Stellen bemisst sich nach dem Verhältnis zwischen berechtigten und anderen Bewerbern. Das Soldaten-

[1227] Gesetz über Hilfsmaßnahmen für Heimkehrer (*Heimkehrergesetz*) HKG vom 19.6.1950, BGBl. I, 221; Bundesgesetz zur Entschädigung für Opfer der nationalsozialistischen Verfolgung. (*Bundesentschädigungsgesetz*) BEG vom 18.3.1953, BGBl I, 1387, i.d.F. v. 29.6.1956, BGBl. I, 556.

[1228] Gesetz über die Versorgung für die ehemaligen Soldaten der Bundeswehr und ihre Hinterbliebenen (*Soldatenversorgungsgesetz*) SVG vom. 26.7.1957, BGBl. I 785 i.d.F.d. Bk.v. 5.3.1987, BGBl. I 842.

[1229] *Maidowsky*, 50.

versorgungsgesetz sieht mit Werten zwischen 10 % und 16 % starre Quoten vor. Die übrigen Regelungen sind ohne Quoten ausgestaltet.
Die Existenz derartiger Regelungen wird von Autoren als Indiz dafür angesehen, dass positive Diskriminierung zu Gunsten von Frauen im Arbeitsrecht möglich sei. Positive Förderungsmaßnahmen seien schon im deutschen Recht vorhanden. Positive Diskriminierung für Frauen könne sich an diesen Regelungen orientieren.[1230]
Gegen diese Auffassung spricht, dass sich einige grundsätzliche Voraussetzungen der genannten Gesetze und die Situation der Frauen unterscheiden. Die schon existierenden Gesetze sollen Minderheiten fördern, die besondere Leistungen für Deutschland erbracht haben, aus denen ihnen persönlich Nachteile erwachsen sind. Die Gesetze zielen damit, obwohl sie sich an Gruppen richten, auf die Kompensation individuell erlittener Nachteile ab („*remedial aims*"). Derartige Vorschriften sind nicht als positive Diskriminierung im engeren Sinne zu bezeichnen und auch gegenüber konkret benachteiligten Frauen unproblematisch möglich.

(5) Bewertung der verschiedenen Argumentationsansätze

Genannte Alternativen zeigen die Problematik zwischen positiver Diskriminierung und deutschem Arbeitsrecht auf. Die deutschen arbeitsrechtlichen Regelungen sind letztlich auf Anti-Diskriminierungsgrundsätze beschränkt. Im Gegensatz zum europäischen oder südafrikanischen Recht werden keine weiteren Äußerungen getroffen.
Die Möglichkeiten, nach denen positive Diskriminierung im deutschen Arbeitsrecht grundsätzlich für zulässig gehalten werden könnte, sind aufgezeigt worden. Ob ein dahingehender Weg gewählt wird, und wenn ja, welcher, ist nicht zu beantworten. Ausgehend von der rechtsvergleichenden und allgemein theoretischen Ebene bleibt lediglich, auf besondere Problembereiche und mögliche Gestaltungsvarianten hinzuweisen. Ferner sind weitere Besonderheiten im Zusammenhang mit der deutschen Rechtsordnung zu erwähnen.

cc) Untersuchung der verschiedenen möglichen Arten positiver Förderung

Im folgenden Teil stellt sich die Frage, welche Maßnahmen positiver Diskriminierung in Deutschland möglich wären. Hierzu ist auf die Rückschlüsse einzugehen, die sich diesbezüglich aus dem Vergleich der Systeme ziehen lassen. Die Untersuchung der verschiedenen Arten positiver Förderung baut auf die im allgemeinen Teil vorgenommene Einteilung auf. Der Einfluss der Rechtsprechung des EuGH wird an dieser Stelle besonders deutlich, da diese die

[1230] *Maidowsky*, 50 ff.

Maßstäbe dafür vorgibt, welche Quoten im deutschen Privatrecht maximal denkbar wären. Es ergibt sich folgendes Bild:

(1) Freiwillige oder zwingende Maßnahmen

Vor der Differenzierung zwischen den unterschiedlichen Maßnahmen ist auf eine weitere Besonderheit im Arbeitsrecht hinzuweisen. Zum einen stellt sich die Frage, ob Arbeitgeber gezwungen werden können, positive Maßnahmen einzuführen. Zum anderen ist fraglich, wie die Situation zu beurteilen ist, in der Arbeitgeber positive Maßnahmen einführen wollen und sich von der unsicheren Gesetzeslage, z.B. durch die Sanktionsregelung des § 611 a Abs. 2 und 3 BGB, daran gehindert sehen. Diesen unterschiedlichen Gestaltungen folgend ist zunächst zwischen freiwilligen und zwingenden Maßnahmen zu unterscheiden.
Freiwillige Maßnahmen werden von der deutschen Literatur unter Hinweis auf die vom EuGH gezogenen inhaltlichen Grenzen für zulässig gehalten.[1231] Es wird betont, dass in einigen Unternehmen bereits Frauenförderpläne bestünden.[1232] Diesen Aussagen ist die geschilderte schwierige grundsätzliche Rechtfertigungslage entgegenzuhalten. Die durch positive Maßnahmen zu Gunsten von Frauen benachteiligten Männer sehen sich letztlich mit gravierenden Einschnitten konfrontiert. Vor diesem Hintergrund ist es gleichgültig, ob es sich um verpflichtende oder freiwillige Maßnahmen handelt.
Verpflichtende Maßnahmen sehen sich noch größeren Problemen gegenüber. Es reicht nicht aus, § 611 a BGB europarechtlichen Wertungen entsprechend auszulegen oder eine von § 611 a BGB hinterlassene Lücke europarechtsgemäß zu füllen, um verpflichtende Maßnahmen zu rechtfertigen. Ausgehend von diesen Schritten müsste eine entsprechende gesetzliche Basis erstellt werden. Dieser Schritt wird von vielen Autoren in der Literatur übersehen.
Werden nachfolgend die unterschiedlichen Quotenformen im einzelnen besprochen, so gelten die Ausführungen hinsichtlich der inhaltlichen Reichweite sowohl für freiwillige als auch für verpflichtende Quoten. Unterschiede zwischen diesen beiden Alternativen ergeben sich unabhängig vom Inhalt der Maßnahme erst auf der Ebene der gesetzlichen Umsetzung. Freiwillige Maßnahmen bedürfen lediglich der (problematischen) Rechtfertigung vor dem Hintergrund des jetzigen Rechts. Verpflichtende Maßnahmen müssten zunächst eine gesetzliche Basis erhalten.
Angehängt an die Untersuchung der Möglichkeit einer Maßnahme in Deutschland findet sich im Folgenden jeweils eine Aussage darüber, wie die entsprechende Maßnahme in Südafrika gehandhabt wird. Auf diesem Wege soll

---

[1231] *Krämer*, 32.

[1232] *Raasch*, 100, Die Pläne seien allerdings zumeist unzulänglich. Es mangele in den meisten Fällen an der Einbettung einzelner wohlmeinender Maßnahmen in ein erfolgversprechendes Gesamtkonzept.

die Bewertung der jeweiligen Maßnahme erleichtert werden, da die grundsätzlich weiterreichenden Spielräume vor dem Hintergrund des materiell-/ substantiellen Ansatzes in Südafrika zum Vergleich stehen.

(2) Starre Ergebnisquoten

Alle Formen der Ergebnisquote sind gemäß des jetzigen Standes des Rechtes in Deutschland für die Privatwirtschaft undenkbar. Dies ergibt sich aus einer zentralen Ewägung. Ergebnisquoten zeichnen sich durch die Tatsache aus, dass die Leistungen der verschiedenen Bewerber sich nicht gegenüber dem in der Quote festgelegten Geschlechterproporz durchsetzen können. Die Geschlechtszugehörigkeit erhielte den Rang des einzig entscheidenden Kriteriums. Maßnahmen wären direkt auf das Ergebnis bezogen ausgerichtet. Dies widerspräche der deutschen grundrechtlichen und arbeitsrechtlichen sowie der europäischen Dogmatik. Starre Ergebnisquoten würden automatische Bevorzugung der Frauen bedeuten.
In Südafrika werden starre Ergebnisquoten im Rahmen des EEA ausdrücklich ausgeschlossen (sec. 15 (3) EEA). In dieser Hinsicht entspricht sich die Rechtslage.

(3) Zielvorgaben

Zielvorgaben sind die einzige problematische Variante der Ergebnisquoten. Die Wirkung derartiger Quoten wird von großen Teilen der Rechtsprechung und der Literatur unterschätzt. Diese Entwicklung ist nicht nur in Deutschland, sondern auch auf europäischer Ebene zu beobachten (vgl. Badek-Entscheidung). Es ist zwar richtig, dass die einzelne Einstellungsentscheidung des Arbeitgebers grundsätzlich nicht vorentschieden wird, entgegenstehende Situationen sind aber denkbar. Im Falle einer verpflichtenden Zielquote ist es möglich, dass am Ende des Zielrahmens lediglich Entscheidungen möglich sind die der Zielvorgabe entsprechen. Persönliche Bewerberleistungen hätten dahinter zurückzutreten. Eine automatische Bevorzugung anderer Arbeitnehmer auf Grund des Geschlechts wäre gegeben. Es kann als ein zentraler Kritikpunkt an der Badek-Entscheidung angesehen werden, dass der EuGH dort diese Auswirkungen einer Zielvorgabe anders beurteilt hat. Die Schlussfolgerungen dieser EuGH Entscheidung erscheinen in dogmatischer Hinsicht nicht auf das deutsche Recht übertragbar. Strikte Zielvorgaben können als nicht mit der deutschen Rechtslage vereinbar betrachtet werden.
Zielvorgaben fließen in Südafrika über die Employment Equity Plans als Gestaltungsmöglichkeit ein. Um die am Ende des Zielrahmens möglichen Auswirkungen abzumildern, sind aber Ausnahmeregelungen vorgesehen. Sollten Zielvorgaben im deutschen Arbeitsrecht möglich werden, erscheint es un-

erlässlich, die Zielvorgabe mit entsprechenden, ausdrückliche Ausnahmevorschriften zu versehen, um der sonst entstehenden Automatik entgegenzutreten. Entscheidender Faktor dabei ist, der Zielvorgabe den Charakter als Entscheidungsquote weitestgehend zu nehmen.

(4) Finanzierungsvorbehalte

Finanzierungsvorbehalte entsprechen inhaltlich starren Quotierungen. Das Mittel der Quotierung wird lediglich dadurch umgangen, dass der Einfluss des Hilfskriteriums Geschlecht auf eine frühere Stufe verlagert wird. Entsprechend sind Finanzierungsvorbehalte direkt auf ein konkretes Ergebnis bezogen und damit als nicht zulässig anzusehen.
Finanzierungsvorbehalte sind in dieser Form in Südafrika nicht zu finden. Ein verwandtes, wenn auch allgemeineres Mittel findet sich darin, dass die staatliche Auftragsvergabe daran gekoppelt ist, ob die entsprechenden Unternehmen den EEA befolgen. Hinsichtlich dieses weiteren Blickwinkels werden an Finanzierungsvorbehalte angenäherte Maßnahmen als vom südafrikanischen Recht gedeckt angesehen. Ein vergleichbares Vorgehen wäre auch in Deutschland denkbar. Voraussetzung wäre ein entsprechendes, positive Maßnahmen regelndes Gesetz.

(5) Entscheidungsquoten

Entscheidungsquoten, d.h. leistungsbezogene Quoten, bei denen im Falle gleicher Qualifikation die Geschlechtszugehörigkeit zu Gunsten der benachteiligten Frauen einfließen würden, erscheinen grundsätzlich möglich. Entscheidend ist, dass sich entsprechende Maßnahmen nicht direkt auf das Ergebnis des Prozesses beziehen. Allen Bewerbern muss stets eine Chance verbleiben, sich auf der Qualifikationsebene gegen andere durchzusetzen. Mittels der Quoten ist gerade diese Wettbewerbsparität auf Qualifikationsebene, die in Deutschland noch nicht gegeben ist, zu fördern.
Entscheidungsquoten sind das Hauptinstrument des EEA in Südafrika.

(6) Quoten bei Vorliegen einer Mindestqualifikation

Die unterschiedliche Gestaltungsmöglichkeit von Quoten bei Vorliegen einer Mindestqualifikation ist im allgemeinen Teil beschrieben worden. Dementsprechend sind diejenigen Quoten dieser Art, die wesensmäßig nahe an Ergebnisquoten angelehnt sind, problematisch.
Aber auch Quoten, die Entscheidungsquoten nahe stehen, begegnen Problemen. Der EuGH hat in der Abrahamsson-Entscheidung darauf hingewiesen, dass die Frage der gleichwertigen oder fast gleichwertigen Qualifikation für die

europarechtliche Zulässigkeit von entscheidender Bedeutung ist. Abgesehen von der Tatsache, dass die Begriffe „*gleichwertig*" und „*fast gleichwertig*" lediglich unter größeren Schwierigkeiten zu konkretisieren sind, ist aus der Aussage auf ein gewisses Mindestmaß an notwendiger Gleichwertigkeit zu schließen. Zumindest in diesem Rahmen wäre Gleichwertigkeit auch im deutschen Recht gefordert. Hier ist weitergehend davon auszugehen, dass, sollte sich die Notwendigkeit der gerichtlichen Klärung dieses Begriffes ergeben, sich deutsche Gerichte nicht mit einem derartig vagen Umfang zufriedengeben würden. Vor diesem Hintergrund lässt sich das genaue Ausmaß möglicher Quoten bei Vorliegen einer Mindestqualifikation nicht bestimmen. Es ist von eingeschränkten Verwirklichungsmöglichkeiten auszugehen.

(7) Fördermaßnahmen

Die letzte Gruppe von Maßnahmen, die einzuordnen ist, sind die allgemeinen Fördermaßnahmen. Schon die allgemeine Einteilung hat gezeigt, dass es sich bei in diese Richtung gehenden Maßnahmen um positive Diskriminierung in der am geringsten in die Rechtskreise der beteiligten Personen eingreifenden Form handelt. Daraus resultiert die Tatsache, dass entsprechende Maßnahmen einfacher zu rechtfertigen und leichter durchzusetzen sind. Im südafrikanischen Recht werden Fördermaßnahmen als notwendige Vorstufe zu Affirmative Action angesehen. Über Fördermaßnahmen soll einem großen Teil der Bevölkerung ermöglicht werden, in die Reichweite von Affirmative Action Programmen zu gelangen. Dementsprechend existiert eine unüberschaubare Vielzahl von Maßnahmen.
Auch in Deutschland werden allgemeine Fördermaßnahmen hinsichtlich der praktischen Umsetzung unabhängig von der Diskussion über positive Diskriminierung betrachtet. Beispielsweise die Regelungen hinsichtlich der Arbeitsförderung von Frauen im § 8 Abs. 1, 2 SGB III lassen sich als allgemeine Fördermaßnahmen bezeichnen.

dd) Rechtsvergleichende Betrachtung positiver Diskriminierung/ Affirmative Action

Ausgehend von den genannten konkret möglichen Maßnahmen sind in einem weiteren Schritt einige grundsätzliche Vergleiche bezüglich der Umsetzung von positiver Diskriminierung/Affirmative Action in den untersuchten Systemen zu ziehen.

(1) Vergleich mit europäischem Recht

Die Betrachtung der beiden Rechtssysteme hat die Unterschiede im Hinblick auf positive Maßnahmen offengelegt. Aus diesen Differenzen ergeben sich auf Grund der praktischen Nähe der beiden Systeme problematische Fragestellungen:
Das europäische Recht ist zu einem bestimmenden Einfluss für das deutsche Gleichberechtigungsrecht geworden. Die Besprechung der unterschiedlichen Formen positiver Diskriminierung hat gezeigt, dass die Rechtsprechung auf europäischer Ebene trotz bestehender inhaltlicher Unterschiede die theoretischen Grenzen positiver Diskriminierung auch für das deutsche Arbeitsrecht festlegt. Diese Tatsache spiegelt das praktische Zusammenspiel von europäischem und deutschem Recht wider. Diese praktische Nähe verwischt die für eine vergleichende Betrachtung bedeutsamen theoretischen Grenzen. Im Folgenden ist deshalb zunächst, unabhängig von den praktischen Auswirkungen die Stellung der unterschiedlichen Positionen zueinander auf grundsätzlicher Ebene zu bestimmen. Zu diesem Zweck ist auf die Positionen aus der allgemeinen theoretischen Debatte zurückzugreifen.

Deutsche Gleichberechtigungsgesetzgebung wird von formell-/ symmetrischen Gedanken, das europäische Pendant vom "*equal opportunities*"-Ansatz geleitet. Die aus dem Verfassungsvergleich bekannten Positionen setzen sich im Rahmen des Arbeitsrechtes fort und verstärken sich an einigen Stellen, da im einfachen Recht die Verfassungsvorlagen umgesetzt und weiterentwickelt werden. Der auf Verfassungsebene begonnene dogmatische Weg wird fortgesetzt, die auf dieser Ebene basierenden Unterschiede setzen sich fort. Der theoretische Unterbau der arbeitsrechtlichen Gleichberechtigungsgesetzgebung ist Ausdruck jeweiliger system-theoretischer Konsistenz. Diese Linie hat sich auch bei dem Vergleich der Anti-Diskriminierungsregelungen gezeigt.[1233]

Inhaltlich wirken sich diese theoretischen Unterschiede wie folgt aus: Im deutschen Arbeitsrecht zeichnet sich bei isolierter Betrachtung eine Position ab, nach der die Umsetzung positiver Maßnahmen als problematisch anzusehen ist. Es ist deutlich geworden, dass, soll positive Diskriminierung im deutschen Arbeitsrecht möglich werden, dies nur über den "europäischen Weg" gehen kann. Das bedeutet, dass die Schritte, die in Europa hin zu positiven Maßnahmen gegangen worden sind, auch in Deutschland unternommen werden müssten oder zumindest das europäische Recht bei der Auslegung deutschen Rechts herangezogen werden müsste. Der bestehende Unterschied zwischen deutscher und europäischer Gleichberechtigungskonzeption wäre über diesen Einfluss aufzuheben.

[1233] Siehe oben: S. 278 f.

Die Untersuchungsschritte, denen in der vorliegenden Arbeit gefolgt worden ist, könnten eine Richtschnur für das praktische Vorgehen sein: Auf einer ersten Stufe hat ein abgrenzender Vergleich der beiden Systeme stattzufinden. Die Differenzen in Theorie und isolierter Umsetzung sind herauszuarbeiten und zu benennen (d.h. der Vergleich hat ohne Rücksicht auf die genannten praktischen Wechselwirkungen zu beginnen).
Aufbauend auf dem ersten Untersuchungsschritt kann die praktische Umsetzung gestaltet werden. Auf dieser Ebene ist der Tatsache Rechnung zu tragen, dass deutlich geworden ist, dass, um im deutschen Recht zu positiven Maßnahmen zu gelangen, europäische Gedanken einfließen müssen. Die dargestellten Stimmen in der Literatur versuchen dies auf verschiedene Art und Weise, über europarechtskonforme Auslegung oder über den Rückgriff auf europäische Wertungen.[1234]

Zusammengefasst zeigt der Rechtsvergleich mit dem europäischen Recht, dass das Nebeneinander der Systeme im Blick auf positive Diskriminierung in einer immer weiteren Übertragung europäischer Rechtsgedanken auf das deutsche Recht münden kann. Ist positive Diskriminierung gewollt, zeigt das europäische Recht mögliche Vorgehensweisen, mit denen positive Maßnahmen im Arbeitsrecht verwirklicht werden können. Es besitzt Ausstrahlungswirkung auf die deutsche Rechtsordnung und kann auf diesem Wege zu der Einführung von positiven Maßnahmen in Deutschland beitragen.
Die Entscheidung darüber, ob diese Schritte gewollt sind, ist aber Gegenstand des deutschen Rechts. Zwingende Vorgaben des europäischen Rechtes existieren (noch) nicht. Die Entscheidung über die hier vorgestellte Frage steht im deutschen Recht aus. Die Vorgaben des europäischen Recht können darüber nicht hinweghelfen. In Deutschland ist eine eindeutige gesetzgeberische Linie erforderlich.

(2) Vergleich mit südafrikanischem Recht

Im Rahmen der Untersuchung möglicher Maßnahmen positiver Diskriminierung ist das südafrikanische Recht unter rechtsvergleichenden Aspekten bereits teilweise untersucht worden. Ergänzend dazu sind einige grundlegende Vergleiche zu ziehen:

(a) Umsetzung positiver Maßnahmen im Vergleich

Die gesamte administrative Seite des EEA kann als beispielhaft für die umfassende, systematische Durchsetzung von Affirmative Action/ positiver Diskriminierung gesehen werden. Ein entsprechendes Vorgehen erscheint für

[1234] Im Detail, siehe oben: S. 285 ff.

mögliche verpflichtende Programme in Deutschland empfehlenswert, wenn nicht notwendig.

Dies kann an einigen Beispielen verdeutlicht werden:

- Employment Equity Plan: Employment Equity Pläne stellen eines der Herzstücke von Affirmative Action dar. Über Employment Equity Pläne wird jedem in den Regelungsbereich des EEA fallenden Unternehmen ermöglicht, eine individuelle und auf die spezielle Situation des Unternehmens ausgerichtete Strategie zu entwickeln, anhand der Arbeitnehmergleichberechtigung gefördert werden soll. Auf diese Weise soll wirtschaftlichen und rechtlichen Bedenken Rechnung getragen werden.

  In Deutschland stehen rechtliche Probleme stärker im Vordergrund als die wirtschaftliche Seite von positiver Diskriminierung.[1235] Es wird befürchtet, dass positive Maßnahmen auf Grund fehlender Flexibilität gegen das Verfassungsrecht und gegen das Privatrechtssystem verstoßen könnten.

  Employment Equity Pläne könnten sich als essentielle Maßnahmen erweisen um entsprechende Kollisionen abzuwenden. Die aus den Plänen folgenden individuellen Gestaltungsmöglichkeiten geben jedem Unternehmen die Handhabe darüber, gegen festzustellende Gleichberechtigungsprobleme vorzugehen. Auf diese Weise könnten schematische staatliche Reglementierungen vermieden werden.

- CEE: Die CEE erfüllt eine wichtige Funktion als Lenk- und Leitstelle von Affirmative Action. Der CEE obliegt die Planung zukünftiger Schritte sowie die Überwachung der Umsetzung des gesamten Affirmative Action Konzeptes. Im Rahmen dieser Aufgaben soll es der CEE möglich sein, festzustellen, wie implementierte Maßnahmen von der Bevölkerung aufgenommen werden.

  Auch wenn in Deutschland der potentielle Umfang von positiver Diskriminierung weitaus geringer ist als derjenige in Südafrika, liegt es im Wesen von Förderungsmaßnahmen, dass Reibungen entstehen. Diese können nicht nur auf betrieblicher, sondern auch auf gesellschaftlicher Ebene zu Problemen und Spannungen führen. Aus diesem Grund ist es wichtig, dass die breite Einführung von positiver Diskriminierung im Arbeitsrecht von einer Instanz überwacht wird, die in der Lage ist, entsprechende Spannungen zu erkennen und dagegen vorzugehen.

(b) Materielle Inhalte von positiver Diskriminierung/Affirmative Action im Vergleich

Mit der Umsetzung vergleichbare systematische Schritte sind in Südafrika auch hinsichtlich der materiellen Inhalte von Affirmative Action versucht worden. Hier zeigen sich einige problematische Stellen die auch im Falle einer

[1235] Zur wirtschaftlichen Problematik genauer, siehe oben: S. 60 ff.

Umsetzung entsprechender Programme in deutsches Recht beachtet werden müssten.

- Zielsetzung von positiver Diskriminierung/Affirmative Action: Es stellt sich die Frage, welcher konkrete Zustand durch positive Diskriminierung/Affirmative Action erreicht werden soll. In Südafrika wird das Ziel von Affirmative Action mit der gleichmäßigen Repräsentation der Bevölkerungsgruppen umschrieben. Diese Definition wirft die Frage auf, was unter dem Begriff der gleichmäßigen Repräsentation zuverstehen ist. In Südafrika ist der Begriff gesetzlich definiert (sec. 42 EEA). Die Besprechung von sec. 42 EEA hat gezeigt, dass sich auf Grund der Ungenauigkeit bzw. der Weite der Definition Eingrenzungsschwierigkeiten ergeben.[1236] In Deutschland fehlt jegliche Art der Zielangabe in Bezug auf positive Diskriminierung und damit ein verbindlicher Maßstab. Dies ist vor allem dadurch begründet, dass sich im deutschen Recht keine Regelungen finden lassen, die sich mit positiver Diskriminierung im Arbeitsrecht befassen, sich der Rechtsbereich damit insgesamt noch in einem Schwebezustand befindet. Es ergeben sich nicht nur Probleme in der praktischen Umsetzung, sondern das gesamte theoretische Gerüst positiver Diskriminierung steht in Frage. Ein Rahmen für notwendige oder mögliche Maßnahmen lässt sich weder qualitativ noch quantitativ erkennen.
- Die Unterschiede bei der Frage der Qualifikation bzw. der verwendbaren Hilfskriterien wird im nächsten Teil angesprochen.[1237] Auf die dortigen Ausführungen sei an dieser Stelle verwiesen.
- Schließlich stellt sich die Problematik der Zielgruppe positiver Maßnahmen. In Südafrika geht die Mehrheit der Autoren davon aus, dass es nicht notwendig sei, individuelle, konkrete Nachteile in der Vergangenheit nachweisen zu können. Dies eröffnet positiver Förderung einen breiten Zielbereich. In Deutschland hat sich aber gezeigt, dass allein die Zugehörigkeit zur Gruppe der Frauen wenig Aussagekraft bezüglich der Förderungswürdigkeit enthält.[1238] In Deutschland kann, anders als in Südafrika, nicht von größtenteils isoliert lebenden Bevölkerungsgruppen mit homogener Gruppenidentität gesprochen werden. Dementsprechend könnten Programme in Deutschland nicht bezogen auf die Gruppenebene durchgeführt werden und wären lediglich in einem engeren Rahmen denkbar. Konkrete individuelle Nachteile müssten zumindest grundsätzlich nachgewiesen werden. Auf diese Weise ist die Effektivität der Maßnahmen bis zu einem gewissen Grad in Frage gestellt.

[1236] Im Detail siehe oben: S. 212 f.

[1237] Siehe unten: S. 302.

[1238] Siehe oben: S. 166 ff.

(c) Durchsetzung der gesetzlichen Vorgaben im Vergleich

Das südafrikanische System von Affirmative Action basiert auf einem umfassenden System von Kontroll- und Durchsetzungsmechanismen. Aus dem EEA geht deutlich die Sorge des Gesetzgebers hervor, die angestrebten Veränderungen könnten auf freiwilliger Ebene wirkungslos bleiben. Nicht lediglich die Anti-Diskriminierungsnormen, sondern auch speziell die Affirmative Action Vorschriften basieren auf einem detaillierten Überwachungs- und Durchsetzungssystem. Fälle aus der südafrikanischen Praxis zeigen, dass ein vergleichbares System essentiell für wirksame positive Diskriminierung auch in Deutschland wäre. Freiwillige Systeme entbehren der notwendigen Breite und Durchsetzungskraft. Verpflichtende Systeme schaffen den notwendigen gesamtgesellschaftlichen Rahmen. Diese sind nur möglich, wenn festgestellt werden kann, welcher Arbeitgeber in welchem Umfang positive Diskriminierung anwendet bzw. anzuwenden hat.
Die Feinheiten der Vorgehensweise in Südafrika geben dabei Anhaltspunkte dafür, wie ein entsprechendes System in Deutschland in die Tat umzusetzen wäre. Einige dieser Punkte sind im Rahmen der praktischen Umsetzung schon erörtert worden. Zentraler Punkt des südafrikanischen Systems ist, dass mit dem CEE ein Lenkungs- und Leitungsorgan geschaffen wurde. Im Mittelpunkt jeder Maßnahme steht ferner das jeweilige individuelle Unternehmen. Dieses hat - entsprechend der Verhältnisse in der Unternehmensumgebung - Pläne dahingehend aufzustellen, welche Maßnahmen zur Förderung der Gleichberechtigung in die Tat umgesetzt werden sollen. An diesen Vorgaben muss sich das Unternehmen im Nachhinein messen lassen.

Sollten die sich auf das Vorfeld von Affirmative Action beziehenden Regelungen nicht greifen, stehen eine Reihe von Zwangsmaßnahmen zur Verfügung. Es existiert in jeder Region ein zuständiger Beamter, der über eigene Befugnisse oder durch gerichtliche Schritte die Durchsetzung der Maßnahmen sicherstellen kann.[1239]
In Deutschland ergibt sich ein grundlegend anderes Bild. Die Problematik der Durchsetzung der fraglichen Normen ist bislang noch nicht aufgegriffen worden. Auch in Deutschland steht aber zu befürchten, dass freiwillige Maßnahmen relativ fruchtlos bleiben werden. Ein funktionierendes System, das über die Einhaltung von Vorschriften positiver Diskriminierung wacht, wäre somit ebenfalls notwendig.
Welche Möglichkeiten ergeben sich in Deutschland? Die Erstattungsansprüche die in § 611 a Abs. 2 und 3 BGB vorgesehen sind, dienen lediglich der Unterstützung der Anti-Diskriminierungsnorm des § 611 a Abs. 1 S. 1 BGB. Schon Ansprüche auf dieser Ebene werden in der Literatur kritisch betrachtet, da

[1239] Detailliert, siehe oben: S. 124 f.

sich ein faktischer Kontrahierungszwang für den Arbeitgeber aufbaue.[1240] Weitergehende Maßnahmen können in Deutschland nicht ergriffen werden. Dies ergibt sich zwangsläufig aus der Tatsache, dass nicht einmal Regelungen existieren, die inhaltlich Maßnahmen anordnen, deren Durchsetzung sicherzustellen wäre.

ee) Systemübergreifende Probleme

Die Untersuchung der einzelnen Systeme hat weitere Problembereiche verdeutlicht, die in übergreifender Weise untersucht werden sollen, da sie unabhängig von der konkreten Umsetzung in allen Systemen anzutreffen sind.

(1) Problematik der Hilfskriterien

Die Problematik der Hilfskriterien wird (vorwiegend) in Deutschland hinsichtlich der Regelungen im öffentlichen Recht diskutiert,[1241] während in Südafrika der absolute Charakter der Zielgruppenbestimmung unstreitig angenommen wird.[1242] In Deutschland wird ausgehend von der Rechtsprechung des EuGH gefordert, dass die verwendeten Kriterien nicht ihrerseits diskriminierend sein dürften.[1243] So seien z.B. Dienstalter oder Unterhaltspflichten mittelbar diskriminierend, weil durch diese Kriterien zwangsläufig Männer zu bevorzugen seien. Es müsse versucht werden Kriterien zu finden, die nicht an bestehende Rollenverteilungen anknüpften. In Frage kämen z.B. Behinderungen, die Notwendigkeit der Wiedereingliederung nach Krankheit oder der Alleinerziehendenstatus.

Fraglich ist neben den einzelnen Kriterien selbst, welcher Rang den Kriterien zuzubilligen ist. Diese Frage stellt sich vorwiegend im Rahmen einer leistungsabhängigen Quote. Nach einer Auffassung ist das Geschlecht entscheidendes, der Qualifikation nachfolgendes Kriterium.[1244] Danach wäre, da die Qualifikation notwendigerweise gleich sein muss, damit die Quotenregelung greift, nur noch auf das Geschlecht abzustellen. Nach einer zweiten Auffassung ist das Geschlecht eines von einer Vielzahl möglicher Hilfskriterien.[1245] Die Gesamtheit der Kriterien müsse in Betracht gezogen werden. Das Ergebnis sei anhand einer Abwägung der gleichwertigen Kriterien zu finden. Eine dritte Meinung geht

---

[1240] *Herrmann*, ZfA 1996, 19, 30 ff.

[1241] Vgl: BAG NZA 2003, 1036 f.; BAG NZA 2000, 935 f.; BAG NZA 2000, 473 f.; BAG NZA 1997, 1337 f.

[1242] Siehe oben: S. 208, lediglich der zu unterscheidende Begriff der Qualifikation ist umstritten, da Modifikationen vorgenommen wurden.

[1243] *Hanau*, Festschrift für Lüderitz, 241, 260.

[1244] Darstellung: *Sachs*, RdA 1998, 129, 141.

[1245] Darstellung: *Sachs*, RdA 1998, 129, 141.

davon aus, dass das Geschlecht lediglich die Stellung eines *„auf der dritten Ebene stehenden [...] letztrangigen Nach-Hilfskriteriums"* besitze.[1246] Das Geschlecht diene dazu, Situationen zu klären, in denen sowohl die Qualifikation als auch die Auswertung der Hilfskriterien keine Entscheidung habe herbeiführen können.[1247]
Erstgenannte Auffassung hätte zur Folge, dass eine einer leistungsabhängigen Quote angehängte Härteklausel ohne Auswirkungen bliebe. Nach der Qualifikation würde direkt nach dem Geschlecht gefragt, um die Situation zu klären. Erstgenannte Ansicht steht damit im Widerspruch zu den Forderungen des EuGH, dass sich keine automatische Bevorzugung ergeben dürfe.[1248] Letztgenannte Ansicht steht im Widerspruch zu der Forderung des EuGH in der Marschall-Entscheidung, dass Hilfskriterien es den Männern im Einzelfall erlauben sollen, eine für sie günstige Entscheidung zu erreichen.[1249] Die letztgenannte Auffassung würde zu dem Ergebnis führen, dass das Geschlecht lediglich eine Jokerfunktion in Einzelfällen erhielte. Eine ausgewogene Abwägung aller in Frage kommenden Kriterien ist damit einzige vor dem Hintergrund des europäischen Rechts tragbare Lösung, um die Rangfolge der Hilfskriterien zu bestimmen.

(2) Problematik des wirtschaftlichen Hintergrundes

Die Auswirkungen von positiver Diskriminierung auf die Wirtschaft in den Systemen ist ebenfalls zu beachten. Die wirtschaftliche Ebene gestaltet die Problematik vielschichtig.
Zunächst ist auf die Problematik in den einzelnen Betrieben einzugehen. Die südafrikanischen Gesetzgeber waren und sind sich der Problematik ungebildeter Arbeitskräfte bewusst. In allen gesetzlichen Vorlagen zu Affirmative Action spielt der Begriff *„suitably qualified"* eine entscheidende Rolle. Im deutschen und europäischen Recht wird diese Ebene ebenfalls gesehen. Maßnahmen werden daraus nicht abgeleitet. Dies wird mit der Tatsache begründet, dass in Untersuchungen keine relevanten Bildungsunterschiede zwischen Frauen und Männern festgestellt werden konnten. Es ist aber zu bedenken, dass sich in Deutschland/ Europa andere Probleme stellen. In den europäischen Systemen ist das Problem der Fehlzeiten schwangerer Frauen zu lösen.

Weiter ist die volkswirtschaftliche Ebene zu beleuchten. Der bisherige Ansatz fragt, ob sich der Staat Eingriffe mit wirtschaftlich negativen Folgen gegenüber seinen Bürgern und vor dem Hintergrund der staatlichen Rechtsordnung leisten

---

[1246] *Sachs*, RdA 1998, 129, 141.
[1247] OVG Rheinland-Pfalz 29.06.1999, DVBl 1999, 1445.
[1248] EuGRZ 1995, 546 ff.
[1249] EuGRZ 1997, 564 ff.

kann. Darüber hinausgehend ist problematisch, ob sich der Staat diese Maßnahmen vor dem Hintergrund des international wachsenden wirtschaftlichen Drucks leisten kann. Ein Beispiel für diese Problematik bietet die Richtlinie 75/117/EWG. Die Verhandlungen zur Einführung der Richtlinie wurden vor dem Hintergrund der europäischen und nicht der globalen Entwicklung geführt. Dennoch stand der Gedanke des Wettbewerbsausgleiches im Vordergrund. Frankreich setzte bei den Verhandlungen die Entgeltgleichheit für Männer und Frauen auf europäischer Ebene durch. Diese Bestimmung war in Frankreich schon vor in Kraft treten der Richtlinie wirksam, doch Frankreich wollte die europaweite Geltung, um Wettbewerbsnachteilen gegenüber anderen europäischen Staaten zu entgehen.

Arthurs hat die sich aus der Globalisierung ergebenden Probleme insbesondere angesichts der Frage untersucht, inwieweit staatliche Maßnahmen vor dem Hintergrund der Globalisierung gehen können.[1250] Er betont den überwältigenden Einfluss der Entwicklungen der letzten Jahre auf dem Gebiet des Arbeitsrechtes. Die praktischen Zwänge der Globalisierung seien nicht ohne Wirkung auf die von Gesetzgebern und Rechtswissenschaft zu erstellenden Programmsätze geblieben.[1251] Südafrika befinde sich in einer besonderen Situation.[1252] Gleichberechtigungsgesetzgebung könne sich aus der wirtschaftlichen Perspektive in Südafrika lediglich als Hindernis im globalen Wettbewerb darstellen.

Dieser Argumentation wird von anderer Seite widersprochen. Die wirtschaftlichen Verhältnisse zur Zeit der Apartheid hätten gezeigt, dass Diskriminierung Kosten im Sinne entgangener Gewinne verursache.[1253] Autoren dieser Meinungsrichtung benutzen das sogenannte „*taste of discrimination*"-Argument. Jeder, der einen besonderen Geschmack besitze, müsse bereit sein, dafür mehr zu bezahlen. So müsse jemand, der rassistisch sei, mehr zahlen, um sich nur mit Weißen umgeben zu können.[1254]

Beiden Argumentationen ist in gewisser Weise zuzustimmen. Die Diskussion führt zu tief in betriebswirtschaftliche Fragen. Aus den genannten Streitpunkten ergibt sich für diese Arbeit, dass der wirtschaftliche Hintergrund bei der Gestaltung positiver Diskriminierung nicht vernachlässigt werden darf.

1250 *Arthurs*, Notes for an address to the tenth Anniversary Labour Law Conference Durban 1997, 2 f.

1251 *Arthurs*, Notes for an address to the tenth Anniversary Labour Law Conference Durban 1997, 2, „*greenhouse effect in labour relations*"; vergleichbar: *Baskin*, Speech to the eleventh annual Labour Conference Durban 1998, 1 ff.

1252 *Arthurs*, Notes for an address to the tenth Anniversary Labour Law Conference Durban 1997, 7.

1253 *Hepple*, (1997) 18 ILJ 598, 599.

1254 *Hepple*, (1997) 18 ILJ 598, 599.

TEIL IV
SCHLUSSBEMERKUNG

Die Arbeit zeigt, dass die Art und Weise, in der Arbeitnehmer diskriminiert werden, trotz Abweichungen im Detail übereinstimmt. Sowohl Rassen- als auch Geschlechterdiskriminierung ist auf gesellschaftliche Ursachen zurückzuführen. Auf dieser Basis ist eine rechtsvergleichende Untersuchung möglich.
Die Arbeit zeigt ferner, dass die Maßnahmen, mit denen gegen Diskriminierung vorgegangen werden soll, in den einzelnen Systemen voneinander abweichen. Dies ist mit unterschiedlichen, bewussten und unbewussten gesetzgeberischen Wertungen in den einzelnen Systemen zu begründen. Diese Unterschiede werden schon auf Verfassungsebene offenbar und setzten sich auf arbeitsrechtlicher Ebene fort.
Das deutsche Recht auf der einen und das südafrikanische Recht auf der anderen Seite stellen die Rahmenpositionen dar. Gleichberechtigung ist innerhalb des Grundgesetzes lediglich ein mit anderen Verfassungswerten gleichberechtigtes Grundrecht. In Südafrika kommt Gleichberechtigung dagegen eine herausragende Stellung zu.

Es ist zunächst gefragt worden, aus welchem Grunde unterschiedliche Wege gegangen werden. Begründungen für diese Wertungsunterschiede sind primär auf die unterschiedliche Geschichte der Rechtsordnungen zurückzuführen. In Südafrika hat das Ende der Apartheid zu einer neuen Verfassung geführt. Die so entstandene Constitution ist durch diese Motivationslage beeinflusst worden. Das Land hat einen dramatischen Bruch erlebt, da das Verhältnis von benachteiligter und bevorzugter Gruppe praktisch über Nacht neu definiert wurde. Ferner spielen tatsächliche Unterschiede eine Rolle. Die dramatischen Unterschiede zwischen den Rassen in Südafrika haben die Auffassungen verstärkt, die schnelle, nachhaltige Veränderungen fordern. Daraus ist der Ruf nach Affirmative Action zwangsläufig entstanden.
In Deutschland/ Europa sind keine derart substantiellen Differenzen zu verzeichnen. In diesen Systemen ist auf Grund bestehender, unveränderlich erscheinender Unterschiede der Ruf nach positiven Maßnahmen erst im Laufe der Zeit lauter geworden. Auf europäischer Ebene steht positiver Diskriminierung im Arbeitsrecht die Tür weitgehend offen. Die Untersuchung der deutschen Rechtslage hat gezeigt, dass hier die Lage wesentlich komplizierter ist. Die daraus folgenden Probleme im Bezug auf grundsätzliche theoretische Herleitung und auf konkrete praktische Umsetzung sind aufgezeigt worden. Es ist deutlich geworden, dass die Unterschiede zwischen europäischem und deutschem Recht auf ein rechtspolitisches Problem hinweisen: in Deutschland fehlt eine klare gesetzgeberische Linie.

Weiter ist gefragt worden, was unternommen werden kann, um den Diskriminierungsschutz von Arbeitnehmern wirksamer zu gestalten. Diese Frage zielte besonders auf die Situation deutscher Arbeitnehmer.
In der Arbeit ist der Untersuchung der Systeme eine allgemeine theoretische Untersuchung vorangestellt worden. Die Bedeutung dieser grundlegenden Theoriedebatte zeigt sich insbesondere in Deutschland und Europa. Die auf der jeweiligen Ebene existierenden Regelungen zeigen, dass in Europa der „*equal opportunities*“-Ansatz und in Deutschland der formell-/ symmetrische Ansatz bestimmend ist (trotz der Streitfragen hinsichtlich des Art. 3 Abs. 2 S. 2 GG[1255]). In beiden Systemen fehlt aber die bewusste Auseinandersetzung mit diesen theoretischen Modellen.
Die südafrikanische Verfassung ist dagegen explizit aus dem materiell-/ substantiellen Grundkonzept abgeleitet. Die Verfassungsgeber haben sich für dieses und ausdrücklich gegen die anderen Modelle entschieden. Es hat eine Abwägung stattgefunden, an deren Ende das weitreichendste Konzept als für die südafrikanische Realität am geeignetesten angesehen und umgesetzt wurde. Diese Stringenz setzt sich hinsichtlich der arbeitsrechtlichen Regelungen fort.
Europäisches und deutsches Recht lassen derartige Reflexionen vermissen. Beide Rechtssysteme folgen wenn, dann eher intuitiv einem bestimmten Konzept. Diese theoretische Schwäche überträgt sich zwangsläufig auf die praktischen Regelungen. Der im Zentrum des deutschen Gleichberechtigungsrechts liegende Art. 3 Abs. 2 S. 2 GG offenbart den größten Nachholungsbedarf. Um die kompromissartig formulierte Norm auszulegen, wird im Verfassungszusammenhang gedeutet, werden Wortlaut und Entstehungsgeschichte miteinander abgewogen. Die angestrebte Klarheit wird auf diesem Wege nicht erreicht. Dies kann nicht verwundern, da die Problematik nicht auf dieser Ebene, sondern tiefer verwurzelt ist. Schon der theoretische Unterbau ist nicht eindeutig. Hergebrachte Argumente aus formell-/ symmetrischer Sicht werden vermehrt angegriffen ohne als solche erkannt zu werden. „Lösungen“ werden gesucht und angeboten. Der Vergleich mit der südafrikanischen Verfassung zeigt aber an dieser Stelle, dass die in Deutschland gesuchten „Lösungen“ nicht existieren.
Ein Blick zurück auf allgemeine theoretische Positionen, als solche aufgefasst und angenommen, erscheint vielversprechender. Jede dieser Positionen steht für sich und reibt sich an den anderen Standpunkten. Argumente verschiedener Herkunft stehen gleichberechtigt nebeneinander. Entscheidend ist/ wird, auf demokratischem Wege zu einer wertenden Gewichtung zu gelangen. Ist dieser Schritt vollzogen, können praktische Schritte in Übereinstimmung mit der erzielten Wertung vorgenommen und ein schlüssiges Konzept entwickelt werden.

1255 Ausführliche Besprechung, siehe oben: S. 161 ff.

Genannte Wertung konnte im Rahmen dieser Arbeit gerade nicht stattfinden, es konnten lediglich die ausschlaggebenden Maßstäbe aufgezeigt werden. Die eigentliche Wertung hat ausgehend von dieser breiten theoretischen Basis im Rahmen der Öffentlichkeit stattzufinden. Darüber hinaus bleibt abzuwarten, welches Grundkonzept sich als das Erfolgsversprechendste herausstellt, insbesondere ob sich positive Diskriminierung/Affirmative Action als der richtige und entscheidende Schritt in Richtung Gleichberechtigung im Arbeitsrecht erweisen wird.

Gewichtige Probleme von positiver Diskriminierung/Affirmative Action sind aufgezeigt worden. Die wichtigsten seien nochmals erwähnt:
Positive Maßnahmen können lediglich dann funktionieren, wenn zunächst das Ziel genau feststeht. Die Untersuchung der Systeme hat gezeigt, dass gerade die scheinbar einfache Zielbestimmung zu Schwierigkeiten führt, da schon der Begriff Gleichheit teil- und dehnbar ist.
Ferner ist positive Diskriminierung/Affirmative Action lediglich innerhalb eines bestimmten Zeitrahmens zu rechtfertigen, d.h. es muss ein Zeitpunkt festgelegt werden, ab dem derartige Maßnahmen ihre Daseinsberechtigung verlieren. Heute erscheint fraglich, ob dieser theoretische Zeitpunkt jemals erreicht werden kann. Auch in Systemen, die auf positive Diskriminierung/Affirmative Action zurückgreifen, werden bestimmten Gruppen weiterhin in großem Umfang benachteiligt.

Diese beiden genannten theoretische Grundpfeiler von positiver Diskriminierung/Affirmative Action, Ziel und potenzieller Endzeitpunkt liegen heute in allen betrachteten Systemen außer Sichtweite. Dies kann auf die gewaltige Aufgabe hindeuten, die positive Diskriminierung/Affirmative Action zu bewältigen haben wird, oder auf die substantielle Schwäche der gesamten theoretischen Überzeugung, auf die sich das Konzept bezieht.

Literaturverzeichnis

Abele, Roland: Schadensersatz wegen geschlechtsbezogener Diskriminierung eines Stellenbewerbers, NZA 1997, 641
(zit.: *Abele*, NZA 1997)

Adomeit, Klaus: Gleichbehandlung von Mann und Frau bei Einstellung von Arbeitnehmern, DB 1980, 2388
(zit.:*Adomeit*, DB 1980)

Albertyn, Catherine/ *Kentridge*, Janet: Introducing the Right to Equality in the Interim Constitution, South African Journal on Human Rights 1994, Vol. 10, Part. 2, 149
(zit.: *Albertyne/ Kentridge*, SAJHR 1994)

Alexy, Robert: Theorie der Grundrechte, Baden Baden 1985
(zit.: *Alexy*)

Arthurs H. W.: Labour Law and Industrial Relations in the Global Economy, Notes for an address to the tenth Anniversary Labour Law Conference Durban, July 11, 1997
(zit.: *Arthurs*, Notes for an address to the tenth Anniversary Labour Law Conference Durban 1996)

Barbera, Mariza: Not the Same? The Judicial Role in the New Community Anti-Discrimination Law Context, Industrial Law Journal 2002, 82
(zit.: *Barbera*, ILJ 2002)

Barker, Frans: Concerns over the Promotion of Equality Act remain, Contemporary Labour Law 2000, Vol. 10, No. 3, 25
(zit.: *Barker*, CLL 2000)

Baskin, Jeremy: South Africa's quest for jobs, growth and equity in a global context, Speech to the eleventh annual Labour Law Conference Durban 1998
(zit.: *Baskin*, Speech to the eleventh annual Labour Law Conference Durban 1998)

Basson, AC: The Regulation of unfair Discrimination by the Employment Equity Act 55 of 1998, South African Mercantile Law Journal, 1999, 240
(zit.: *Basson*, SA Merc LJ 1999)

Battis, Ulrich/ *Eisenhardt*, Arne : Neue Gesetzgebung zur Gleichberechtigung, ZRP 1994, 18
(zit.: *Battis/ Eisenhardt*, ZRP 1994)

Bauer, Jobst-Hubertus : NJW 2001 Europäische Anti-Diskriminierungsrichtlinien und ihr Einfluss auf das deutsche Arbeitsrecht, 2672
(zit.: *Bauer*, NJW 2001)

Becker, Gary: The economics of discrimination, 2. Auflage, Chicago 1971
(zit.: *Becker*, (1971))

Becker, Werner: Diskriminierung und Toleranz, in Jörden, Jan C. (Hrsg.): Diskriminierung – Antidiskriminierung, Berlin 1996
(zit.: *Becker*)

Benda, Ernst: Notwendigkeit und Möglichkeit positiver Aktionen zugunsten von Frauen im öffentlichen Dienst, Gutachten im Auftrag der Leitstelle Gleichstellung der Frau der Freien und Hansestadt Hamburg, Freiburg 1986
(zit.: *Benda*)

Benda, Ernst/ Maihofer, Werner/ Vogel, Hans- Jürgen (Hrsg.): Handbuch des Verfassungsrechts, 1. Auflage, München 1983
(zit.: Benda/ Maihofer/ Vogel, *Bearbeiter*)

Bergmann, Jan/ Lenz, Christofer (Hrsg.): Der Amsterdamer Vertrag, Eine Kommentierung der Neuerungen des EU- und EG- Vertrages, Köln 1998
(zit.: Bergmann/ Lenz, *Bearbeiter*)

Bertelsmann, Klaus/ *Pfarr*, Heide: Diskriminierung von Frauen bei der Einstellung und Beförderung, DB 1984, 1297
(zit.: *Bertelsmann/ Pfarr*, DB 1984)

Beyer, Thomas C.W./ *Möllers*, Thomas M.J.: Die Europäisierung des Arbeitsrechts, JZ 1991, 24
(zit.: *Beyer/Möllers*, JZ 1991)

Blanpain, Roger: European Labour Law, 7. Auflage, The Hague, London, Boston 2000
(zit.: *Blanpain*)

Blomeyer, Wolfgang: Die zulässige Ungleichbehandlung im Arbeitsrecht, Festschrift für Gerhard Müller, 1981, 52
(zit.: *Blomeyer*, Festschrift für Müller)

ders: Gemeinsame Anmerkung zu den Entscheidungen des EuGH vom 17.10.1995 – R C-450/93 (Kalanke) und des BAG vom 5.3.1996 – 1 AZR 590/92 (A), SAE 1997, 11
(zit.: *Blomeyer*, SAE 1997)

Brassey, Martin: Elements of discrimination, Employment Law 1994/95 Vol. 12, 56
(zit.: *Brassey*, EL 1994/95)

ders: Self-interested discrimination, Employment Law 1994/95 Vol. 12, 111
(zit.: *Brassey*, EL 1994/95)

ders: Affirmative action - the objectives, Employment Law 1994/95 Vol. 12, 132
(zit.: *Brassey*, EL 1994/95)

ders: Discrimination – the means, Employment Law 1995/96 Vol. 12, 3
(zit.: *Brassey*, EL 1995/96)

ders: The Employment Equity Act: Bad for Employment and bad for Equity, Industrial Law Journal 1999, 1359
(zit.: *Brassey*, ILJ 1999)

Brohm, Winfried: Soziale Grundrechte und Staatszielbestimmungen in der Verfassung. Zu den gegenwärtig diskutierten Änderungen des Grundgesetzes, JZ 1994, 213
(zit.: *Brohm*, JZ 1994)

Buchner, Herbert: Freiheit und Bindung des Arbeitgebers bei Einstellungsentscheidungen, NZA 1991, 577
(zit.: *Buchner*)

Chachalia, Azhar/ *Cheadle*, Halton/ *Davis*, Dennis/ *Haysom*, Nicholas/ *Maduna*, Penuell/ *Marcus*, Gilbert: Fundamental Rights in the New Constitution, Witwatersrand 1994
(zit.: *Chachalia et al.*)

Callies, Christian/ Ruffert, Matthias (Hrsg.): Kommentar des Vertrages über die Europäische Union und des Vertrages zur Gründung der Europäischen Gemeinschaft: EUV/ EGV, 2. Auflage, Neuwied, Kriftel 2002
(zit.: Callies/ Ruffert, *Bearbeiter*)

Cameron et. al., The New Labour Relations Act, Cape Town 1989
(zit.: *Cameron*)

Campanella, Joe: Affirming equality, Employment Law 1992/93, Vol. 9, 136
(zit.: *Campanella*, EL 1992/93)

Capaldi, Nicholas: Out of Order: Affirmative Action and the Crisis of Doctrinaire Liberalism, 1985, Buffalo, New York 1985
(zit.: *Capaldi*)

Cheadle, Halton/ *Le Roux*, PAK/ *Thompson*, Clive/ *Van Niekerk*, Andre: Current labour Law 1991/ 92, Kenwyn 1992
(zit.: *Cheadle et al*, 1991/ 92)

dies: Current labour Law 1995, Kenwyn 1995
(zit.: *Cheadle et al.*, 1995)

dies: Current labour Law 1996, Kenwyn 1996
(zit.: *Cheadle et al.*, 1996)

dies: Current labour Law 1997, Kenwyn 1997
(zit.: *Cheadle et al.*, 1997)

dies: Current labour Law 1998, Kenwyn 1998
(zit.: *Cheadle et al.*, 1998)

dies: Current labour Law 1999, Kenwyn 1999
(zit.: *Cheadle et al.*, 1999)

dies: Current labour Law 2000, Lansdowne 2000
(zit.: *Cheadle et al.*, 2000)

Coester-Waltjen, Dagmar : Zielsetzung und Effektivität eines Antidiskriminierungsgesetzes, ZRP 1982, 217.
(zit. : *Coester-Waltjen*, ZRP 1982)

Claasen, Claus Dieter: Wie viele Wege führen zur Gleichberechtigung von Männern und Frauen? (Gemeinsamkeiten und Unterschiede von deutschem und europäischem Recht), JZ 1996, 921
(zit.: *Claasen*, JZ 1996)

Codes of good Practice:
- Code of good Practice for South African Subsidiaries of German Companies: Joint demands of the Industriegewerkschaft Metall of the Federal Republik of Germany and the South African Council of the International Metalworkers Federation, Johannesburg and Frankfurt, 1988
(zit.: Code of good Practice for South African Subsidiaries of German Companies)

- Code of Conduct for Companies with Interests in South Africa: Government Guidance to British Companies on the Code of Conduct Adopted by the Governments of the Member States of the European Community on 19. November 1985, London 1986
(zit.: Code of Conduct for British Companies with Interests in South Africa)

- Code of Conduct for British Companies with Interests in South Africa: Analysis and Summary of Companies Reports for the Period 1. July 1987 to 30. June 1988
(zit.: Code of Conduct for British Companies with Interests in South Africa: Analysis)

- Statement of Principles for U. Firms with Affiliates in the Republic of South Afrika, 4th Amplification, Philadelphia 1984
(zit.: Statement of Principles for U. Firms with Affiliates in the Republic of South Afrika)

Collins, Deanne: Affirmative Action tokenism or transformation?, South African Labour Bulletin 1994, Vol. 18 Nr. 4, 40
(zit.: *Collins*, SA Labour Bulletin 1994)

Constitutional Committee of the ANC in October 1991: Affirmative Action in a new South Africa, Kapstadt 1992
(zit.: Constitutional Committee of the ANC)

Cooper, Carol/ *Lagrange*, Robert: The Application of the Promotion of Equality and Prevention of Unfair Discrimination Act and the Employment Equity Act, Industrial Law Journal 2001, 1532
(zit.: *Cooper/ Lagrange*, ILJ 2000)

Däubler, Wolfgang (Hrsg.): Betriebsverfassungsgesetz; Kommentar für die Praxis, 7. Auflage, Frankfurt 2000
(zit.: Däubler, *Bearbeiter*)

Davis, Dennis/ *Cheadle*, Halton/ *Haysom*, Nicholas: Fundamental Rights in the Constitution, Kenwyn 1997
(zit.: *Davis et al.*)

Devenish, George E.: A Commentary on the South African Constitution, Durban 1998
(zit.: *Devenish*)

De Waal, *Johan/* Currie, *Iain/* Erasmus, *Gerhard: The Bill of Rights Handbook, Lansdowne 2001*
(zit.: *De Waal/ Currie/ Erasmus*)

Dieball, Heike: Gleichstellung der Geschlechter im Erwerbsleben – neue Vorgaben des EG-Vertrages, EuR 2000, 274
(zit.: *Dieball*, EuR 2000)

Di Fabio, Udo: Die Gleichberechtigung von Mann und Frau, AöR 1997, 404
(zit.: *Di Fabio*, AöR 1997)

Dix, Alexander: Gleichberechtigung durch Gesetz, Baden Baden 1984
(zit.: *Dix*)

Dolzer, Rudolf/ Vogel, Klaus/ Grasshof, Karin (Hrsg.): *Bonner Kommentar zum Grundgesetz,* Stand: 100 Lieferung Juni 2002, Hamburg
(zit.: Bonner Kommentar, *Bearbeiter*)

Domsch, Michel/ *Regnet*, Erika: Weibliche Fach- und Führungskräfte Wege zur Chancengleichheit, Stuttgart 1990
(zit.: *Domsch/ Regnet*)

Dreier, Horst: Grundgesetz Kommentar, Band I Artikel 1 bis 19, Tübingen 1996
(zit.: Dreier, *Bearbeiter*)

Dungs, Dorothee: Die Europäisierung des deutschen Arbeitsrechts und der geschlechterspezifische Gleichbehandlungsgrundsatz, Stuttgart, München, Hannover, Berlin, Weimar, Dresden 1998
(zit.: *Dungs*)

Dupper, Ockert: Proving Indirect Discrimination in Employment: A South African View, Industrial Law Journal 2000, 747
(zit.: *Dupper*, ILJ 2000)

Dupper, Ockert/ *Garbers*, Christoph: The Provisions of Benefits to and Discrimination against Same-sex Couples, Industrial Law Journal 1999, 772
(zit.: *Dupper/ Garbers*, ILJ 1999)

Du Toit, Darcy: When is Affirmative Action unfair?, Labour Law News and CCMA Reports 1999, Vol. 7, No. 5, 4
(zit.: *Du Toit*, LLN/ CR 1999)

ders: The Employment Equity Act: What are the „inherent requirements of a job?", Labour Law News and CCMA Reports 1999, Vol. 8, No.7 , 1
(zit.: *Du Toit*, LLN/ CR 1999)

ders: A User's Guide to Employment Equity Plans, Labour Law News and CCMA Reports 2000, Vol. 9, No. 4, 1
(zit.: *Du Toit*, LLN/ CR 2000)

ders: Affirmative Action and unfair Discrimination: Some fine Dividing Lines, Labour Law News and CCMA Reports 2000, Vol. 9, No. 6, 1
(zit.: *Du Toit*, LLN/ CR 2000)

Du Toit, D./ *Woolfrey*, D./ *Murphy*, J./ *Godfrey*, / *Bosch*, D./ *Roussouw*, J.: Labour Relations Law, A Comprehensive Guide, Durban 2000
(zit.: *Du Toit et al.*)

Dworkin, Ronald: Taking Rights Seriously, 5. Auflage, Cambridge 1978
(zit.: *Dworkin*)

ders: A Matter of Principle, Cambridge 1985
(zit.: *Dworkin*, A Matter of Principle)

Eastland, Terry/ *Bennett*, William: Counting by Race. Equality from the Founding Fathers to *Bakke* and *Weber*, New York 1979
(zit.: *Eastland/ Bennett*)

Ebsen, Ingwer: Zur Koordinierung der Rechtsdogmatik beim Gebot der Gleichberechtigung von Männern und Frauen zwischen Europäischem Gemeinschaftsrecht und innerstaatlichem Verfassungsrecht, RdA 1993, 11
(zit.: *Ebsen*, RdA 1993)

Eich, Rolf- Achim: Das Gestez über die Gleichbehandlung von Männern und Frauen am Arbeitsplatz, NJW 1980, 2329
(zit.: *Eich*, NJW 1980)

Epiney, Astrid: Möglichkeiten und Grenzen „positiver Diskrimnierung“ im europäischen Gemeinschaftsrecht, Festschrift für Schnyder, 1995, 205
(zit.: *Epiney*, Festschrift für Schnyder)

Erman, Bürgerliches Gesetzbuch: Handkommentar mit AGBG, EGBGB, ErbbauVO, HausratsVO, HausTWG, ProdHaftG, SachenRBerG, SchuldRAnpG, VerbrKrG, Münster 2000
(zit.: Erman, *Bearbeiter*)

Ezorzky, Gertrude: Racism and Justice: The Case for Affirmative action, Ithaca, London 1991
(zit.: *Ezorzky*)

Fastrich, Lorenz: Gleichbehandlung und Gleichberechtigung, RdA 2000, 65
(zit.: *Fastrich*)

Feindt, Erich: Von der Gleichberechtigung zur Gleichbehandlung der Frauen im öffentlichen Dienst, DöD 1983, 73

Fischer, Hans Georg: Europarecht, 3. Auflage, München 2001
(zit.: *Fischer*)

Fiscus, Ronald: The Constitutional Logic of Affirmative Action, Durham, London 1992
(zit.: *Fiscus*)

Fiss, Owen: Groups and equal protection clause, in: Equality and preferential treatment, ed. Cohen, Nagel and Scanlon, Princeton University Press 1977
(zit.: *Fiss*)

Fitting, Karl/ *Kaiser*, Heinrich/ *Heither*, Friedrich/ *Engels*, Gerd: Betriebsverfassungsgesetz, Handkommentar, 20. Auflage, München 2000
(zit.: *Fitting/ Kaiser/ Heither/ Engels*)

Frankenberg, Gerald: Critical Comparisons: Re- thinking Comparative Law, 1985, 26 Harvard International Law Journal 411,
(zit.: *Frankenberg*)

Fredman, Sandra: Reversing Discrimination, (1997) 113 L.Q.R., 576
(zit.: *Fredman*, (1997) 113 L.Q.R.)

dies: Woman and the Law, Oxford Monographs on Labour Law 1997
(zit.: *Fredman*)

dies: Discrimination and Human Rights – The Case of Racism, Oxford University Press, New York 2001
(zit.: *Fredman*, racism)

dies: Equality: A new Generation?, Industrial Law Journal, June 2001, Vol. 30, No. 2, 145 (zit.: *Fredman*, ILJ 2001)

dies: European Community Discrimination Law: A Critique, (1992) Industrial Law Journal (United Kingdom), 119
(zit.: *Fredman*, (1992) ILJ (UK))

dies: Europe with a social Face: Equality and Social Rights in the European Union, Industrial Law Journal 2001, Vol. 22, 1467
(zit.: *Fredman*, 22 ILJ 2001)

Freeman, Alan D.: Antidiscrimination Law: A critical Review, in The politics of Law by David Kairys, New York 1982
(zit.: *Freeman*)

Freis, Gerhild: Das Gesetz zur Änderung des Bürgerlichen Gesetzbuches und des Arbeitsgerichtsgesetzes, NJW 1998, 2779
(zit.: *Freis*, NJW 1998)

Frerichs, Petra: Klasse und Geschlecht I. Arbeit. Macht. Anerkennung. Interessen, Opladen 1997
(zit.:*Frerichs*)

Fritsch, Stephan: Gleichbehandlung als Aufgabe von Arbeitgeber und Betriebsrat nach § 75 Ab 1 BetrVG, BB 1992, 701
(zit.: *Fritsch*, BB 1992)

Frohn, Hansgeorg: Frauenförderung im öffentlichen Dienst, DöD 1991, 105
(zit.: *Frohn*, DöD 1991)

Fuchs, Maximilian (Hrsg.):
Kommentar zum Europäischen Sozialrecht, 3. Auflage, Baden Baden 2002
(zit.: Fuchs, *Bearbeiter*)

Fuchs, Maximilian, *Marhold*, Franz: Europäisches Arbeitsrecht, Wien, New York 2001
(zit.: *Fuchs/ Marhold*)

Fuchsloch, Anke: Erforderliche Beseitigung des Gleichberechtigungsdefizits oder verfassungswidrige Männerdiskriminierung, NJW 1991, 442
(zit.: *Fuchsloch*, NJW 1991)

die: Kalanke und die Folgen – zugleich Anmerkung zu den Urteilen des EuGH vom 17.10.1995 und des BAG vom 5.3.1996, FuR 1996, 87
(zit.: *Fuchsloch*, FuR 1996)

Gagel, Alexander (Hrsg.): Sozialgesetzbuch III – Arbeitsförderung -, Band 1, Loseblattsammlung, Stand: 19 Ergänzungslieferung, Oktober 2002, München 2002
(zit.: Gagel, *Bearbeiter*)

Garbers, Christoph: Labour Law, Stellenbosch 1999
(zit.: *Garbers*)

Gauntlett, Jeremy: Womandla!, Gender discrimination, Employment Law 1995/96 Vol. 12, 51
(zit.: *Gauntlett*, EL 1995/96)

Geiger, Rudolf: Kommentar zum EUV/ EGV, 3. Auflage, München 2000
(zit.: *Geiger*)

Giddens, Anthony: Affirmative Action, A brief but critical introduction, New York 1986
(zit.: *Giddens*)

Glendon, M. A.: Comparative Legal Traditions, St. Paul, MN 1994
(zit.: *Glendon*)

Grabitz, Eberhard/ Hilf, Meinhard (Hrsg.): Das Recht der Europäischen Union, Altband I, EUV, Art. 1- 136a EGV (Maastrichter Fassung), Loseblattsammlung, Stand: 14. Ergänzungslieferung, München, Oktober 1999
(zit.: Grabitz/ Hilf, *Bearbeiter*, Altband I)

dies: Das Recht der Europäischen Union, Band I, Art. 1- 104 EGV (Amsterdamer Fassung), Loseblattsammlung, Stand 19. Ergänzungslieferung, München, Februar 2002
(zit.: Grabitz/ Hilf, *Bearbeiter*)

dies: Das Recht der Europäischen Union, Band II, Art. 116- 314 EGV (Amsterdamer Fassung), Loseblattsammlung, Stand 19. Ergänzungslieferung, München Februar 2002
(zit.: Grabitz/ Hilf, *Bearbeiter*)

Groeben, Hans von der/ Boeckh, Hans von/ Thiesing, Jochen/ Ehlermann, Claus-Dieter (Hrsg.): Kommentar zum EWG- Vertrag, Band I, 3. Auflage, Baden Baden 1983
(zit.: Groeben/ Boeckh/ Thiesing/ Ehlermann, *Bearbeiter*)

Groeben, Hans von der/ Thiesing, Jochen/ Ehlermann, Claus-Dieter (Hrsg.): Kommentar zum EWG- Vertrag, Band I, 4. Auflage, Baden Baden 1991
(zit.: Groeben/ Thiesing/ Ehlermann, *Bearbeiter*)

Grogan; John: Levelling the working fields, the Employment and Occupational Equity Statute, Employment Law 1996/97 Vol. 13, 2
(zit.: *Grogan*, EL 1996/97)

ders: Affirmative Action affirmed, Employment Law 1996/97 Vol. 13, 6
(zit.: *Grogan*, Affirmative Action affirmed, EL 1996/97)

ders: Injustuce in Justice, White male Rights affirmed, Employment Law 1996/97 Vol. 13, 70
(zit.: *Grogan*, Injustice in Justice, EL 1996/97)

ders: More equal than others, Employment Law 1998/99 Vol. 14, 3
(zit.: *Grogan*, EL 1998/99)

ders: Towards a rainbow workforce, The Employment Equity Bill, Employment Law 1998/99 Vol. 14, 4
(zit.: *Grogan*, rainbow workforce, EL 1998/99)

ders: Shield not sword, Discrimination in appointments, Employment Law 1999 Vol. 15, 4
(zit.: *Grogan*, EL 1999)

ders: Affirmative dismissal, The limits of employment equity, Employment Law 2000 Vol. 15, 11
(zit.: *Grogan*, EL 2000)

ders: Workplace Law, 5. Auflage, Kapstadt 2001
(zit.: *Grogan*)

Großfeld, Bernhard: Kernfragen der Rechtsvergleichung, Tübingen 1996
(zit.: *Großfeld*)

Grossert, Matthew/ *Venter* Robert: Labour Relations in South Africa: A comprehensive guide for Managers and Practitioners, Rondebosch 2001
(zit.: *Grossert/ Venter*)

Grunsky, Wolfgang: Arbeitsgerichtsgesetz - Kommentar, 7. Auflage, München 1995
(zit.: *Grunsky*, ArbGG)

Gunderson, Morley: Comparable Worth and Gender Discrimination: An International Perspective, ILO 1994
(zit.: *Gunderson*, ILO 1994)

Gusy, Christoph: Der Gleichheitssatz, NJW 1988, 2505
(zit.: *Gusy*, NJW 1988)

Hadeler, Indra: Die Revision der Gleichbehandlungsrichtlinie 76/207/EWG – Umsetzungsbedarf für das deutsche Arbeitsrecht, NZA 2003
(zit.: *Hadeler*, NZA 2003)

Hanau, Peter: Die Beweislast bei Klagen wegen Benachteiligung bei Einstellungen und Beförderungen von Arbeitnehmern wegen des Geschlechts, Festschrift für Albert Gnade, Köln 1992, 351
(zit.: *Hanau*, Festschrift für Gnade)

ders: Frauenförderung bei Ausschreibung und Besetzung von Arbeitsplätzen im deutschen und europäischen Recht, Gedächtnisschrift für Alexander Lüderitz, München 2000, 241
(zit.: *Hanau*, Gedächtnisschrift für Lüderitz)

ders/ *Steinmeyer*, Heinz-Dietrich/ *Wank*, Rolf: Handbuch des europäischen Arbeits- und Sozialrechts, München 2002
(zit.: *Hanau/ Steinmeyer/ Wank*, Bearbeiter)

Handbuch zum Arbeitsrecht: Arbeitsrecht in der Praxis, Loseblattsammlung, Stand: Lieferung November 2002
(zit: HzA, *Bearbeiter*)

Hasselbach, Kai: „Lex Kalanke"? – Die Vorschläge der EU-Kommission zur Änderung der Gleichbehandlungsrichtlinie, NZA 1996, 1308
(zit.: *Hasselbach*, NZA 1996)

Hepple, Bob: Equality Laws and Economic Efficiency, (1997) 18 Industrial Law Journal, 598
(zit.: *Hepple*, (1997) 18 ILJ)

Herrmann, Elke: Vereinbarkeit der Quotenregelung zur Frauenförderung mit nationalem und europäischem Recht, SAE 1995, 229
(zit.: *Herrmann*, SAE 1995)

dies: Die Abschlussfreiheit – ein gefährdetes Prinzip; Zugleich der Versuch einer dogmatischen Erfassung der vorvertraglichen Regelungen des § 611 a BGB, ZfA 1996, 19
(zit.: *Herrmann*, ZfA 1996)

Heywood, Mark/ *Hassan*, Fatima: The Employment Equity Act and HIV/Aids a Step in the right Direction, Industrial Law Journal 1999, 845
(zit.: *Heywood/ Hassan*, ILJ 1999)

Hörburger, Hortense: Europas Frauen fordern mehr, Die soziale Dimension des EG- Binnenmarktes am Beispiel der spezifischen Auswirkungen auf Frauen, 2. Auflage, Marburg 1991
(zit.: *Hörburger*)

Hofmann, Hans: Die tatsächliche Durchsetzung der Gleichberechtigung in dem neuen Art. 3 II 2 GG, FamRZ 1995, 257
(zit.: *Hofmann*, FamRZ 1995)

ders: Zur Problematik der Quotenregelungen in den Landesbeamtengesetzen, NVwZ 1996, 424
(zit.: *Hofmann*, NVwZ 1996)

Hofmann, Jochen: Das Gleichberechtigungsgebot des Art. 3 II GG, JuS 1988, 249
(zit.: *Hofmann*, JuS 1988)

Hohmeister, Frank: EuGH- konforme Gesetzesänderungen zu Geschlechtsdiskriminierung und Nachweisrichtlinie, BB 1998, 1790
(zit.: *Hohmeister*, BB 1998)

Holznagel, Bernd, *Schlünder*, Irene: Zulässigkeit leistungsabhängiger Frauenförderquoten, Jura 1996, 519
(zit.: *Holznagel/ Schlünder*, Jura 1996)

Horrell, Muriel: Race Regulations as Regulated by Law in South Africa 1948-1979, Johannesburg 1982
(zit.: *Horrell*)

Hromadka, Wolfgang/ *Maschmann*, Frank: Arbeitsrecht, 2. Auflage, Berlin, Heidelberg, New York 2002
(zit.: *Hromadka/ Maschmann*)

Huster, Stefan: Zwischen Gerechtigkeit und Gruppenparität, AöR 1993, 109
(zit.: *Huster*, AöR 1993)

Innes, Duncan/ *Kentridge*, Matthew/ *Perold*, Helene: Reversing Discrimination, Affirmative Action in the workplace, Kapstadt 1993
(zit.: *Innes et al.*)

Isensee, Josef: Mit blauem Auge davon gekommen – das Grundgesetz, NJW 1993, 2583
(zit.: *Isensee*, NJW 1993)

Jacobs, Gerald: Affirmative Action… The ANC's current Views, Employment Equity Digest 1995, Vol. 3 Nr. 5, 1
(zit.: *Jacobs*, EED 1995, 5)

ders: The Basutho Hat….. Designed for Success or Straws in the Wind?, Employment Equity Digest 1996, Vol. 4 Nr. 4, 6
(zit.: *Jacobs*, EED 1996, 4)

ders: Can you overlook an eligible internal Applicant for promotion in favour of an external Candidate in the Name of Affirmative Action?, Employment Equity Digest 1996, Vol. 4 Nr. 5, 1
(zit.: *Jacobs*, EED 1996, 5)

ders: Unfair Discrimination re-visited, Employment Equity Digest 1997, Vol.5 Nr. 4, 1
(zit.: *Jacobs*, EED 1997, 4)

ders: Affirmative Action – A Practical Test for Fairness, Employment Equity Digest 1997, Vol. 5 Nr, 6, 1
(zit.: *Jacobs*, EED 1997, 6)

ders: The Employment Equity Bill – Beauty or Beast?, Employment Equity Digest 1998, Vol. 6 Nr. 1, 1
(zit.: *Jacobs*, EED, 1998, 1)

ders: "Suitably Quailfied" Definition – "Potential" Problems for Employers?, Employment Equity Digest 1998, Vol.6 Nr. 3, 1
(zit.: *Jacobs*, EED 1998, 3)

ders: Employment Equity….. The Right Act in the right Time?, Employment Equity Digest 1998, Vol. 6 Nr. 4, 1
(zit.: *Jacobs*, EED 1998, 4)

Jarass, Hans D., *Pieroth*, Bodo: Grundgesetz für die Bundesrepuklik Deutschland, 5. Auflage, München 2000
(zit.: *Jarass/Pieroth*)

Jauernig, Othmar (Hrsg.): Bürgerliches Gesetzbuch mit Gesetz zur Regelung der allgemeinen Geschäftsbedingungen, München 1999
(zit.: *Jauernig*, Bearbeiter)

Junker, Abbo: Der EuGH im Arbeitsrecht – Die schwarze Serie geht weiter, NJW 1994, 2527
(zit.: *Junker*, NJW 1994)

der: Grundkurs Arbeitsrecht, München 2001
(zit.: *Junker*)

J. von Staudingers Kommentar zum Bürgerlichen Gesetzbuch, §§ 611- 615 BGB, 13. Auflage, Berlin 1999
(zit.: Staudinger, *Bearbeiter*)

Kahn, Ellison: The legal system in South Africa 1960 – 1994, Representations to the Truth and Reconcilliation Commission, The South African Law Juornal 1998, 21
(zit.: *Kahn*, SALJ 1998)

Kappes, Karlheinz : Gleichgehandlung – überflüssiges Gesetz, Der Arbeitgeber 1979, 1394
(zit.: *Kappes*, Der Arbeitgeber 1979)

Kasseler Handbuch zum Arbeitsrecht, Band I, Arbeitsverhältnis, Inhalt des Arbeitsverhältnisses und Arbeitsverhältnisse mit erhöhtem Schutz, 2. Auflage, Neuwied, Kriftel 2000
(zit.: Kasseler Handbuch zum Arbeitsrecht, *Bearbeiter*)

Kentridge, Janet: Equality, in Chaskalson et al. Constitutional Law of South Afrika, Loseblattsammlung, 5. akualisierte Version von 1999
(zit.: *Kentridge*)

dies: Measure for measure: Weighting up the costs of a feminist standard of equality at work, in: Gender and the new South African legal order by T. W. Bennett, 64, Kapstadt 1994
(zit.: *Kentridge*, 1994)

Kende, Mark: Gender stereotypes in South African ans American Constitutional Law: The Advantages of a pragmatic Approach to Equality and Transformation, The South African Law Journal 2000
(zit.: *Kende*, SALJ 2000)

Krimphove, Dieter: Europäisches Arbeitsrecht, 2. Auflage, München 2001
(zit.: *Krimphove*)

Klug, Heinz: Rethinking Affirmative Action in a Non-racial Democracy, (1991) 7 SAJHR 323
(zit.: *Klug*, (1991) 7 SAJHR)

Knöpfel, Gottfried: Die Gleichberechtigung von Mann und Frau, Ein Beitrag zur Auslegung des Art. 3 Ab3 GG, NJW 1960, 553
(zit.: *Knöpfel*, NJW 1960)

Köbl, Ursula: Meine Rechte und Pflichten als berufstätige Frau, 2. Auflage, München 1983
(zit.: *Köbl*)

König, Doris: Die Grundgesetzänderung in Art. 3 Ab 2 GG Ein Fortschritt auf dem Weg zur Gleichberechtigung? DÖV 1995, 837
(zit.: *König*, DÖV 1995)

Kokott, Juliane: Zur Gleichstellung von Mann und Frau – Deutsches Verfassungsrecht und europäisches Gemeinschaftsrecht, NJW 1995, 1049
(zit.: *Kokott*, NJW 1995)

Krämer, Antje: Die Gleichberechtigung im europäischen Arbeitsrecht – Ein deutsch-französischer Rechtsvergleich, Köln 1996
(zit.: *Krämer*)

Kull, Andrew: The colour blind Constitution, Cambridge, London 1992
(zit.: *Kull*)

Labour Market Commission, Restructuring the South African Labour Market, Pretoria 1996
(zit.: *Labour market Comission*)

Landau, Eve C.: The rights of working women in the European Community, 1. Auflage, Brüssel, Luxembourg 1985
(zit.: *Landau*)

Lang, Regina: Frauenquoten Der einen Freud des anderen Leid, Bonn 1989
(zit.: *Lang*)

Laubinger, Hans- Werner: Die „Frauenquote“ im öffentlichen Dienst, VerwArch 87, 1996, 473
(zit.:*Laubinger*, VerwArch 1996)

Lauda, Winfried: Geschlechtsbezogene Benachteiligungen und Förderung der Frau - im Arbeits- und Sozialrecht - , Marburg 1996
(zit.: *Lauda*)

Lautmann, Rüdiger: Die Gleichheit der Geschlechter und die Wirklichkeit des Rechts, 1990 Opladen
(zit.: *Lautmann*)

Leibholz, Gerhard/ *Rinck*, Hans- Justus/ *Hesselberger*, Dieter: Grundgesetz Kommentar anhand der Rechtsprechung des Bundesverfassungsgerichts, Band I, Loseblattsammlung, Stand 40. Lieferung, Köln 2002
(zit.: *Leibholz/ Rinck/ Hesselberger*)

Leinemann, Wolfgang (Hrsg.): Handbuch des Fachanwalts, 3. Auflage, Neuwied, Kriftel 2001
(zit.: Handbuch des Fachanwalts, *Bearbeiter*)

Lenz, Carl Otto (Hrsg.): EG- Vertrag, Kommentar, Köln, Basel, Wien 1994
(zit.: Lenz, *Bearbeiter*)

ders: EG- Vertrag, Kommentar, 2. Auflage, Köln, Basel, Genf, München, Wien 1999
(zit.: Lenz, *Bearbeiter*, 2. Auflage)

ders: Konsequent auf der Linie der Mehrheit: Zum Urteil Marschall des EuGH, NJW 1998, 1619
(zit.: *Lenz*, NJW 1998)

Le Roux, PAK: Affirmative Action and the individual employee, Contemporary Labour Law 1999, Vol. 9, No. 4, 31
(zit.: *Le Roux*, CLL 1999)

ders: Case Note : Unfair dismissal and diskrimination, Contemporary Labour Law 2000, Vol. 10, No. 2, 20
(zit.: *Le Roux*, CLL 2000)

Levy, Andrew (Hrsg.): The great affirmative action debate, Employment equity digest 1999, Vol. 7 No. 1, 1
(zit.: Levy, EED 1999)

Lieb, Manfred: Arbeitsrecht, 7. Auflage, Heidelberg 2000
(zit.: *Lieb*)

Limbach, Jutta/*Eckertz-Höfer*, Marion: Frauenrechte im Grundgesetz des geeinten Deutschland, 1. Auflage, Baden Baden 1993
(zit.: Limbach/ Eckertz-Höfer, *Bearbeiter*)

Löwisch, Manfred: Gutachten für den 50. Deutschen Juristentag. Teilgutachten Arbeitsrecht. Zum Thema: Welche rechtlichen Maßnahmen sind vordringlich, um die tatsächliche Gleichstellung der Frauen mit den Männern im Arbeitsleben zu gewährleisten?, Verhandlungen des 50. Deutschen Juristentages (1974), Band 1, D 11- D104.
(zit.: *Löwisch*)

ders: Arbeitsrecht, 4. Auflage, Düsseldorf 1996
(zit.: *Löwisch*, Arbeitsrecht)

Loritz, Karl-Georg: Anmerkung zur EuGH Entscheidung kalanke/ Bremen, R C-450/93, EuZW 1995, 762 ff.
(zit.: *Loritz*, EuZW 1995)

Macedo van Overbeek, Junia Pais: Handbuch Gleichbehandlung von Männern und Frauen in der Europäischen Gemeinschaft, Brüssel 1995
(zit.: *Macedo van Overbeek*)

Maidowsky, Ulrich: Umgekehrte Diskriminierung. Quotenregelungen zur Frauenförderung im öffentlichen Dienst und in den politischen Parteien, Berlin 1989
(zit.: *Maidowsky*)

Maphai, Vincent T.: Affirmative Action in South Afrika – A Genuine Option?, Social Dynamics 15 (2) 1989, 1
(zit.: *Maphai*, Social Dynamics 1989)

Maphai, Vincent T./ *Segall*, Robert/ *Pandor*, Nadia/ *Human*, Linda: Affirmative Action: Redressing the balance?, Kapstadt 1992
(zit.: *Maphai et al.*)

Maunz, Theodor/ Dürig, Günter (Hrsg.): Grundgesetz Kommentar, Band I, Lieferung 1- 39, München 2001
(zit.: Maunz/ Dürig, *Bearbeiter*)

Maute, Hans-Bernd: Gleichbehandlung von Arbeitnehmern: ein Beitrag zur Dogmatik und zu den Erscheinungsformen des arbeitsrechtlichen Gleichbehandlungsgrundsatzes, 1. Auflage, Frankfurt, Berlin, Bern, New York, Paris, Wien 1993
(zit.: *Maute*)

Mbatha, Madoba: Black Empowerment or Black Advancement, People Dynamics 1992, 14
(zit.: *Mbatha*, People Dynamics 1992)

Model, Otto, (Hrsg.), *Müller*, Klaus: Grundgesetz für die Bundesrepublik Deutschland, 11. Auflage, Köln, Berlin, Bonn, München 1996
(zit.: Model, *Müller*)

Moshoana, G.N.: The New Employment Equity Act 55 of 1998, De Rebus 1998 (12), 33
(zit.: *Moshoana*, De Rebus 1998)

Motola, Ziyad/ *Ramaphosa*, Cyril : Constitutional Law, Kapstadt 2002
(zit.: *Motola/ Ramaphosa*)

Münchener Handbuch zum Arbeitsrecht: Band I, Individaualarbeitsrecht, 2. Auflage, München 2000
(zit.: Münchener Handbuch zum Arbeitsrecht, *Bearbeiter*)

Mureinik, Etienne: A bridge to where? Introducing the interim Bill of Rights , (1994) 10 South African Journal of Human Rights, 31.
(zit.: *Mureinik*, (1994) 10 SAJHR)

Naidu, Melanie: The `Inherent Job Requirement` Defence – Lessons from Abroad, (1998) 10 South African Mercantile Law Journal
(zit.: *Naidu*, (1998) 10 SA Merc LJ)

Ncholo, Moltin Paseka : Equality and Affirmative Action, Kapstadt 1994
(zit.: *Ncholo*)

Neisser, Heinrich, *Verschraegen*, Bea: Europarecht, 1. Auflage, Wien 2001
(zit.: *Neisser/ Verschraegen*)

Ngwena Charles: Equality for people with disabilities: The Limits of the Employment Equity Act, (unpublished manuscript), Kapstadt 2001.

Nickel, Rainer: Gleichheit und Differenz in der vielfältigen Republik Plädoyer für ein erweitertes Antidiskriminierungsrecht, Baden Baden 1999
(zit.: *Nickel*)

ders: Handlungsaufträge zur Bekämpfung von ethischen Diskriminierungen in der neuen Gleichbehandlungsrichtlinie 2000/43/EG, NJW 2001, 2668
(zit.: *Nickel*, NJW 2001)

Niesel, Klaus (Hrsg.): Sozialgesetzbuch Arbeitsförderung, SGB III, München 1998
(zit.: Niesel, *Bearbeiter*)

Nipperdey, Hans-Carl: Boykott und freie Meinungsäußerung, DVBl. 1958, 445
Zit.: *Nipperdey*, DVBl. 1958)

ders: Gleicher Lohn der Frau für gleiche Arbeit, RdA 1950, 121
(zit.: *Nipperdey*, RdA 1950)

Oetker, Hartmut/ *Preis*, Ulrich: Europäische Rechtsvorschriften zum Arbeitsrecht, Kurzausgabe aus Europäisches Arbeits- und Sozialrecht, Heidelberg 1996
(zit.: *Oetker/ Preis*)

ders/ Kraft, Alfons/ Wiese, Günther/ Kreutz, Peter/ Raab, Thomas/ Weber, Christoph (Hrsg.): Betriebsverfassungsgesetz, Band II, §§ 74 – 132, 7. Auflage, Neuwied, Kriftel 2002
(zit.: Oetker/ Wiese/ Kreutz/ Raab/ Weber, *Bearbeiter*)

O'Regan, Catherine: Equality at work and the limits of the law: Symmetry and individualism in anti-discrimination legislation, in: Gender and the new South African legal order by T. W. Bennett, 64, Kapstadt 1994
(zit.: *O'Regan*)

dies: Unformative action, Current equality law, Employment Law 1994/95 Vol. 11, 12
(zit.: *O'Regan*, EL 1994/95)

dies: Comment: Race and Sex Discrimination in the Workplace, Labour Law News and Court Reports, 1 (1991), 1.
(zit.: *O'Regan*, Labour Law News and Court Reports, 1 (1991))

Palandt, Bürgerliches Gesetzbuch, 61. Auflage, München 2002
(zit.: Palandt, *Bearbeiter*)

Palk, Larry: Affirmative Action and the Question of „Maintaining“ Standarts, Employment Equity Digest 1995, Vol. 3 Nr. 3, 1
(zit.: *Palk*, EED 1995, 3)

ders: Reference Checking – Potential Unfair Discrimination?, Employment Equity Digest 1996, Vol. 4 Nr. 1, 1
(zit.: *Palk*, EED 1996, 1)

ders: „Pioneers attract arrows“ – The Problems experienced by well intended Implementers of Affirmative Action, Employment Equity Digest 1996, Vol. 4 Nr. 2, 1
(zit.: *Palk*, EED 1996, 2)

ders: Targets, Quotas, Goals, Objectives and Timetables – What do they mean? How are they set? How are they measured? What are their Implications?, Employment Equity Digest 1996, Vol. 4 Nr. 2, 6
(zit.: *Palk*, EED 1996, 2)

ders: The Green Paper on Employment and Occupational Equity, Employment Equity Digest 1996, Vol. 4 Nr. 3, 1
(zit.: *Palk*, EED 1996, 3)

Pape, Angela: Von Kalanke zu Marschall – Ein Erfolg für die Gleichberechtigung, ArbuR 1998, 14
(zit.: *Pape*, ArbuR 1998)

Peters, Anne: Women, Quotas and Constitutions A Comparative Study of Affirmative Action for Women under American, German, EC and International Law, The Hague 1999
(zit.: *Peters*)

Pfarr, Heide M.: Quoten und Grundgesetz. Notwendigkeit und Verfassungsmäßigkeit von Frauenförderung, Baden Baden 1988
(zit.: *Pfarr*)

dies: Das Zweite Gleichberechtigungsgesetz, RdA 1995, 204 ff.
(zit.: *Pfarr*, RdA 1995)

dies: Welche Maßnahmen empfehlen sich, um die Vereinbarkeit von Berufstätigkeit und Familie zu verbessern?, ZRP 1994, 309
(zit.: *Pfarr*, ZRP 1994)

Pfarr, Heide M/ *Bertelsmann*, Klaus: Diskriminierung im Erwerbsleben: Ungleich-behandlungen von Frauen und Männern in der Bundesrepublik Deutschland; Gutachten im Auftrag des Bundesministeriums für Jugend, Familie, Frauen und Gesundheit, 1. Auflage, Baden Baden 1989
(zit.: *Pfarr/ Bertelsmann*)

Pfarr, Heide M./ *Fuchsloch*, Anke: Verfassungsrechtliche Beurteilung von Frauenquoten, NJW 1988, 2201
(zit.: *Pfarr/Fuchsloch*, NJW 1988)

Pieper, Stefan Ulrich: Europarecht – Das Casebook, 2. Auflage, Köln, Berlin, Bonn, München
(zit.:*Pieper*)

Pieroth, Bodo/ *Schlink*, Bernhard: Grundrechte, Staatsrecht II, 18. Auflage, Heidelberg 2002
(zit.: *Pieroth/Schlink*)

Qunta, Christine: Who´s afraid of Affirmative Action?, A survival guide for Black Professionals, Kapstadt 1995.
(zit.: *Qunta*)

Raasch, Sybille: Frauenquoten und Männerrechte, 1. Auflage, Baden Baden 1991
(zit.: *Raasch*)

Ramm, Thilo: Gleichberechtigung und Hausfrauenehe, JZ 1968 41 und 90
(zit.: *Ramm*, JZ 1968)

Ray, Malcolm: Employment equity, South African Labour Bulletin 1998, Vol 22, No. 2, 52
(zit.: *Ray*, SA Labour Bulletin 1998)

Rebmann, Kurt (Hrsg): Münchener Kommentar zum Bürgerlichen Gesetzbuch, Band 4, §§ 607-704 BGB, 3. Auflage, München 1997
(zit.: Münchener Kommentar, *Bearbeiter*)

ders: Münchener Kommentar zum Bürgerlichen Gesetzbuch, Band 2, Schuldrecht Allgemeiner Teil, §§ 241-432 BGB, FernAbsG, 4. Auflage, München 2001
(zit.: Münchener Kommentar, Band 2, *Bearbeiter*)

Redpath, Jean: The Booby Traps in the Employment Equity Act, Employment Equity Digest 1998, Vol. 6 Nr. 5, 7
(zit.: *Redpath*, EED 1998)

Reichold, Hermann: Arbeitsrecht, München 2002
(zit.: *Reichold*)

Richardi, Reinhard: Betriebsverfassungsgesetz mit Wahlordnung, 8. Auflage, München 2000
(zit.: *Richardi*)

Rosenfeld, Michael: Affirmative Action and Justice, A Philosophical and Constitutional Inquiry, Yale 1991
(zit.: *Rosenfeld*)

Rust, Ursula: Änderungsrichtlinie 2002 zur Gleichbehandlungsrichtlinie von 1976, NZA 2003, 72 ff.
(zit.: *Rust*, NZA 2003)

Rycroft, Alan: Obstacles to Employment Equity?: The Role of Judges and Arbitrators in the Interpretion and Implementation of Affirmative Action Policies, Industrial Law Journal 2001, 1411
(zit.: *Rycroft*, ILJ 2001)

Rycroft, A./ *Jordaan*, B.: A Guide to South African Labour Law, 2. Auflage, Kapstadt 1992
(zit.: *Rycroft/ Jordaan*)

Sachs, Michael (Hrsg): Grundgesetz Kommentar, 2. Auflage, München 1999
(zit.: Sachs, *Bearbeiter*)

ders: Frauenquoten wieder vor dem EuGH, RdA 1998, 129
(zit.: *Sachs*, RdA 1998)

ders: Frauenquoten im öffentlichen Dienst – VG Bremen NJW 1988, 3224, Jura 1989, 465
(zit.: *Sachs*, Jura 1989)

ders: Gleichberechtigung und Frauenquoten, NJW 1989, 553
(zit.: *Sachs*, NJW 1989)

Sachverständigenanhörung am 21, 22 Januar 1982 in Bonn zum Thema: „Kann die Situation der Frauen durch ein Antidiskriminierungsgesetz verbessert werden?“, Der Bundesminister für Jugend, Familie und Gesundheit; Der Bundesminister des Inneren (Hrsg.)

Sacksofsky, Ute: Das Grundrecht auf Gleichberechtigung, 2. Auflage, Baden Baden 1996
(zit.: *Sacksofsky*)

Säcker, Franz Jürgen: Referat auf dem 50. Deutschen Juristentag. Arbeitsrechtliche Abteilung. Zum Thema: Welche Maßnahmen sind vordringlich um die tatsächliche Gleichstellung der Frauen mit den Männern im Arbeitsleben zu gewährleisten?, Verhandlungen des 50. Deutschen Juristentages (1974), Band II, L9- L49.
(zit.: *Säcker*)

Schaub, Günter: Arbeitsrechtshandbuch, 9. Auflage, München 2001
(zit.: *Schaub*)

Schiek, Dagmar: Draehmpaehl und die Folgen Gesetzentwurf zum Schadenersatz bei Einstellungs- und Beförderungsdiskriminierung (Geschlechtsdiskriminierung), BB 1998, 586.
(zit.: *Schiek*, BB 1998)

dies: „Kalanke“ und die Folgen – Überlegungen zu EG-rechtlichen Anforderungen an betriebliche Gleichstellungspolitik, ArbuR 1996, 128
(zit.: *Schiek*, ArbuR 1996)

dies: Europäisches Arbeitsrecht, 1. Auflage, Baden Baden 1997
(zit.: *Schiek*)

Schlachter, Monika: Berufliche Gleichberechtigung und Frauenförderung, JA 1994, 72
(zit.: *Schlachter*, JA 1994)

dies: Wege zur Gleichberechtigung Vergleich des Arbeitsrechts der Bundesrepublik Deutschland und der Vereinigten Staaten, München 1993
(zit.: *Schlachter*)

Schmidt-Bleibtreu, Bruno/ Klein, Franz (Hrsg.): Kommentar zum Grundgesetz, 9. Auflage, Neuwied, Kriftel 1999
(zit.: Schmidt-Bleibtreu/ Klein, *Bearbeiter*)

Schmitt Glaeser, Walter: Die Sorge des Staates um die Gleichberechtigung der Frau, DÖV 1982, 381
(zit.: *Schmitt Glaeser*, DÖV 1982)

Schönteich, Martin: The demography of Employment Equity, Employment Equity Digest 1998, Vol. 6 Nr. 6, 1
(zit.: *Schönteich*, EED 1998)

Schumann, Jutta: Faktische Gleichberechtigung – Die Grundgesetzerweiterung des Art. 3 Ab 2 2, Frankfurt 1997
(zit.: *Schumann*)

Schwarze, Jürgen (Hrsg.): EU- Kommentar, Baden Baden 2000
(zit.: Schwarze, *Bearbeiter*)

Schweizer, Kerstin: Der Gleichberechtigungssatz – neue Form, alter Inhalt?: Untersuchung zu Gehalt und Bedeutung des neugefaßten Art. 3 Ab 2 GG unter Einbeziehung Europäischen Gemeinschaftsrechts, Berlin 1998
(zit.: *Schweizer*, Art. 3 GG)

Schweizer, Michael: Staatsrecht, Völkerrecht, Europarecht, 7. Auflage, Heidelberg 2000
(zit.:*Schweizer*)

Sechting, Stefan: Affirmative Action und Frauenförderung – Eine rechtsvergleichende Untersuchung anhand der Rechtsprechung des U. Supreme Courts und des Europäischen Gerichtshofs, Osnabrück 1998
(zit.: *Sechting*)

Sheppard, Colleen: Litigating the relationship between equity and equality, 1993 Ontario Law Reform Commission
(zit.: *Sheppard*)

Slupik, Vera: Die Entscheidung des Grundgesetzes für Parität im Geschlechterverhältni Zur Bedeutung von Art. 3 II und III in Recht und Wirklichkeit, Baden Baden 1988
(zit.: *Slupik*)

Smith, Nicholas: Affirmative Action under the New Constitution, 1995 South African Journal of Human Rights 84
(zit.: *Smith*, 1995 SAJHR)

ders: Affirmative action, its origin and point, (1992) 8 South African Journal of Human Rights, 243
(zit.: *Smith*, (1992) 8 SAJHR)

Sobel, Lester A.: Quotas and Affirmative Action, New York 1980
(zit.: *Sobel*)

Söllner, Alfred: Grundriß des Arbeitsrechts, 12 Auflage, Gießen 1998
(zit.: *Söllner)*

Solomon, Maxwell: The Regulation of Affirmative Action by the Employment Equity Act 55 of 1998, South African Mercantile Law Journal 1999, 231
(zit.: *Solomon*, SA Merc LJ 1999)

Starck, Christian: Festschrift für Thomas Dieterich, München 1999, 643
(zit.: *Starck*, Festschrift für Thomas Dieterich)

ders: Anmerkung zur Kalanke- Entscheidung des EuGH, JZ 1996, 197
(zit.: *Starck*, JZ 1996)

Statistisches Bundesamt (Hrsg.): Statistisches Jahrbuch 1995 für die Bundesrepublik, Stuttgart 1995
Statistisches Jahrbuch 1996 für die Bundesrepublik, Stuttgart 1996, Statistisches Jahrbuch für die Bundesrepublik Deutschland, Stuttgart 2001
(zit.: Statistisches Bundesamt, Statistisches Jahrbuch)

Steindorff, Ernst: Gleichbahndlung von Mann und Frau nach dem EG Recht, RdA 1988, 129
(zit.: *Steindorff*, RdA)

Steinmeyer, Heinz-Dietrich/ *Waltermann*, Raimund: Casebook Arbeitsrecht, 2. Auflage, München 2000
(zit.: *Steinmeyer/ Waltermann*)

Streinz, Rudolf: Europarecht, 5. Auflage, Heidelberg 2001
(zit.: *Streinz*)

Straßmair, Stefan M.: Der besondere Gleichheitssatz aus Art. 3 Ab 3 2 GG, Berlin 2002
(zit.: *Straßmair*)

Sudhof, Margaretha : Gesellschaft, Diskriminierung, Quote – « Solange » : Das Recht vor der Gleichheit, JZ 1991, 751
(zit.: *Sudhof*, JZ 1991)

Suelmann, Heinz-Gerd : Die Horizontalwirkung des Art. 3 Ab 2 GG, Baden-Baden 1994
(zit. : *Suelmann*)

Suerbaum, Joachim: Affirmative Action. Positive Diskriminierung im amerikanischen und deutschen Recht, Der Staat 1989, 419.
(zit.: *Suerbaum*, Der Staat 1989)

Suhr, Oliver: Grenzen der Gleichbehandlung: Zur Vereinbarkeit von Frauenquoten mit dem Gemeinschaftsrecht, EuGRZ 1998, 121
(zit.: *Suhr*, EuGRZ 1998)

Sullivan, K.: Sins of Discrimination: Last Terms Affirmative Action Cases, (1986) 100 Harvard Law Review 78
(zit.: *Sullivan*, (1986) 100 Harvard Law Review)

Sullivan, Leon H.: The Sullivan Principles and the Role of U. Companies in South Africa, New York 1984
(zit.: *Sullivan Report*)

Szczekalla, Peter: Die sogenannten grundrechtlichen Schutzpflichten im deutschen und europäischen Recht – Inhalt und Weite einer "gemeineuropäischen Grundrechtsfunktion", Berlin 2002
(zit.: *Szczekalla*, Peter)

Tetzel, Claus: Arbeitsrechtliches Diskriminierungsverbot und Haushaltsvorbehalt, NJW 1998, 2336
(zit.: *Tetzel*, NJW 1998)

Tinarelli, Simona: Employer's guide to the Employment Equity Act, 1. Auflage, Pretoria 2000
(zit.: *Tinarelli*)

Thüsing, Gregor: Der Fortschritt des Diskriminierungsschutzes im Europäischen Arbeitsrecht, ZfA 2001, 397
(zit.: *Thüsing*, ZfA 2001)

ders: Handlungsbedarf im Diskriminerungsrecht, NZA 2001, 1061
(zit.: *Thüsing*, NZA 2001)

Treber, Jürgen: Arbeitsrechtliche Neuerungen durch das "Gesetz zur Änderung des Bürgerlichen Gesetzbuches und des Arbeitsgerichtsgesetzes", NZA 1998, 856
(zit.: *Treber*, NZA 1998)

Truter, Laurentia: Last in, not out! Affirmative Action as Criterion for Retrenchment Selection, Employment Equity Digest 1997, Vol. 5 Nr. 1, 1
(zit.: *Truter*, EED 1997, 1)

dies: Affimative Action: Cat among the Pigeons, Employment Equity Digest 1997, Vol. 5 Nr. 2, 1
(zit.: *Truter*, EED 1997, 2)

dies: Employment Equity Act: The Final Changes and their Implications, Employment Equity Digest 1998, Vol. 6 Nr. 5, 1
(zit.: *Truter*, EED 1998, 5)

TUC (Hrsg.): TUC Workbook on Racism, London 1982
(zit.: TUC Workbook on Racism)

Vachek, Marcel: Gemeinschaftsrechtlilche Zulässigkeit der Frauenförderung durch Quotenregelungen? – EuGH NJW 1995, 3109, NJW 1997, 410
(zit.: *Vachek*, NJW 1997)

Van Der Walt, L. Meintjes: Levelling the 'Paying' Fields, Industrial Law Journal 1998, 22
(zit.: *Van Der Walt*, ILJ 1998)

Van Niekerk, Andre: Discimination in Selection and Recruitment, Contemorary Labour Law 1995, Vol. 4, No. 10, 105
(zit.: *Van Niekerk*, CLL 1995)

ders: Affirmative Action – three cases, two views, Contemporary Labour Law 1997, Vol. 7 No.1. 1
(zit.: *Van Niekerk*, CLL 1997)

Van Wyk, M.V.: Employment Equity: The Concept “Merit: in the context of „Affirmative Action“ Promotions versus “Meritorious” Promotions, South African Journal of Labour Relations 1994, Vol. 18, No. 2, 7
(zit.: *Van Wyk*, SAJLR 1993)

V. Mangoldt, Hermann/ Klein, Friedrich/ Starck, Christian (Hrsg.): Bonner Grundgesetz, Kommentar, 4. Auflage, München 1999
(zit.: Mangoldt/ Klein/ Starck, *Bearbeiter*)

von Münch, Ingo/ Kunig, Philip (Hrsg.):Grundgesetzkommentar,Band I, 5. Auflage, München 2000
(zit.: von Münch/ Kunig, *Bearbeiter*)

Weber, Ingrid: Die Gleichstellung der Frau im Erwerbsleben – Neue Chance durch Quotenregelungen?, DB 1988, 45
(zit.: *Weber*, DB 1988)

Weiss, Manfred/ Gagel, Alexander (Hrsg.): Handbuch des Arbeits- und Sozialrechts, Loseblattsammlung, Stand: 56 Lieferung, Baden-Baden 2003
(zit.: Weiss/ Gagel, *Bearbeiter)*

Widmaier, Ulrich: Der Gleichbehandlungsgrundsatz in der jüngeren Rechtsprechung des BAG, ZTR 1990, 359
(zit.:*Widmaier*, ZTR 1990)

Wiedemann, Herbert: Probleme der Gleichberechtigung im europäischen und deutschen Arbeitsrecht, Festschrift für Friauf, Heidelberg 1996
(zit.: *Wiedemann*, Festschrift für Friauf)

Wiegand, Heike: Berufstätigkeit und Aufstiegschancen von Frauen, 1. Auflage, Berlin 1995
(zit.: *Wiegand*)

Wisskirchen, Gerlind: Mittelbare Diskriminierung von Frauen im Erwerbsleben, Berlin 1994
(zit.: *Wisskirchen*)

Wöhlermann, Katharina: Die richtlinienkonforme Auslegung im Europäischen Arbeitsrecht: Perspektiven und Barrieren für eine europäische Rechtsmethodik am Beispiel arbeitsrechtlicher Gleichbehandlungsrichtlinien, Darmstadt 1997
(zit.: *Wöhlermann*)

Wollenschläger, Michael: Arbeitsrecht, Köln, Berlin, Bonn, München 1999
(zit.: *Wollenschläger*)

Worzalla, Michael: Die Haftung des Arbeitgebers wegen geschlechtsspezifischer Diskriminierung bei Einstellung nach der neuen Rechtsprechung des EuGH, NJW 1997, 1809
(zit.: *Worzalla*, NJW 1997)

Ziegler, Albert: Das natürliche Entscheidungsrecht des Mannes in Ehe und Familie, Ein Beitrag zur Frage der Gleichberechtigung von Mann und Frau, Heidelberg 1958
(zit.: *Ziegler*)

Zimmer, Maximilian: Diskriminierung wegen des Geschlechts bei der Einstellung von Arbeitnehmern und Art. 3 II GG, NJW 1994, 1203
(zit.: *Zimmer*, NJW)

Zöllner, Wolfgang/ *Loritz*, Karl-Georg: Arbeitsrecht, 5. Auflage, Mmünchen 1998
(zit.: *Zöllner/ Loritz)*

Zwanziger, Bertram: Die Neuregelung des Verbots der Geschlechterdiskriminierung im Arbeitsrecht, DB 1998, 1330
(zit.: *Zwanziger*, DB 1998)